# 자아발달과 원형

## 정신 발달과정과 삶의 의미 창조

**Ego and Archetype:**
Individuation and the Religious Function of the Psyche

by Edward F. Edinger

# 자아발달과 원형

## EGO AND ARCHETYPE

### 정신 발달과정과 삶의 의미 창조

Edward F. Edinger 저 | 장미경 역

학지사

## 역자 서문

상징으로 이루어진 세계에 살면서 그 상징의 의미를 모른 채 살아간다는 것은 신의 창조원리를 인간이 모르고 살아가는 것과 같다. 따라서 상징의 세계에 눈을 뜬다면 새로운 삶을 살게 될 수밖에 없다. 인류는 항상 인간의 마음을 알고 싶어 하고, 그것이 어떤 원리로 작동하는지 알고 싶어 해 왔다. 아마도 눈에 보이지 않는 세계이면서 우리의 삶과 행동을 지배하는 세계가 마음일 것이라고 여겼기 때문일 것이다. 인간 정신의 고태적인 부분은 우리가 이해하기 쉬운 언어를 사용하지 않고 그것만의 독특한 의사소통 방식을 사용한다. 그것이 상징이다. 어린아이가 태어나면 우뇌가 먼저 발달하고, 우뇌는 언어가 아닌 이미지, 동작 등을 사용해 의사소통하고 그것을 통해 감정을 형성하며 언어 발달로 이어지는 것에서 알 수 있듯이 상징을 통한 의사소통은 인간의 깊은 곳을 표현한다는 것을 알 수 있다.

에딘저(Edinger)의 『Ego and Archetype』은 인간 발달이 어떻게 상징을 통해 그 자체를 표현하는지를 아름답게 잘 보여 주고 있다. 그는 이 책에서 종교, 신화뿐 아니라 내담자의 꿈을 통해 인간의 근원과 만나게 되는 상징적 과정을 단계적 의미로 보여 주고 있다. 인류의 문화와 역사는 바로 그러한 과정이다. 삶의 의미를 찾는 사람들에게 이 책은 삶이 얼마나 신성한 것에서 기원했는지 그리고 삶을 살아가는 것이 얼마나 신성한 것인지 알게 할 것이다. 번역서 출간을 허락해 주신 학지사와 철저한 교정을 해 주신 황미나 선생님께 깊이 감사드린다.

※이 책에 인용된 성경 구절은 한글 개역개정판을 참고하여 번역되었다.

## 저자 서문

교육받은 사람들은 C. G. 융(Jung)이 이룩한 인간 지식의 통합이 얼마나 방대한 것인지에 관해 이제야 인식하기 시작했다. 정신과 의사와 심리치료자로 시작하여 그는 자신의 환자들과 자신에게서 정신의 실재(reality of the psyche)와 체계적으로 관찰하기 전에는 그 깊이를 알 수 없는 정신의 현상을 발견했다. 이 경험의 결과로 그는 문화-인류의 업적(신화, 종교, 철학, 예술 그리고 문학)에서 표현되는 동일한 현상을 인식하게 되었다. 그는 모든 종교와 문화의 뿌리에 있는 근원에 들어갔으며, 인간 지식과 경험의 새로운 유기적 혼합을 발견했다. 따라서 새롭게 성취된 관점은 매우 포괄적이고 방대해서 일단 이해한다면 자신과 세계에 대한 혁명적 결과를 가질 수밖에 없게 된다.

선언만으로는 새로운 수준의 의식성을 전달하기에 충분치 않다. 이 새로운 세계관을 가시적인 것으로 만드는 '정신의 실재'의 실현은 그 자신의 개인적 발달에 대한 수고로운 시간을 보낸 개인만이 성취할 수 있는 것이다. 따라서 이러한 사람의 노력(opus)은 융이 개성화(individuation)—자아가 원형적 정신에서 자아의 근원과 그 근원에 대한 의존을 점점 인식해 가는 과정—라고 부른 것이다. 이 책은 개성화의 과정, 개성화의 단계, 개성화의 변화 그리고 그것의 궁극적 목적에 관한 것이다. 나는 이것이 융의 작업이 궁극적으로 확실히 하고자 하는 것, 즉 과학과 종교의 화해라는 목표를 향한 작은 기여가 되기를 희망한다.

# 차 례

## Part 03 목표의 상징

인간의 의식성은 (1) 더 높은 단일체로부터 그것의 하강을 인식해야 하는 목적을 위해, (2) 이 근원에 신중하고 주의 깊은 관심을 기울이도록 하기 위해, (3) 그것의 명령을 지적으로 그리고 책임감 있게 수행하도록 하기 위해, (4) 그것으로 삶과 발달의 최적의 정도로서의 정신을 유지하도록 하기 위해 창조되었다.*

* 이그나시우스 로욜라(Ignatius Loyola)의 진술에 대한 융(Jung)의 심리학적 의역. Jung, C. G., *Aion*, Vol. 9 II, Collected Works, Princeton, N. J., Princeton University Press, (henceforth C. W.), par. 253.

# Part 01
# 개성화와 발달단계

우리가 출생에 앞서 우리의 지식을 습득하였고 출생 순간에 그것을 잊어버린 것이 사실이라면, 그 후에 지각 가능한 대상에 우리의 감각을 발휘함으로써 우리가 전에 한때 가지고 있었던 지식을 회복하게 될 것이다. 나는 우리가 배우고 있는 것이 우리 자신에 대한 지식의 회복일 것이라고 생각한다.

-플라톤(Plato)*

---

* *Phaedo*, translated by Hugh Tredennick, Collected Diagogues, Princeton, N. J., Princeton University Press, Bollingen Series LXII, 1961.

CHAPTER 01

# 팽창된 자아

태양은 그 궤도를 벗어나지 않을 것이다. 만약 그가 벗어난다면 에리니에스(Erinyes)의 시녀가 그를 찾아낼 것이다.

—헤라클레이토스(Heraclitus)[1]

## 1. 자아와 자기

융(Jung)의 가장 기본적이고 영향력 넓은 발견은 집단무의식(collective unconscious) 또는 원형적 정신(archetypal psyche)이다. 이 연구를 통해 오늘날 우리는 개인의 정신이 개인적 경험의 산물만은 아니라는 것을 알고 있다. 그것은 세계의 모든 종교와 신화에서 발견되는 것과 같은 보편적인 패턴과 이미지들로 표현되는 전개인적(pre-personal) 또는 초개인적(transpersonal) 차원을 갖고 있다.[2]

융은 더 나아가 원형적 정신이 다양한 원형적 내용을 합일하는 구조화 원리 또는 질서 원리를 갖고 있다는 것도 발견했다. 이것이 융이 자기(Self)라고 명명

1 Burnet, John, *Early Greek Philosophy*, New York, Meridian Books, p. 135.

2 Jung, C. G., *Archetypes and the Collective Unconscious*, C. W., Vol. 9, i. par. 1-147.

한 중심원형(central archetype) 또는 전체성 원형(wholeness archetype)이다.

자아(ego)가 의식적 인격의 중심인 것처럼 자기는 전체 정신(의식과 무의식을 합친 정신)의 질서 및 합일적 중심이다. 다른 말로 하면, 자아는 **주관적**(subjective) 정체성의 자리인 반면, 자기는 **객관적**(objective) 정체성의 자리다. 따라서 자기는 최고의 정신적 권위이며 자아를 자기에 종속시킨다. 간단하게 표현하면, 자기는 내면의 경험적 신성(deity)으로서 **하느님 형상**(imago Dei)과 동일한 것이라 할 수 있다. 융은 자기가 특징적 현상을 갖고 있다고 설명하였다. 자기는 만다라로 불리는 어떤 전형적인 상징적 이미지로 표현된다. 중심을 가진 원을 강조하고, 보통 사각형, 십자가 또는 기타 사위의 부가적 특징을 가진 모든 이미지는 만다라 범주에 해당한다.

또한 자기를 언급하는 기타 관련 주제와 이미지들은 수없이 많다. 전체성, 대극의 합일, 중심점, 세계의 배꼽, 우주의 축, 신과 인간이 만나는 창조적 지점, 초개인적 에너지가 개인적 삶으로 흘러드는 창조적 지점, 일시적 흐름에 반대되는 영원성, 부패하지 않음, 혼돈으로부터 질서를 가져오는 유기체적이고 보호적인 구조를 역설적으로 합일하는 비유기체, 에너지의 변환, 생명의 선약(elixir)과 같은 모든 주제는 모두 삶의 에너지의 중심 근원이며, 가장 단순하게는 신(神)으로서 묘사되는 우리 존재의 원천은 모두 자기를 언급하는 것이다. 자기의 현상학적 연구를 위한 가장 풍요한 근원은 인간이 신에 대해서 갖고 있는 수많은 표상이다.[3]

정신적 존재에게는 두 개의 자율적 중심이 있기 때문에 두 중심 사이의 관계는 매우 중요해진다. 자기에 대한 자아의 관계가 문제가 되며, 종교적 신화에 묘사되어 있는 것처럼 인간과 그의 창조주의 관계와 매우 일치한다. 심리학적 발달의 수많은 변화는 정신적 성장의 여러 단계에서의 자아와 자기 사이의 변화하

3 만다라 상징성에 나타나 있는 자기에 관한 더 많은 논의는 융의 에세이 "Concerning Mandala Symbolism" in *The Archetypes and the Collective Unconscious*, C. W., Vol. 9, i. Par. 627 ff 참조.

는 관계의 측면에서 이해될 수 있다. 그것이 내가 검토하고자 제안하는 이 자아–자기 관계의 점진적인 발달이다.

본래 융은 자기의 현상을 인생의 후반부 동안의 개성화 과정에서 발생하는 것으로 기술하였다. 더 최근에 우리는 삶의 전반부에서의 그것의 역할에 대해서도 고려하기 시작했다. 노이만(Neumann)은 신화적 자료 및 민족학적 자료에 근거하여 자아가 태어나는 원시적 자기, 즉 전체성의 근원적 만다라 상태를 나타내는 입에 꼬리를 물고 있는 원 모양의 이미지를 사용하여 우로보로스(uroborus)로 자아의식성의 탄생 전의 정신상태를 상징적으로 묘사하였다.[4] 포담(Fordham) 역시 유아와 아동에 대한 임상관찰에 근거하여 자기를 자아 이전의 근원적 정체성으로 기술하였다.[5]

인생의 전반부의 과업이 자아와 자기 사이의 점진적인 분리와 함께 자아 발달을 포함하는 것임은 분석심리학자들 사이에서 일반적으로 받아들여지고 있다. 반면, 인생의 후반부는 자아가 자기를 경험하고 관계를 맺어 감에 따라 자아의 항복 또는 자아의 상대화(relativization)를 요구한다. 따라서 현재의 작업 공식은 전반부는 자아–자기 분리, 후반부는 자아–자기 재합일이다. 전반적으로는 사실이지만, 이 공식에는 아동심리학 및 성인 심리치료에서 이루어진 수많은 경험적 관찰이 포함되어 있지 않다. 이 관찰들에 따르면 보다 더 정확한 공식은 다음의 그림에서 볼 수 있는 것처럼 원형의 것이라고 할 수 있다.

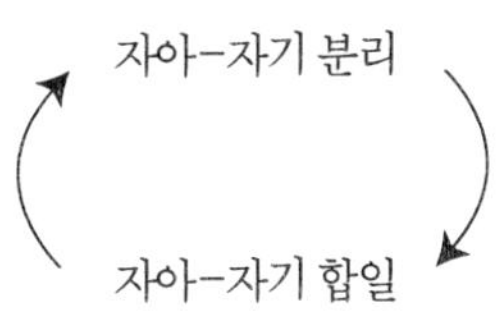


4 Neumann, Erich, *The Origins and History of Consciousness,* Bollingen Series XLII, Princeton University Press, 1954.

5 Fordham, Michael, *New Development in Analytical Psychology*, London, Routledge & Kegan Paul, 1957.

자아–자기 합일과 자아–자기 분리 사이의 교대과정은 아동기와 성인기 모두에서 개인의 생애 전체를 통해 반복적으로 발생하는 것으로 보인다. 정말로, 이 주기(또는 나선형이 더 나은 표현이다.) 공식은 출생에서 사망까지의 심리학적 발달의 기본 과정을 표현하는 것으로 보인다.

이 관점에 따르면 여러 발달단계에서 자아와 자기의 관계는 다음의 그림들로 표현될 수 있다. 이 그림들은 심리학적 발달과정에서 나타나는 자아–자기 분리의 점진적 상태를 나타낸다. 빗금 친 자아 영역은 잔여적인 자아–자기 정체성(ego-Self identity)을 나타낸다. 자아중심과 자기중심의 연결선은 자아–자기 축(ego-Self axis)—자아의 통합을 보증하는 자아와 자기 사이의 중요한 연결선—을 나타낸다. 이 그림들은 특정한 시점을 예시하기 위해 만들어졌으며, 따라서 다른 측면에서 부정확하다는 것을 이해해야 한다. 예를 들면, 자아를 필연적으로 포함하는 정신의 전체성으로서 자기를 정의한다. 이 그림들에 따르면 그리고 이 그림들의 제시 방법에 따르면, 그것은 마치 자아와 자기가 별개의 존재이며, 자아는 전체의 작은 덩어리이고 자기는 큰 덩어리인 것 같다. 이 어려움은 이 주제에 계속 존재하는 것이다. 사실은 자기의 개념이 역설적이라는 것이다. 자기는 전체 원의 중심이면서 동시에 주변부다. 자아와 자기를 두 개의 분리된 존재로 생각하는 것은 단순히 이 주제를 논의하기 위한 합리적 도구에 불과하다.

[그림 1–1]은 노이만의 우로보로스 상태와 일치한다. 아무것도 존재하지 않으며, 자기 만다라만 존재할 뿐이다. 자아 씨앗은 가능성으로만 존재한다. 자아와

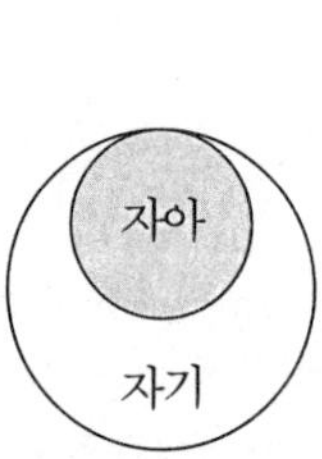

[그림 1–1]

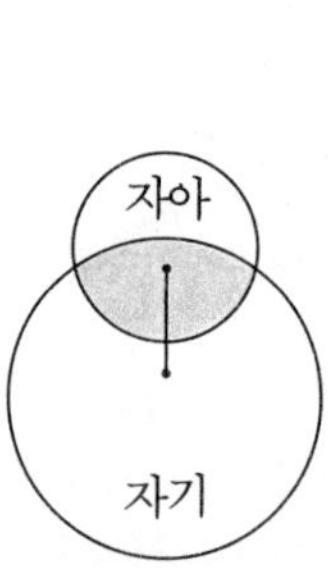

[그림 1–2]

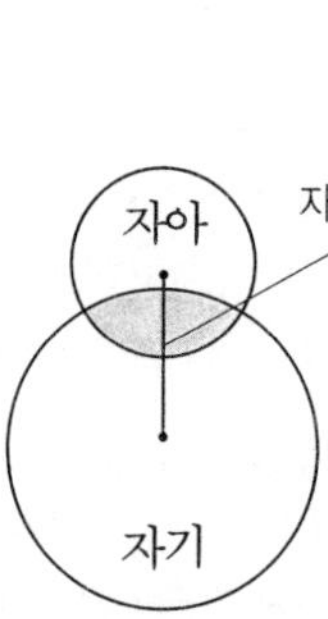

[그림 1–3]

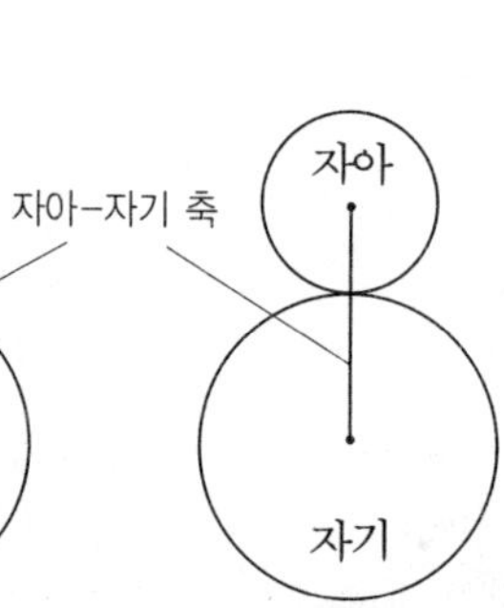

[그림 1–4]

자기는 하나이며, 이는 자아가 없음을 의미한다. 이것은 일차적인 자아-자기 정체성이라는 전체 상태다.

[그림 1-2]는 자기로부터 분리되기 시작했지만 아직은 자기와의 일차적 정체성 안에 더 큰 비중이 있고 더 큰 원 안에 중심을 가진 채 출현하고 있는 자아를 보여 주고 있다.

[그림 1-3]은 보다 발전된 발달단계를 보여 준다. 그러나 자아-자기 정체성의 나머지 부분이 아직도 남아 있다. [그림 1-1]과 [그림 1-2]에서는 완전히 무의식적인 자아, 그래서 자아-자기 정체성으로부터 구분할 수 없었던 자아-자기 축이 이제 부분적으로 의식적인 것이 되었다.

[그림 1-4]는 아마도 실제로는 존재하지 않을 이상적인 이론상의 한계를 보여 주고 있다. 이것은 자아와 자기의 완벽한 전체 분리를 나타내고 있으며, 자아-자기 축에 대해 완전하게 의식하고 있음을 나타낸다.

이 그림들은 동시에 일어나는 두 개의 과정, 즉 발달하는 자아-자기 분리와 자아-자기 축의 의식화를 증가시켜 가는 것이 특성인 심리발달 논지를 보여 주기 위해 고안된 것이다. 만약 이것이 사실들을 정확히 나타내고 있다면 그것은 자기에 의존하는 것으로서 자아-자기 분리와 자아의 성장하는 의식성이 출생부터 죽음에 이르기까지 지속되는 단일 과정의 두 개의 측면이라는 것을 의미한다. 다른 한편, 이 그림들은 인생의 후반부에 자아의 상대성(relativization) 인식이 이루어진다는 일반적 타당성도 나타내고 있다. 만약 [그림 1-3]을 중년에 해당하는 것으로 본다면 이 단계에서만 자아-자기 축의 윗부분이 의식화되는 것을 볼 수 있다.

이 발달단계들이 전개됨에 따라 과정은 [그림 2-1]에 제시되어 있는 주기를 반복하게 된다. 이 주기 반복은 정신 발달 전체를 통해 이루어지기 때문에 자아와 자기의 발달적 분화를 가져온다. 대략 인생의 전반부를 나타내는 이 초기 단계들에서 주기는 존재의 두 단계, 즉 팽창(inflation)과 소외(alienation) 사이에서 교대로 경험된다. 세 번째 상태는 나중에 자아-자기 축이 자아와 자기 사이에서 이루어진 의식적 변증법적 관계로 특징지을 수 있는 의식성([그림 1-3] 참조)에 이를 때에 나타나며, 이 상태는 개성화(individuation) 단계다. 이 장에서는 그 첫 번째 단계인 팽창에 대해 고려해 보도록 하겠다.

## 2. 팽창과 근원적 전체성

팽창(inflation)의 사전적 의미는 '공기로 부풀어진, 적절한 크기를 초월해 비현실적으로 크고 중요한, 따라서 우쭐대고, 거만하고, 주제넘은'[6]이다. 나는 이 용어를 자아의 자기 동일시에 따르는 태도와 상태를 기술하기 위해 사용하였다. 그것은 작은 것(ego)이 그보다 더 큰 것(Self)의 특성을 그 자신에 남용하는 상태이며, 따라서 그것의 적절한 크기의 한계를 넘어서 부풀어진 상태다.

우리는 팽창상태로 태어난다. 가장 초기 영아기에 자아나 의식성은 존재하지 않는다. 모든 것은 무의식상태에 있다. 잠재해 있는 자아(latent ego)는 자기와의 완전한 동일시 상태에 있다. 자기는 태어나지만 자아는 만들어지며, 처음에 모든 것은 자기다. 이 상태는 노이만이 기술한 우로보로스(꼬리를 물고 있는 뱀)다. 자기가 중심이고 존재의 전체이기 때문에 자기와 완전히 동일시된 자아는 그 자신을 신으로 경험한다. 물론 비록 영아가 이런 식으로 생각하지는 못하지만 우리는 회고적으로 이런 용어들을 사용하여 설명하는 것이다. 영아는 아직 전혀 생각할 수 없지만 영아의 전체 존재와 경험은 신에 대한 선험적 가정(a priori assumption)을 중심으로 결정된다. 이것은 무의식적 전체성과 완벽성의 근원적(본래) 상태이며, 이는 우리 모두가 우리의 개인적이고 역사적인 근원을 향한 향수를 갖고 있는 이유다.

많은 신화에서 인간의 본래 상태를 원 모양, 전체성, 완전성 또는 낙원의 상태

---

6 *Webster's New International Dictionary*, Second edition.

로 묘사하고 있다. 예를 들어, 인간의 네 단계에 관해 헤시오도스(Hesiod)가 기록한 그리스 신화가 있다. 첫 번째인 근원(original) 단계는 황금단계, 즉 낙원이다. 두 번째는 은의 단계로 인간이 어머니에게 복종하는 모권적 시기다. 세 번째는 전쟁의 시기인 동의 단계다. 네 번째는 철의 단계로 인간이 완전히 쇠퇴하고 있는 단계다.

> (황금인간은) 수고와 슬픔으로부터 벗어나 마음의 슬픔 없이 신처럼 살았다. …… 그들은 모두 좋은 것을 가지고 있었다. 기름진 땅은 그들로 하여금 아낌없이 풍부한 결실을 맺게 하였다. 그들은 많은 가축 그리고 다른 좋은 것들과 함께 편안하고 평화로운 땅에 신들의 축복을 받으며 살았다.[7]

낙원기에 사람들은 신들과 융합되어 있었다. 이것은 아직 태어나지 않은, 즉 무의식의 자궁으로부터 아직 분리되지 않아 신성한 충만과 전체성의 부분으로만 존재하는 자아상태를 나타낸다.

또 다른 예는 근원적 인간에 대한 플라톤적 신화다. 이 신화에 따르면 근원적 인간은 반나라 모양의 원이었다. 『향연(Symposium)』에서 플라톤(Plato)은 다음과 같이 언급했다.

> 원시적 인간은 둥글어서 배도 옆도 원을 이루고 있었다. …… 끔찍한 것은 그들의 힘이었고, 그들의 심장의 생각은 위대했으며, 그들은 신을 공격했다. …… 그들이 신들을 쳐 넘어뜨렸다면 신들이 그들의 오만에 제한을 받지 않았을 것이다.[8]

---

7 Hesiod, *"Works and Days,"* *The Homeric Hymns and Homerica*, translated by Hugh G. Evelyn-White, Loeb Classical Library, Cambridge, Harvard University Press, 1959, p. 11.

8 Plato, *Symposium,* Dialogues of Plato, Jowett, B., Trans., New York, Random House, 1937. Sections 189, 190.

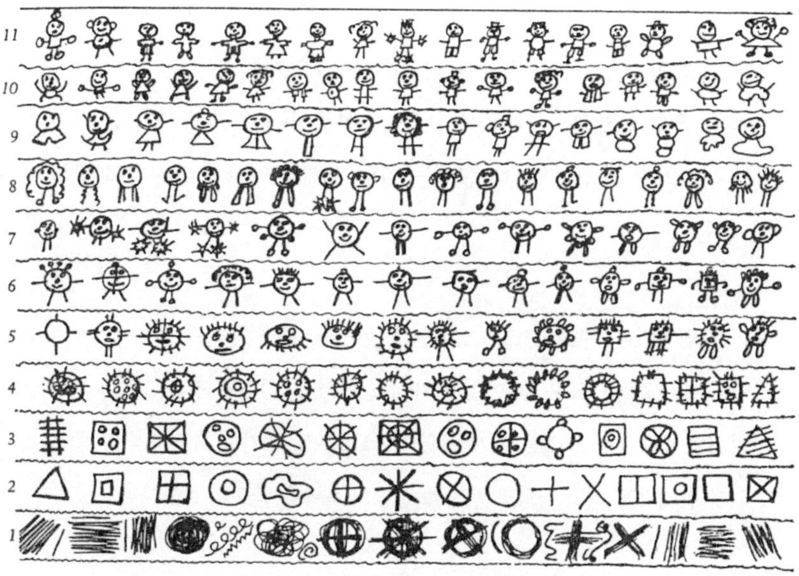


[그림 1-5] 어린 아동의 그림에서 보이는 인간 모습의 발달과정. 아래부터 위의 순서로 형태가 발달한다.

여기서 팽창되고 오만한 태도가 특별히 분명해진다. 최초의 존재 시기에 원형적 존재는 전체적이고 완전한 자신을 가정한 것과 같으며, 따라서 모든 것을 할 수 있는 신과 같은 것이었다. 근원적 원형의 인간과 로다 켈로그(Rhoda Kellog)의 유치원생 그림 연구 사이에는 흥미로운 유사점이 있다.[9] 그녀는 만다라 또는 원의 이미지가 그리기를 처음 배우는 어린 아동의 그림에서 주로 나타나는 것을 관찰했다. 처음에 두 살배기 어린아이는 연필이나 크레용을 쥐고 마구 휘갈기지만 곧 아동은 선의 교차에 매혹되는 것으로 보이며 십자가를 그리기 시작한다. 그러고 나면 십자가 위에 원을 그리고 만다라의 기본 패턴을 보이게 된다. 아동이 인간 모양을 그리려 시도함에 따라 인간 그림은 가오리처럼 보이는 팔과 다리를 가진—원의 확장([그림 1-5] 참조) 같은—모든 시각적 경험과는 대조되는 원 모양으로 처음에 나타난다. 이들의 연구는 어린 아동이 인간 존재를 둥글고

9 Kellog, Rhoda, *Analyzing Children's Art*, Palo Alto, Calif., National Press Books, 1969, 1970.

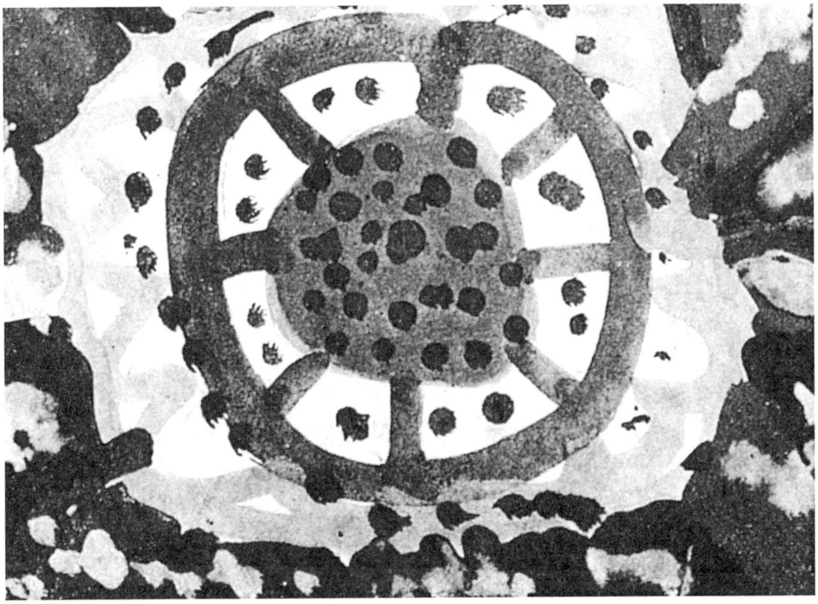

[그림 1-6] 이 그림은 일곱 살 난 여자아이가 심리치료를 받는 동안 그린 그림으로 정신적 안정성을 재확립하고 있는 것을 보여 주고 있다.

만다라와 같은 구조로 경험하며 원 모양 인간에 대한 플라톤의 신화가 심리학적 사실임을 인상적인 방식으로 증명하고 있다. 또한 아동지료자들은 만다라가 어린 아동들에게 작동적(operative)이고 치유적인 이미지라는 것을 발견했다([그림 1-6] 참조). 상징적으로 말하자면, 이 모든 것은 인간 정신이 근원적으로 둥글고 전체적이며 완전하다는 것, 즉 신과 동등한 하나이며 자기충족적 상태에 있는 것임을 나타낸다.

아동기를 신과의 근접성(nearness)과 관련짓는 동일한 원형적(archetypal) 생각이 워즈워스(Wordsworth)의 〈불멸을 알리는 서시(Ode on Intimations of Immortality)〉에 제시되어 있다.

> 우리의 출생은 잠과 망각일 뿐.
>
> 우리와 함께 일어난 영혼, 우리 삶의 별,

그것은 그 밖의 어딘가에 자리 잡고 있으며,
그리고 멀리서 온다.
전체 망각에 있지 않으며,
궁극적인 벗음에도 있지 않으며,
영광의 구름 끌고 우리는 신으로부터 온다.
신은 우리의 고향.
천국은 우리에 관하여 우리의 아기 시절에 묻혀 있다![10]

출생 후 몇 년 후의 관점에서 아동의 자아와 신성의 긴밀한 연결은 팽창상태에 있다. 후기의 많은 심리적 어려움은 신과의 동일시의 잔재에서 비롯된다. 예를 들어, 생애 첫 5년 동안의 아동의 심리를 고려해 보라. 한편으로 그것은 신선한 지각과 반응의 시간이다. 아동은 삶의 원형적 현실과 즉각 접촉한다. 그것은 근원적 시(poetry)의 단계에 있는 것이다. 장엄하고 두려운 초개인적 힘이 모든 평범한 사건 속에 잠재해 있다. 그러나 다른 한편, 아동은 잔인함과 탐욕의 총체인 이기적인 야수일 수 있다. 프로이트(Freud)는 아동기 상태를 다형적(polymorphous) 도착(perversion)으로 기술하였다. 이것은 끔찍한 기술이지만 최소한 부분적으로는 진실이다. 아동기는 순진무구하지만 또한 무책임하다. 따라서 아동은 원형적 정신 및 개인외적(extrapersonal) 에너지와 확고히 연결되어 있는 존재의 모든 모호함을 가지고 있고, 동시에 그것과 무의식적으로 동일시된 존재이며, 비현실적으로 그것과 연결된 존재다.

아동은 원형적 정신과 자아의 동일시 그리고 외부세계와 자아의 동일시를 원시인과 동일하게 갖고 있다. 원시인들에게 내부와 외부는 전혀 구분되지 않는 것이었다. 문명인들의 정신에서 원시성은 자연과 가장 매력적으로 연결되어 있으며 삶의 과정과 조율하는 것이다. 그러나 원시성은 또한 야만스러운 것이며,

10 Wordsworth, W., *Poetical Works*, London, Oxford University Press, 1961, p. 460.

어린 아동이 그런 것처럼 팽창의 실수에 빠진다. 삶의 의미의 근원으로부터 고립되어 있는 현대인은 원시성의 이미지를 동경한다. 이것은 '고상한 야만인'에 대한 루소(Rousseau)의 호소와 잃어버린 자연과의 신비한 의사소통에 대한 문명화된 정신의 향수를 표현하는 보다 최근의 다른 작업들을 설명해 준다. 이것은 한쪽 측면이며, 부정적인 측면도 있다. 원시인의 실제 삶은 더럽고 비열하며, 공포에 강박적이다. 우리는 그런 현실을 원치 않을 것이다. 우리가 동경하는 것은 상징적 원시성이다.

인간의 심리적 근원을 뒤돌아보면 그것은 이중의 암시를 갖고 있다. 첫째, 그것은 낙원, 전체성, 자연 및 신과의 하나의 존재 상태, 즉 분명히 바람직한 조건이라고 할 수 있다. 둘째, 그것은 시간 및 공간 현실과 관련된 우리의 의식적인 인간 기준에 의해 그것은 팽창된 상태이며, 무책임, 신을 믿지 않는 정욕, 교만과 조악한 욕망의 조건이다. 성인에게 이런 기본적 문제는 동일시의 팽창을 일으키지 않고 아동기에 시작된 자연 및 신과의 합일을 어떻게 성취할 것인가다.

동일한 질문이 아동 양육의 문제에도 적용된다. 우리는 어떻게 성공적으로 아동을 팽창상태로부터 제거하고, 아동에게 세상과의 관계에 대한 현실적이고 책임감 있는 개념을 줄 수 있을 것이며, 동시에 인간의 성격을 강하고 탄력 있게 만들기 위해 필요한 원형적 정신과의 살아 있는 연결을 어떻게 유지할 수 있을 것인가? 문제는 자아의 자기 동일시를 해결하면서 자아-자기 축의 통합을 유지하는 것이다. 이 질문에 아동 양육에서의 허용 대 훈육의 모든 논쟁이 달려 있다.

허용은 아동의 자발성의 수용과 격려를 강조하며 아동이 가지고 태어난 생명 에너지의 근원과의 접촉을 장려한다. 그러나 그것은 또한 아동의 팽창을 유지 · 격려하며, 이는 외부 삶의 요구에 대해 비현실적인 것이다. 다른 한편, 훈육은 행동의 엄격한 제한을 강조하고, 자아-자기 정체성의 해체를 격려하며, 팽창을 상당히 성공적으로 다룬다. 그러나 동시에 이 방법은 성장하는 자아와 무의식에 있는 자아의 근원 사이의 필요한 연결에 손상을 주는 경향이 있다. 이들 사이에 선택은 없다—이들은 대극의 쌍이며 함께 작용해야 한다.

아동은 상당히 문자 그대로 자신을 우주의 중심으로 경험한다. 처음에 어머니는 그 요구에 응답한다. 따라서 이 최초의 관계는 아동의 바람이 최고의 우선순위라는 아동의 감정을 격려하는 경향이 있으며, 그것은 절대적으로 필요한 것이기도 하다. 아동의 욕구에 대한 어머니의 일관성 있고 전체적인 헌신을 경험하지 못한다면 아동은 심리적으로 발달할 수 없다. 그러나 오래지 않아 세상은 필연적으로 아동의 요구를 거절하기 시작한다. 이때 근원적 팽창이 해체되기 시작하며, 이 팽창은 경험과 병립할 수 없는 것이다. 일종의 치유되지 않은 정신적 상처, 즉 자신이 신이 아니라는 것이 학습과정에서 만들어진다. 그는 낙원에서 추방되며, 영구적인 상처와 분리가 일어난다.

반복되는 소외(alienation) 경험은 성인기의 삶으로 바로 이어진다. 개인은 이중의 과정에 끊임없이 직면한다. 한편으로는 삶이 제공하는 현실 직면에 노출되며, 이는 무의식적인 자아의 가정과 항상 모순된다. 이것은 자아가 자기와의 무의식적 동일성으로부터 성장하고 분리하는 방법이다. 동시에 우리는 전체 인격의 통합을 유지하기 위해 자아와 자기 사이의 반복적인 재합일을 가져야만 한다. 그렇지 않으면 자아가 자기로부터 분리되면서 그 둘 사이의 중요한 연결이 손상되는 매우 실제적인 어려움이 따르게 된다. 이런 일이 심각할 정도로 발생하면 우리는 우리 자신의 깊은 곳으로부터 고립되며 심리적 질병의 토대가 만들어진다.

모든 일의 근원적 상태—우주의 중심으로 자신을 경험하는—는 아동기를 지나서도 지속될 수 있다. 예를 들어, 나는 상당히 순진하게 '세상은 내 그림책이다.'라고 생각하던 한 젊은이가 생각난다. 그가 생각하기에 그가 직면하는 모든 것은 그의 목적을 위해—그의 즐거움이나 방향을 위해—놓인 것이었다. 그는 상당히 문자 그대로 세상을 그 자신을 위한 것으로 생각하였다. 외적 경험은 그것이 그와 관련되어 있다는 것을 제외하고는 고유한 실재성을 갖지 못하거나 의미가 없었다. 또 다른 한 환자는 자신이 죽으면 세상도 끝난다고 확신했다. 이런 생각을 만들어 내는 정신상태에서 자기와의 동일시는 곧 세상과의 동일시이

기도 하다. 자기와 세상은 동일한 것이다. 이런 식의 경험방식은 진실, 즉 순수한 타당성을 갖고 있지 않다. 그러나 그것은 자아가 근원적인 전체성으로부터 나오려고 하는 때인 초기 발달단계에서 절대적으로 해로운 관점이다. 훨씬 후에 내적 세상과 외부 세상 사이에 지속성이 있다는 깨달음은 치유 효과를 갖는다. 어떤 사람에게는 만병통치약이 되고 어떤 사람에게는 독이 되는 연금술사의 메르쿠리우스(Mercurius; 역주: 연금술에서 물질에 들어 있다고 믿는 세계혼, 본질을 상징하는 표현이며, 분석심리학적으로는 원형적 · 신적 측면을 상징하는 용어)의 또 다른 예가 있다.

많은 정신증은 자아가 우주의 중심 또는 최고의 원리인 자기를 동일시한다는 것을 보여 준다. 예를 들어, 자신이 예수거나 나폴레옹이라는 정신 나간 사람들 사이의 가장 흔한 망상은 자아가 자기를 동일시하는 유아기적 상태로의 퇴행으로 가장 잘 설명될 수 있다. 이런 증상들은 또한 극단적인 자아-자기 정체성의 증상이다. 이런 경우, 개인은 어떤 객관적 사건들이 그와 숨겨진 관계를 갖고 있다고 상상한다. 그가 피해의식을 갖고 있다면 망상은 박해적 특성을 갖게 된다. 예를 들어, 나는 자신의 아파트 창문 밖에서 전주 위에 전선을 고치고 있는 남자들을 보았다고 말한 환자를 기억한다. 그녀는 이것을 그녀의 전화 내용을 도청하기 위해 전화선에 도청장치를 하고 있는 것이라고 해석하고는 그것을 확신하였다. 또 다른 환자는 텔레비전의 뉴스 진행자가 자신에게 자신이 우주의 중심이라는 사적 메시지를 전달하고 있다고 생각했다. 이러한 망상은 자신이 우주의 중심이라는 인식, 그의 존재와는 아무런 상관이 없는 사실인 외부 사건에 개인적 중요성을 주는 자아-자기 정체성 상태에서 나온 것이다.[11]

자아-자기 정체성의 팽창된 상태의 가장 흔한 예를 H. G. 베인즈(Baynes)는 '잠정적 삶(provisional life)' 이라고 칭하였다. 베인즈는 이 상태를 다음과 같이 설명하였다.

11 자아-자기 정체성의 정신증적 출현에 관한 더 많은 자료는 Perry, John Weir, *The Self in Psychotic Process*, Berkeley and Los Angeles, University of California Press, 1953 참조.

(잠정적 삶은) 마치 이러한 사실들이 부모, 국가 또는 최소한 신에 의해 제공된 것처럼 현실의 주변적 사실들에 대한 책임감에 무지한 태도를 나타낸다. …… (그것은) 무책임하고 의존적인 유치한 상태다.[12]

M.-L. 폰 프란츠(Von Franz)는 이 조건을 **푸에르 에테르너스**(puer aeternus; 역주: 라틴어의 '영원한 소년'을 뜻하는 말로, 융은 이 개념을 분석심리학에 도입하여 '인간 정신의 원초적이고 구조적 요소인 원형'의 하나를 지칭하는 데 사용하였다. 삶의 배에 올라 자신의 문제를 스스로 해결하기보다 성장을 거부하고 삶의 책임을 회피하는 정신의 측면을 주로 지칭한다.) 이미지와의 동일시로 기술하였다. 이런 사람이 하는 일은 다음과 같다.

……은 정말로 원했던 것이 아니다. 그리고 언젠가 미래에 실제로 일어날 판타지가 있다. 이런 태도가 연장되면, 그것은 개인으로 하여금 그 순간에 존재하지 못하도록 하는 일관성 있는 내적 거절을 의미한다. 이것과 함께, 크고 작은 구세주 콤플렉스 또는 메시아 콤플렉스가 언젠가 세상을 구원할 수 있게 될 것이라는 비밀스러운 생각과 함께 존재한다. 철학, 종교, 정치, 예술, 기타의 것에서 그 결론적인 것들을 보게 될 것이다. 이것은 전형적인 병리적 과대망상까지 갈 수 있으며, 자신의 때가 '아직 오지 않았다.'는 생각 속에서 그것의 작은 흔적들이 있을 수도 있다. 그러한 유형의 사람들이 끔찍하게 두려워하는 한 가지는 그것이 무엇이든 간에 그것에 묶이는 것이다. 공간과 시간에 존재하게 되는 것에 대해 그리고 진정한 자기 자신으로 존재하는 것에 대해 거기에 묶일 것이라는 끔찍한 두려움이 있다.[13]

---

12 Baynes, H. G., "The Provisional Life" in *Analytical Psychology and the English Mind*, London, Methuen and Co. Ltd., 1950, p. 61.

13 Von Franz, M.-L., *The Problem of the Puer Aeternus*, New York, Spring Publications, Analytical Psychology Club of New York, 1970, p. 2.

심리치료자들은 이러한 유형의 사례를 자주 본다. 이러한 사람은 자신을 가장 유망한 사람이라고 생각한다. 그는 재능과 가능성으로 가득 차 있다. 이러한 사람의 불평 중 한 가지는 그의 능력과 흥미가 너무 광범위하다는 것이다. 그에게 있어 저주는 재능을 너무 많이 받은 것이다. 그는 어떤 것이든 할 수 있지만 특별히 어떤 것을 해야 할지 결정할 수 없다. 문제는 그가 가능성만 갖고 있고 그것을 다 성취할 수 없다는 것이다. 실제적인 성취를 이루기 위해서는 다른 가능성들을 희생시켜야 한다. 그는 근원적인 무의식적 전체성과의 동일시를 포기하고 자발적으로 현실적이지 못한 전체 대신 현실적인(실질적인) 파편들을 수용해야 한다. 현실에서 무엇인가 되기 위해서 모든 것의 가능성이 되기를 포기해야 한다. 푸에르 에테르너스 원형은 자기 이미지의 하나이지만 그것과 동일시하는 것은 현실을 가져올 수 없다는 것을 의미한다.[14]

일상생활의 팽창이라고 말할 수 있는 이보다 작은 팽창의 예들은 매우 많다. 신의 속성으로 사는 누군가(우리 자신을 포함하여)를 볼 때마다, 즉 적절한 인간 한계를 초월하는 사람을 볼 때마다 우리는 팽창의 상태를 확인할 수 있다. 분노의 저주들이 팽창된 상태의 예라고 할 수 있다. 누군가의 환경을 강제하고 지배하려는 시도는 분노에 속한 지배적인 동기다. 그것은 인종의 여호와 콤플렉스다. 복수에 대한 열의 또한 신과의 동일시라고 할 수 있다. 그러한 때에 " '복수는 나의 것이다.' 라고 주님이 말씀하셨다." 라며 금지 명령을 기억해 낼 수도 있다. 그리스 비극의 전체 내용은 신의 몫인 복수를 인간이 직접 할 때 일어나는 치명적인 결과를 그리고 있다.

모든 종류의 권력 동기는 팽창의 증상이다. 개인이 권력 모티프로부터 작동할 때는 언제나 전지전능성이 시사된다. 그러나 전지전능성은 오직 신에게만 속한 것이다. 사적인 진실이나 의견을 우주적 진실과 동등하게 하려는 지적 경직성

---

14 푸에르 에테르너스에 관한 또 다른 문헌의 예는 헨리 제임스(Henry James)의 소설 *The Beast in the Jungle*과 *Selected Fiction*, Everyman's Library, New York, E. P. Dutton & Co., 1953에서 찾을 수 있다.

역시 팽창된 것이다. 그것은 신에 관한 가설이다. 정욕과 순수한 쾌락 원리의 모든 작용도 마찬가지로 팽창이다. 그것의 충족을 중심 가치로 여기는 어떤 욕망도 자아의 현실 한계를 초월한 것이며, 따라서 초개인적 힘의 속성을 가정한 것이다.

실제적으로 우리 모두는 영원불멸로 나타나는 팽창의 잔재를 마음속 깊은 곳에 가지고 있다. 이러한 팽창의 측면으로부터 완전히 그리고 철저하게 배제된 사람은 거의 없다. 따라서 죽음의 부르심을 받으면 그것은 매우 두려운 경험이다. 제한적이기 때문에 시간이 얼마나 귀중한 것인가를 갑작스럽게 깨닫는 것이다. 이러한 경험은 개인을 더욱 생산적이고 보다 인간적으로 관계 맺게 하면서 삶에 대한 완전히 새로운 오리엔테이션을 갖게 해 준다. 그것은 개인의 발달에서 새로운 도약을 시작하게 하는데, 그 이유는 자아-자기 정체성의 영역이 의식을 위한 새로운 정신에너지를 방출하면서 해체되었기 때문이다.

부정적 팽창도 있다. 이것은 신성한 희생자—과도하고 절제되지 않은 죄책감과 고통—와 동일시하는 것이다. "이 세상에서 나만큼 괴로운(죄책감을 느끼는) 사람은 없다."라고 말하는 멜랑콜리아 사례에서 이를 볼 수 있다. 지나치게 자신이 어떤 것이라고 여기는 것은 팽창을 나타내는 것인데, 그 이유는 적절한 인간 한계를 초월했기 때문이다. 지나친 교만뿐 아니라 지나친 겸손(비하), 지나친 권력 투쟁과 이기심뿐 아니라 지나친 사랑과 이타심도 모두 팽창의 증상이다.

아니무스, 아니마 동일시 상태도 팽창이다. 아니무스의 독단적 선언은 신의 말씀이며, 따라서 "내가 되라는 대로 너는 되어야 한다. 그렇지 않으면 나는 너를 못하게 하겠다. 내 허락이 없으면 너는 죽게 될 것이다." 등의 말을 하는 아니마에 사로잡힌 남자의 뚱한 분노도 팽창이다.

자아-자기 정체성 상태에 근거한 전체 철학체계가 있다. 이 체계는 이 세상에 있는 모든 것이 자신의 자아로부터 나온 것이며 자신의 자아와 관련된 것이라고 여긴다. 이런 것을 **유아독존론**(solus ipse)이라 부른다. F. H. 브래들리(Bradley)는 유아독존론을 다음과 같이 표현했다.

> 나는 내 경험을 초월할 수 없고, 경험은 나의 경험이다. 이것으로부터 나 자신을 초월해 아무것도 존재하지 않는다는 생각이 나온다. 경험되는 것은 그것(Self)의 상태들이기 때문이다.[15]

실러(Schiller)는 유아독존론에 대해 "모든 실존이 경험이며, 하나의 경험만이 존재한다. 유아독존론자는 그가 유일자(the one)라고 생각한다."[16]라고 정의하였다.

## 3. 아담과 프로메테우스

근원적 팽창에 따르는 상태는 신화에 생생하게 묘사되어 있다. 그 훌륭한 예가 에덴동산 신화인데 인간의 타락(the fall)으로 불리는 신화다. 이에 대해 융은 다음과 같이 기술했다.

> 타락의 진설에는 깊은 교리가 들어 있다. 그것은 자아의식의 해방이 루시퍼적 행위라는 희미한 육감의 표현이다. 인간의 전체 역사는 처음부터 인간의 열등감과 교만 사이의 갈등의 역사로 이루어져 있다.[17]

창세기의 설명에 따르면 "동산 각종 나무의 열매는 네가 임의로 먹되 선악을 알게 하는 나무의 열매는 먹지 말라. 네가 먹는 날에는 반드시 죽으리라."라고 말하면서 신은 인간을 에덴동산에 두었다. 그런 다음 신은 아담의 갈비뼈로부터 이브를 창조하였고, 이브는 "너희가 결코 죽지 아니하리라. 너희가 그것을 먹는

15 Bradley, F. H., *Appearance and Reality*, London, Oxford University Press, 1966, p. 218.

16 *Encyclopaedia Britannica*, 1955, xx, p. 951.

17 Jung, C. G., *The Archetypes and the Collective Unconscious*, C. W., Vol. 9, i. par. 420 ff.

[그림 1-7] 원으로서의 에덴동산

베리(Berry) 공의 지극히 호화로운 기도서(Très Riches Heures de Jean, Duc de Berry)에서

날에는 너희 눈이 밝아져 하나님과 같이 되어 선악을 알 줄 하나님이 아심이니라."라고 말한 뱀에게 유혹을 당한다. 그래서 아담과 이브는 과일을 먹었다. "이에 그들의 눈이 밝아져 자기들이 벗은 줄을 알고 무화과나무 잎을 엮어 치마로 삼더라." 신은 그들의 불복종을 발견하고 다음과 같이 중요한 말로 그들을 저주하였다. "그러자 여호와께서 말씀하셨다. '보라. 이 사람이 선악을 아는 일에 우리 중 하나같이 되었으니 그가 그 손을 들어 생명나무 열매도 따먹고 영생할까 하노라.'—그래서 여호와 하나님은 에덴동산에서 그를 그가 만들어진 땅으로 보냈다. 그는 인간을 추방했다. 에덴동산의 동쪽 끝에는 케루빔[cherubim; 역주: 거룹(cherub)이라고도 하며 구약에 나오는 사람의 얼굴 또는 짐승의 얼굴에 날개를 가진 초인적 존재]과 불꽃 검을 두어 생명의 나무로 가는 모든 길을 지키게 하였다."[18]

이것은 우리의 문화적 전통 중 히브리 가지의 시작에 있는 신화이며, 그것은 심리학적 의미가 풍부한 것이다. 에덴동산은 황금시대의 그리스 신화 및 플라톤이 말한 근원적으로 둥근 인간에 견줄 만하다. 에덴동산은 그것으로부터 흐르는 네 개의 강과 중심의 생명나무 때문에 만다라의 특징을 갖고 있다([그림 1-7] 참조). 만다라 동산은 자기의 과거 시대이며, 여기서는 자아가 자연 및 신과 하나(oneness)의 상태에 있다. 그것은 자신의 자기와 하나(one)를 이루고 있는, 최초의, 무의식적인 동물적 존재 상태다. 그것은 낙원 상태라고 할 수 있는데, 그 이유는 의식이 아직 나타나지 않아서 갈등도 없기 때문이다. 자아는 자기의 자궁 안에 담겨 있다([그림 1-8] 참조).

근원적 전체성을 나타내는 또 다른 특징은 아담으로부터 이브를 창조한 일이다. 아담은 분명히 본래 자웅동체였을 것이다. 그렇지 않으면 그로부터 여성을 만들어 낼 수 없었을 것이다. 이런 초기 신화는 정신의 여성적 요소를 가치절하하는 히브리인의 일방적인 가부장적 태도에 의해 변형되었고, 정신의 여성적 요소는 아담의 갈비뼈 정도로 가치절하되었다. 여성적 요소와 남성적 요소로의 아

---

18 창세기 2-3장.

[그림 1-8] 배로 묘사된 낙원
15세기 이탈리아 문헌

담의 분리는 낙원으로부터의 분리에 상응한다. 어떤 경우든 효과는 인간이 분리되고 근원적 전체성으로부터 소외되었다는 것이다.

유혹과 타락의 드라마는 본래의 수동적 팽창상태가 구체적 행위라는 적극적 팽창으로 변할 때 시작된다. 뱀의 전체 접근과 호소는 팽창된 언어로 표현된다("이 과일을 먹으면 네 눈이 밝아져서 신과 같이 될 것이다."). 그래서 나무의 과일을 먹었고, 피할 수 없는 결과가 펼쳐졌다. 모든 것은 아담과 이브가 감히 신과 같이 되고자 한 욕망을 실천했기 때문에 시작된 것이다.

신화는 의식의 탄생을, 인간을 신으로부터 그리고 근원적인 전의식적 전체성으로부터 소외시키는 범죄로 묘사하고 있다. 과일은 분명히 의식성의 상징이다. 그것은 선악의 지식나무이며, 이는 그것이 의식의 구체적 특징인 대극에 대한 인식을 가져옴을 의미한다. 따라서 신학적으로는 의식성은 원죄, 원교만이며 인간 본성의 모든 사악함의 근원이다. 그러나 다르게 보는 사람들도 있다. 영지주의 분파인 오피스파(Ophites)는 뱀을 숭배했다. 이들은 현대 심리학과 같은 관점을 갖고 있었다. 이들에게 뱀은 에덴동산을 창조하고 인간을 무지 상태에 둔 창조주에 대한 속박으로부터의 인간 구원을 상징하는 영적 원리를 나타내는 것이다. 뱀은 선하고 여호와는 나쁜 것이었다. 심리학적으로 뱀은 영지주의적 원리, 지식 또는 출현하는 의식성이다. 뱀의 유혹은 인간에게 자기실현에 대한 충동을 나타내며 개성화의 원리를 상징한다. 어떤 영지주의 분파는 에덴동산의 뱀을 그리스도와 동일시했다.

금지된 과일을 먹는 것은 자기와의 영원한 무의식적 단일체적 상태(생각 없는, 동물적 상태)로부터 공간과 시간 속의 실제적 · 자아의식적 삶으로의 전환을 의미한다. 이 신화는 자아의 탄생을 상징한다. 이 탄생과정은 자아를 근원으로부터 소외시키는 것이다. 자아는 이제 고통, 갈등, 불확실성의 세계로 들어간다. 그래서 더 큰 의식성을 취하는 것을 꺼리는 것은 당연하다([그림 1-9] 참조).

의식성으로의 '타락'의 또 다른 특징은 아담과 이브가 벌거벗었음을 인식했다는 것이다. 성애와 본능이 갑자기 금기와 수치의 대상이 되었다. 영적 원리로서의 의식성은 자연적이고 본능적인 동물적 기능에 반대 극을 만들었다. 이중성, 해리, 억압이 의식성의 탄생과 함께 인간 정신 안에 태어났다. 이는 의식이 스스로 존재하기 위해 무의식에 대해 (최소한 처음에는) 적대적이었음을 의미한다. 이러한 통찰은 성적 · 본능적 억압이 아동기에 일어나지 않을 때만이 인격이 전체적이고 건강할 수 있다는 유토피아적 심리학 이론들이 틀렸음을 알려 준다. 정신 발달의 내재적이고 필연적인 단계는 대극의 극화(polarization), 즉 의식 대 무의식, 영(spirit) 대 본성을 필요로 한다.

그러나 땀 흘려 일해서 빵을 얻고 해산의 고통을 느끼는 실제 세계에서의 힘든 삶을 슬프게 살아가는 아담과 이브의 이미지에서 우리의 연구를 끝낸다면 타락 신화에 대한 우리의 연구는 완성된 것이 아니다. 에덴동산에는 선악나무만 있었던 것이 아니고 생명나무도 있었다. 신은 이들이 이 두 번째 나무도 발견하여 그 축복을 취할까 불안해한다. 이것이 의미하는 것은 무엇인가? 긴스버그(Ginsberg)의 『유대인의 전설(Legends of the Jews)』에는 생명나무와 관련된 흥미로

[그림 1-9] 아담과 이브의 추방
마사치오(Massaccio)

운 전설이 있다. 이 책은 이러한 질문에 대한 통찰을 제공한다.

> 낙원에는 생명나무와 지식나무가 있다. 후자는 전자의 울타리를 이루고 있다. 지식나무를 통해 길을 낼 수 있는 자만이 그 직경을 건너는 데 500년이 걸리고 나무의 가지 끝이 드리우는 그림자가 매우 넓을 정도로 거대한 생명나무에 가까이 갈 수 있다. 그 아래로부터 물이 흘러 온 대지를 적시고 네 개의 강으로 나뉘는데, 갠지스, 나일, 티그리스, 유프라테스 강이 그것이다.[19]

신화 주변에서 생겨나는 전설은 종종 본래 이야기에서 제거된 부분을 확장하고 정교화한다—마치 집단무의식이 이야기를 다듬고 완전한 상징적 의미를 명료화하는 것처럼. 내 생각에 여기서 인용한 전설도 그 경우에 해당한다. 성서는 지식나무와 생명나무 사이의 관계에 관하여 상당히 모호한 설명을 하고 있다. 이 전설이 훨씬 분명하고 만족스러운 이미지를 주고 있다. 이 전설에 따르면 생명나무는 옴파로스(omphalos) 또는 세계의 배꼽이며 세계의 이그드라실(Yggdrasil)의 비유다. 성경은 생명나무의 과실이 영생을 가져다준다고 말하고 있다. 아담과 이브는 추락하기 전에는 불사였지만 무의식상태이기도 했다. 타락 후에 이들이 생명나무의 과실을 먹을 수 있었다면 이들은 의식과 영생 모두를 가질 수 있었을 것이다. 여호와는 자신의 영역에 대한 어떤 침범도 반대했으며 그 방애물로 불타오르는 칼로 케루빔을 세웠다. 그러나 앞서 인용한 『유대인의 전설』을 보면, 생명나무가 어떻게 발견될 수 있는지 알 수 있다. 그것은 울타리 같은 선악나무를 통해 길을 만듦으로써 도달하게 된다. 즉, 계속 뱀의 유혹을 받아들여야 함을 의미한다. 지식의 라임을 계속 먹어야 하며, 그런 식으로 생명나무에 이르는 자신의 방법을 먹는 것이다. 다른 말로 하면, 잃어버린 전체성의 회

---

19 Ginsberg, G., *Legends of the Jews,* abridged version, *Legends of the Bible.* New York, Simon and Schuster, 1956, p. 37.

복은 의식의 과실을 완전히 맛보고 흡수하는 것으로만 성취될 수 있다.

타락 신화는 무의식으로부터 의식이 처음 탄생하는 패턴과 과정뿐 아니라 의식성의 증가를 위해 통과해야 하는 과정을 묘사하고 있다. 오피스파의 생각처럼 아담과 이브는 단순한 도둑이 아니라 영웅적인 것으로 묘사될 수 있다. 더 큰 의식을 위해 이들은 수동적인 복종의 편안함을 희생했다. 우리가 편안함보다 의식에 더 큰 가치를 둔다면 장기적으로 볼 때 뱀은 유익을 주는 존재로 판명될 것이다.

분석치료 과정에서의 많은 훌륭한 꿈에서도 인간의 이러한 근원적 타락 주제의 단편들을 볼 수 있다. 이러한 꿈들은 새로운 의식적 통찰이 태어나고 있을 때 매우 흔하게 나타난다. 뱀과 만나거나 뱀에게 물리는 것이 꿈의 흔한 주제다. 뱀에게 물리는 꿈은 일반적으로 에덴동산에서 아담과 이브가 뱀의 유혹에 굴복하는 것과 같은 의미를 갖고 있다. 즉, 과거의 낡은 상태를 잃어버리고 새로운 의식적 통찰이 태어나는 것이다. 이러한 것은 종종 낯설고 위험한 것으로 경험되기 때문에 유쾌한 꿈은 아니다. 물리는 것은 보통 새로운 태도와 방향에서 시작하는 것이기 때문에 전환기 꿈으로서 중요하다. 범죄를 저지르는 꿈도 과일을 훔치는 원죄와 동일한 의미를 갖는다. 한 발달단계에서는 범죄인 것이 다음 단계에서는 적법한 것이며, 과거의 단계의 법칙에 도전하지 않으면 새로운 심리 발달 단계에 이를 수 없다. 따라서 새로운 단계는 범죄로 경험되고 죄책감이 따른다. 사과, 체리, 토마토 같은 과일을 받거나 먹는 꿈도 같은 의미를 갖는다. 에덴동산에서 과일을 먹었던 것과 같은 결과를 초래해 새로운 의식 영역에 이르게 된다. 의식을 갖게 되는 것, 즉 선악을 알게 되는 것은 갈등도 알게 됨을 의미한다.

다음의 꿈은 저 오래된 에덴동산의 주제에 해당하는 현대인의 꿈의 예다. 이 꿈은 40대 남성이 꾼 것이다. 그는 처음에 '작가의 슬럼프' 문제와 불안 때문에 나를 만나러 왔다. 그는 창의적 아이디어와 영감으로 가득 찬 재능 있는 사람이었다. 그는 가장 놀라운 꿈을 가져왔는데, 의상과 음악, 시작과 끝의 세세한 것에 이르기까지 완벽한 연극에 관한 꿈을 꾸었다. 그러나 그것을 실제로 글로 옮기는 힘든 작업은 결코 할 수 없었다. 그것은 마치 꿈 자체가 적절한 현실을 갖고 있고 그 판타지 속에서 그토록 훌륭한 작곡을 할 수 있다는 사실이 현실에서 그것들을 이루어야 한다는 의무감으로부터 그를 해방시켜 주는 충분한 현실인 것 같았다. 근원적인 무의식적 전체성, 즉 가능성을 실제적인 것으로 만들기 위해 필요한 힘든 일을 피하는 잠정적 삶과의 동일시다. 그가 글을 쓰고 싶어 하긴 하지만 무의식적으로 판타지 그 자체가 충분한 현실로 간주되었다. 그런 사람은 실제적인 것을 창조하는 것을 두려워한다. 그는 익명성을 잃어버리고 불인정 속에 자신을 처하게 할 것이다.

그의 꿈 내용은 다음과 같다. 나는 키르케고르(Kierkegaard)를 연상시키는 분위기 속에 앉아 있다. 나는 특정한 책을 찾으러 서점에 간다. 나는 그것을 발견하고 구입한다. 그 책은 『가시덤불 속의 사람(A Man Among Thorns)』이다.

그런 다음 장면이 바뀐다. 내 여동생이 거대하고 검은 초콜릿 케이크를 만들었다. 그 케이크는 붉은 띠처럼 보이는 붉은색의 얇은 장식으로 덮여 있다. 초콜릿 알레르기가 있는 내게는 초콜릿이 항상 금지된 것이긴 하지만 나는 나쁜 영향 없이 그 케이크를 먹는다.

꿈꾼 이의 연상의 일부는 다음과 같다. 그는 키르케고르를 문제 있는 사람, 반명제들(antitheses) 사이의 갈등, 즉 심미적 태도와 종교적 태도 사이의 갈등에 처한 사람으로 보았다. 그의 저서 『이것이냐 저것이냐(Either/Or)』는 전체 대극 문제를 나타낸다. 『가시덤불 속의 사람』이라는 책 제목은 그리스도와 그가 쓴 가시관을 연상시켰다. 초콜릿 케이크에 대해서 꿈꾼 이는 항상 그것이 해롭다고 생각했는데, 그 이유는 그를 아프게 만들기 때문이다. 붉은색 장식을 한 '붉은 띠'는 그에게 '악마가 입는 것'을 생각나게 했다.

현대인과 개인적 이미지에 표현되기는 하지만 이 꿈은 아담의 낙원 추방이라는 고대신화와 밀접한 병치를 이룬다. 이 원형적 병치에 근거하여 우리는 그것이 이 인간 발달에서 잠재적인 전환기를 나타낸다고 가정할 수 있다. 꿈의 가장 놀라운 특징은 케이크를 먹는 것이다. 케이크는 검은색이고 악마와 관련된 붉은 장식을 갖고 있다. 흰색의 반명제(antithesis)인 검은색은 사악함과 어두움을 의미한다. 꿈꾼 이의 경우 케이크는 무의식에 대한 그의 의식적 두려움을 나타내는 해로운 것으로 생각된다. 이 해로운 케이크를 먹는 것은 상징적으로 뱀에게 물리거나 금지된 과일을 먹는 것과 동일하다. 그 결과는 대극의 인식(선과 악을 하는 것)이며, 이것은 의식적 갈등의 상태에 빠지는 것을 의미한다. 의식성이 증가할 때마다 갈등도 생긴다. 그것이 새로운 의식성의 조각이 그것의 존재를 알리는 방식—갈등—이다.

꿈꾼 이가 나쁜 영향 없이 케이크를 먹었다고 언급했지만 결과는 첫 번째 꿈 장면에서 상징적으로 제시되어 있다. 이 장면이 케이크를 먹는 것에 앞서 일어난 것은 문제가 안 된다. 꿈이 여러 장면으로 이루어져 있을 때 그 장면들은 동일한 중심 관념을 기술하는 다양한 방법으로 이해될 뿐이다. 다른 말로 하면, 꿈에서 이미지들의 흐름은 합리적 사고에서처럼 연속적으로 진행하는 것이 아니라 어떤 중심점을 순행한다. 따라서 키르케고르적 분위기 속에 있는 것과 『가시덤불 속의 사람』이라는 책을 사는 것은 해로운 검은 케이크를 먹는 이미지의 상징적 변형일 뿐이다. 케이크를 먹는 것은 키르케고르적 갈등에 들어가서 가시관을 쓴 남자—신의 아들이자 인간의 아들로서 극단적인 대극 긴장을 견디어 낸 그리스도 또는 낙원에서 추방되어 가시와 엉겅퀴를 내는 땅에 살아야 했던 아담—를 이해하는 것을 의미한다.

이 꿈이 꿈꾼 이에게 의미하는 것은 무엇이었을까? 그것은 갑작스러운 통찰이나 변화를 가져오지는 않았다. 그는 꿈을 꾼 후 차이를 인식하지 못했다. 그러나 이후의 꿈에 대한 논의와 더불어 이 꿈에 대한 우리의 논의는 점진적인 의식성의 증가를 이해할 수 있게 해 주었다고 할 수 있다.

이 환자가 심리치료를 처음 시작했을 때 그는 증상은 있었지만 갈등은 없었다. 점차 증상은 사라졌고, 증상은 자신의 갈등에 대한 의식적 인식으로 대체되었다. 그는 글을 쓸 수 없었으며, 그 이유가 자신의 일부가 글을 쓰고 싶어 하지 않기 때문임을 알게 되었다. 그는 그의 불안이 의미 없는 증상이 아니라 에덴동산에서 그가 너무 오래 머물러 있는 것은 치명적인 심리적 결과를 초래할 수도 있다는 것을 경고하려는 위험한 신호라는 것을 깨닫게 되었다. 꿈꾼 이가 말한 것처럼 선악의 지식나무의 과실을 먹고 의식적 개인이 되는 것의 피할 수 없는 갈등을 받아들여야 하는 시간이었던 것이다. 그리고 이 과도기는 고통만 있는 것은 아니다. 신화는 이 부분에서 한쪽으로 치우쳐 있다. 낙원도 그 안에 너무 오래 있으면 감옥이 된다. 그렇다면 타락은 바라지 않는 것으로가 아니라 해방으로 경험된다.

그리스 신화에도 에덴동산과 유사한 신화가 있다. 나는 프로메테우스(Prometheus) 신화에 대해 이야기하고자 한다. 그 이야기는 다음과 같다.

> 프로메테우스는 신들과 인간들 사이의 희생제물 고기를 나누는 절차에 관여했다. 이전에는 구분할 필요가 없었는데, 왜냐하면 신과 인간이 함께 먹었기 때문이었다(자아-자기 정체성). 프로메테우스는 먹음직스러워 보이는 기름으로 덮인 동물 뼈만을 주어 제우스를 속였다. 인간을 위해 먹을 수 있는 모든 고기를 남겨 놓았다. 이 속임수에 화가 난 제우스는 인간에게서 불을 빼앗았다. 그러나 프로메테우스는 하늘로 몰래 숨어 들어가 신들이 불을 훔쳐 인간에게 주었다. 이 범죄에 대한 벌로 프로메테우스는 바위에 묶여 매일 독수리에게 그의 간을 쪼아 먹임을 당했고 매일 밤 다시 간이 치유되었다. 그의 형 에피메테우스(Epimetheus)도 벌을 받았다. 판도라(Pandora)라는 여자를 만들어 상자에 넣어 에피메테우스에게 보냈다. 판도라의 상자에서 인간을 괴롭히는 모든 나쁜 것과 고통—늙음, 노동, 질병, 악과 열정—이 나왔다.

신과 인간 사이에 제물로 바쳐진 희생동물의 고기를 나누는 과정은 원형적 정신 또는 자기로부터 자아의 분리를 나타낸다. 자율적 존재로서 자신을 세우는 자아는 그 자신을 위한 음식(에너지)을 필요로 한다. 불을 훔치는 것은 동일한 과정의 비유다. 프로메테우스는 고통을 대가로 자아 발달을 감히 시작하는 루시퍼적 상징(figure)이다.

프로메테우스와 에피메테우스를 동일한 이미지의 두 측면이라고 생각한다면 우리는 프로메테우스 신화와 에덴동산 신화 사이의 수많은 병치를 볼 수 있다. 제우스가 불을 빼앗아 버린다. 여호와는 지식나무의 과실을 빼앗는다. 불과 과일은 인간 자율성과 신으로부터의 독립을 의미한다. 아담과 이브도 불복종으로 과일을 훔친다. 의지적(willful) 행위를 함으로써 권위 인물에 대항한다. 이는 처벌을 초래한다. 프로메테우스도 치유되지 않는 상처로 저주받는다. 에피메테우스는 판도라 상자의 내용물로 처벌받는다. 치유되지 않는 상처는 에덴동산으로부터의 추방과 같은 맥락이다. 고통, 노동, 노고는 이들 모두가 감당해야 하는 처벌이다.

이 모든 것은 의식화의 피할 수 없는 결과들이다. 고통과 노고, 죽음은 의식성의 탄생 이전에는 존재하지 않았지만, 그것들을 경험할 의식성이 없다면 심리학적으로 그것들(고통, 노고, 죽음)도 존재하지 않는다. 프로메테우스의 간은 낮 동안 독수리가 쪼아 먹고 밤 동안 회복된다. 낮은 빛, 의식성의 시간이고, 밤은 어둠, 무의식의 시간이다. 인간은 밤에 우리가 태어난 근원적 전체성으로 돌아간다. 그것은 치유다. 그것은 마치 상처의 영향이 활성화되지 않는 것과 같다. 이는 의식성 자체가 상처를 만들어 냄을 의미한다. 영원히 치유되지 않는 프로메테우스의 상처는 근원적인 무의식적 전체성을 깬 결과, 즉 본래 단일체로부터의 소외를 의미한다. 그것은 살 속에 언제나 박혀 있는 가시다.

이와 같이 두 개의 신화는 본질적으로 동일한 것을 말하고 있는데, 그 이유는 두 가지 모두 정신의 원형적 실제와 그것의 발달과정을 표현하고 있기 때문이다. 의식성의 획득은 범죄, 즉 권위에 대한 오만의 행위지만 그것은 반드시 필요한 범죄, 즉 자연적인 무의식상태로부터 의식성에 필연적인 소외를 가져오는 범죄다. 우리가 의식성의 발달을 조금이라도 이루고자 한다면 우리는 그것을 필연적인 범죄로 생각해야 한다. 동물적 상태에 머무는 것보다는 의식상태에 있는 것이 낫다. 그러나 그렇게 하기 위해서는 자아가 자신이 나온 무의식에 팽창된 행위로 대항해 자아의 상대적 자율을 주장해야 한다.

이러한 이해를 적용할 수 있는 여러 수준이 있다. 가장 깊은 수준에서 그것은 우주의 힘, 자연의 힘 또는 신에 대항하는 범죄다. 그러나 실제로 매일의 일상에서 그것은 그렇게 종교적 범주로 경험되지 않고 상당히 개인적인 방식으로 경험된다. 개인적 수준에서 감히 새로운 의식성을 획득하기 위한 행위는 개인의 환경에 존재하는 권위, 부모, 나중에는 기타 외부 권위에 대항하는 범죄 또는 반항으로 경험된다. 개성화의 어떤 단계도 집단에 대한 범죄로 경험되는데, 그 이유는 그것이 가족이든 정당이든 교회든 국가든 간에 집단이 표방하는 것에 대한 개인의 동일시에 도전하기 때문이다. 동시에 각 단계에서 정말로 그것은 팽창된 행위이기 때문에 죄책감을 수반할 뿐 아니라 타락의 결과를 초래한 팽창 속에 갇힐 위험을 감수해야 한다.

필연적인 범죄를 행해야 할 필요가 있는 시점에서 멈춰 버린 수많은 사람을 심리치료에서 만난다. 그런 사람들은 이렇게 말한다. "나는 부모나 가족을 실망시킬 수 없어요." 어머니와 살고 있던 한 남성은 다음과 같이 말했다. "결혼하고 싶지만 그게 불쌍한 늙은 어머니를 죽게 만들 거예요." 그 이유는 존재할 수도 있는 공생적인 관계가 문자 그대로 일종의 정신적 자양분일 수도 있기 때문이다. 음식이 중단되면 상대방은 당연히 죽는다! 이러한 사람의 경우 어머니에 대한 의무감이 너무 강해 표준적인 다른 삶을 생각조차 못하게 하는 것으로 보인다. 자기 자신의 발달에 대한 의무감은 그냥 생겨나는 것이 아니다.

우리는 심리치료 관계에서도 동일한 주제가 작용하는 것을 볼 수 있다. 아마도 부정적 혹은 반항적 반응이 분석가를 향해 나타날 것이다. 그러한 반응은 큰 죄책감과 불안감을 수반할 수 있는데, 특히 분석가가 원형적 권위의 투사대상이라면 그렇다. 그러한 상황에서 순수한 정서로 부정적 반응을 표현하는 것은 신에 대항한 범죄와 매우 유사하게 느껴진다. 그것은 응징을 불러오는 위험한 팽창의 행위로 보일 것이다. 그러나 어느 시점에서 금지된 과일을 먹지 않는 한, 감히 신으로부터 불을 훔치지 않는 한 그는 의존적 전이에 갇히게 될 것이며, 발달은 진행되지 않을 것이다.

## 4. 오만과 응징

팽창 상태를 묘사하는 그 밖의 많은 신화가 있다. 예를 들면, 이카루스(Icarus) 신화 같은 것이다.

> 다이달로스(Daedalus)와 그의 아들 이카루스는 크레타에 갇혀 있었다. 아버지는 두 사람의 날개를 만들었고, 둘은 도망칠 수 있었다. 그러나 다이달로스는 아들에게 경고했다. "너무 높이 날지 마라. 그렇지 않으면 태양이 날개의 왁스를 녹여 버려 떨어지게 될 것이다. 가까이 나를 따라라. 네 자신의 길을 가지 마라." 그러나 이카루스는 날 수 있는 능력에 신이 나서 경고를 잊어버리고 자신의 길을 갔다. 그는 너무 높이 날았고, 왁스가 녹아 버려 바다에 떨어졌다.

이 신화에는 팽창의 위험한 측면이 강조되어 있다. 팽창적 행위는 새로운 수준의 의식 성취를 위해 꼭 필요한 순간이 있지만 무모할 때가 많이 있다. 자신이 무엇을 하고 있는지 알 때까지 자신의 길을 안전하게 세울 수 없다. 다른 사람들의 우수한 지혜에 의존하는 것이 종종 현실 상황을 정확하게 평가한 것일 수 있다. "많은 사람이 자신의 매임을 던져 버릴 때 자신의 최후의 가치도 던져 버린다."[20]라고 니체(Nietzsche)가 말한 것처럼, 앞에서 팽창의 범죄적 특성에 대해 언급했지만, 이것은 진짜 범죄이며 이에 상응하는 결과가 뒤따른다. 상황을 잘못 판단하면 이카루스의 운명으로 고통받는다.

---

20 Nietzsche, F., "Thus Spake Zarathustra," I, 17, in *The Philosophy of Nietzsche*, New York, Modern Library, Random House, 1942, p. 65.

[그림 1-10] 이카루스의 추락
피테르 브뢰헬(Pieter Breughel)

날아다니는 모든 꿈은 어느 정도 이카루스 신화를 암시한다. 기계적인 안전장치 없이 나는 꿈은 특히 그러하다. 땅에서 벗어나면 떨어질 위험이 있다. 땅으로 상징되는 갑작스러운 현실과의 충돌은 위험스러운 충격이다. 비행기가 추락하는 꿈이나 추락하는 것을 상징하는 증상이미지, 높은 곳에서 떨어지는 것, 높은 곳을 무서워하는 공포증 등의 모든 것은 이카루스 신화가 보여 주는 기본 정신장치로부터의 이탈이다.

다음은 이카루스 꿈의 예다. 유명한 친척과 동일시한 한 젊은 남자가 꾼 꿈이다. 그는 다른 남자가 만든 날개를 빌렸고, 날개를 달고 날았다. 나는 높은 벼랑 끝에 사람들과 있었다. 사람들은 벼랑 아래 매우 얕은 물속으로 떨어지고 있었고, 나는 그들이 죽을 것임을 분명히 알았다. 아직 꿈속에 있는 동안 혹은 꿈에서 깨어나자마자 나는 즉각 브뢰헬의 〈이카루스의 추락(Fall of Icarus)〉이라는 그림이 생각났다.

브뢰헬의 〈이카루스의 추락〉([그림 1-10] 참조)은 이탈리아 농촌을 그린 것이다. 왼쪽에 있는 농부들은 밭을 갈고 있고, 그들의 일을 하려고 하고 있다. 오른쪽에는 몇몇 배가 떠 있는 바다가 있다. 아래쪽 구석에는 이카루스의 다리가 물속으로 사라지고 있다. 그림의 한 가지 중요한 특징은 오른쪽에 있는 이카루스의 운명이 왼쪽에 있는 사람들에게 완전히 무시되고 있다는 것이다. 그들은 원형적 사건이 그들의 눈앞에 일어나고 있는 것을 의식하지 못한다. 꿈꾼 이는 그림의 이 측면에 대해 언급했고, 그에게 일어나고 있는 일의 중요성에 대해 그 자신이 무의식적이라는 것을 의미한다고 말했다. 그는 비현실적으로 높은 곳에서 추락하는 과정에 있었지만 이러한 통찰은 나중에 희미하게 그에게 찾아왔다.

또 다른 이카루스 꿈의 예는 다음과 같은데, 한 여성이 꾼 것이다. 나는 길을 따라 여행을 하고 있고, 하늘에서 이카루스 같은 한 남자를 본다. 그는 횃불을 들고 있었다. 갑자기 그의 날개에 불이 붙었고 모든 것이 불꽃에 휩싸인다. 지상에 있는 소방차가 호스로 불을 끄고 가까스로 불길을 잡지만 그는 떨어져 죽는다. 횃불을 든 채로. 나는 내 가까이 땅에 있는 그를 보고 두려워 소리친다. "오 하나님, 오 하나님!"

꿈꾼 이는 흔하고, 강력하고, 이상적인 아니무스 투사의 희생자다. 이 꿈은 그녀 자신에 관한 팽창된 태도로 자신을 유혹하는 투사의 죽음을 보여 준다.

팽창과 관련된 또 다른 신화는 파에톤(Phaeton) 신화다.

> 파에톤은 그의 어머니에게 아버지가 태양신 헬리오스(Helios)라는 이야기를 들었다. 이것을 스스로 입증하기 위해 그는 태양까지 가서 헬리오스에게 묻는다. "당신이 정말 나의 아버지입니까?" 헬리오스가 아버지라고 확증시켜 주고서는 실수로 이렇게 말한다. "그것을 입증하기 위해 네가 원하는 것은 무엇이든 해 주겠다." 파에톤은 태양전차를 몰고 하늘로 가게 해 달라고 요구한다. 즉시 헬리오스는 자신의 성급한 약속을 후회했지만 파에톤은 아버지의 더 나은 판단에 대항하고 고집 피운다. 파에톤은 태양전차를 몰고 갔지만 그 과업은 젊은이의 능력을 넘어서는 것이어서 그는 타오르는 불꽃에 부딪힌다.

이 신화도 팽창은 피할 수 없는 결과로서 추락을 가져온다고 말한다. 또한 이 신화는 나은 판단을 하지 못하고, 그것이 자동차든 자기결정권이든 책임질 능력을 고려치 않고 아들의 손에 너무 큰 권력을 준 지나치게 관대한 아버지에 대해서도 무엇인가를 말하고 있다.

'파에톤 콤플렉스'를 가진 한 환자가 생각난다. 그가 준 첫인상은 가볍고 무신경해 보이는 태도였다. 타인이 따르는 규범은 그에게 적용되지 않았다. 그에게는 그가 존경하지 않았던 그리고 그가 군림하고 조롱했던 약한 아버지가 있었다. 그는 높은 곳에 있는 꿈을 여러 번 꾸었다. 그 꿈들 중 하나를 토론하는 과정에서 치료자가 그에게 파에톤 신화를 들려주었다. 처음에 환자는 깊이 감동받았다. 그는 결코 전에 그런 신화를 들어 본 적이 없었지만 즉각 그것이 그의 신화라는 것을 인식했다. 그는 자신의 삶이 신화에 묘사되어 있는 것을 보고 갑자기 그가 살아가고 있던 원형적 드라마를 깨달았다.

그러나 모든 신화적 이미지는 모호하다. 우리는 그것들을 긍정적으로 해석해야 하는지 아니면 부정적으로 해석해야 하는지 사전에 확실히 할 수 없다. 예를 들어, 초콜릿 케이크 꿈을 꾸었던 남성의 긍정적인 파에톤 꿈이 있다. 그는 직장에서 독단적이고 위협적인 권위 인물에게 처음으로 대항해 효과적으로 자신을 주장할 수 있었던 중요한 경험을 하기 전날 밤에 이 꿈을 꾸었다. 이 꿈을 사건 후에 꾸었다면 우리는 이 꿈이 외부 경험에 의해 '야기된' 것이라고 생각할 수 있다. 그러나 꿈이 먼저였고 그다음이 용기 있는 대면이었기 때문에 우리는 꿈이 외부의 사건을 일으켰거나 최소한 그것을 가능하게 한 심리적 태도를 만들어 냈다는 생각을 정당화할 수 있다.

여기 꿈이 있다. 나는 파에톤이며, 나는 태양전차를 타고 하늘로 날아가는 일에 막 성공하였다. 그것은 놀라운 장면이었다—빛나는 푸른 하늘과 흰 구름. 나는 강렬한 기쁨과 성취감을 느꼈다. 처음으로 든 생각은 '원형에 관해 융이 결국 옳았어.'였다.

여기서 파에톤 신화가 꿈과 통합되었지만 꿈의 목적에 부합하게 변화되었다.

꿈꾼 이 파에톤은 신화의 파에톤이 실패한 곳에서 성공한다. 분명히 꿈꾼 이는 그의 힘의 한계를 벗어나지 않게 조치를 취했다. 그가 하고 있던 일은 위험한 것이다. 그것은 팽창을 어느 정도 포함하고 있다. 그러나 나는 이전의 꿈 이후에 꾼 이 꿈이 꿈꾼 이에게 새로운 발달을 가져오기 위해 팽창이 필요하며, 그것이 영웅적인 팽창이라는 것을 이해했다. 팽창의 전체 문제가 모호한 것이라는 것이 이제 매우 명백하다. 한편으로 그것은 위험하며, 또 한편으로는 상당히 필연적인 것이다. 어느 측면이 강조되어야 하는가는 개인 그리고 그 개인이 처한 특정 상황에 좌우된다.

또 다른 신화는 익시온(Ixion) 신화다. 익시온의 팽창된 행위는 헤라(Hera)를 유혹하려 한 것이었다. 제우스(Zeus)는 구름으로 가짜 헤라를 만들어 익시온이 그녀와 쾌락을 취했을 때 그의 시도를 좌절시켰다. 제우스는 그 행위로 그를 놀라게 했고, 하늘로 끊임없이 회전하는 불꽃 바퀴에 그를 묶는 처벌을 했다. 이 경

[그림 1-11] 수레바퀴에 묶여 있는 익시온

고대의 화병 그림

우 팽창은 정욕 및 쾌락 추구 그 자체를 나타낸다. 불꽃 바퀴에 묶이는 처벌은 흥미로운 생각이다. 바퀴는 기본적으로 만다라다. 그것은 자기를 암시하며 자기에 속한 전체성을 암시하지만, 이 신화의 경우 그것은 고문의 수단으로 바뀌었다. 이는 자아의 자기 동일시가 너무 오래 지속될 때 일어나는 일을 나타내고 있다. 동일시는 고문이 되고, 본능의 불타는 열정은 자아가 자기로부터 분리되어 그것의 본능에너지를 초개인적 역동으로 볼 때까지 바퀴에 묶어 놓는 지옥불이 된다. 자아가 본능에너지를 그것의 개인적 쾌락으로 보는 한 그는 익시온의 바퀴에 묶여 있을 수밖에 없다.

그리스인들은 그들이 오만(hybris)이라고 불렀던 것에 대한 끔찍한 공포를 갖고 있었다. 본래 이 단어는 방자한 폭력 또는 자긍심에서 생겨나는 열정을 의미했다. 그것은 내가 팽창이라고 부르는 것의 한 측면과 동의어다. 오만은 신에게 속한 것을 인간에게 연결 짓는 인간 교만이다. 그것은 인간 한계의 초월이다. 길버트 머레이(Gilbert Murray)는 이를 다음과 같이 표현했다.

> 양심(숭배심)을 가진 사람은 자신 안에 지나치고 싶어 하지 않는 보이지 않는 장벽이 있다. 오만은 장벽을 지나친다. 오만은 불쌍한 사람 또는 추방당한 자가 제우스로부터 왔다는 것을 보지 못한다. 오만은 불경의 방자함이다. 힘의 광포함이다. 한 가지 형태로 그것은 약하고 낮은 불경의 죄이며 더 높은 존재에 대한 숭배의 결핍이다. 그러나 거의 항상 강한 자만심의 죄다. 그것은 코로스(Koros; 역주: 도덕적 균형의 상실) 또는 포만감에서 생겨난다—'너무 잘 사는 것'에서 생겨난다. 그것은 그 길에서 약하고 무력한 것을 일축하는데, 아이스킬로스(Aeschylus)가 '위대한 디케(Dike; 역주: 정의의 그리스 여신)의 재단'이라고 언급한 것처럼 '일축한다'(역주: 아이스킬로스의 비극 3부작 중 1부가 아가멤논 비극이다. 아가멤논 비극은 전체가 1673행으로 되어 있으며, 여기서는 383행을 인용함). 그리고 오만은 초기 그리스인들이 정죄한 전형적 죄다. 분명한 종교적 금기, 그리고 '추한' 또는 '잘 맞지 않는'을 의미하는 단어에서

> 파생된 것들과 관련된 단어들을 제외한 기타 죄는 거의 오만의 형태이거나 오만에서 파생된 것이었다.[21]

머레이는 양심(Aidos)과 응징(Nemesis)을 그리스인들의 정서적 경험의 중심 개념으로 보았다. 양심은 초개인적 힘에 대한 숭배와 이 힘들이 침범당하는 것에 대한 수치심을 의미한다. 응징은 양심의 결핍, 즉 오만 때문에 촉발된 반응이다.

적절한 인간 한계를 뛰어넘는 것에 대한 그리스인의 공포를 나타내는 좋은 예는 헤로도토스(Herodotus)가 기록한 폴리크라테스(Polycrates) 이야기다. 그는 기원전 6세기 사모스의 통치자였다. 그는 그가 손대는 일마다 너무 잘되는 사람이었다. 헤로도토스는 다음과 같이 기록하였다.

> 폴리크라테스의 극단적 행운은 그것에 위협을 느낀 아마시스(Amasis; 그의 친구인 이집트 왕)의 눈을 벗어나지 못했다. 그의 행운이 계속되자 아마시스는 다음과 같은 편지를 써서 사모스에 있는 그에게 보냈다. "아마시스가 폴리크라테스에게 이렇게 말한다. 내 친구이자 동맹자가 번성한다는 소식을 듣는 것은 기쁨이지만 당신의 지나친 번영은 나를 기쁘게 하지 않는다. 왜냐하면 내가 아는 한 신이 시기하기 때문이다. 나 자신 그리고 내가 사랑하는 사람들에 대해 바라는 것은 성공하는 것이며, 이제 방해를 만나는 것이다. 따라서 좋은 것과 나쁜 것이 교차하는 가운데 삶을 통과하는 것이다. 착수한 모든 것에서 성공했고 결국에는 재앙을 겪지 않고 망했다는 사람 얘기는 들어 본 적이 없기 때문이다. 따라서 내 말에 귀를 기울이고 이런 식으로 당신의 행운을 대하라. 당신이 가치 있게 여기고 남들과 가장 나누기 싫은 보물이 어떤 것인지 생각하라. 그것이 무엇이든 그것을 가져다가 멀리 던져 버려 사람들의 눈에

---

21 Murray, Gilbert, *The Rise of the Greek Epic*, London, Oxford University Press, 1907, p. 264 f.

> 띄지 않게 하라. 당신의 행운이 나쁜 것이 되지 않도록 하려면 내가 충고한 대로 하여 해로움으로부터 당신 자신을 구하라!"22

폴리크라테스는 이 충고를 받아들여 귀한 에메랄드 반지를 바다에 던졌다. 그러나 며칠 후 어부가 크고 아름다운 물고기를 잡았고, 그는 그 물고기를 팔지 않고 왕인 폴리크라테스에게 선물로 진상했다. 물고기 배를 가르자 배 속에서 왕이 던져 버린 에메랄드 반지가 나왔다. 아마시스는 이 일을 듣고 너무 놀라 그토록 알 수 없는 행운에 반드시 따라올 궁극적 재난에 연루되기 두려워 폴리크라테스와의 우정을 끊어 버렸다. 물론 폴리크라테스는 성공적인 봉기와 반란에 이은 십자가 형벌로 사망했다.

극단적인 행운에 대한 공포는 인간에게 깊숙이 자리하고 있다. 신들이 인간의 성공을 시기한다는 본능적인 육감이 있다. 심리학적으로 이것은 의식적 인격이 무의식을 고려하지 않고는 너무 멀리 가서는 안 된다는 것을 의미한다. 물론 때로 신의 시기심에 대한 두려움은 극단적으로 과도한 것일 수 있다. 어떤 사람들은 어떤 성공이나 긍정적인 일도 그것이 가져올 모호한 처벌에 대한 공포 때문에 감히 받아들이지 못한다. 원칙적으로, 이것은 힘들었던 아동기 조건화의 결과인 것으로 보인다. 따라서 그것은 재평가를 필요로 한다. 이러한 개인적 조건화를 넘어서 원형적 실제가 포함된다. 위로 가는 모든 것은 아래로 내려가기 마련이다. 오스카 와일드(Oscar Wild)는 이렇게 말했다. "당신이 원하는 것을 갖지 못하는 것보다 더 나쁜 것이 하나 있는데, 그것은 그것을 갖는 것이다." 폴리크라테스가 그 예일 것이다.

에머슨(Emerson)도 같은 생각을 표현했다. 그는 그의 에세이 『보상(Compensation)』에서 그것을 논의했는데, 이 에세이는 융이 나중에 의식과 무의식 사이의 보상적 관계와 관련하여 발전시킨 이론에 대한 문학적 전개라고 할 수 있

---

22 Herodotus, *The Persian Wars*, trans. by George Rawlinson, New York, Modern Library, Random House, 1942, p. 231.

다. 에머슨은 좋거나 나쁜 모든 일이 어떻게 자연 어딘가에서 그것의 보상을 갖게 되는지를 기술했다.

> 지혜로운 사람은 이 교훈을 삶의 모든 부분에 적용하고, 그것이 모든 청구자를 대면하는 신중함의 일부이며 당신의 시간, 재능 또는 마음에 대한 모든 요구를 갚는 것임을 알고 있다. 항상 지불하라. 처음에 혹은 마지막에 당신이 전체 빚을 갚아야 한다. 사람들과 사건들은 당신과 정의 사이의 시간에 있지만 그것은 연장일 뿐이다. 결국에 당신은 자신의 빚을 갚아야 한다. 당신이 지혜롭다면 당신은 당신에게 더 많은 짐을 지울 번영을 두려워하게 될 것이다. …… 당신이 받는 모든 유익에 대해 세금이 부과된다.[23]
>
> 구름 낀 정오의 공포, 폴리크라테스의 에메랄드, 번영에 대한 두려움, 모든 관대한 영혼이 고상한 금욕주의와 덕이라는 과제를 부과하는 본능은 인간의 마음과 정신을 통한 정의의 균형이 요동하는 것이다.[24]

우리는 죄에 대한 히브리와 기독교 신학 문헌에서 팽창에 대한 관념의 표현을 더 발견할 수 있다. 히브리 문헌에서 죄의 개념은 금기 심리에서 생겨났다.[25] 무엇이 금기로 고려되는지는 분명하지 않지만, 신성하고 위험한 에너지의 접근으로 차 있는 존재에 대한 부가적 암시를 갖고 있다. 처음에 죄는 금기시된 대상이 초개인적 에너지를 갖고 있기 때문에 건드려져서는 안 되는 것에 접근하는 금기의 파괴였다. 그러한 대상을 접촉하거나 접근하는 것은 자아에게는 위험이었는데, 그 이유는 그것이 적절한 인간 한계를 초월하기 때문이었다. 따라서 금기는 팽창에 대한 보호였다. 후에 금기관념은 신의 의지 그리고 신의 의지가 침범당했을 때의 처벌의 불가피성 측면에서 재형성되었다. 그러나 금기관념과 팽창에

---

23 *The Writings of Ralph Waldo Emerson*, New York, Modern Library, Random House, 1940, p. 181.

24 *The Writings of Ralph Waldo Emerson*, New York, Modern Library, Random House, 1940, p. 181.

25 Burrows, Millar, *An Outline of Biblical Theology*, Philadelphia, Westminster Press, 1956, p. 165.

대한 두려움은 새로운 표현 뒤에 여전히 도사리고 있다.

기독교 또한 실제적으로 자아의 팽창을 죄와 동등하게 여긴다. 심리학적 관점에서 지복은 팽창되지 않은 자아에 대한 칭송일 뿐이다. 어거스틴(Augustine)은 기독교 신학에서 팽창으로서의 죄의 개념을 아름답게 제시했다. 그의 『고백록(Confessions)』에서 그는 팽창의 속성에 대한 생생한 기술을 하고 있다. 그는 어린 아이일 때 이웃집의 배나무에서 배를 훔친 동기를 회상하면서 자신이 배 자체를 원해서가 아니라 죄 그 자체, 즉 전지전능감을 즐겼다고 기록하고 있다. 그는 계속해서 신성의 모방으로서의 죄의 속성을 기록하고 있다.

> 자긍심은 고귀함을 흉내 내지만 당신만이 모든 것 위에 고귀함을 받습니다. 야망, 그것을 구하는 것입니다. 그러나 명예와 영광은? 당신만이 모든 것 위에 명예로워져야 합니다. 위대함의 잔인함은…… 기꺼이 두려운 것입니다. 그러나 누가 신을 제외하고 두려움의 대상이 되겠습니까? …… 호기심은 지식을 욕망하는 외관을 만들지만 당신은 최고로 모든 것을 알고 있습니다. …… 게으름은 정지하고, 신 외에 어떤 정지가 있겠습니까? 화려함은 풍부와 풍요로 불릴 수 있도록 영향을 주지만 당신은 썩지 않을 즐거움이라는 결코 실패하지 않을 풍부함, 충만함입니다. …… 탐욕스러움은 많은 것을 소유하려 하지만 당신은 모든 것을 소유합니다. 시기심은 탁월함을 놓고 논쟁하지만 당신보다 탁월한 것이 있습니까? 분노는 복수를 찾습니다. 누가 당신보다 더 정의로운 것에 복수하겠습니까?…… 그것은 그것으로부터 아무것도 취할 수 없기 때문에 잃어버린 것들로 인한 슬픔도, 그것의 욕망함으로 인한 기쁨도 사라져 갑니다. 당신으로부터 아무것도 취할 수 없으므로…… 따라서 모두 당신에 대항하는 그들을 멀리 옮기시고 없애 버리시는 당신을 모방합니다. …… 그들의 죄 속에서 영혼들이 신의 사랑을 구합니다.[26]

26 *The Confessions of St. Augustine*, translated by Edward B. Pusey, New York, Modern Library, Random House, 1949, p. 31 ff.

아비댜(avidya), 즉 '무명(not knowing)' 또는 무의식성이라고 하는 불교의 개념에도 팽창에 대한 관념이 들어 있다. 불교의 관점에 따르면 인간의 고통은 현실에 대한 무지에서 비롯된 개인적 욕망과 탐욕스러움에 의해 생겨난다. 이 상태

[그림 1-12] 윤회의 수레바퀴

티베트 회화

는 다양한 정욕의 형태를 나타내는 돼지, 공작, 뱀이 순서대로 돌아가는 수레바퀴에 묶인 사람의 이미지로 회화적으로 표현된다([그림 1-12] 참조). 인도의 윤회의 수레바퀴도 불의 수레바퀴를 도는 익시온과 병치를 이룬다. 두 가지 모두 자아의 자기 동일시에 수반하는 고통을 표현하고 있는데, 전자는 개인적 사용을 위해 후자의 초개인적 에너지를 도용하려고 한다. 수레바퀴는 전체성(wholeness)의 상태인 자기지만 자아가 무의식적으로 자기를 동일시하는 한 그것은 고문의 수레바퀴다.

남아 있는 자아-자기 정체성에서 비롯되는 다양한 팽창상태는 실제 심리치료에서 흔한 일이다. 과대하고 비현실적인 태도, 가정할 수 있는 모든 종류의 치료과정이 무의식적 배경을 드러내면서 나타난다. 그것은 프로이트(Freud)와 아들러(Adler)의 이론과 기법이 가장 큰 관심을 두었던 유아적인 전지전능 가정에 대한 것이다. 이 접근들의 환원적 방법은 자아-자기 정체성의 증상을 다룰 때는 타당하다. 여기서조차 자아-자기 축을 유지해야 할 필요를 잊어버려서는 안 된다. 환원적 방법은 환자가 가치절하와 비판으로 경험한다. 그리고 객관적으로 그런 특징이 있다. 정신적 내용을 유아적인 것으로 환원하는 해석은 그것의 의식적이고 명백한 의미를 서부하는 것이며, 따라서 환자로 하여금 보잘것없고 거부당한다고 느끼게 만든다. 이 방법은 자아-자기 분리를 촉진하는 데는 꼭 필요하지만 조심스럽게 사용하지 않으면 날카로운 칼이 된다. 정신과 의사를 '머리를 줄이는 의사(head shrinker)'로 부른다면 목적은 팽창을 줄이는 것이고, 이 말은 그 목적을 적절하게 표현한 것이다. 적절히 사용했을 때조차 환원적 방법에 화를 내는 이들에게 나는 노자(Lao-Tzu)의 말을 인용하고자 한다.

찌름을 느끼는 그는
한때 거품이었음에 틀림없다.
무장해제 당했다고 느끼는 그는
한때 무장했음에 틀림없다.

작다고 느끼는 그는

한때 뽐내는 이였음에 틀림없다.

박탈당했다고 느끼는 그는

한때 특권을 가진 자였음에 틀림없다. ……27

---

27 Lao-Tzu, *Tao Teh Ching*, Verse 36. Translated by Witter Bynner as *The Way of Life*, New York, The John Day Co., 1944.

CHAPTER 02

# 소외된 자아

위험 그 자체가 구원의 힘을 만든다.

–횔덜린(Holderlin)*

## 1. 자아–자기 축과 정신적 삶의 주기

자아(ego)가 자기(Self)와의 동일시로 인해 팽창상태에 있다 하더라도 이는 오래 지속되지 않는다. 현실과의 대면은 팽창된 기대를 좌절시키며, 자아와 자기 사이의 소원을 야기한다. 이 소원함은 추락, 탈출, 치유되지 않은 상처, 영원한 고문 같은 이미지로 상징화된다. 이러한 이미지가 활성화되면 자아는 응징당할 뿐 아니라 상처를 입는다. 이 상처는 앞으로 더 많은 논의를 필요로 하는 개념인 자아–자기 축(ego-Self axis)의 손상으로 이해될 수 있다.

임상관찰을 보면 자아의 통합과 안정성은 모든 발달단계에서 자기와의 살아있는 관계에 좌우된다. 포담(Fordham)[1]은 자아가 파괴적 힘에 위협당할 때 여러

---

* Patmos, *Wo aber Gefahr ist, wächst das Rettende auch.*

번 마술적 보호원으로 나타나는 어린이들의 만다라 이미지를 예로 제시하였다. 그는 아동과 관련하여 원 그림이 '나'라는 단어와 연결되었던 그리고 아동이 이전에는 취할 수 없었던 효과적인 행위를 가능케 한 여러 가지 경우도 인용하였다. 무의식이 병들고 혼란된 자아에 진정과 담아 줌을 제공하는 만다라 이미지를 만들어 낼 때 성인 심리치료에서도 유사한 일이 발생한다. 이러한 관찰은 자기가 자아 뒤에 있으며 그것의 통합을 보증하는 보증자의 역할을 한다는 것을 보여 준다. 융(Jung)은 다음과 같이 언급함으로써 동일한 생각을 피력하였다. "자아는 움직이는 자 대 움직임을 받는 자와 같은 관계를 자기와 맺고 있다. …… 자기는…… 자아가 발달해 나오는 선험적(a priori) 존재다. 말하자면 그것은 자아에 대한 무의식적 예시다."[2] 따라서 자아와 자기는 밀접한 구조적 · 역동적 유사성을 갖고 있다. 자아-자기 축이라는 용어는 이러한 유사성을 나타내기 위해 노이만(Neumann)이 사용한 것이다.[3]

이 자아-자기의 유사성은 인간이 신의 이미지로 창조되었다는 구약에 의해 신화적으로 예시되었다. 여호와—나는 스스로 있는 자다—를 원시적 이름이라고 하는 것도 적절하다. "나는 존재한다(I am)."라는 말도 자아의 본질적 특성을 정의하고 있는 것이 아닌가? 따라서 우리는 자아의 기능과 통합을 유지하는 데 중요한 자아와 자기 사이의 기본 연결을 주장하는 것이 확고한 것이라고 생각한다. 자아-자기 축은 자아가 스트레스로부터 생존하고 성장해야 한다면 틀림없이 상대적으로 온전한 자아와 자기 사이의 연결을 나타낸다. 이 축은 의식적 성격과 원형적 정신 사이의 의사소통의 통로다. 자아-자기 축의 손상은 의식과 무의식 간의 연결을 손상시키면서 자아를 그 근원과 근거로부터 소외시킨다.

---

1 Fordham, M., "Some Observations on the Self and the Ego in Childhood. in *New Developments in Analytical Psychology*, Routledge and Kegan Paul, London 1957.

2 Jung, C. G., *Psychology and Religion: West and East*, C. W., Vol. 11, par. 391.

3 뉴욕분석심리학클럽에서 출판한 Neumann, E., "Narcissism, Normal Self-Formation, and the Primary Relation to the Mother" in *Spring*, 1966, pp. 81 ff. 이 세미나 논문은 모든 분석심리학자가 주의 깊게 연구해야 하는 것이다.

자아-자기 축의 손상이 아동기에 어떻게 발생하는지 고려하기에 앞서 몇 가지 언급해 두는 것이 필요할 것 같다. 모든 원형이미지는 부분적으로 자기의 측면을 다 가지고 있다. 무의식에는 원형들(archetypes) 간의 분리 같은 분리가 없다. 모든 것은 다른 모든 것과 함께 합병된다. 따라서 인간이 그것을 의식하지 못하는 한 우리가 구별하도록 배운 연속적 층들, 즉 그림자, 아니마/아니무스, 자기는 분리된 것이 아니라 하나의 역동적 전체성 속에 합병되어 있다. 그림자나 아니마 문제 또는 부모 문제 뒤에는 자기의 역동성이 숨어 있다. 자기가 중심원형이기 때문에 자기는 다른 모든 원형을 자기에게 종속시킨다. 자기는 원형을 둘러싸 담고 있다. 소외의 모든 문제는 그것이 자아와 부모 인물 간의 문제든, 자아와 그림자 간의 문제든, 자아와 아니마(아니무스) 간의 문제든 궁극적으로는 자아와 자기 간의 소외의 문제다. 우리는 이러한 이미지들을 설명을 위해 분리시켜 사용하지만, 경험적으로 볼 때 이것들은 보통은 분리된 것이 아니다. 따라서 모든 심각한 심리적 문제에서 우리는 기본적인 자아-자기 관계에 관한 문제를 다룬다. 이는 특히 아동심리에서 그러하다.

노이만은 자기가 아동기에 부모, 처음에는 어머니와의 관계에서 경험될 수 있다고 하였다. 그는 이 최초의 모-자녀 관계를 일차적 관계라고 불렀고, "일차적 관계에서 방향 짓고, 보호하고, 양육하는 근원으로서의 어머니는 무의식을 나타내며, 첫 번째 단계에서 자기와 의존적 아동은 또한 어린아이 같은 자아와 의식을 나타낸다."[4]라고 말했다. 이것은 자기가 처음에 부모에 대한 투사로 경험된다는 것을 단순히 의미한다. 따라서 발달하는 자아-자기 축의 초기 단계는 부모-자녀 관계와 동일하다. 이 시점에서 우리는 특히 개인의 역사적 요인과 선험적인(a priori) 원형적 요인에 대해 정확히 알고 있어야 한다. 자기는 선험적 · 내적 결정요인이다. 그러나 그것은 구체적인 부모-자녀 관계 없이는 출

4 Neumann, E., "The Significance of the Genetic Aspect for Analytical Psychology," *Journal of Analytical Psychology* IV, 2, p. 133.

현할 수 없다. 노이만은 이 점에 주목하고, 그것을 "원형에 대한 개인적 소명"[5] 이라고 명명했다. 투사 속에서 자기를 경험하는 이 기간에 자아-자기 축은 힘든 환경적 영향에 손상받는 가장 취약한 상태가 된다. 이 순간에 내면에 있는 것과 없는 것은 구분될 수 없다. 따라서 자기로부터 수용이나 신뢰를 경험하지 못하는 무능력은 자아-자기 축이 손상되면서 자아-자기의 소외를 야기한다. 부분은 전체로부터 분리된다. 아동의 어떤 성격 측면에 대한 부모의 거절은 심리치료에서 거의 모든 환자가 갖고 있고, 생애 역사의 일부다. 거절이라는 말은 아동에게 아동의 원시적 바람직성을 억누르라고 가르치는 훈련과 훈육을 의미하는 말이 아니다. 이 말은 아동에게 향하는 부모의 그림자 투사에서 비롯되는 부모의 거절을 말하는 것이다. 이것은 비인간적이고 전체적이고 돌이킬 수 없는 것으로, 아동이 경험하는 무의식적 과정이다. 첫 번째 단계에서 부모에게 자기를 투사하는 것은 부모의 행위에 초개인적 중요성을 준다. 두 번째로, 무의식적으로 기능하는 거절적 부모는 자신의 자아-자기 정체성(ego-Self identity) 영역에서 행위하며, 따라서 신과의 동일시로 팽창된다. 아동의 관점에서 보았을 때 그 결과는 아동의 정신을 영구적 불구로 만들 수도 있는 자아-자기 축의 손상이다.

모든 대극을 화해시킬 수 있는, 정신의 중심이자 전체인 자기는 뛰어난 수용기관이다. 그것이 전체성을 지니고 있기 때문에 얼마나 대극적이든 간에 정신적 삶의 모든 요소를 수용할 수 있어야 한다. 자아에게 힘과 안정성을 주는 것은 이 자기의 수용성이다. 이 수용성은 자아-자기 축을 통해 자아에게 전달된다. 이 축의 손상이 야기하는 증상은 자기 수용의 결핍이다. 이 경우 개인은 존재할 가치가 없다고 느낀다. 심리치료는 이런 사람에게 수용을 경험할 수 있는 기회를 준다. 성공적인 경우 이는 힘과 수용의 내적 근원과의 접촉을 회복하는 자아-자기 축의 회복과 같으며, 환자에게 살아가고 성장할 수 있는 자유를 준다.

---

5 Neumann, E., "The Significance of the Genetic Aspect for Analytical Psychology," p. 128.

자아-자기 축이 손상된 환자는 치료자가 자신을 수용한다는 것에 가장 큰 인상을 받는다. 처음에 환자는 이를 믿지 않는다. 치료자의 수용을 순수성이 없는 직업적 기술로만 간주함으로써 신뢰하지 않는다. 그러나 치료자의 수용이 사실로 인식될 수 있다면 강력한 전이가 즉시 나타난다. 이런 전이의 근원은 자기의 투사, 특히 수용기관으로서의 그 기능에 있는 것 같다. 이 시점에서 치료자-자기의 중심 특성이 강력해진다. 인간으로서의 치료자는 환자의 삶과 생각의 중심이 된다. 치료 세션은 한 주의 중심점이 된다. 이전에는 혼돈과 절망이 있던 곳에서 의미와 질서의 중심이 나타난다. 이런 현상은 자아-자기 축의 회복이 발생하고 있음을 나타낸다. 치료자와의 만남은 희망과 낙관주의다. 처음에 이런 효과는 잦은 만남을 필요로 하며, 세션 간격이 짧아야 한다. 그러나 점차 자아-자기 축의 내적 측면이 점차 우세해진다.

수용받는 경험은 자아-자기 축을 회복시킬 뿐 아니라 아직 남아 있는 자아-자기 정체성을 재활성화한다. 이것은 자아-자기 축이 완전히 무의식상태([그림 1-2]에 나타난 조건)인 한 일어날 수 있다. 따라서 팽창된 태도, 집착적 기대 등은 치료자나 환경으로부터의 거절을 일으키게 한다. 다시 한 번 말하자면, 자아-자기 축이 손상되면서 상대적 소외의 조건을 만들어 낸다. 이상적으로 심리치료와 자연스러운 발달 상황에서는 자아-자기 정체성 동일시의 발전적 해체가 부드럽게 일어나서 축에 아무런 손상을 일으키지 않는다. 그러나 현실에서는 이런 바람직한 조건은 거의 일어나지 않는다.

의식성의 발달과정은 [그림 2-1]에 제시된 주기적 절차를 따르는 것으로 보인다. 이 그림에 제시된 바와 같이 정신적 성장은 일련의 팽창된 행위나 영웅적 행위와 함께 일어난다. 이는 거절을 불러일으키고, 소외, 회개, 회복 그리고 새로워진 팽창으로 이어진다. 이 주기적 과정은 심리 발달의 초기 단계에 계속 반복되며, 각 단계는 의식성의 증가를 가져온다. 따라서 점진적으로 의식성이 만들어진다. 그러나 주기는 잘못될 수 있다. 그것은 특히 초기 단계의 장애에 좌우된다. 아동기의 자기와의 연결은 주로 부모와의 관계와 동일하다. 따라서 이 관계가

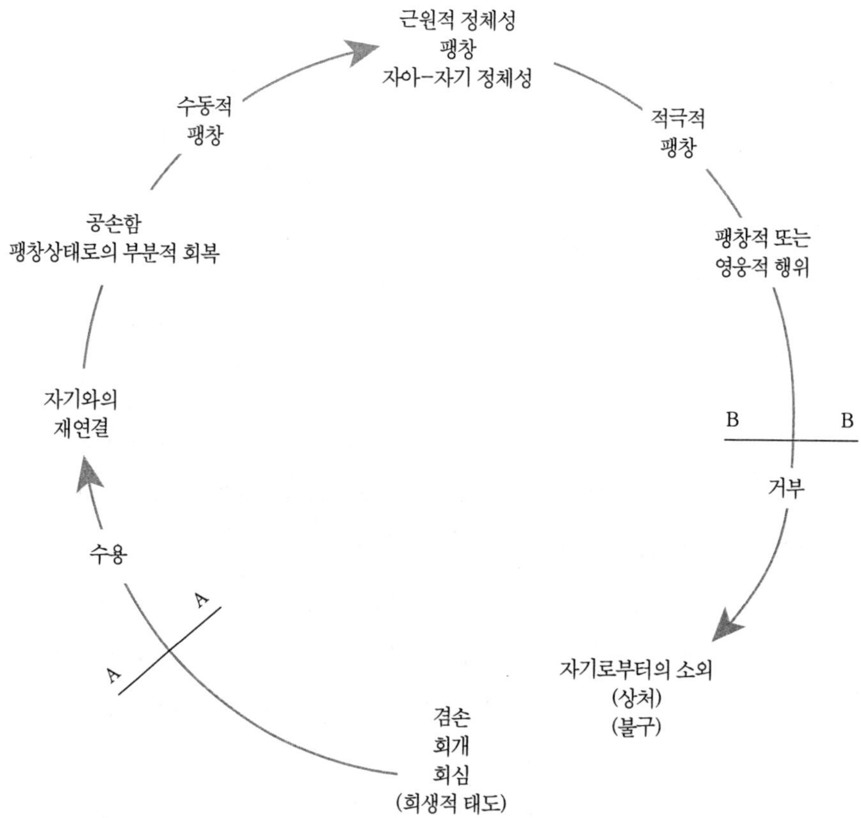


[그림 2-1] 정신적 삶의 주기

잘못되면 아동의 내적 존재 중심과의 연결도 잘못된다. 그것이 성격 발달에서 초기 가족관계를 가장 중요하게 여기는 이유다. 대인관계적 가족관계가 너무 손상적이면 주기는 거의 완전히 방해받는다. 두 곳에서 방해가 일어난다([그림 2-1]의 A와 B 지점).

충분한 수용과 사랑의 새로워짐이 A 지점에서 일어나지 않으면 막힘이 발생할 수 있다. 아동이 잘못된 행동에 대한 처벌을 받은 후 완전히 수용되지 않으면 성장주기는 짧아진다. 주기를 완성하고 휴식과 재수용의 위치에 이르는 대신 아동의 자아는 더 큰 좌절과 절망을 쌓는 팽창과 소외 사이를 쓸모없이 왕복하는

데 사로잡히게 된다.

막힘이 일어날 수 있는 또 다른 곳은 B 지점이다. 아동의 환경이 완전히 허용적이어서 거절 경험이 전혀 없다면, 부모가 '안 돼'를 전혀 하지 않는다면 주기가 짧아질 것이다. 그것과 함께 의식성을 가져오는 소외의 전체 경험이 생략되고 아동은 팽창에 대한 수용을 얻게 된다. 이것은 아동을 망치게 되며, 제한과 거절을 거의 경험하지 않는 잠정적인 삶을 살게 할 것이다.

[그림 2-1]은 초기 단계들에서 나타나는 팽창과 소외 사이의 반복 교대를 보여 준다. 그것은 주기가 대체되는 후기 발달단계를 설명하고 있다. 자아가 일단 어떤 발달단계에 이르면 이 반복주기를 계속할 필요가 없다. 주기는 자아-자기 축 사이의 다소간 의식적 대화로 대체된다.

## 2. 절망과 폭력

소외상태에서의 자아는 자기와 동일시되지 않는데, 이는 바람직한 것이다. 하지만 소외상태에서의 자아는 자기로부터 단절되기까지 이르는데, 이는 가장 바람직하지 못한 것이다. 자아와 자기 사이의 연결은 자아에게 근거, 구조, 안정성을 제공하며, 에너지, 흥미, 의미, 목적을 준다. 이 연결이 깨지면 그 결과는 공허함, 의미 상실 그리고 극단적인 경우 정신병이나 자살이다.

성경은 소외상태를 나타내는 여러 신화적 인물을 제시하고 있다. 아담과 이브는 동산으로부터 쫓겨나면서 슬프고 소외된 인물이 되었다([그림 1-9]). 또한 가인(Cain)도 소외의 인물이다.

> 아벨(Abel)은 양 치는 자였고 가인(Cain)은 농사하는 자였더라. 세월이 지난 후에 가인은 땅의 소산으로 제물을 삼아 여호와께 드렸고 아벨은 자기도 양의 첫 새끼와 그 기름으로 드렸더니 여호와께서 아벨과 그 제물은 받으셨으

> 나 가인과 그의 제물은 받지 아니하신지라. 가인이 몹시 분하여 안색이 변하니 여호와께서 가인에게 이르시되 네가 분하여 함은 어찌 됨이며 안색이 변함은 어찌 됨이냐.[6]

여호와는 그것이 가인과 그의 제물(헌물)에 대한 거절이었음을 깨닫지 못했다.

> 가인이 그의 아우 아벨에게 말하고 그들이 들에 있을 때에 가인이 그의 아우 아벨을 쳐 죽이니라. 여호와께서 가인에게 이르시되 네 아우 아벨이 어디 있느냐. 그가 가로되 내가 알지 못하나이다. 내가 내 아우를 지키는 자니이까. 이르시되 네가 무엇을 하였느냐. 네 아우의 핏소리가 땅에서부터 내게 호소하느니라. 땅이 그 입을 벌려 네 손에서부터 네 아우의 피를 받았은즉 네가 땅에서 저주를 받으리니 네가 밭을 갈아도 땅이 다시는 그 효력을 네게 주지 아니할 것이요, 너는 땅에서 피하며 유리하는 자가 되리라.[7]

따라서 가인은 광야로 사라져 아담이 낙원에서 사라진 것을 또 다른 수준에서 재연했다. 신화를 자세히 보면 어려움의 근원이 명백한 원인이나 이유가 없는 가인에 대한 신의 거부였음을 알 수 있다. 아벨은 양치기였고 가인은 땅의 농부였다. 아마도 가인은 목축사회에서 처음으로 농업을 시작했을 것이며, 이것이 가인이 당한 거절을 설명해 준다. 그는 혁신자, 즉 자아의 변화를 두려워하는 고착된 사회에 새로운 방향을 가져오려 시도한 사람들의 특징적 운명으로 고통받았다. 아무튼 가인은 거부와 소외의 경험을 나타내는 원형적 인물이다. 과도하고 비합리적인 거절에 대한 그의 반응은 폭력성이다. 폭력은 외부와 내부로 나타날 수 있다. 즉, 살인과 자살이다. 폭력의 근원은 견디기 어려울 만큼 심각한 소외—견디기 어려울 만큼의 심각한 거절—의 경험에 있다.

---

6 창세기 4:2-6.

7 창세기 4:8-12.

나는 가인 신화를 살았던, 정신병원에서 만났던 한 환자가 생각난다. 초기 아동기부터 그의 가장 큰 문제와 삶의 경험의 중심 주제는 그의 형과의 경쟁이었다. 그의 형은 손대는 모든 것마다 성공적이었고 부모의 편애를 받았다. 이 편애는 너무 심각해서 부모는 환자를 형 이름으로 흔히 불렀다. 이해할 만하게도 이것은 그를 격노시켰는데, 그가 분리된 개인으로 경험된 것이 아니며 그들의 눈에는 존재하지 않는다는 것을 의미하였다. 부모는 그에게 고통스럽고 쓰디쓴 무가치감과 좌절을 주었다. 그가 얼마나 '거절당한 존재'와 동일시했는지는 존 스타인백(John Steinbeck)의 소설을 영화화한 〈에덴의 동쪽(East of Eden)〉을 본 다음에 그의 반응에서 드러났다. 이 이야기는 현대판 가인과 아벨 이야기다. 이야기에는 두 명의 형제가 등장하는데, 하나는 아버지의 사랑을 받는 존재였고 또 한 명은 소홀히 여김받고 거절당하였다. 환자는 거절당한 형제를 강력하게 동일시했고, 영화 도중에 그는 그를 떠나게 만들었던 불안과 스트레스라는 극한 반응을 나타냈다.

이후에 환자는 결혼했으나 그와 부인 사이는 잘되지 않았다. 그의 아내는 다른 남자와 외도했다. 이 상황은 최고 강도로 오래된 거절 주제를 자극했고, 그는 아내에게 살인적인 공격을 했으나 죽이지는 않았다. 나중에 그는 자살을 시도했다. 처음에는 성공하지 못했으나 세 번의 시도 끝에 마침내 성공했다. 따라서 그는 그의 신화적 운명을 살다가 고통스럽게 삶을 마감했다.

내적 관점에서 보았을 때 살인과 자살 사이에 큰 차이가 없다. 유일한 차이는 파괴적 에너지가 움직이는 방향이다. 우울한 상태에서 사람들은 살인적인 꿈을 꾼다. 꿈꾼 이가 자신을 내적으로 살해한다. 그러한 꿈 이미지는 상징적으로 살인과 자살이 본질적으로 동일한 것임을 의미한다.

또 다른 성서 인물은 마찬가지로 소외상태를 대표적으로 나타내는 이스마엘(Ishmael)이다([그림 2-2]). 이스마엘은 여자 노예 하갈에게서 태어난 아브라함의 비합법적 아들이다. 적자인 이삭이 태어났을 때 이스마엘과 그의 어머니는 광야로 쫓겨났다. 비합법성은 소외 경험의 한 측면이다. 실제의 비합법적 아동은 보

[그림 2-2] 광야의 하갈과 이스마엘

귀스타브 도레(Gustave Doré)

통 심각한 소외문제를 갖고 있는데, 이는 이스마엘 콤플렉스라 할 수 있다.

멜빌(Melville)의 소설 『백경(모비딕; Moby Dick)』은 이스마엘 콤플렉스를 보여주는 아름다운 예다. 중심 등장인물의 이름이 이스마엘이며, 이야기는 팽창과 소외 사이의 교차를 묘사하고 있다. 『백경』의 첫 단락은 다음과 같다.

> 나를 이스마엘이라 불러라. 몇 년 전—얼마나 정확한지는 신경 쓰지 마라.—내 지갑에 돈이 거의 없었고, 해변에는 내 흥미를 끌 만한 것이 아무것도 없었다. 나는 항해를 좀 하고 세상의 바다를 봐야겠다고 생각했다. 그것이 내가 화를 풀고 마음의 순환을 조절하는 방법이다. 입가에 우울한 기색이 생기는 것을 알아차릴 때마다, 나도 모르게 장의사 앞에 가서 멈추어 내가 본 모든 장례식의 맨 뒤에 있을 때마다, 특히 건강염려증이 나를 사로잡을 때마다 내가 일부러 길거리로 뛰어들어 사람들이 놀라지 않도록 하기 위해 강력한 도덕성이 필요하다—그러고 나면 나는 내가 가능한 한 빨리 바다에 갈 수 있는 최고의 시간이라고 생각한다. 이것은 권총과 총알을 대신하는 것이다. 철학적인 과장된 몸짓과 함께 카토는 칼을 받아들인다. 나는 조용히 배로 간다. 여기에는 놀랄 만한 것이 아무것도 없다. 그들이 알았나 하더라도 거의 모든 사람은 이 정도로 내가 바다를 향할 때 갖는 감정과 거의 같은 감정을 갖고 있다.[8]

책에서 일어난 모든 일은 이 첫 번째 단락과 논리적으로 연결된다. 폭력과 소외에 대한 전체 비극은 소외되고 자살적인 절망이라는 최초의 상태를 전개시킨다. 그것은 짧은 순환 주기, 즉 새로워진 팽창상태로 되돌리는 소외상태의 예인데, 그것의 결과는 훨씬 더 재앙적이다.

다른 고전문학 작품들도 소외상태로 시작한다. 단테(Dante)의 『신곡(Divine Comedy)』은 다음의 문장들로 시작한다.

---

8 Melville, H., *Moby Dick*, New York, Hendrick's House, p. 1.

우리 삶의 여정 한가운데서
나는 내가 먼지 나는 숲에 있는 것을 알았다.
옳은 길에서 벗어나면서 나는 길을 잃었다.
아, 이를 어찌하리! 거칠고 사나운 곳의 야만성을 말하는 것은
얼마나 어려운 일인가.
나를 다시 두렵게 만드는 바로 그 생각!
그것은 너무 쓰라려서 죽음도 그만큼 쓰라리지 못하리라.[9]

괴테(Goethe)의 『파우스트(Faust)』도 마찬가지로 소외상태로 시작한다. 첫 번째 장면에서 그는 자신의 공허와 무미건조함을 다음과 같이 표현했다.

아! 나는 아직 이 감옥에 갇혀 있는가?
하늘의 사랑스러운 빛조차
색칠한 판유리 사이로 희미하게 들어오는
신이 저주한 이 끔찍한 벽의 구멍!
책벌레가 갉아먹고 먼지를 뒤집어 쓴
이 책 더미 속에 갇힌 채……[10]

휠덜린(Hölderlin)은 아동에서 성인으로의 전환을 하늘에서 황무지로의 전환으로 표현했다.

축복받은 어린 시절의 황금 꿈, 그들의 힘
삶의 우울한 곤고함
당신이 꽃에 가져온 모든 마음의 좋은 씨앗들

---

9 Dante, *Divine Comedy*, Trans. Lawrence Grant White, New York, Pantheon.

10 Goethe, *Faust*, Trans. L. MacNeice, London, Oxford Press.

내가 아직 이르지 못한 것, 당신이 나에게 준 것!
당신의 아름다움과 당신의 빛 속에서, 오 자연이여,
모든 노력과 강박에서 자유로운,
풍성한 사랑은 왕의 명성을 얻었네,
아르카디아(역주: 고대 그리스의 이상향)에서 익은 수확물처럼 풍성한.

나를 키워 준 것은 죽고 찢겼다.
나의 방패막이었던 어린 시절 세계는 죽었네.
그리고 하늘을 안고 있었던 이 가슴은
그루터기만 남은 밭처럼 죽고 말랐다.[11]

소외된 상태에 대한 현대적 표현도 많이 있다. 그런 표현들이 어디에나 있다는 사실에서 우리 시대도 소외의 시대로 불리기에 충분하다. T. S. 엘리엇(Eliot)의 〈황무지(The Waste Land)〉에 나오는 다음 표현도 그 예다.

이 돌 더미 속에서 잉킨 뿌리들은 무엇인가,
어떤 가지가 자라는가? 사람의 아들,
당신은 말할 수도, 생각할 수도 없다.
당신은 오직 깨어진 이미지 더미만 알 뿐이기 때문이다.
태양이 내리쬐고, 죽은 나무가 피난처가 못되고,
귀뚜라미도 쉬지 못하는 곳.
물소리 없는 마른 돌.
……
물 없는 바위 산

11 Jung, C. G., *Symbols of Transformation*, C. W., Vol. 5의 par. 624 이후로부터 인용된 "To Nature".

물이 있다면 우리는 멈추어 마실 텐데
바위틈에서 우리는 멈추거나 생각할 수 없다.
땀이 마르고 발은 모래투성이
바위틈에 물만 있다면.
뱉어 낼 수 없는 썩은 이를 가진 죽은 산의 구멍
여기에 서 있을 수도 저기에 앉을 수도 없다.
산에는 침묵조차 없다.
마르고 황폐한 비 없는 천둥이 있다.
산에는 고독조차 없다
붉고 뚱한 얼굴들이 비웃고 조롱한다.
흙벽에 금이 간 집들의 문으로부터.[12]

이 강력한 시는 우리 시대의 특징인 개인과 집단의 소외를 표현하고 있다. '깨진 이미지의 더미'는 분명 많은 사람이 의미를 잃어버린 전통적인 종교적 상징들을 말하는 것이다. 우리는 사막에 살고 있으며, 생명을 주는 물을 찾을 수 없다. 산들—본래 인간이 신을 만났던 산—은 비 없는 불모의 천둥 외에는 아무것도 갖고 있지 않다.

현대의 실존주의는 집단적인 소외상태의 증상으로 간주될 수 있다. 현대 예술가는 우리 모두에게 안식을 주기 위해 끝없이 의미 없는 경험을 묘사해야만 하는 것 같다. 그러나 이러한 필요는 전체가 부정적인 현상만은 아니다. 소외는 죽어 있는 끝이 아니다. 그것은 희망적으로 삶의 높이와 깊이에 대한 더 큰 인식으로 이끈다.

12 Eliot, T. S., Collected Poems, New York, Harcourt, Brace and Company, pp. 69 f. and 86 f.

## 3. 소외와 종교 경험

적극적인 팽창(active inflation)이 자아 발달에 필요한 것처럼 소외 경험도 자기 인식을 위한 전주곡이다. 근대 실존주의의 창시자인 키르케고르(Kierkegaard)는 다음의 표현에 들어 있는 소외 경험의 의미를 인식했다.

> ……낭비한 삶에 대한 많은 얘기가 있지만—거기에 살았던 오직 그 사람의 삶이 낭비되며, 그래서 삶의 기쁨이나 그가 영으로서 자신을 영원히 그리고 결정적으로 의식할 수 없게 된…… 또는 (동일한 것) 신이 있으며, 신 앞에 그가 존재한다는 것을 인식하지 못하는 삶의 슬픔에 기만당한다. …… 무한함은 결코 절망을 통해서는 얻을 수 없는 것(고딕체는 저자 강조).[13]

융도 이와 동일한 것을 심리학적 용어로 표현했다.

> 자기실현 속의 사기는 모든 방면에서 자아를 초월하기까지에 이른다. 모든 것을 포괄하는 그것의 속성 때문에 그것은 자아보다 더 밝고 더 어두우며, 따라서 자아가 피하고 싶어 하는 문제와 자아를 직면시킨다. 운명이 결정해 주기까지 도덕적 용기나 통찰로 또는 두 가지 모두로도 실패한다. …… 당신은 당신의 머리에서 이루어진 또는 마음에 저항해서 만들어진 결정의 희생자가 되었다. 이것에서부터 우리는 다른 방법으로는 거의 경험될 수 없는 자기의 신비한 힘을 볼 수 있다. 이런 이유로 자기 경험은 항상 자아에게는 패배다.[14]

---

13 Kirkegaard, S., *Fear and Trembling, the Sickness Unto Death*, Garden City, N. Y., Doubleday Anchor Books, 1954, p. 159 f.

14 Jung, C. G., *Mysterium Coniunctionis*, C. W., Vol. 14, par. 778.

종교 경험은 여러 용어로 기술될 수 있다. 사도 바울(St. Paul)이 '영혼의 어두운 밤'이라고 부른 것으로 시작하여 키르케고르가 '절망'이라고 부른 것, 융이 '자아의 패배'라고 부른 것 모두가 심리적 소외상태를 일컫는다. 우리는 종교적 경험을 기록한 문서에서 깊은 우울, 죄책, 죄, 무가치, 초개인적 지지(transpersonal support) 또는 존재 근거의 완전한 결핍감을 계속해서 발견할 수 있다.

소외의 고전적 상징은 광야다. 광야에서 길 잃은 방랑자가 쓰러질 즈음에 신성한 자양분의 근원이 나타난다. 이스라엘 사람들은 광야에서 하늘에서 내려오는 만나를 먹었다(출애굽기 16:4; [그림 2-3]). 광야의 엘리야는 까마귀가 물어다 주는 것을 먹었다(열왕기상 17:2-6; [그림 2-4]). 전설에 따르면 사막의 은둔자 사도 바울도 마찬가지로 까마귀가 물어다 주는 것을 먹었다([그림 2-5]). 심리학적

[그림 2-3] 만나를 모으는 이스라엘 사람들

『클레베스의 카터린의 임종에 관한 책(The Hours of Catherine of Cleves)』에서

[그림 2-4] 까마귀가 물어다 주는 음식을 먹고 있는 엘리야
워싱턴 앨스턴(Washington Allston)

으로 이것은 자아의 자원이 고갈되고 필연적 무능을 깨달을 때 원형적 정신의 지지적 측면에 대한 경험들이 발생하는 경향이 있음을 의미한다. "인간의 극한성은 신의 기회다."

윌리엄 제임스(William James)는 그의 저서 『종교적 경험의 다양성(Varieties of Religious Experience)』에서 신성한 경험에 선행하는 수많은 소외상태의 예를 제시했다. 그 사례 중 하나는 톨스토이(Tolstoy)의 경험이다.

> 쉰 살쯤 되었을 때 톨스토이는 마치 그가 '어떻게 살아야 하는지' '무엇을 해야 하는지' 모르는 것 같은, 그가 정지라고 부른 혼란스러운 순간을 경험하기 시작했다. 이러한 것들은 우리의 기능들이 가져오는 흥분과 관심이 자연스럽게 정지한 순간들이었다. 매혹적이었던 삶은 이제 밍밍하고, 아니 밍밍한 것 이상이다. 죽었다. 항상 분명한 의미를 갖고 있었던 모든 것은 의미가 없어졌다. '왜?' 그리고 '그다음은 뭐지?'라는 질문이 나를 점점 더 자주 공격하기 시

작했다. 처음에 그것은 마치 그러한 질문들이 대답 가능하고 마치 그가 시간을 들인다면 쉽게 대답을 발견할 수 있을 것처럼 보였다. 그러나 점점 더 다급해지면서 그는 그것이 아픈 사람의 불편함과 같다는 것을 지각했다. 즉, 고통이 지속되기 전에는 거의 관심을 기울이지 않으며, 그런 다음 지나가는 병이라고 생각했던 것이 이 세상에서의 죽음을 의미하는 가장 중요한 것임을 깨닫는다.

'왜?' '무슨 이유로?' '무엇을 위해서?'라는 이 질문들은 대답할 수 없는 질문들이다. 톨스토이는 말했다. "나는 느꼈다. 내 삶에 항상 깃들어 있던 어떤 것이 내 안에서 깨어졌고 내가 붙잡을 것이 하나도 없다는 것, 그리고 도덕적으로 나의 삶이 정지했다는 것을. 정복할 수 없는 힘이 이러저러한 방법으로 나의 실존을 제거했다. 내가 죽고 싶어 했다는 것은 정확히 아니다. 나를 삶으로부터 끌어낸 힘은 더 충만하고 더 강력하며 어떤 단순한 열망보다 더 컸기 때문이었다. 그것은 살고자 하는 나의 오랜 열망 같은 힘이었고, 그것은 오직 나를 반대 방향으로 밀어붙일 뿐이었다. 그것은 삶으로부터 벗어나고자 하는 나의 전 존재의 열망이었다.

"혼자서 모든 밤을 보내던 방의 서까래에 목을 매지 않기 위해 밧줄로부터 숨어 있는 행복하고 건강한 남자인 나를 보라. 내 총으로 스스로 삶을 너무 쉽게 끝내려는 유혹에 끌리지 않기 위해 더 이상 총 쏘기를 하지 않는 나를 보라."

"나는 내가 무엇을 원하는지 몰랐다. 나는 삶이 두려웠다. 나는 삶을 떠나야 할 것 같았다. 삶으로부터 무엇인가를 여전히 희망함에도 불구하고."

"이 모든 것은 나의 바깥 상황들이 잘되어 가고, 내가 완전히 행복했던 때에 일어났다. 나를 사랑하고 내가 사랑하는 좋은 아내가 있었다. 수고 없이 늘어나던 큰 재산과 훌륭한 자녀들이 있었다. 그 어느 때보다 친척들과 지인들에게 점점 더 존경받았다. 나는 이방인들의 칭송을 받았다. 과장 없이 나는 나의 이름이 이미 유명해졌다고 생각했다. 더구나 나는 미치지도 않았고 아프지도 않았다. 반대로, 나는 내 또래의 사람들에게서 거의 찾아볼 수 없을 만큼 신체적, 정신적으로 강했다. 나도 농부처럼 풀을 벨 수 있었고, 중단 없이 하

[그림 2-5] 까마귀가 가져다주는 것을 먹고 있는 성 안토니와 사도 바울

뒤러(Dürer)

루에 8시간씩 부작용 없이 두뇌 작업을 할 수 있었다."

"나는 아직 내 삶의 어떤 행위에 대해서도 적절한 의미를 줄 수 없었다. 내가 처음부터 이것을 이해하지 못했다는 것에 놀랐다. 나의 정신상태는 마치 누군가가 내게 어떤 사악하고 어리석은 농담을 하고 있는 것 같았다. 삶에 중독되고 취한 만큼 살 수 있지만, 삶에 대해 밍밍해지면 그것이 어리석은 속임수라는 것을 볼 수밖에 없다. 삶에 관해 가장 진실한 것은 웃기거나 바보 같은 것이 없다는 것이다. 그것은 잔인하고 어리석으며 순수하고 단순하다."

그는 대답할 수 없는 질문의 공격을 받는다.

"……내가 오늘 살고 있는 것의 결과는 무엇인가? 또는 나는 내일 무엇을 할 것인가? 모든 내 삶의 결과는 무엇인가? 왜 나는 살아야 하는가? 왜 나는 무엇인가를 해야 하는가? 나를 기다리는 피할 수 없는 죽음이 파괴하는 어떤 목적이 삶에 있는가?"

"이 질문들은 세상에서 가장 단순한 것이다. 어리석은 아이에서 가장 지혜로운 노인에 이르기까지 이 질문들은 모든 인간의 영혼에 있는 것들이다. 내가 경험한 바에 의하면 그에 대한 대답 없이 인생을 계속하는 것은 불가능하다."[15]

이것은 소외의 급격한 공격을 보여 주는 좋은 예다. 톨스토이가 답을 구하고자 했던 질문들은 성인기에 발생하는 모든 신경증의 뿌리에 있는 것과 동일한 의문들이다. 때문에 융은 삶에 대한 종교적 태도를 발견하지 않은 채 치유될 수 있는 35세 이후의 환자들을 본 적이 없다고 말할 수 있었다.[16] 심리학적으로 종

---

15 James, William, *Varieties of Religious Experience*, New York, Random House, Modern Library, pp. 150 ff.

16 Jung, C. G., *Psychology and Religion: West and East*, C. W., Vol. 11, par. 509. 전체 인용은 다음과 같다. "인생 후반부에 있는 모든 환자—즉, 삶에 대한 종교적 조망을 발견하는 문제를 가진 35세 이상된 사람들—는 그들 모두가 아프다고 말하는 것이 안전한데, 그 이유는 종교 추종자들에게 주어진 시대의 모든 살아 있는 종교를 잃어버렸고 그들 중 누구도 자신의 종교적 조망을 다시 얻지 못한 채 정말로 치유를 받은 사람은 아무도 없기 때문이다. 이것은 물론 특정한 교리나 교회 소속과는 아무런 상관없는 것이다."

교적 태도는 누미노즘(numinosm), 즉 자기 경험에 근거한다. 하지만 자아가 자기를 무의식적으로 동일시하는 한 자기를 분리된 것으로 경험하는 것은 불가능하다. 이는 종교 경험에 대한 서곡으로 소외 경험의 필요를 의미한다. 자아는 자기를 '타자(other)'로 경험하기에 앞서 자기와의 동일시에서 먼저 벗어나야 한다. 무의식적으로 신을 동일시하는 한 신의 실존을 경험할 수 없다. 그러나 자아-자기 축의 분리과정은 소외를 야기하는데 자아-자기 정체성의 상실은 또한 자아-자기 축의 손상을 가져오기 때문이다. 따라서 신성한(numinous) 경험에 앞서 전형적인 '영혼의 어두운 밤'이 일어난다.

윌리엄 제임스가 보고한 또 다른 예는 존 번연(John Bunyan)의 소외 경험이다.

> "그러나 나의 근원적이고 내적인 오염, 그것은 나를 성가시게 하는 것이고 나의 갈등이다. 그 이유로 내 눈에 나는 두꺼비보다 더 혐오스러웠다. 나는 내가 신의 눈에도 그러할 것이라고 생각했다. 죄와 부패는 물이 샘에서 솟아 나오는 것처럼 내 마음에서 뿜어져 나오는 것이다. 나는 그것이 누구라도 그 사람과 함께 내 마음을 바꿀 수 있었다. 나는 악마를 제외한 그 누구도 내면의 사악함과 정신의 오염의 측면에서 나와 같은 사람이 없을 것이라고 생각했다. 나는 신에게 버림받았다고 생각했으며, 그래서 한동안, 심지어 몇 년 동안 나는 그렇게 생각했다."
>
> "그리고 당시 나는 신이 나를 인간으로 만들었다는 것이 유감스러웠다. 야수, 새, 물고기 등 나는 그들의 조건을 축복했는데, 그 이유는 동물들이 죄의 속성을 갖고 있지 않기 때문이었다. 그들은 신에게 거슬리는 존재가 아니었다. 그들은 죽음 후에 불의 지옥으로 가지 않아도 되었다. 내 조건이 그들 중 어느 것과 같다면 기뻐했을 것이다. 개와 두꺼비의 조건을 축복했다. 왜냐하면 나는 그들이 나의 영혼처럼 지옥이나 죄의 영원한 무게로 멸망할 영혼을 갖고 있지 않기 때문이었다. 내가 이것을 보았고, 이것을 느꼈고, 그것과 함께 조각났지만 내 슬픔에 추가된 것은 내가 구원을 열망했던 내 영혼에서 찾을

> 수 없었던 것이었다. 나의 마음은 여러 번 너무 힘들었다. 내가 눈물에 천 파운드를 주었다면 나는 한 방울도 흘릴 수 없었다. 아니, 때로는 한 방울도 흘리고 싶지 않다."
>
> "나는 나 자신에게 짐이고 두려움이었다. 이제 와 보니 나는 그것이 내 삶의 권태로움이었음을 그리고 죽기 두려워했다는 것을 나는 몰랐다. 나 자신 외에 다른 것이었다면 얼마나 좋았을까! 인간만 아니었다면! 그리고 내 조건만 아니었다면."[17]

번연의 정신상태는 분명히 병리적 특징을 갖고 있다. 전체적인 죄책감과 구원 불가능성의 감정은 정신증적 멜랑콜리아에서도 표현된다. 자신이 세상에서 죄책감이 가장 많은 사람이라는 감정은 부정적 팽창이다. 그러나 이것도 소외다. 동물에 대한 번연의 시기심은 종교적 경험에 앞서 일어나는 소외된 조건에 대한 설명에서 반복적으로 나타난다. 이 동물 시기심은 우리에게 소외상태가 어떻게 치유될 수 있는지에 관한 단서를 준다. 즉, 소외상태는 본능적인 삶과의 새로워진 접촉에 의해 치유된다.

소외가 원형적이고 과장된 형태의 인간 경험이긴 하지만 번연의 경험과 같은 경험은 외상적 아동기를 보낸 사람들에게서 주로 발견된다. 대부분 아동은 부모에게서 심각한 거절을 경험했으며, 자아-자기 축이 손상되고 성장해서 인생 후반에는 참을 수 없을 정도의 소외상태를 경험하게 된다. 이런 과정이 발생하는 이유는 아동은 부모의 거절을 신의 거절로 경험하기 때문이다. 경험은 영구적인 자아-자기 축의 소외로서 정신에 발달하게 된다.

기독교에서 소외 경험은 죄에 대한 신의 처벌로 이해된다. 안젤름(Anselm)의 죄의 교리가 여기서 적절하다. 그에 따르면 죄는 신의 특권을 강탈하는 것이고, 그래서 신을 모욕하는 것이다. 이 불명예는 만족을 필요로 한다. 그는 다음과

---

17 James, *Varieties of Religious Experience.*

같이 기술했다.

> 합리적 피조물의 모든 바람은 신의 의지에 굴복하는 것이다. …… 이것은 우리가 신에게 지고 있는, 신이 우리에게 요구하는 유일하고 완전한 명예의 빚이다. …… 신에서 기인하는 이 명예를 주지 않는 그는 신의 것을 강탈하고 신을 불명예롭게 하는 것이다. 그리고 이것은 죄다. 더구나 그가 빼앗아 간 것을 회복하지 않는 한 그는 잘못 속에 있게 된다. 빼앗아 간 것을 단순히 회복하는 것으로 충분하지 않다. 경멸을 고려할 때 그가 가져간 것 이상의 것을 회복시켜야 한다. 다른 이의 안전을 소멸시키는 자로서 발생한 고뇌에 대한 보상을 하지 않고 그의 안전을 단순히 회복하는 것은 충분히 회복하는 것이 아니기 때문이다. 그래서 다른 이의 명예를 손상시키는 그는 명예를 다시 돌려주는 것이 아니라 손상의 정도에 따라 그가 불명예롭게 만든 사람이 만족할 수 있는 정도까지 회복시켜야 한다. 누군가가 불공평하게 빼앗아 간 것을 갚을 때 그에게서 훔친 것은 아니지만 요구받지 않은 것까지 갚아야 한다. 그래서 죄를 지은 모든 사람은 그가 신에게서 강탈한 명예를 갚아야 한다. 이것은 모든 죄인이 신에게 빚지고 있는 만족이다.[18]

죄는 자기의 기능을 떠맡은 팽창된 자아의 가정이다. 이 범죄는 처벌(소외)과 회복(회개, 참회)을 필요로 한다. 그러나 안젤름에 따르면 완전한 만족은 본래 가져온 것 이상의 회복을 필요로 한다. 이것은 인간이 심지어 죄 없이도 신에게 완전한 복종을 해야 하기 때문에 불가능하다. 그는 자신의 죗값을 지불할 별도의 자원을 가지고 있지 않다. 이런 이유로 그는 신-인간인 예수 그리스도의 희생이 제공한 은혜를 사용해야 한다. 죄와 회개의 순서에서 신은 은혜를 도입하여 죗

---

18 St. Anselm, *Cur Deus Homo*, Chapter XI, *in Basic Writings*, La Salle, Ill., Open Court Publishing Co., 1962, pp. 202 f.

값을 지불받는다. 이것은 사도 바울의 언급과 일치한다. "그러나 죄가 더한 곳에 은혜가 더욱 넘쳤나니 이는 죄가 사망 안에서 왕 노릇 한 것같이 은혜도 또한 의로 말미암아 왕 노릇 하여 우리 주 예수 그리스도로 말미암아 영생에 이르게 하려 함이니라."(로마서 5:20-21) 바울의 이어지는 질문인 "은혜가 더하게 하려고 죄에 거하겠느냐?"는 물론 부정적 답을 얻는 질문이다. 그럼에도 불구하고 이 질문은 은혜가 죄와 다소 관련되어 있다는 불편한 사실을 암시한다.

심리학적으로 이해하자면, 이 신학적 교리들은 자아와 자기의 관계를 말하는

[그림 2-6] 다윗 왕의 회개

선지자 나단에게 힐책당한 다윗 왕이 밧세바를 납치한 것에 대해 회개하고 있다. 오른쪽 위에는 회개(메타노이아)의 인격화가 있다. 비잔틴 시대의 필사본

것이다. 팽창(죄)은 가능한 한 피해야 하는 것이다. 그 일이 일어나면 자아는 자기에게 그것의 잃어버린 명예를 회복하여 줌으로써(회개) 구속함을 받을 수 있다([그림 2-6]). 그러나 이것은 완전한 만족이 아니다. 자기의 자기만족에서 파생되는 은혜는 지불을 완성해야 한다. 자아의 죄와 그에 이어지는 처벌은 자기로부터 치유적 에너지(은혜)의 흐름을 만들어 내기 위해 반드시 필요한 것이라는 단서가 있다. 이것은 자아가 자기와의 동일시로부터 자유로워지기 전에는 자아가 자기의 지지를 경험할 수 없다는 사실과 일치한다. 자아가 자신의 팽창된 충만함을 비우기 전까지는 은혜의 흐름을 담는 용기(vessel)가 될 수 없다. 그리고 이 비움은 소외의 경험을 통해서만 일어난다.

마틴 루터(Martin Luther)도 같은 생각을 표현했다.

> 신은 모순을 가지고 일하기 때문에 인간은 그가 구원받은 순간에 스스로를 잃어버렸다고 느낀다. 신이 인간을 의롭게 여기려 할 때 인간은 신을 저주한다. 그가 살아 있게 만들려는 그를 그가 먼저 죽여야 한다. 신의 총애는 분노의 형태로 전달되므로 그것이 수중에 들어올 때 가장 멀리 있게 된다. 인간은 그에게 건강이 없다고 먼저 외쳐야 한다. 그는 두려움으로 소진되어야 한다. 이것은 일시적 처벌의 고통이다. …… 이 혼란 속에서 구원이 시작된다. 인간이 비참하게 길을 잃었다고 생각할 때 빛이 들어온다.[19]

## 4. 자아-자기 축의 회복

임상에서 소외신경증을 앓고 있는 사람들을 많이 볼 수 있다. 이런 사람들은 자신이 존재할 권리가 있는지를 의심한다. 이들은 흔히 열등 콤플렉스(inferiority

---

19 Bainton, Roland, *Here I Stand*, New York, Abingdon-Cokesbury, 1950, pp. 82 f.

complex)라고 부르는 것을 갖고 있어 무의식적이고 자동적으로 자신에게서 나오는 것은 무엇이든—최고의 바람, 욕구, 흥미—가치 없거나 받아들일 수 없는 것이라 여긴다. 이런 태도와 함께 정신에너지가 막혀 고이게 되고, 신체화 증상, 불안이나 원시적 정서의 공격, 우울, 자살 충동, 알코올 중독 등과 같은 위장된(covert) 형태로 나타나게 된다. 이런 환자들은 자신이 신 앞에서 정당한가라는 문제에 직면하게 된다. 우리는 여기서 정당화라는 신학적 질문에 대한 심리학적 근거를 갖고 있다. 우리는 믿음에 의해 정당한가 또는 한 일에 의해 정당한가? 간단히 말하면, 내향적 관점과 외향적 관점 사이의 차이다. 소외된 사람은 자신이 정당치 못하다고 깊이 느끼며 자신의 최선의 이익에 따라 행동하지 못한다. 동시에 의미를 느끼지 못한다. 삶에 정신적 내용이 비워지게 된다.

소외상태에서 벗어나기 위해서는 자아-자기 축 사이의 어떤 접촉이 다시 이루어져야 한다. 접촉이 이루어지면 전체 새로운 세상이 열리게 된다. 그러한 경험을 기술한 예가 있는데, 롤로 메이(Rollo May) 박사가 보고한 사례에서 인용한 것이다. 환자는 28세의 여성이었는데 사생아였고, 내가 소외신경증이라고 부른 것으로 인해 심각하게 고통받았다. 그녀는 다음과 같은 말로 자신의 경험을 표현했다.

> 나는 '나는 사생아야.'라는 생각을 하면서 슬럼가의 가파른 언덕길 아래를 걸어가던 날을 기억한다. 그 사실을 받아들이려 고통스러워하면서 땀을 흘리던 것을 기억한다. '나는 부유한 백인들 가운데 있는 흑인이다.' 또는 '나는 앞을 보는 사람들 틈에 있는 소경이다.' 그날 밤에 나는 잠에서 깨어났고 이런 마음이 또 생겼다. '나는 내가 사생아라는 사실을 받아들인다.' 그러나 '나는 더 이상 아이가 아니다.' 그렇다. '나는 비합법적이다.' '나는 합법적이지 않게 태어났다.' 그렇다면 무엇이 남는가? 어떤 것도 아니다. '(그냥) 나는 ……이다.' '나는 ……이다.'와의 접촉과 수용 행위는 일단 그것이 이루어지자 나에게 '나이기 때문에 나는 존재할 권리가 있다.'는 경험을 주었다(내

생각에 그것은 내게 처음 있는 일이었다.).

이 경험은 무엇인가? 그것은 일차적 감정이다—그것은 내 집에 대한 증서를 받는 것처럼 느껴진다. 그것이 금속 철일지 아니면 그냥 파도일지를 신경 쓰지 않고 나 자신의 살아 있음의 경험이다. 그것은 내가 매우 어렸을 때 언젠가 복숭아의 씨앗을 깨뜨렸던 때와 같다. 그때 나는 무엇을 발견하게 될지, 그리고 씨앗 속 맛이 먹기에 좋은지 아닌지 잘 몰랐다. 그것은 항구에 정박하여 땅에 닻을 내리는 항해선박과 같은데, 선박은 땅에 있는 것으로 만들어졌고 선박은 틀림없이 닻을 다시 땅에 내릴 것이다. 배는 그것의 목재가 자라난 땅에서 닻을 들어 올려 항해를 하지만, 여러 차례 선박은 폭풍이 치거나 쉴 때 항상 닻을 내린다.

그것은 내가 선과 악 그리고 다른 모든 인간 개념을 초월해 있는 나 자신의 에덴동산에 들어가는 것과 같다. 그것은 산과 대양과 대륙이 깃들어 있는 지구와 같다. 그것은 문장 속에 있는 동사의 주어—이 경우 자신의 삶의 주어—를 발견한 어린아이와 같다. 그것은 자기 자신에 대해 이론처럼(추상적으로) 느끼기를 멈추는 것이다. ……[20]

"나는 ……이다."라는 이 표현들은 분명히 적절한 서술이다. 그것은 또한 강력한 전이상황에서 발생하는 자아-자기 축의 회복으로도 이해될 수 있다.

심리치료 중인 젊은 여성의 다음의 꿈은 손상된 자아-자기 축의 회복이 시작되고 있음을 보여 준다. 그녀는 다음과 같은 꿈을 꾸었다. 나는 춥고 황량한 시베리아로 갔으며, 목적 없이 배회하고 있다. 기마병의 무리가 접근했다. 그들은 나를 눈 속에 내던지고 한 사람씩 나를 강간했다. 이런 일이 네 번 일어났다. 나는 추위로 찢기고 마비되는 것 같았다. 다섯 번째 병사가 접근한다. 나는 같은 일이 일어날 것이라 예상하지만 놀랍게도 나는 그의 눈에서 연민과 인간에 대한 이해를 본다. 그

20 *Existence*, May, R., Engel, E., Ellenberger, W. F., (Eds.), New York, Basic Books, 1950, p. 43.

는 나를 강간하는 대신 담요로 부드럽게 나를 감싸 근처의 오두막으로 데려간다. 나는 이 남자가 나를 치유해 줄 것임을 알고 있다.

이 꿈은 전이의 시작과 함께 꾼 꿈이다. 환자는 어린 시절 양쪽 부모의 심각한 거절로 고통받았다. 그녀의 아버지는 특히 어머니와 이혼 후 그녀를 완전히 방임했다. 이것은 자존감을 짓이겨 버렸고, 환자는 아버지에 의해 그리고 궁극적으로는 자기에 의해 소외상태에 남겨졌다. 꿈은 소외와 추방의 감정 그리고 최근 출현하고 있는 회복의 경험을 생생하게 묘사한다. 이것은 강력한 전이 감정에 대한 희미한 인식과 함께 일어났다. 물론 이런 경험은 치료에서 정기적으로 일어났고, 좋은 인간적 감정과 전이 관련 이론이라는 수단에 의해 다소 성공적으로 다루어졌다. 그러나 자아-자기 축의 회복을 포함한 깊은 핵심과정이 일어나고 있다는 깨달음은 전이현상의 이해에 한 차원을 추가했다고 생각한다. 더 나아가 존재의 초개인적 근원과의 관계에 대한 인간의 보편적 욕구라는 더 큰 맥락에서 치료 경험을 이해할 수 있었다.

자아와 자기 사이의 관계 재형성에 의해 성취된 치유효과의 또 다른 예는 한 내담자가 가져온 주목할 만한 꿈에서 볼 수 있다. 이 꿈을 꾼 남자는 아동기에 심각한 정서적 박탈을 겪었다. 또한 그는 사생아였고, 소년에게 긍정적인 부모 경험을 제공하지 못한 거의 정신증이 있는 상태였던 위탁부모에게 양육받았다. 결과적으로 그는 성인이 되어 지독한 소외감 속에 있게 되었다. 상당히 재능이 있었지만 그의 가능성을 실현하기 위한 노력이 심각하게 차단당했다. 그는 이 꿈을 융이 사망한 다음 날 밤(1961년 6월 6일)에 가져왔다. 나는 이 꿈을 구체적으로 기술할 생각인데, 그 이유는 그가 융의 죽음에 상당히 영향을 받았기 때문이었고, 어떤 의미에서 꿈은 정신에 대한 융의 접근의 한 측면을 축약적으로 보여 주기 때문이다. 여기 그의 꿈이 있다. 우리 네 명은 낯선 행성에 도착했다. 네 명은 마치 네 방향 또는 네 가지의 다른 인종을 대표하는 양 우리 각자는 한 존재의 여러 측면을 나타내는 사위(quaternity) 같다. 도착하자마자 우리는 행성에 또 다른 무리—또 다른 네 명의 무리—가 있다는 것을 발견한다. 이 무리는 우리의 언어를 사용하지 않는다. 사실 각자 다른 언어로 말한다. 우리가 하려고 하는 첫 번째 것은 공통으로 사용할 수 있는 언어를 정하는(만드는) 것이다(이 문제는 꿈의 상당 부분을 차지하지만 이 부분은 생략하겠다.).

이 행성에는 행성의 모든 거주자가 지켜야 하는 초질서(super-order)가 있다. 그러나 초질서는 개인이나 정부에 의해 부과된 것이 아니라 우리가 자연이라 생각하는 온순한 권위에 의해 부과된 것이다. 모든 사람에게 이 통제력을 발휘하는 그것의 능력에 관하여 개별성을 위협하는 것은 아무것도 없다.

그리하여 나는 응급실에서 벌어지고 있는 일에 주의를 돌린다. 행성에 있는 네 명 중 한 명이 심장마비를 일으켰다. 우리의 도착 때문에 그가 흥분해서 심장이 너무 빨리 뛴 것이다. 그리고 이런 종류의 일이 생기면 개입하는 것이 초질서의 속성이다. 평형을 찾을 때까지 그는 '과부하'를 흡수할 주심장박동 장치를 하고 있었고, 그러는 동안 그는 반혼수 상태였다.

나는 우리 네 명이 머물도록 허가를 받을 수 있을지 궁금해지기 시작한다. 그러고 나서 우리가 파장(사고방식)에 배치되어 행성이 '위험'이라고 부르는 것, 지구가 '죄'라고 부르는 것에 우리가 들어가는 때를 '에너지 법칙의 중심 근원(Central Source of Energy Law)'이 탐지해 낼 수 있다는 조건으로 체류를 허락받는다. 그 순간 우리는 위험 속에 들어가고, 조건이 수정될 때까지 초질서가 우리를 '인계'받는다. 그 행위의 원형적 뿌리를 참조하기보다 자아 또는 인격의 의식적 측면의 즉각적 만족을 위해 행위가 이루어질 때—즉, 그 행위를 원형적 근원과 최초의 근원 행위에 포함되었던 의례(ritual)의 측면과 연결시키지 않을 때—마다 위험이 존재한다.

이 인상적인 꿈의 중심 특징은 또 다른 행성(무의식)에 존재하는 '초질서'와 '에너지 법칙의 중심 근원'이다. 이 주목할 만한 이미지는 정신의 초개인적 조절 과정에 대한 상징적 표현이며 무의식의 보상기능에 대한 우리의 개념과 일치한다. 꿈은 '그 행위의 원형적 근거를 참조하기보다 자아의 즉각적 만족을 위해 행위가 이루어질 때마다' 위험이 발생한다고 언급한다. 이것은 자아가 존재의 초개인적 범주에 대한 참조 없이 작동하고 있는 팽창에 대한 정확한 기술이다. 더

구나 꿈은 이 조건을 죄와 동등시한다—앞서 인용한 어거스틴(Augustine)의 관점과 정확히 일치한다(53쪽).

꿈은 우리에게 자아가 팽창되면 바로 '초질서'가 '과부하'를 제거하는 효력을 발휘한다고 말한다.—따라서 이후의 소외의 위험에 대항해 보호한다고 말한다. 이 보호적 또는 보상적 원리는 월터 캐넌(Walter Cannon)의 생리학의 항상성 원리와 매우 유사한 것이다.[21] 이 개념에 따르면 신체는 타고난 항상성 과정 또는 자기조절 과정을 갖고 있어서 기본적인 신체 구성요소들이 적절한 균형에서 지나치게 벗어나지 못하게 한다. 예를 들어, 우리가 너무 많은 염화나트륨을 섭취하면 신장은 소변에 염화나트륨의 양을 증가시킨다. 혹은 혈액 속 이산화탄소량이 증가하면 뇌에 있는 어떤 신경 중심이 과다한 이산화탄소를 차단한다. 자기조절력, 항상적 과정은 정신이 자유롭게 작동하고 손상을 입지 않았다면 정신에서도 동일한 작용을 한다. 신체처럼 무의식적 정신은 의식성의 실수와 과다함을 교정하는 본능적 지혜를 갖고 있다. 우리가 그 메시지에 귀 기울인다면 이 교정 기능은 자기에서 나오며 자유롭게 작동하기 위해 자기와 자아 사이의 살아 있고 건강한 연결을 필요로 한다.

'정상적인' 사람에게조차 심리적 발달이 진행되기 위해서는 소외가 반드시 필요한 경험이다. 왜냐하면 자아-자기 정체성은 원죄만큼 보편적인 것이기 때문이다. 정말로 이것들은 동일한 것이다. 칼라일(Carlyle)은 이 점을 분명히 언급했다. 그는 행복은 우리의 기대, 즉 우리가 갖고 있다고 생각하는 양에 반비례한다고 말하였다. 행복은 우리가 기대하는 것에 의해 나누어지는, 우리가 갖고 있는 것과 동일하다. 그는 다음과 같이 기술했다.

> 우리 자신의 노력의 가치와 평균에 의해 우리는 평균적인, 이승에서의 몫에 이르게 된다. 우리는 이것이 본질적으로 우리에게 속한 것이라고 생각한

---

21 Cannon, W. B., *The Wisdom of the Body*, New York, 1932.

다. 그것은 우리의 보수로부터 받은 단순한 임금이며 감사다. 불평이 필요치 않은 것이다. 있을 수 있는 과잉(초과)에 대해서만 우리는 행복으로 설명한다. 다시 한 번 말하면, 결핍은 비참함이다. 이제 우리 자신의 보수에 대해 우리가 가진 가치를 고려해 보자. 우리 각자에게 어떤 자기 과대적인 재원이 있는지를. 당신은 균형이 깨진 길로 가고 있다고 생각하는가. …… 멍청이 당신에게 말하겠다. 그 모든 것은 당신의 허영심에서 온다—당신의 것이 되었으면 하는 동일한 보수의 것에서. 당신이 목맬 만한 가치가 있다고 상상하는 그것을 당신은 처분해야 행복을 느낄 것이다. …… 나의 대수학이 나를 기만하지 않는 한 삶의 비율은 당신의 분모를 줄이는 것만큼 당신의 분자를 늘린다고 해서 가치가 많이 증가하지 않는다. 영으로 나뉘는 단일체는 무한대가 된다. 보수에 대한 당신의 주장을 영으로 만들라. 그러고 나면 당신은 세상을 당신의 발아래 두게 될 것이다. 이 시대의 가장 지혜로운 사람들은 다음과 같이 훌륭하게 이를 저술했다. "삶이 시작된다고 말할 수 있는 것은 오직 재합일이 이루어질 때다."[22]

---

22 Carlyle, Thomas, *Sartor Resartus*, Everyman's Library, London, Dent and Sons, 1948, p. 144.

CHAPTER 03

# 자기와의 대면

> 나는 이 삶을 신성한 본질의 흐름으로서 존중한다. 그러나 영혼은 왕국을 보기 위해 그녀 자신의 왕궁을 떠난다. 하늘은 그 안에 땅의 모습을 갖고 있었고, 그녀가 그런 생각에 만족했다면 그녀는 지도(역주: 2차원적인) 너머의 곳을 여행하지 않았을 것이다. 그러나 탁월한 패턴들이 그 패턴들을 본뜨도록 했다. …… 그러나 그녀는 패턴들의 대칭을 본떠 그것을 만든다. 따라서 그녀의 하강은 그녀가 어디에서 왔는지 말한다. 그 자신의 아름다움과 함께 사랑에 거하는 신은 비추어 봄으로써 신을 볼 수 있도록 하기 위해 거울을 만들었다.
>
> –토머스 본(Thomas Vaughn)*

## 1. 집단의 역할

팽창과 소외 상태는 정신적 삶의 주기의 두 부분이며, 정신적 삶의 이 두 부분은 그 밖에 다른 것으로 변하는 경향이 있다. 팽창된 상태가 표출되면 추락을 가져오고, 따라서 소외에 빠진다. 마찬가지로 정상적 상황하에서 소외된 조건은 치유와 회복으로 이끈다. 팽창이나 소외는 그것들이 부분으로 되어 있는 삶의 주기로부터 분리되었을 때만 위험한 조건이 된다. 그중 하나라도 포괄적 역동성에 포함되지 못하고 경직되거나 만성상태가 된다면 인격이 위협을 받는다. 그렇다면 심리치료가 필요하다. 그러나 인간 집단은 집단적 · 인습적(따라서 주로 무

---

* Vaughn, Thomas, *Anthroposophia Theomagica,* in *The Works of Thomas Vaughn*, Waite, A. E., (ed.), reprinted by University Books, New Hyde Park, N.Y., p. 5.

의식적인) 방법을 통해 이 위험으로부터 보호를 받는다.

팽창과 소외의 정신적 위험은 다른 이름으로 종교 실천 그리고 모든 인종과 시대의 지혜 속에 항상 인식되어 왔다. 신의 질투를 유발하는 팽창된 성향을 피하기 위한 수많은 집단적 · 개인적 의례(ritual)가 고대로부터 존재해 왔다. 예를 들어, 우리는 누군가 모든 것이 잘되어 간다고 말하면 나무를 두드리는 오래된 습관을 갖고 있다(역주: 나무를 두드리면 재앙이 물러간다는 독일의 속설과 관련 있음. 좋은 일에 액운이 끼는 것을 막으려는 관습). 그 배경에는 자긍심과 자아도취가 위험한 것이라는 무의식적 또는 의식적 깨달음이 있다. 따라서 개인을 겸손한 상태에 있도록 하기 위해 어떤 절차들이 사용되어야 한다. '별일 없으면(만사가 다 잘되어 가면)' 이라는 표현의 사용도 동일한 의미를 갖고 있다. 대부분 지역의 원시사회에서 직면하게 되는 금기도 같은 근거—개인을 팽창된 상태로부터, 제한된 자아의식성에는 너무 크기에 자아를 파괴할 수 있는 힘과의 접촉으로부터 보호하는 것—를 갖고 있다. 전사들이 전투에서 돌아왔을 때 승리한 전사를 격리하는 원시적 절차도 동일한 보호기능을 한다. 승리한 전사들은 승리 때문에 팽창되어 있을 수 있고, 마을에 들어온다면 그들의 힘을 마을에 대항하는 쪽으로 만들 수 있다. 따라서 마을로 재통합되기에 앞서 며칠 동안 식히는 시간을 갖는다.

'왕관의 의식(The Rite of the Crown)' 이라 불리는 흥미로운 고대 미트라 의례가 있는데, 이는 팽창에 대항해 보호하기 위해 만들어진 것이다. 다음의 절차가 로마 병사를 미트라에 입문시키는 동안 행해졌다. 칼끝에 왕관을 걸어 입문자에게 주었다. 하지만 입문자는 손으로 그것을 멀리 치워 버리고 "미트라가 나의 왕관이다." 라고 말하도록 배웠다. 그 후에 그는 연회나 군대 승리 때에도 왕관이나 화관을 쓰지 못했으며, 왕관이 주어질 때는 언제나 그것을 거절하면서 "그것은 나의 신께 속한 것입니다."[1]라고 말해야 했다.

선불교에도 지적 팽창, 즉 자신이 알고 있다는 망상을 제지하기 위한 미묘한

---

1 Willoughby, Harold R., *Pagan Regeneration*, Chicago, University of Chicago Press, 1929, p. 156.

기법들이 개발되어 있다. 그중 한 가지 기법은 선문답이나 화두의 사용이다. 한 예를 들면 다음과 같다. 제자가 그의 스승에게 묻는다. "개들도 부처의 속성을 갖고 있습니까?" 스승이 대답한다. "멍멍."

기독교 전통에도 팽창상태로부터 보호하기 위한 큰 노력이 있다. 일곱 가지 죽을 죄(자만, 분노, 시기, 정욕, 폭식, 탐욕, 게으름)는 모두 팽창의 증상이다. 모두 고백과 회개를 필요로 하는 죄로 명명함으로써 개인은 그것들로부터 보호받는다. 예수의 산상수훈의 기본 메시지는 축복이 팽창되지 않은 인격에 온다는 것이다.

개인을 팽창된 상태로부터 보호하기 위한 수많은 전통 절차도 있다. 심리학적으로 이해하면, 모든 종교 실천의 중심 목적은 신성(자기)과 개인(자아)을 연결하는 것이다. 모든 종류의 종교의식의 본래 목적은 개인에게 이 초개인적 범주들과 연결되는 경험을 제공하는 것이다. 이것은 미사의 경우도 사실이며, 가톨릭의 고해성사는 그 상황이 무엇이든 간에 신으로부터의 소외감을 야기한 상황으로부터 개인의 짐을 덜어 줄 기회를 제공하는 보다 개인적인 방식으로 이루어진다. 성직자를 신의 중개자로 받아들임으로써 신에게로의 귀환, 신과의 재연결의 느낌이 생겨난다.

모든 종교 실천은 실존의 초개인적 범주를 떠받치며 그 범주를 개인과 연결시키려 한다. 종교는 팽창과 소외에 대항하여 사용할 수 있는 최고의 집단적 보호장치다. 우리가 아는 한 모든 사회는 삶의 집단적 의례 속에 그와 같은 초개인적 범주들을 갖고 있다. 집단적인 인간 삶이 이 초개인적 범주를 공유하고 있다는 느낌 없이 생존할 수 있다는 것은 의심스럽다.

그러나 집단적 방법이 정신적 심연의 위험으로부터 인간을 보호하기는 하지만 이 방법들은 이러한 심연에 대한 경험과 그러한 경험이 촉진하는 발달의 가능성에 대한 경험을 개인에게서 박탈한다. 살아 있는 종교가 자기(Self)를 포함하고 있는 한 그리고 구성원들에게 자기의 역동성을 중재하는 한 개인이 자기와 직접 대면해야 할 필요는 거의 없을 것이다. 그는 초개인적 차원과의 개인적 관계를 발견할 필요가 없을 것이다. 그러한 과제는 교회가 개인을 위해 수행할 것이다.

이것은 현대 서구사회가 여전히 초개인적 범주 또는 원형을 위한 기능적 용기(container)를 가지고 있는가와 같은 심각한 의문을 제기한다. 또는 엘리엇(Eliot)이 언급한 바와 같이 사실은 수많은 개인이 삶의 경험을 이해할 수 있는 살아 있고 기능적인 초개인적 범주들, 교회나 기타의 종교가 공급하는 범주들을 갖고 있지 않다는 것이다. 이것은 위험한 상태인데, 왜냐하면 그러한 범주들이 존재하지 않을 때 자아(ego)는 그 자신을 모든 것 또는 아무것도 아닌 것으로 생각하는 경향이 있기 때문이다. 더 나아가 원형이 기존의 종교 구조와 같은 적절한 용기(container)를 갖고 있지 못할 때 원형은 그 밖의 어딘가로 가는데, 그 이유는 원형이 정신적 삶의 사실들이기 때문이다. 한 가지 가능성은 원형이 진부한 것이나 세속적인 것에 투사되는 것이다. 그러면 초개인적 가치는 삶의 표준, 개인적 힘, 사회적 개혁 운동, 정치활동의 하나의 높은 표준이 될 수 있다. 이런 일은 나치즘, 급진적 우익, 공산주의, 급진적 좌익 등에서 일어난다. 동일한 종류의 역동이 인종주의 또는 반인종주의 같은 인종문제에도 투사될 수 있다. 개인적 · 세속적 · 정치적 행위가 무의식적 · 종교적 의미로 가득하게 된다. 이것은 특히 위험한데, 그 이유는 종교적 동기가 무의식적으로 활성될 때는 언제나 모든 파괴적 결과를 가져오는 광신주의를 일으키기 때문이다.

집단적 정신이 안정적 상태에 있으면, 수많은 사람이 공통의 살아 있는 신화 또는 신성을 공유한다. 각 개인은 자신의 내적 신 이미지(자기)를 집단의 종교에 투사한다. 그러면 집단의 종교는 다수의 개인을 위한 자기를 담는 용기 역할을 한다. 초개인적 삶의 힘의 실재는 상징성, 신화, 의례 그리고 교리에 체화시키는 외적 이미지에 반영된다. 그것이 적절히 기능하는 한 교회는 만연한 팽창이나 소외로부터 사회를 보호한다. 그러한 안정적 상태를 [그림 3-1]에 제시하였다. 이 상황이 안정적이기는 하지만, 그것은 단점도 가지고 있다. 자기 또는 신의 이미지는 여전히 무의식적이다. 즉, 내면의 정신적 존재로 인식되지 않는다. 신자들의 집단이 서로 조화로운 관계 속에 있다 하더라도 조화는 현실적이지 못하며 어느 정도 가짜다. 교회와의 관계에서 개인은 집단적 동일시 또는 참여 신비(participation mystique) 상태에 있게 될 것이며, 자기와 독특하고 개인적인 어떤 관계도 맺을 수 없다.

바깥의 교회가 자기의 투사를 담아낼 능력을 상실하면 우리는 니체(Nietzsche)가 현대사회에 대해 "신은 죽었다."라고 선언한 조건을 갖게 된다. 모든 교회에 담겨 있던 정신에너지와 가치가 개인의 정신을 활성화하고 심각한 문제를 야기하면서 개인에 되돌아가게 된다. 이제 무슨 일이 일어날 것인가? 여러 가지 가능성이 있으며, 우리는 각자의 현대 삶에서 그 예를 볼 수 있다([그림 3-2] 참조). 첫 번째 가능성은 교회에 대한 신-투사(god-projection)의 상실과 함께 개인은 동시에 자기와의 내적 관계를 상실한다(소외, [그림 3-2] 참조). 그러면 개인은 오늘날 매우 흔한 소외 및 공허하고 의미 없는 삶의 모든 증상에 굴복하게 된다. 두 번째 가능성은 개인이 그 자신, 자신의 자아 그리고 개인적 능력, 즉 이전에 신성에 부착되었던 모든 에너지를 떠맡는 것이다(팽창, [그림 3-2] 참조). 그러한 사람은 팽창에 굴복한다. 이것의 예는 인간의 합리적 · 조작적 힘에 과잉적 가치를 두고 삶과 자연의 본질적인 신성한 신비를 부인하는 오만에서 볼 수 있다. 세 번째 가능성은 종교적 용기(container)에서 거두어들인 초개인적 가치를 세속적 운동이나 정치운동에 투사하는 것이다(재투사, [그림 3-2] 참조). 그러나 세속적 목적은 종교적 목적에 적합한 용기가 아니다. 종교적 에너지가 세속적 대상에 적용되면 우상화가 일어나는 것을 볼 수 있는데, 이는 가짜의 무의식적 종교라고 할 수 있다. 재투사의 현저한 예는 공산주의와 자본주의 갈등이다. 특히 공산주의는 분명히 종교적 에너지를 세속적이고 사회적인 목적으로 그 방향을 돌리려는 세속적 종교다.

자기의 가치가 반대 집단에 의해 갈등적인 정치 이데올로기에 투사되면 그것은 마치 자기의 근원적 전체성이 반(antithesis)의 파편으로 분열되어 서로에게 전쟁을 하는 것과 같다. 그러한 경우 자기 또는 신의 모순(이율배반)이 역사에서 표

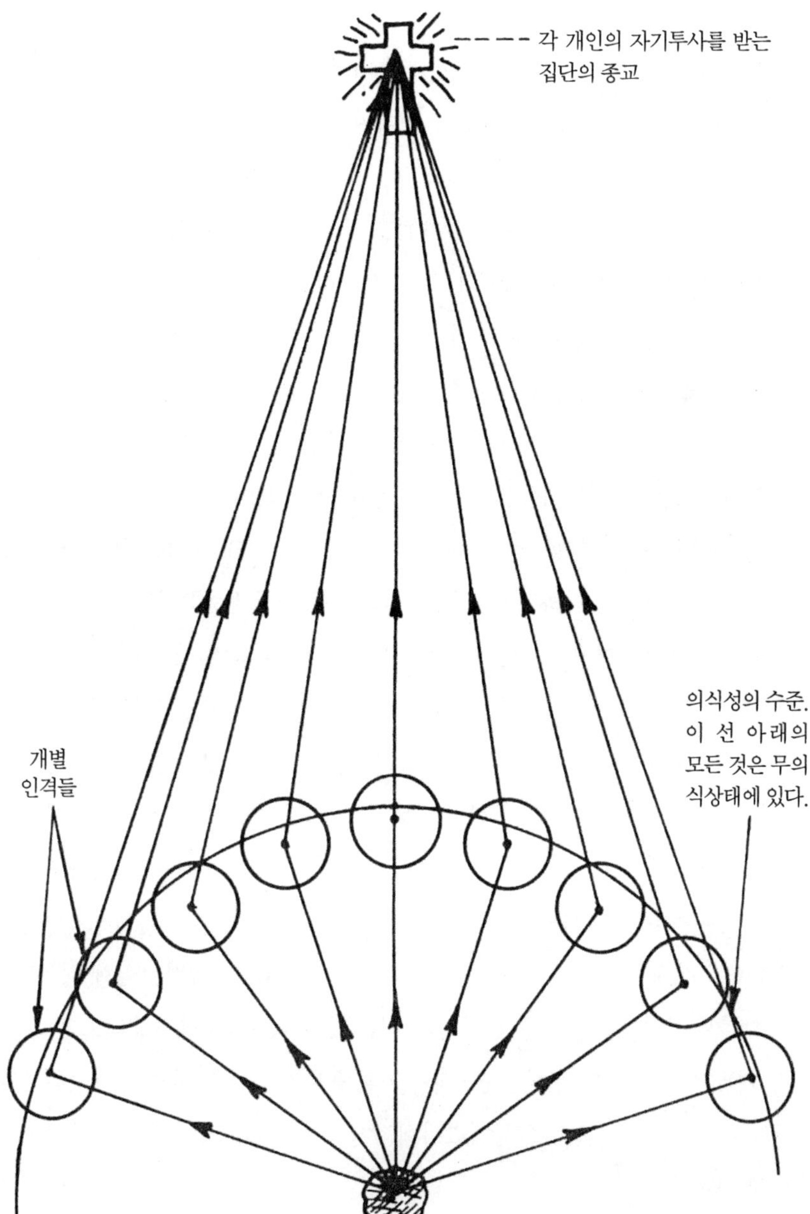


[그림 3-1] 종교 신자 집단의 안정적 상태

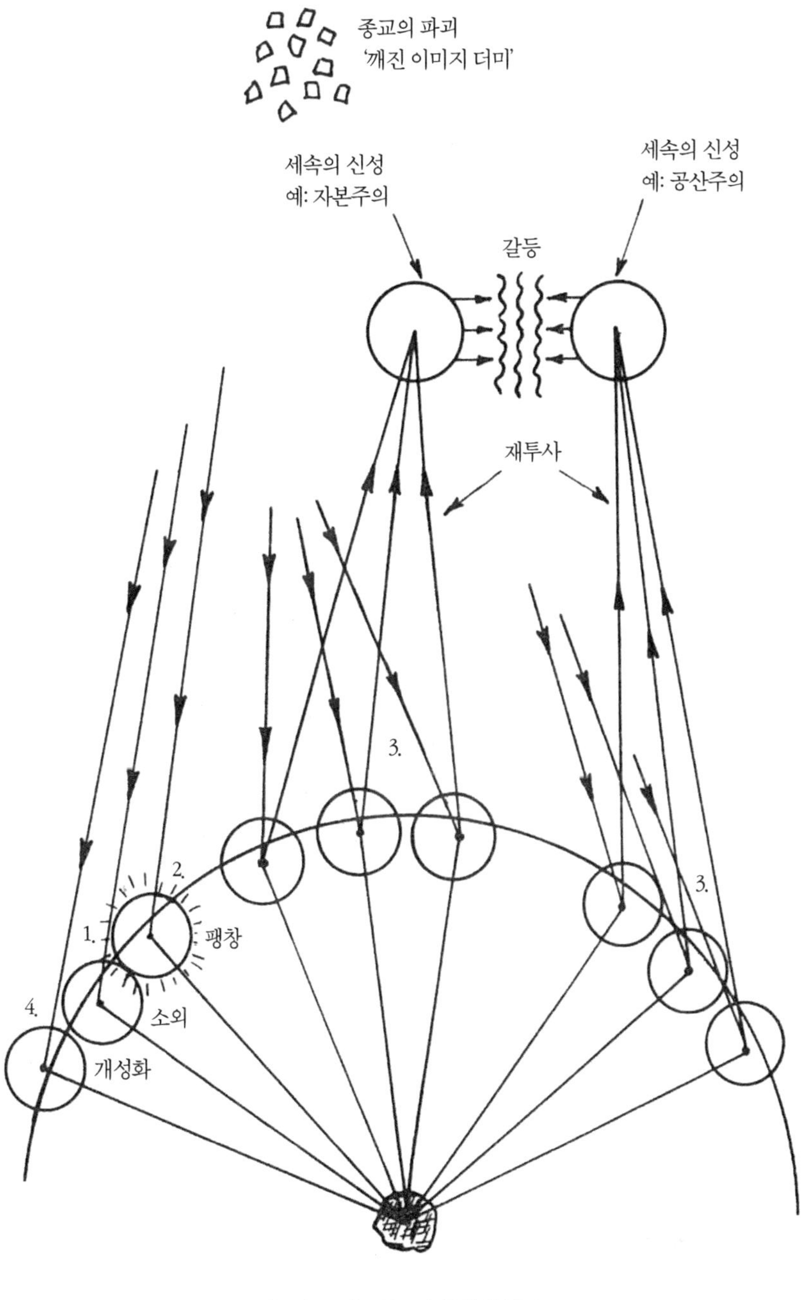


[그림 3-2] 종교적 투사의 붕괴

출된다. 당파적 갈등의 양측 모두 동일한 근원, 즉 서로 공유한 자기로부터 그들의 에너지를 파생시킨다. 그러나 이것에 대한 무의식성은 그들의 삶에서 비극적 갈등을 살아 내야 하는 운명이다. 신 자신이 어두운 갈등의 똬리 속에 갇혀 있다. 서구 문명권의 모든 전쟁에서 양측이 모두 동일한 신에게 기도했다. 매튜 아놀드(Matthew Arnold)는 이를 다음과 같이 표현했다.

> 그리고 우리는 여기 어스레한 평원 위에 있다.
> 투쟁과 싸움의 혼란스러운 불안이 휩쓸고 지나간 곳
> 무지한 적들이 밤마다 충돌하는 곳
>
> —도버 비치(Dover Beach)

네 번째 가능성은 개성화([그림 3-2] 참조)에 제시되어 있는 것처럼 종교적 투사의 상실을 다루는 것이다. 종교적 가치의 상실을 통해 자신에게 돌아가면 궁극적 의문에 대해 생각하고 의식적으로 중요한 발달을 위한 기회로 삼을 수 있다는 것이다. 그가 의식적으로 그리고 책임감 있게 무의식의 활성화를 작업한다면 잃어버린 가치, 신의 이미지를 발견할 수도 있다. 이 가능성은 무의식의 호(arc) 밖에 있는 더 큰 부분을 가지고 있는 원에 의해 제시되어 있다. 자아와 자기 사이의 연결이 이제 의식화된다. 이 경우 종교적 투사의 상실은 유익한 목적의 역할을 한다. 그것은 개성화된 인격의 발달을 가져오는 자극이다.

집단이 초개인적 범주를 상실할 때의 큰 특징은 개인의 주관성에 대한 몰입의 증가다. 이것이야말로 현대의 현상이며 전통적인 집단 종교에 담겨 있는 초개인적 가치가 만족을 주는 한 존재할 수 없었다. 그러나 전통적 상징체계가 붕괴되면 그것은 마치 증가된 큰 에너지가 개인의 정신에 돌아오는 것과 같으며, 훨씬 더 큰 관심과 주의가 개인의 주관성에 맞춰지게 된다. 심층심리가 생겨난 것이 바로 이러한 현상으로부터다. 다른 증거들은 모두 예술에 있다. 연극과 소설에는 가장 진부하고 상식적인 개인들이 가장 작고 개인적인 측면에서 기술되어 있

[그림 3-3] 다나에

티치아노(Titian)

다. 전에는 결코 일어난 적 없던 어느 정도의 가치와 주의가 내적 주관성에 주어진다. 실제로 이런 경향성은 앞으로 일어날 일을 가리키는 것이다. 그것의 피할 수 없는 결론은 더 많은 사람을 그들 안에 있는 잃어버린 초개인적인 범주로 인도하는 것 외에는 길이 없다는 것이다.

## 2. 돌 파

심리적 발달의 어느 지점에 이르면, 주로 강렬한 소외 경험 후 자아-자기 축이 갑자기 의식으로 침입한다. [그림 1-3]에 제시되어 있는 조건이 실현된다. 자아는 경험적으로 자아가 복종하는 초개인적 중심을 인식하게 된다. 융(Jung)은 이것을 다음과 같이 기술하였다.

> 삶의 정점에 이를 때, 꽃봉오리가 피어날 때 그리고 더 작은 것에서 더 큰 것이 출현할 때 이 순간은 니체(Nietzsche)가 말한 것처럼 '하나가 둘이 되고' 항상 있었지만 보이지 않았던 더 큰 것이 더 작은 인격에 계시의 힘으로 나타나는 순간이다. 신화와 종교가 이 돌파의 순간을 여러 이미지로 상징화하고 있다. 정말 무력하게 작은 그는 항상 그의 작음의 수준으로 더 큰 것의 계시를 끌어내릴 것이며 그의 작음에 대한 심판의 날이 동터 온다는 것을 결코 이해하지 못한다. 그러나 내적으로 위대한 사람은 "사로잡혔던 자들을" 사로잡기 위해(에베소서 4:8), 즉 이 불멸의 존재를 항상 제한하고 가두어 왔던 그의 사로잡힘을 멈추기 위해, 그래서 그의 삶이 더 큰 삶으로 흘러가도록 하기 위해 오랫동안 기다려 왔던 그의 영혼의 친구, 불멸의 존재가 이제 정말 왔다는 것—심각하게 위험한 순간!—을 알 것이다.[2]

2 Jung, C. G., *The Archetypes and the Collective Unconscious*, C. W. Vol. 9, i, par. 217.

신화와 종교는 이 돌파의 순간을 상징하는 많은 이미지를 제공한다. 조력하고 명령하고 방향 짓는 신성한 존재를 의식적으로 만나면 자아가 자기를 만난 것이라고 이해할 수 있다.

이러한 대면은 일반적으로 광야나 도망자 상태, 즉 소외상태에서 일어난다. 모세는 불붙은 수풀에서 여호와가 그에게 삶의 과제를 주었을 때 율법으로부터 도망자 상태였고, 그의 장인의 양을 광야에서 치고 있었다(출애굽기 3장). 에서의 분노 때문에 고향에서 도망쳐야 했던 야곱은 광야에서 하늘의 사다리 꿈을 꾸고([그림 3-4] 참조) 신과 계약을 한다(창세기 28:10-22). 〈신의 왕국은 당신 안에 있다(The Kingdom of God is within You)〉라는 시에서 프랜시스 톰슨(Francis Thompson)은 이 이미지를 다음과 같이 표현하였다.

> 천사들이 그들의 오래된 장소를 지킨다.
> 돌아서지만 돌 하나뿐 그리고 한 날개를 펴는 것이 어렴풋이 보인다!
> '그것은 너,' 그것은 너의 낯선 얼굴들이다.
> 그것은 빛나는 것을 못 본다.
>
> 그러나 (너무 슬퍼서 더 슬플 수 없을 때)
> 운다—그리고 그것은 너에게 슬픈 상실이다.
> 야곱의 사다리의 오르내림이 빛난다.
> 하늘과 채링크로스(역주: 런던 시의 중심, 일상을 의미함) 사이의 경사진 곳에서.[3]

요나도 한 예다. 그는 처음에 삶의 중간에 여호와를 만나지만, 자아가 자기의 권위를 인정하기에는 너무 팽창되어 있어 신을 받아들이지 않는다. 벗어나려는

---

3 Thompson, Francis, *Poetical Works*, London, Oxford University Press, 1965, p. 349 f.

[그림 3-4] 야곱의 꿈

귀스타브 도레(Gustave Doré)

[그림 3-5] 수태고지
보티첼리(Botticelli)

헛된 노력 끝에 고래 배 속에서 완전히 절망할 때에야 여호와의 초개인적 권위를 인정하고 받아들인다.

여성(또는 남성 심리의 아니마)이 자기를 만날 때 그것은 전상의 수태시키는 힘으로 종종 표현된다. 다나에는 아버지에 의해 갇히지만 황금 소나기를 통해 제우스를 만나 수태하여 페르세우스를 임신한다([그림 3-3] 참조). 유사하게, 마리아에게 임한 수태고지는 하늘에서 오는 수태시키는 빛으로 흔히 묘사된다([그림 3-5] 참조). 이 이미지를 더욱 심리학적으로 표현한 이미지는 베르니니(Bernini)의 조각 〈성 테레사의 법열(The Ecstasy of St. Theresa)〉([그림 3-6] 참조)이다.

이 주제의 현대적 예는 오랜 과정의 심리적 노력을 했던 한 여성의 놀라운 꿈이다. 나는 젊고, 벌거벗었고, 땀으로 번들거리는 남자를 본다. 그는 그의 신체적 태도 때문에 먼저 눈에 띄었다—피에타 조각의 구부리는 동작과 그리스의 유명한 원반투수의 에너지 넘치는 원반 던지는 자세의 조합. 모호하게 그를 지지하고 있는 다른 남자들의 집단에 그는 있다. 그는 그의 피부색(구릿빛)과 피부의 느낌(땀으로 젖은)

[그림 3-6] 성 테레사의 법열

베르니니(Bernini)

때문에 부분적으로 남자들 중에서 눈에 띄지만, 그가 세 번째의 확장된 다리 형태의 남근을 갖고 있다는 사실 때문에 주로 눈에 띈다([그림 3-7] 참조).

남자는 발기의 부담 때문에 고통스러워한다. 이것은 운동적 노력(근육과 땀)뿐 아니라 얼굴 표정의 일그러짐을 보여 준다. 나는 그의 곤경에 대한 동정심과 남성성에 대한 감탄으로 그에게 끌리게 된다. 우리는 성교를 하고 그의 삽입은 내게 오르가슴을 일으킬 만큼 깊고 넓은 것이어서 나는 깨어났을 때조차 갈비뼈와 폐에 그것을 느낄 수 있다. 그것은 고통과 쾌락이었다. 나의 온 내면은 문자 그대로 '뒤엎어졌다.' 그리고 특히 나의 자궁은 마치 그것이 온통 혁명을 일으킨 것 같았다.—안팎 또는 180도, 나는 그중 어느 것인지 모르겠다.

여러 가지 확충이 가능하다. 꿈꾼 이는 성교를 하고 창조적 힘을 가진 남성적 존재에 의해 변화된다. 그는 신체와 영(spirit) 모두를 가진 운동선수다. 그는 궁극적인 영적 원리(태양)와 관련 있으며, 정신적 변화(연금술적 그림)의 전체 과정도 표현하고 있다.

원반투수([그림 3-8] 참조)와 미켈란젤로의 피에타([그림 3-9] 참조)에 추가하여, 세 개의 다리를 가진 남자는 꿈꾼 이에게 연금술 조각([그림 3-10] 참조)과 그녀가 한 번 본 적이 있는 세 개의 발을 가진 태양수레([그림 3-11] 참조)를 생각나게 했다. 따라서 꿈 상징들(figures)은 광범위한 확충이 가능한 여러 이미지와 의미의 응축이다. 그러나 이것을 하지 않고 여기서는 몇 가지 관찰에 주목할 수 있다. 꿈꾼 이는 창조적 힘을 가진 남성적 존재와 성교를 했다. 그는 소년과 영의 운동선수다(사도 바울). 그는 궁극적인 영적 원리(태양)와 연결되어 있으며, 또한 정신적 변환의 전체 과정을 표현했다(연금술 그림).

이 꿈은 꿈꾼 이를 새로운 삶의 태도와 인식에 입문시켰다. 성적 이미지가 시사하는 바와 같이 새로운 신체 반응 수준이 생겨났다. 또한 지금까지는 주로 무의식상태였던 전체 감각기능이 가능하게 되었다. 무엇보다 중요한 것은 순수한 개인적 자율성의 증가와 상당한 창조적 재능의 출현이었다. 연상에 의하면 이 꿈은 아니무스뿐 아니라 자기와의 결정적 만남을 표현하고 있는 것이 분명하

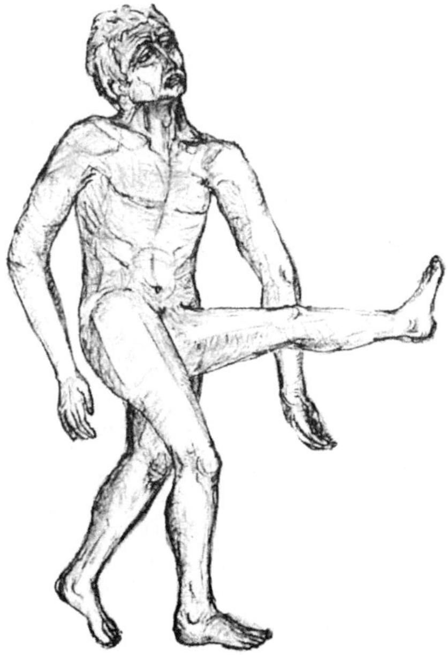

[그림 3-7] 환자의 그림

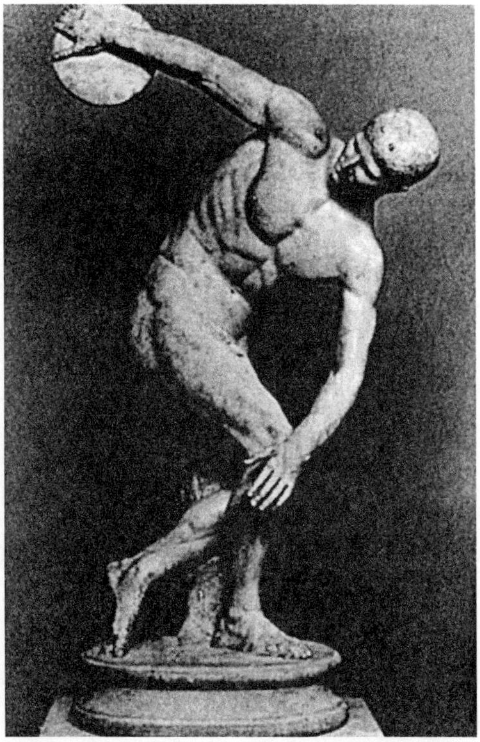

[그림 3-8] 원반투수

마이론(Myron), 기원전 460~450년경.
로마의 복사본.

[그림 3-9] 피에타

미켈란젤로(Michelangelo)

[그림 3-10] 연금술 그림

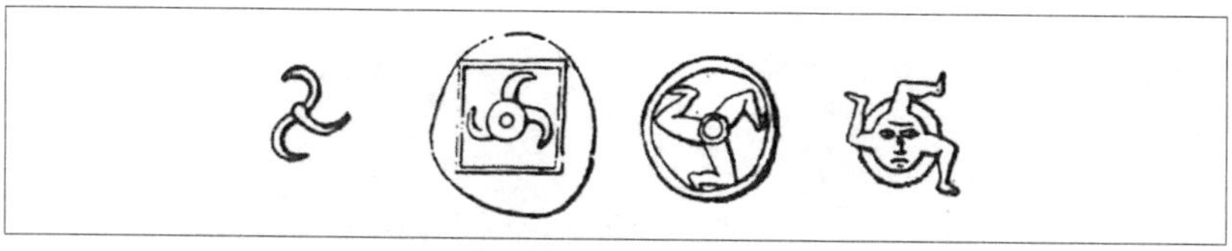

[그림 3-11] 세 개의 발을 가진 태양수레의 다양성

다. 3의 상징성은 구체적이고 시공간적인 깨달음 과정에 대한 강조를 나타낸다(제7장 참조).

자아-자기 축의 돌파에 관한 뛰어난 예는 사도 바울의 회심이다(사도행전 9:1-9; [그림 3-12] 참조). 요나는 피하려 했다. 사울은 그 자신의 운명을 나타내는 사람들을 박해함으로써 그의 운명에서 벗어나려 했다. 융이 "중요한 것은 사람이 말하는 것이지, 그가 거기에 동의하느냐 동의하지 않느냐가 아니다."라고 말한 것처럼 기독교인들에 대한 그의 공격의 강력함은 기독교인들과 뜻을 같이함을 드러낸 것이었다.[4] 열정적으로 미워하던 것이 그 자신의 운명의 한 측면임이 분명하다.

## 3. 욥 기

욥기(Book of Job)는 자기와의 대면에 대한 매우 포괄적인 상징적 설명을 제공하고 있다. 융은 『욥에의 응답(Answer to Job)』[5]이라는 그의 저서에서 욥에 관해 기술하였다. 이 책에서 그는 욥 이야기를 신 이미지 또는 자기원형(Self-archetype)을 포함한 히브리-기독교 신화의 집단적 발전상의 전환점으로 취급했다. 욥과 여호와와의 만남은 신의 속성에 대한 인간의 인식에 결정적 전환을 나타내는 것

4 Jung, C. G., *Symbols of Transformation*. C. W., Vol. 5, par. 99.

5 Jung, C. G., "Answer to Job" in *Psychology and Religion: West and East*, C. W., Vol. 11.

[그림 3-12] 사도 바울의 회심(1515)

목판화

이다. 이는 신의 인간화 그리고 궁극적으로는 그리스도로의 육화라는 신의 반응을 필요로 한다. 욥의 이야기는 자아가 처음으로 자기와 의식적으로 만나는 개인적 경험에 대한 기술로도 이해될 수 있다. 나는 후자의 관점에서 욥을 검토할 것이다.

욥기는 만들어진 이야기이며, 우리는 사실 그것이 개인의 실제 경험에서 파생된 것인지 알 수는 없다. 그러나 실제 이야기일 가능성이 매우 높은데, 나는 이 이야기를 개인의 적극적 상상 경험을 기술한 것으로 생각하면서 그다음을 진행시켜 나갈 것이다. 그것이 일으키는 상상과 이미지들은 자아가 관계를 맺고 대화하는, 자아와는 별개의 것— '당신' 또는 '타자' —으로 경험된다.[6] 구약 성경 가운데 유일하게 욥기가 대화 형태로 기록되었다는 사실은 그것이 적극적 상상의 경험을 근거로 하고 있다는 가설을 지지한다. 대화의 반복성조차 그것이 개인적 경험의 기록이라고 본다면 더욱 그러하다. 자아가 수용하기를 반복적으로 거부하는 것은 적극적 상상 과정에서 직면하게 되는 무의식의 인격화를 위한 전형적 행동이다.

이야기는 신과 사탄이 욥을 시험하는 줄거리로 시작된다. 대답되어야 할 질문은 고난을 통해 욥이 신을 저주할 것인가 하는 것이다. 천상에서의 내기는 욥에게 어려움을 주고 궁극적으로 그것에 의미를 주는 무의식에 있는 원형적 요인들, 또 초개인적 요인을 묘사하고 있는 것으로 이해될 수 있다. 욥의 불운이 단지 우연이라면, 초개인적 차원과 관련 없는 불운은 우연이고 의미 없는 해프닝일 것이다. 욥이 이런 가능성을 생각하지 않는다는 것이 중요하다. 모든 것은 신에게서 나온다는 기본 가정, 즉 초개인적 목적과 의미를 나타낸다는 가정은 끝까지 유지된다. 욥의 이런 가정은 적극적 상상을 할 때 가져야 하는 가정과 일치한다. 적극적 상상의 노력을 위한 시작점인 기분과 정서를 우발적인 것으로 고려

6 융의 적극적 상상에 대해 그의 에세이 "The Transcendent Function," in *The Structure and Dynamics of the Psyche*, C. W., Vol. 8, pp. 67 ff 참조.

하거나 외적 또는 심리적 원인만을 갖는 것으로 생각한다면 그것의 심리적 의미를 찾을 수 있는 근거가 없을 것이다. 심리적 의미가 존재한다는 지식은 경험에 의해서만 습득된다. 처음에 심리적 의미 전제를 시험해야 할 가설로 기꺼이 받아들이는 신념을 가져야 한다.

여호와와 사탄이 함께 일하기 때문에 그들은 하나, 즉 자기의 두 측면이라고 할 수 있다. 사탄은 욥의 어려움을 주도하고 역동을 제공했으며, 따라서 발달의 새로운 차원을 가져오기 위해 현재의 심리상태를 깨야 하는 개성화를 향한 충동을 나타낸다. 뱀도 에덴동산의 아담과 이브에게 동일한 역할을 한다. 또한 에덴과 유사한 것은 욥의 어려움이 유혹으로 이루어져 있다는 사실이다. 그는 신을 저주하도록 유혹받는다. 이것은 심리학적으로 자아가 팽창하도록 유혹받고 있음을, 신의 목적 위에 자신을 맡기도록, 즉 자기와 동일시하도록 유혹받고 있음을 의미한다.

왜 이 모든 일이 필요한가? 분명히 욥은 팽창의 성향을 어느 정도 가지고 있다. 그의 흠 없는 평판에도 불구하고 또는 아마도 그것 때문에 그 자신과 신 사이에 있는 결정적 차이를 그가 알았는지 아니면 몰랐는지에 관한 의문이 있다. 따라서 시련의 불로 욥을 시험하는 프로그램이 설정되었고, 그 시련으로부터 신의 실재와의 완전한 만남이 이루어진다. 이전의 목적이 효과 측면에서 구분될 수 있다면 그것은 욥이 신을 인식하게 만들려는 신의 목적이었다고 할 수 있다. 분명히 자기는 의식적 실현을 필요로 하며 개성화 충동에 의해 자기의 실존에 대한 완전한 자아의 인식을 가져오기 위해 자아를 유혹하고 시험하도록 되어 있다.

처음에 욥은 잘 나가고 존경받고 행복한 남자였는데, 이는 자아의 취약한 '안정성'이 의지하고 있는 무의식적 가정에 대해 인식하지 못한 채 행복에 넘쳐 있는 만족스럽고 '안정적인' 자아에 일치한다. 욥이 가치 있게 여기고 의지했던 모든 것—가족, 재산, 건강—이 갑자기 없어진다. 욥에게 갑자기 닥친 불행은 윌리엄 블레이크(William Blake)가 '하나님의 불이 하늘에서 떨어진다.'(욥기 1:16)라고 제목을 붙인 판화 작품([그림 3-13] 참조)의 판화에 묘사되어 있다.

[그림 3-13] 하나님의 불이 하늘에서 떨어졌다
윌리엄 블레이크(William Blake)가 욥기를 새긴 것

심리학적으로 이해하면, 이 그림은 무의식으로부터 오는 불 에너지의 유입에 의해 의식의 현 상태(status quo)가 돌파되는 것을 나타낸다. 그러한 이미지는 새로운 발달에 길을 내주어야 하는 과거의 조건이 파괴되어야 할 것을 요구하는 심리적 발달에서의 개성화의 위기, 즉 주요 진전을 예고하는 것이다. 그럴 때 파괴적 효과나 자유케 하는 효과가 두드러지게 나타나는데, 보통은 두 가지가 섞여 나타난다. 후자에 대한 강조는 융의 사례 연구로 출판된 그림([그림 3-14] 참조)[7]에서 볼 수 있다. 개성화의 결정적 국면이 시작되고 있는 이 그림에서는 하늘에서 번개가 창을 던지고 있다—자기가 태어나고 있다. 타로카드 16번([그림 3-15] 참조)은 파괴적 측면을 강조한다. 탑이 나타내고 있는 바와 같이 특히 자아

[그림 3-14] 환자의 그림

융(C. G. Jung)의 『집단무의식의 원형(The Archetype of the Collective Unconscious)』에서

7 Jung, C. G. *The Archetypes and the Collective Unconscious*, C. W., Vol. 9, i, par, 525 ff Picture 2.

[그림 3-15] 탑
타로카드(마르세이유 카드)

가 팽창되면 자기로부터의 에너지의 돌파는 위험한 것일 수 있다. 자기의 현현은 일종의 '최후의 심판'([그림 3-16] 참조)을 선언하는 것이다. 이를 통해 건강하고 현실에 기초한 것만이 살아남는다.

그가 가치를 두었던 거의 모든 것의 상실과 함께 욥은 이전에 기술한 톨스토이의 상태(73, 74, 76쪽)와 일치하는 급성 소외상태에 던져졌다. 자기가 최고의 가치로 인식되어야 한다면 더 작은 가치에 대한 집착은 파괴되어야 한다. 욥의 삶

[그림 3-16] 하늘에서 내리는 불비

알브레히트 뒤러(Albrecht Dürer), 〈성 요한의 계시록(The Revelation of St. John)〉을 위한 판화

의 의미는 분명히 가족, 재산, 건강에 있었다. 이런 것들을 박탈당했을 때 그는 절망에 빠져 영혼의 어두운 밤으로 들어갔다.[8]

> 나의 난 날이 멸망하였더라면……
>
> 어찌하여 내가 태에서 죽어 나오지 아니하였던가 ……
>
> 어찌하여 고난당하는 자에게 빛을 주셨으며
>
> 마음이 아픈 자에게 생명을 주셨는고……
>
> 어찌하여 하나님께 둘러싸여 길이 아득한 사람에게 빛을 주셨는고.[9]

이 말과 함께 욥은 자살적인 절망과, 삶과 삶의 의미로부터의 쓰라린 소외를 분출한다. 반복되는 질문인 '어찌하여'는 욥이 절박하게 의미를 찾고 있음을 나타낸다. 욥기를 개인적 기록으로 본다면 잃어버렸다가 다시 찾는다는 의미는 궁극적인 주제라고 할 수 있다.

우울과 절망의 언급을 보면, 정상적으로는 의식적 흥미와 생명력을 유지시키는 리비도의 상당 부분이 무의식에 가라앉았다. 이 리비도는 꿈과 판타지적 이미지를 증가시키면서 무의식을 활성화한다. 그런 일이 욥에게도 있어났다고 가정할 수 있다. 무의식으로부터 인격화된 이미지가 친구 또는 조언자의 형태로

---

8 십자가의 성 요한은 어두운 밤의 패러다임으로서 욥을 반복적으로 사용하였다. 어두운 밤의 유익에 관해 언급하면서 그는 다음과 같이 기술하였다. "……영혼은 더 많은 존경과 더 많은 예의를 가지고 신과 소통하는 법을 배운다. 영혼은 가장 고귀한 존재와의 대화 속에 있는 존경과 예의를 관찰해야 한다. 평안과 위로의 때에는 영혼은 존중과 예의를 몰랐다. 마찬가지로 욥이 신과 대화하기 위해 신이 욥에게 인정한 것은 욥의 과거에 있었던 기쁨과 영광으로 이루어져 있지 않으며, 신은 그를 더러운 곳에 벌거벗긴 채 두었고, 친구들이 그를 버리고 심지어 박해하게 하였으며, 고뇌와 비참으로 그를 채웠고, 땅에는 벌레가 우글거리게 했다. 그리고 가장 높은 신, 그는 더러운 곳에서 불쌍한 사람을 들어 올려 그의 최고의 시절에는 결코 그가 알지 못했던 신의 지혜의 깊이와 높이를 그에게 드러내 보이셨다." (*Dark Night of the Soul*, I, XII, 3, 또한 V, 5; II, VII, 1; II, IX, 7, 8; II, XVII, 8; II, XXIII, 6. 참조)

9 욥기 3:3-23.

욥에게 와서 적극적 상상으로 그에게 말한다.

이 이미지들은 그를 또 다른 관점과 직면시키고 점차 신비성—여호와 자신—과 대면케 한다. 욥의 조언자들이 한 말이 진정한 적극적 상상이라는 증거 중 하나는 그들이 여러 요소의 혼합으로 오염되어 있다는 것이다. 이들은 욥이 버린 관습적이고 종교적인 관점을 부분적으로 구체화한 것이다. 하지만 그들은 부분적으로 무의식의 더 깊은 층의 순수한 자율적 표현이기도 하다. 이런 종류의 여러 가지의 오염된 혼합은 적극적 상상에서 흔히 있는 것이다. 따라서 생산적이기 위해 적극적 상상과정은 무의식이 말하는 모든 것에 대한 수동적 수용이 아니라 진정한 대화로 이끌어 줄 의식성의 깨어 있는 진정한 참여를 필요로 한다. 예를 들어, 욥이 들은 엘리바스(Eliphaz)의 첫 말은 다음과 같다.

> 보라. 전에 네가 여러 사람을 훈계하였고
> 손이 늘어진 자를 강하게 하였고
> 넘어지는 자를 말로 붙들어 주었고
> 무릎이 약한 자를 강하게 하였거늘
> 이제 이 일이 네게 이르매 네가 힘들어하고
> 이 일이 네게 닥치매 네가 놀라는구나.[10]

이것은 욥 자신의 비판의 말이다. 그는 타인에게 조언을 하고 도움을 주는 것이 얼마나 쉬운 것인지 깨달았지만, 지금 그는 자기 자신의 조언을 취할 수가 없다. 이 자기비판은 그를 더욱 우울하게 할 뿐이며 더욱 비참하게 할 따름이다. 엘리바스는 고난 중에 있는 사람들에게 욥이 해 주었을 피상적 위로와 관습적 표현을 계속한다.

---

10 욥기 4:3-5.

네 경외함이 네 자랑이 아니냐.
네 소망이 네 온전한 길이 아니냐.
생각하여 보라. 죄 없이 망한 자가 누구인가.
정직한 자의 끊어짐이 어디 있는가.[11]

이 얕고 비현실적인 생각은 욥에게 아무 도움이 안 된다. 그것은 그토록 무겁게 욥을 압박하는 삶의 현실에 대항한 밤의 휘파람이다. 그러한 피상적이고 소원 충족적인 관점은 바로 그 표현이 최소한 일시적으로라도 그것을 해결하기에 충분했는데, 그 이유는 엘리바스가 즉시 연상의 더 깊은 고리로 옮겨 갔기 때문이다. 엘리바스는 욥에게 신비한 꿈에 관해 이야기한다. 전체 대화를 욥의 적극적 상상으로 본다면 그것은 욥에게 주어진 또는 욥이 연상해 본 욥의 꿈일 것이다.

어떤 말씀이 내게 가만히 이르고
그 가느다란 소리가 내 귀에 들렸었나니
사람이 깊이 잠들 즈음
내가 그 밤에 본 환상으로 말미암아 생각이 번거로울 때에
두려움과 떨림이 내게 이르러서 모든 뼈마디가 흔들렸느니라.
그때에 영이 내 앞으로 지나매
내 몸에 털이 주뼛하였었느니라.
그 영이 서 있는데 나는 그 형상을 알아보지는 못하여도 오직 한 형상이 내 눈앞에 있었느니라.
그때에 내가 조용한 중에 한 목소리를 들으니
사람이 어찌 하나님보다 의롭겠느냐.

---

11 욥기 4:6-7.

> 사람이 어찌 그 창조하신 이보다 깨끗하겠느냐.[12]

잠시 후 욥은 스스로 놀라운 꿈에 대해 언급한다.

> 내 잠자리가 나를 위로하고 내 침상이 내 수심을 풀리라 할 때에
> 주께서 꿈으로 나를 놀라게 하시고 환상으로 나를 두렵게 하시나이다.[13]

블레이크는 욥의 꿈을 놀라운 그림으로 그려 냈다([그림 3-17] 참조). 이 그림에서 여호와는 아마도 그의 사탄적 측면인 뱀에 휘감겨 있는 것 같다. 그는 욥 바로 아래에 입을 벌리고 불꽃과 험악한 것들이 잡아먹으려 위협하는 지옥을 가리키고 있다. 분명히 이것은 논쟁할 만한 상황이 아니다. 우연히 만난 호랑이와 논쟁하는 것이 아니다. 그러나 욥은 이 꿈에서 배우지 못한다. 그는 더 강력한 교훈이 필요하다.

욥은 그의 순진함과 의로움에 대해 확신하며, 따라서 그림자에 대해 무의식상태다. 이런 이유로 그의 동료들은 욥의 순수함과 선함이라는 일방적인 의식적 태도에 대한 보상으로서 반복적으로 사악함에 관해 이야기해야 한다. 욥은 희미하게 그의 경험이 그를 야수 같게 만들고 더럽게 만들고 있다는 것을 의식한다. 어느 시점에서 그는 다음과 같이 탄식한다.

> 내가 바다이니까 바다 괴물이니이까
> 주께서 어찌하여 나를 지키시나이까[14]

그리고 나중에 이렇게 말한다.

---

12 욥기 4:12-17.

13 욥기 7:13-14.

14 욥기 7:12.

[그림 3-17] 지옥을 가리키면서 욥을 놀라게 하는 여호와
윌리엄 블레이크(William Blake)

> 내가 눈 녹은 물로 몸을 씻고 잿물로 손을 깨끗하게 할지라도
> 주께서 나를 개천에 빠지게 하시리니
> 내 옷이라도 나를 싫어하리이다.[15]

욥은 어느 시점에서 과거의 죄를 인정한다.

> 주께서 어찌하여 날리는 낙엽을 놀라게 하시며 마른 검불을 뒤쫓으시나이까.

15 욥기 9:30-31.

> 주께서 나를 대적하사 괴로운 일들을 기록하시며 내가 젊었을 때에 지은 죄를 내가 받게 하시오며……16

그는 그의 젊은 날의 불법이 무엇인지 명확히 말하지 않으며, 그것에 대해 이제와 책임질 생각도 하지 않는다. 그의 의로운 자기 이미지와 모순되기 때문에 의식하고 싶어 하지 않는 과거의 죄들은 억압될 것이다. 욥의 의로움은 욥기 29장과 30장에 가장 분명하게 드러나 있다.

> ……
>
> 나는 지난 세월과 하나님이 나를 보호하시던 때가 다시 오기를 원하노라.
>
> ……
>
> 그때에는 내가 나가서 성문에 이르기도 하며 내 자리를 거리에 마련하기도 하였느니라.
>
> 나를 보고 젊은이들은 숨으며 노인들은 일어나서 서며
>
> 유지들은 말을 삼가고 손으로 입을 가리며
>
> 지도자들은 말소리를 낮추었으니 그들의 혀가 입천장에 붙었느니라.
>
> 귀가 들은즉 나를 축복하고 눈이 본즉 나를 증언하였나니
>
> ……
>
> 무리는 내 말을 듣고 희망을 걸었으며 내가 가르칠 때에 잠잠하였노라.
>
> ……
>
> 내가 그들의 길을 택하여 주고 으뜸 되는 자리에 앉았나니 왕이 군대 중에 있는 것과도 같았고……17
>
> ……
>
> 그러나 이제는 나보다 젊은 자들이 나를 비웃는구나.

---

16 욥기 13:25-26.

17 욥기 29:1-25.

> 그들의 아비들은 내가 보기에 내 양 떼를 지키는 개 중에도 둘 만하지 못한 자들이니라.[18]

지적 열등함을 비웃는 욥의 태도는 아마도 '그의 젊은 날의 불법' 중 하나일 것이며, 약함, 그림자를 타인에게 투사하는 팽창된 자아를 나타낸다. 개성화 과정은 그가 그의 어둡고 열등한 측면을 의식적으로 수용하고 동화할 것을 요구한다.

욥의 고난의 전체 효과는 죽음과 재탄생의 경험이다. 그러나 불평을 보면 그는 아직 한 번 태어난 사람이다. 다음 구절을 보면 그는 두 번 태어난 상태에 대해 무지한 것을 알 수 있다.

> 나무는 희망이 있나니 찍힐지라도
> 다시 움이 나서 연한 가지가 끊이지 아니하며
> 그 뿌리가 땅에서 늙고 줄기가 흙에서 죽을지라도
> 물 기운에 움이 돋고 가지가 뻗어서
> 새로 심은 것과 같거니와
> 장정이라도 죽으면 소멸되나니 인생이 숨을 거두면 그가 어디 있느냐?
> 물이 바다에서 줄어들고 강물이 잦아서 마름같이
> 사람이 누우면 다시 일어나지 못하고 하늘이 없어지기까지 눈을 뜨지 못하며 잠을 깨지 못하느니라.[19]

욥과 그의 동료들 사이의 대화가 계속되면서 깊은 진실과 관습적이고 진부한 의견이 함께 표현된다. 전반적으로 그는 전통적이고 정통적인 관점으로 돌아가

---

18 욥기 30:1.
19 욥기 14:7-12.

라고 조언을 받는다. 이해하려 하거나 의문을 갖지 말고 신의 벌을 받아들이라는 말을 듣는다. 다른 말로 하면, 지성을 희생시키고 실제보다 덜 의식적인 것처럼 행동하라는 조언을 듣는다. 그런 행동은 퇴행일 것인데, 그는 상당히 적절하게 그것을 거절한다. 대신 그는 신에게 항의한다. 그리고 이렇게 말한다. "당신이 사랑하는 좋은 아버지라면 왜 이렇게 합니까?" 신에게 감히 대항할 때 욥이 팽창된 방식으로 행동하고 있다는 데 이의가 없지만, 전체 맥락은 이것이 필요하고 통제된 팽창임을 분명히 하고 있다. 그것은 신과의 대면을 위해 필연적인 것이다. 신을 저주하고 죽으라는 그의 아내의 충고를 받아들였다면 치명적 팽창이 일어났을 것이다. 그러나 욥은 두 극단을 모두 피한다. 그는 그가 이미 성취한 의식성을 희생시키지 않았을 뿐 아니라 신을 저주하지도 않는다. 그는 그의 역경의 의미에 대해 계속 질문하며 그가 처벌받고 있다는 것을 알기까지 마음이 약해지지 않는다.

물론 그가 처벌의 관점에서 생각한다는 바로 그 사실이 그가 미성숙한 방법으로, 즉 부모-자녀 관계의 측면에서 신과 관계를 맺고 있음을 의미한다. 이것은 그를 해방시키는 신성과의 대면에서 비롯된 태도 중 하나다. 그러나 가장 중요한 것은 자신의 경험의 의미를 발견했다는 욥의 주장이다. 그는 다음과 같이 말하면서 신에게 도전한다.

> 곧 주의 손을 내게 대지 마시오며
> 주의 위엄으로 나를 두렵게 하지 마실 것이니이다.
> 그리하시고 주는 나를 부르소서.
> 내가 대답하리이다.
> 혹 내가 말씀하게 하옵시고
> 주는 내게 대답하옵소서.[20]

---

20 욥기 13:21-22.

욥기 32장에서 변화가 일어난다. 욥의 세 동료가 떠나고 이전에 언급된 적 없는 엘리후(Elihu)라는 네 번째 동료가 소개된다. 이전에 토론에 끼어들지 않았던 이유는 그가 젊기 때문이라고 말한다. 이것은 융이 관심을 기울였던 '3과 4'의 주제, 즉 '개성화' 또는 '전체성'을 제기한다. 엘리후를 이전에 없어진 네 번째 기능으로 볼 수 있다면 욥의 전체성은 마침내 배열되었다. 이 해석은 또한 여호와의 등장의 전조가 되는 엘리후의 대화의 특성에 맞으며, 여호와가 훨씬 더 강력하게 표현하는 관념을 많이 나타낸다. 특히 주목할 가치가 있는 것은 꿈에 관해 엘리후가 언급한 것이다.

> 사람이 침상에서 졸며 깊이 잠들 때에나
> 꿈에나 밤에 환상을 볼 때에
> 그가 사람의 귀를 여시고
> 경고로써 두렵게 하시니
> 이는 사람에게 그의 행실을 버리게 하려 하심이며
> 사람의 교만을 막으려 하심이라.
> 그는 사람의 혼을 구덩이에 빠지지 않게 하시며
> 그 생명을 칼에 맞아 멸망하지 않게 하시느니라.[21]

꿈에 관한 이 언급과 꿈의 기능은 놀라운 심리학적 정확성을 갖고 있다. 그것은 욥기가 개인의 실제 경험의 보고라는 또 다른 증거다. 분명하게 욥의 무의식은 성공하지 못한 채 꿈을 통해 그의 의식적 태도를 수정하려고 했다. 따라서 꿈들은 이후에 욥과 여호와가 대면하게 되는 것에 대한 예상이라고 볼 수 있다. 이 고대 문헌에서 융이 최근에서야 제시한 꿈의 보상 기능에 대한 설명을 본다는 것은 놀라운 일이다.[22]

---

21 욥기 33:15-18.

22 예를 들어, Jung, C. G., *The Structure and Dynamics of the Psyche*, C.W., Vol. 8, par. 477 ff 참조.

[그림 3-18] 소용돌이 속에서 여호와가 욥에게 응답한다.
윌리엄 블레이크(William Blake)

엘리후의 진술에 이어 여호와가 나타난다. 신비하고 초개인적인 자기가 소용돌이에서 현현한다([그림 3-18] 참조). 여호와는 근원적 경험에 따르는 그대로의 신비함을 동화하려는 의식적 노력을 상당히 한 결과임에 틀림없는 놀라운 언급을 한다. 여호와의 응답은 신성의 속성 그리고 신과 인간, 즉 자기와 자아 사이의 차이에 대한 위엄 있는 개관이라고 할 수 있다.

> 내가 땅의 기초를 놓을 때에 네가 어디 있었느냐.
> 네가 깨달아 알았거든 말할지니라.
> 누가 그것의 도량법을 정하였는지,
> 누가 그 줄(역주: 평면의 경사를 재는 먹줄 또는 수준기)을 그것의 위에
> 띄웠는지 네가 아느냐.

그것의 주추는 무엇 위에 세웠으며
그 모퉁잇돌은 누가 놓았느냐.
그때에 새벽별들이 기뻐 노래하며
하나님의 아들들이 다 기뻐 소리를 질렀느니라.[23]

자아는 정신을 만들지 않았으며, 자아의 실존이 의지하고 있는 심오한 구원에 관해서 아무것도 모른다.

네가 바다의 샘에 들어갔었느냐.
깊은 물 밑으로 걸어 다녀 보았느냐.
사망의 문이 네게 나타났느냐.
사망의 그늘진 문을 네가 보았느냐.
땅의 너비를 네가 측량할 수 있느냐.
네가 그 모든 것들을 다 알거든 말할지니라.[24]

자아는 전체성의 정신에 관해 아무것도 모른다는 것을 상기하고 있다. 부분은 전체를 포함할 수 없는 것이다.

네가 묘성을 매어 묶을 수 있으며
삼성의 띠를 풀 수 있겠느냐.
너는 별자리들을 각각 제때에 이끌어 낼 수 있으며
북두성을 다른 별들에게로 이끌어 갈 수 있겠느냐.
네가 하늘의 궤도를 아느냐.
하늘로 하여금 그 법칙을 땅에 베풀게 하겠느냐.[25]

---

23 욥기 38:4-7.
24 욥기 38:16-18.
25 욥기 38:31-33.

여기서 자아는 정신적 실존을 결정하는 원형의 크기 및 힘과 대조된다.

그런 다음 여호와는 동물왕국을 언급하며 야수들, 특히 그중 가장 기괴한 것들의 알 수 없는 힘에 대해 애기한다.

> 내가 너를 지은 것같이 그것도 지었느니라.[26]
>
> ……
>
> 네가 낚시로 리워야단을 끌어낼 수 있겠느냐.
>
> 노끈으로 그 혀를 맬 수 있겠느냐.[27]

이제 욥은 인간의 가치와는 동떨어진, 집어삼키는 괴물을 포함하고 있는 신의 깊은 측면과 욥의 정신의 깊은 곳을 보여 주고 있다. 블레이크가 묘사한 바와 같이 이러한 신의 출현은 [그림 3-19]에 제시되어 있다. 하마와 고래는 원시적 성욕을 나타낸다. 신은 자신의 그림자 측면을 드러내며 인간이 자신의 존재의 근원인 신에게 참여하기 때문에 그는 자신의 어두움을 공유해야 한다. 자아의 의로움은 치명타(coup de grace)를 받는다.

여호와의 자기계시라는 결론에 의해 욥은 결정적 변화를 맞는다. 회개가 일어난 것이다.

> 내가 주께 대하여 귀로 듣기만 하였사오나
>
> 이제는 눈으로 주를 뵈옵나이다.
>
> 그러므로 내가 스스로 거두어들이고
>
> 티끌과 재 가운데에서 회개하나이다.[28]

---

26 욥기 40:15.

27 욥기 41:1.

28 욥기 42:5-6.

[그림 3-19] 욥에게 심연을 보여 주고 있는 여호와

윌리엄 블레이크(William Blake)

이는 욥의 질문에 대한 답인데, 합리적인 답이 아니라 살아 있는 경험에 의한 답이다. 욥은 그가 찾고 있었던 것, 즉 그의 고통의 의미를 찾았다. 이는 자율적인 원형적 정신에 대한 의식적 깨달음이다. 그리고 이 깨달음은 오직 고난을 통해 생겨난다. 욥기는 신성한 입문, 즉 성공해 내면 새로운 존재 상태로 이끌어 줄 고난에 의한 시험에 대한 진정한 기록이다. 그것은 한 의식성의 상태에서 또 다른 상태로 전환시키려 하는 입문식의 비유다.

역동적 중개자인 사탄을 통해 욥이 겪은 고난의 원인은 여호와다. 욥의 이야기에서 사탄의 심리학적 역할은 리프카 셰르프 클루거(Rivkah Schärf Kluger)가 부드럽게 다음과 같이 설명했다.

> 그(사탄)는 여기서 평화로운 삶과 세상의 평안의 형이상학적 적으로서 완전한 빛과 함께 나타난다. 그는 삶의 자연스러운 질서를 혼란시키고 방해하여 사탄으로서의 여호와의 천사처럼 발람(Balaam; 역주: 구약 성경 민수기에 나오는 인물로 '백성을 파멸시키는 자'의 의미를 갖고 있음)의 길에 여러 방면으로 끼어든다. 그러나 발람 이야기가 의지의 충돌과 맹목적 복종—말하자면 개인의 의지가 아닌 신의 의지가 충족되어야 하는 첫 번째 실현—에 관한 것인 반면, 욥의 경우에 그것은 내면의 통찰에서 생겨난 의식적 복종의 문제다. 사탄은 진정한 루시퍼, 즉 빛을 가져오는 자다. 그는 인간에게 신에 대한 지식을 가져오는 자이지만 그가 인간에게 가한 고통을 통해 사탄은 인간을 내면, 즉 '저 세상'으로 혼자 들어가게 만드는 세상의 참담함이다.[29]

심리학적으로 정확하다고 인정되어야만 하는 사탄에 관한 이 설명은 그를 더욱 지혜의 인물로 만든다. 집회서(Ecclesiasticus; 역주: 구약 성경 외경 중 하나)에 보면, 여성적 인격화인 지혜(Wisdom)는 다음과 같이 기술되어 있다.

29 Kluger, Rivkah Schärf, *Satan in the Old Testament*, Evanston, Northwestern University Press, 1967, p. 132.

지혜는 그녀의 아들들을 돌보며
그녀를 찾는 자들을 돌본다.
……
그녀가 처음에는 그를 굽이치는 길로 데려가고
그녀가 그를 신뢰할 수 있을 때까지
두려움과 현기증을 일으키지만
그녀의 훈육으로 그를 괴롭히고 고난으로 시험하지만
결국에 그녀는 그를 다시 곧은 길로 인도하여
그에게 그녀의 비밀을 드러내리라.[30]

이 구절에 따르면 지혜는 여호와가 사탄을 매개로 욥에게 그랬던 것처럼 그녀의 아들들을 시험한다. 신의 총애자들이 심각한 시련을 받는다. 즉, 그것은 시험을 야기한 개성화의 가능성이다. 존 던(John Donne)은 다음과 같은 관찰을 하였다.

> ……최고의 인간들이 그들에게 부여하였던…… 신이 신을 두려워하고 악을 삼가는 강직한 인간을 찾았다는 말을 읽자마자 그다음 문장(욥기 1:1)에서 나는 사탄에게서, 사바와 칼데인들에게서 가축과 종들을 욕되게 하고 자녀들을 불태우고 능욕하고 그들 자신을 병들게 만드는 불법을 발견한다. 인간이 그 자신의 마음을 따라 산다는 것을 신이 보았다는 말을 하는 것을 듣자마자 나는 그의 아들들이 그의 딸을 강간하고, 서로 죽이고 아버지(Father)를 거역하고 그를 곤경에 처하게 하는 것을 본다. 세례 중 그리스도에 관하여 "이는 내가 기뻐하는 나의 사랑하는 아들이다."(마태복음 3:17)라고 신이 증언하는 소리를 듣자마자 나는 사탄에게 시험받기 위해 성령에 이끌린 그의 아들(마태

30 집회서 4:11-21, 예루살렘 성경(Jerusalem Bible: JB).

> 복음 4:1)을 본다. 그리스도의 변용(Transfiguration)의 때에 신이 동일한 증언("이는 내 사랑하는 아들이다. 내가 기뻐하는 자라."; 마태복음 17:5)을 다시 하신 후 나는 그의 사랑하는 아들이 버려지고 서기, 바리새파 사람들, 공화당원, 헤로도파인들, 제사장들, 병사들, 사람들, 판사, 증인들, 집행관들에게 넘겨지는 것을 본다. 그리고 신의 아들이라 일컬음을 받는 그가, 하늘의 영광에 함께 참예하는 그가 그의 세상에서 그의 변용 때에 신의 아들로서 인간이 아니라 비천한 인간, 경멸받아 마땅한 벌레로 모든 타락과 이 세상 모든 죄인의 하수구(sewer)가 되는 것을 본다.[31]

시험이 지혜를 가져다주기는 하지만 그것은 두려운 것이며, 따라서 주기도문은 우리가 그것을 면하게 해 달라고 요청한다. "우리를 시험에 들게 하지 마옵시고 다만 악에서 구하시옵소서."[32]

융은 욥이 신성의 측면에서 의식화의 증가 과정을 통해 그의 절망으로부터 해방되었다고 보았다. 클루거는 융의 다음 표현을 언급했다.

> 그의 위대한 최후의 발언에서 신은 욥에게 자신을 두려움으로 계시한다. 그것은 마치 그가 욥에게 다음과 같이 말하는 것 같았다. "보라, 그것이 나다. 그것이 내가 너를 이와 같이 다루는 이유다." 그의 본성으로부터 그가 욥에게 가한 고통을 통해 신은 이 자기 지식에 이르게 되며 욥에게는 이 지식이 두려움에 관한 지식임을 인정한다. 그리고 그것이 인간 욥을 구원하는 것이다. 이것이 욥의 수수께끼, 즉 잔인하고 불의하게 아직도 문제로 남아 있는 욥의 운명에 대한 진정한 정당화다. 욥은 여기서 분명히 희생제물로 등장하지만 또한 신성한 운명을 갖고 있으며, 그의 고통에 의미를 주고, 그의 영혼에 자유

31 Simpson, E. M., (Ed.), *John Donne's Sermons on the Psalms and Gospels*, University of California Press, Berkeley and Los Angeles, 1967, p. 97 f.

32 마태복음 6:13.

> 를 주는 자로 등장한다.[33]

누미노즘(역주: 인간의 본질적이고 근원적인 부분에 대한 체험으로서 융은 이것을 자기원형에 대한 체험이며 종교적 경험의 본질이라고 보았다.) 경험을 처음으로 공식화한 사람인 루돌프 오토(Rudolf Otto)는 욥이 여호와를 만난 것을 신의 존재를 느끼게 하는 경험으로 사용했다. 나는 그것을 길게 인용했는데, 그 이유는 그 구절이 신의 존재를 느끼게 하는 신비(mysterium)에 대한 이해를 잘 전달하고 있기 때문이다.

> 여호와 엘로힘(Elohim) 자신은 직접 그 자신의 방어를 행하는 것으로 등장한다. 그리고 욥이 굴복하겠다고 할 정도로, 우월한 힘에 대해 단순히 침묵하는 것이 아니라 진정으로 바르게 굴복하겠다고 할 정도로 신은 그것을 수행한다. 그리고 그는 고백한다. "그래서 나는 자신을 혐오하며 티끌과 재를 뒤집어쓰고 회개한다." 그것이 내면의 고백과 확신의 인정이다. 단순히 우월한 힘에 대한 무능한 굴종과 복종이 아니라 사도 바울이 때때로 말했던 마음의 모든 틀이 여기에 없다. 즉, 로마서 9장 20절을 보면 다음과 같은 사도 바울의 언급이 있다. "지음을 받은 물건이 지은 자에게 어찌 나를 이같이 만들었느냐 말하겠느냐? 토기장이가 진흙 한 덩이로 하나는 귀히 쓸 그릇을, 하나는 천히 쓸 그릇을 만들 권한이 없느냐?" 욥기의 이 구절을 해석하는 것은 그것에 대해 오해를 일으킬 수 있다. 이 장은 사도 바울이 한 것 같은 '신정론'(역주: 악의 존재를 신의 섭리로 보는 관점)의 재합일, 신정론의 불가능성의 깨달음을 주장하지 않는다. 그보다는 진정한 신정론, 즉 욥의 친구들이 제기한 것보다 나은 신정론을 제기하는 것에 목적이 있다. 그를 확신시킬 뿐 아니라 그의 영혼을 공격했던 내면의 모든 의심조차 잠잠케 만들 수 있는 신정론. 욥이 엘로힘의 계시에서

33 Kluger, *Satan*, p. 129.

> 겪었던 이상한 경험 속에 잠재해 있는 것은 그의 영혼이 가진 고뇌의 완화와 양보, 즉 그 자체로 완벽하게 욥기 42장에서 욥의 명예회복조차 없이 이루어진 문제해결이기에 충분한 양보다. 즉, 신에 의한 배상이 이미 이루어진 후에도 번영의 회복이 별도의 배상으로서 주어졌다. 그러나 욥에 대한 신의 해명과 신에 대한 욥의 화해로서 작용하는 이 이상한 경험의 '순간'은 무엇인가?[34]

여호와가 행한 강력한 작업의 예들—바닷속 괴물, 하마 등—을 개관한 후, 오토는 다음과 같이 계속 언급했다.

> 분명히 이 야수들은 신성한 '지혜'가 갖고 있는 목적의 증거를 찾을 때 마주치게 되는 가장 불운한 예들에 해당할 것이다. 그러나 이전의 예들, 전체 맥락, 전체 문구에 불과한 그것들은 아주 거의 악마적이고 전체적으로 이해할 수 없는 영원한 창조적 힘의 특성, 순수한 거대함을 능수능란한 방식으로 표현한다. 측량할 수 없는 그리고 '전체적인' 타자(other)가 생각하는 것을 비웃지만 마음을 휘저어 깊은 곳까지 들어갈 수 있는 방법은 마음을 매료시키고 동요시킨다. 의미하는 것은 신비한 것이 아니라 신비함(mysterium)이며 동시에 '매혹적인' '위엄 있는' 것이다. 이 후자의 의미들은 명백한 개념 속에 있는 것이 아니라 분위기에, 열광에, 전체 드러남의 리듬에 있다. 그리고 여기에 신정론, 양보, 욥의 영혼의 달램을 구성하는 전체 문구의 핵심이 있다. 단지 그러한 신비함은 (앞에서 언급한 것처럼) 누멘(numen)의 '절대적인 불가해성(상상할 수 없음)'의 일부인 것이며 그것이 바보같이 욥에게 주어졌지만 그것은 욥에게 내적 확신을 주지 못했다. 우리가 의식하는 그것은 이해할 수 없음에 그 본질적 가치—표현할 수 없고 긍정적이고 '매혹적'인 가치—가 있다. 이것은 합리적인 인간목적론의 생각과 비교할 수 없는 것이며 그 생각에 동화

34 Otto, Rudolf, *The Idea of the Holy*, London, Oxford University Press, 1910, p. 78.

> 되지 않는 것이다. 그것은 신비(미스터리) 그 자체다. 그러나 그것은 여호와 엘로힘이 정당화되었다는 것과 동시에 욥의 영혼이 평화를 가져다준 의식성으로 느껴지는 것과 같다.[35]

욥의 드라마는 개인적으로 모든 것에 적용 가능하다. 그것은 거의 보편적인 질문인 '이 일이 왜 내게 일어나야 하는가?'에 즉각적으로 대답한다. 우리 모두는 팽창의 잔재인 운명과 현실에 대항하는 기저의 분노를 가지고 있다. 그러한 분노에는 많은 형태가 있다. '내가 더 나은 아동기를 보냈더라면' '내가 결혼만 한다면' '내가 결혼하지 않았다면' '내게 더 나은 남편만 또는 아내만 있었더라면' 등등. 이 모든 '~라면'의 질문은 현실과 생산적으로 관계 맺지 못하게 하는 수단이다. 이것들은 개인의 욕망보다 훨씬 큰 실존을 인정하지 않는 팽창의 증상이다. 욥은 왜 이 참담함이 그에게 생겨야 하는지 물었다. 그래서 욥기는 그가 신을 볼 것이라고 답한다.

블레이크는 자신이 그린 회개하고 다시 살아난 욥의 그림([그림 3-20] 참조)에서 개성화된 자아의 본질적 특성을 잘 파악했다. 정신의 초개인적 중심을 경험하면서 자아는 자신의 복종적 지위를 인식하고 개인적 요구를 하기보다는 전체성과 그것의 목적을 섬기도록 준비된다. 욥은 개성화된 자아가 되었다.

## 4. 개성화된 자아

개성화는 과정이지 실현된 목표가 아니다. 발달이 진행된다면 각 새로운 통합의 수준이 지속적인 변화로 이어지게 된다. 그러나 우리는 자아가 자기를 의식적으로 만났을 때의 결과로서 기대할 수 있는 것에 대한 어떤 지표를 갖고 있다.

---

35 Otto, Rudolf, *The Idea of the Holy*, p. 80.

[그림 3-20] 여호와에게 바치는 욥의 희생제
윌리엄 블레이크(William Blake)

일반적으로 말하면 개성화의 충동은 자아가 자기에 대한 동일시 없이 자기와 관계 맺고 있는 상태를 촉진한다. 이 상태로부터 의식적 자아와 무의식 사이에 그리고 외적 경험과 내적 경험 사이에 다소 지속적인 대화가 나타난다. 개성화가 성취되기까지 이중의 분열이 치유된다. 첫 번째는 의식성의 탄생에서 시작된 의식과 무의식 사이의 분열이고, 두 번째는 주체와 객체 사이의 분열이다. 외부 현실과 내부 현실 사이의 이분법적 분열은 단일체적 현실감으로 대체된다.[36, 37] 그것은 마치 삶과의 근원적 무의식적 전체성—그곳에서 우리가 시작했고 우리가 출현해야 했던—이 이제 의식적 수준에서 부분적으로 회복될 수 있는 것과 같다. 한 발달 수준에서의 유아성을 나타내는 관념과 이미지들이 또 다른 단계에서는 지혜를 나타낸다. 자기의 이미지와 속성은 이제 자아로부터 분리되고 자아가 자기에 종속되어 있는 것으로 경험된다. 이러한 경험은 개인이 그 자신의 집의 주인이 아니라는 깨달음과 함께 온다. 그 사람들은 자아로부터 분리되어 있으며 자아에 대립적인 내면의 자율적인 방향성이 있다는 것을 깨닫게 된다. 그러한 인식은 때때로 자유롭게 만들며, 또 때로는 지나친 부담이 된다. 성 크리스토퍼(St. Christopher)의 역할을 하게 된 것처럼 느낄 수도 있다([그림 3-21] 참조).

자신과 한 집에 살고 있는 존재에 대한 희미한 깨달음은 어떤 유형의 꿈에 의해 예고되는데, 이는 꿈꾼 이에게 역설적이거나 기적적인 일을 제시한다. 이런 꿈들은 낯설고 소외적인 초개인적 범주의 꿈을 의식에 개방한다. 이런 꿈의 한 예는 다음과 같다. 환자는 매우 합리적인 사실 중심의 정신을 가진 과학자였다. 그녀의 꿈은 다음과 같다. 한 남자(그녀의 지인인 과학자)가 심장마비를 일으켰다. 심장마비는 즉시 치유되었다. 그런 후 그는 꿈꾼 이에게 와서 "내 동료 과학자들이 이 치유법을 사용하는 나에 대해 비웃었지만 그것은 효과가 있었고, 아버지 없는 아이들로 만들기에는 내 자식들이 너무 어리다."라고 말했다. 이 꿈은 마침내 꿈꾼 이의 합리적 · 기계적 세계관으로 침투해 들어갔고, 인상적인 것으로 경험되었다. 앞 사람의 꿈에서의 초질서(super-order)처럼 그것은 마치 식물이 심장마비의

36 Neumann, Erich, "The Psyche and the Transformation of the Reality Planes" *Eranos-Jahrbuch* XXI, Zurich, Rhein-Verlag 1953. 1956년 뉴욕분석심리학클럽의 *Spring*에 번역되었다. 나는 이 가장 어려운 주제를 가장 분명하게 제시한 노이만(Neumann)의 이 논문에 감사한다.

37 융은 *Mysterium Coniunctionis*, C. W., Vol., 14, par. 759 ff에서 하나의 세계(unus mundus) 아래의 단일체적 실재를 논의하였다.

[그림 3-21] 그리스도를 창으로 들고 있는 성 크리스토퍼

마이스터 메스키르히(Messkirch)의 유화(연대미상)

영향을 고갈시키고 심장을 이전 상태로 되돌려 놓을 수 있는 것 같았다. 식물은 삶의 식물적 상태를 상징하며, 그것은 자율신경체계 또는 식물신경체계의 비유다. 심리학적 수준에서 그것은 의식적 인격에 축적되는 파괴적인 과다 에너지를 가져가는 저장고를 가진 삶의 식물적 상태 또는 식물적 삶의 방식을 나타낸다. 이런 일은 의식적 정신이 기적으로, 즉 의식적 이해의 범주를 초월하는 것으로 경험하는 것이다.

동일한 주제를 나타내는 또 다른 꿈의 예는 매우 소외적인 아동기를 겪은 30대 후반의 남자가 꾼 꿈이다. 부모 모두 알코올 중독이었으며, 그래서 이 환자는 가족이 잘 기능하도록 하기 위해 아동기에 성인의 의무와 태도를 맡아야 했다. 따라서 그는 책임자의 위치에서 잘 기능하는, 특히 합리적인 사람으로 성장했다. 그러나 그 후 그는 더 이상 견딜 수 없게 되었다. 그는 일하기가 싫었다. 그는 자신이 무엇을 원하는지 몰랐다. 점진적으로 그가 하고 있던 모든 것이 의미를 잃었다. 그는 심리치료가 매우 어려웠는데, 그 이유는 합리적 토론을 넘어설 수 없었기 때문이었다. 그래서 그는 다음의 꿈을 가져왔다. 그는 전에 들어 본 적이 있는 것 같은 낯설고 평범치 않은 여자를 만났다. 그는 동종치료법의 주창자였던 그녀와 얘기한 후 한동안 외쳤다. "어떻게 당신은 동종요법 같은 것을 믿을 수 있죠? 최신 과학과 의료 지식이 항상 최선이에요. 동종요법은 원시적 마술일 뿐입니다." 그에 대한 반응으로 여자는 신비하게 미소를 지으며 말했다. "네, 맞아요." 이에 꿈 꾼 이는 깜짝 놀라 깨어났다.

이 꿈에 대한 연상에서 환자는 그 방법이 유사한 원리를 활용한다는 것 외에는 동종요법에 관해 아는 것이 없다고 했다. 그는 프레이저(Frazer)의 책 『황금가지(The Golden Bough)』에서 동종요법적 마술에 관한 프레이저의 설명이 생각났고, 또한 나의 꿈 해석 방법을 꿈을 확충하고 명료화하기 위해 신화에서 유사한 이미지를 가져오는 확충 방법이라고 생각했다. 그는 여자에 대한 연상을 하지 못했지만, 그녀는 분명히 무의식에 대한 비밀스러운 지식을 갖고 있고 자아와 집단무의식 사이의 연결기능을 하는 아니마다.

꿈은 무의식이 활성화되고 있다는 것과 원시적 마술과 유사한, 전체적으로 새로운 경험방식을 그에게 보여 주고 있다. 이 경험방식에 따르면 비유는 현실로 취해진다. 그것은 연상의 비유적 사고방식이다. 이것은 무의식이 상징적 비유에 의해 작동하는 방식이다. 그것은 우리의 꿈 해석 방식이 근거를 두고 있는 원리—비유에 의한 확충—다. 외부 현실을 다룰 때는 그런 원시적 방식을 적용하는 것은 완전히 잘못된 것이다. 그것은 우리를 온갖 종류의 마술적이고 미신적인 세계에 끌어들일 것이다. 그러나 무의식을 다루고 원형적 정신과 접촉을 하는 것은 정확히 옳은 접근이다.

현대인은 정신의 원시적 층과의 의미 있는 접촉을 긴급히 재형성해야 한다. 해리 증상인 무의식적 · 원시적 영향의 강박적 표현을 말하는 것이 아니다. 그것은 삶을 유기적 전체로 보는 원시적 경험방식을 말하는 것이다. 꿈에서의 동물, 원시적 이미지 혹은 아동 이미지는 흔히 도움과 치유의 근원에 대한 상징적 표현이다. 민담을 보면 고난 가운데 있는 영웅에게 길을 알려 주는 것은 종종 동물이다. 원시인과 아동의 이미지는 치유기능을 하는데, 그 이유는 그것들이 전체성, 즉 우리가 안내하고 지지하는 자연 및 자연의 초개인적 에너지와 긴밀한 관계에 있다는 근원적 상태에 대한 생득권을 상징하기 때문이다. 우리가 자기와 연결을 이루고 소외상태를 치유하는 것은 아동이나 원시인을 통해서다. 어리고 원시적인 정신과 무의식적이고 팽창적으로 관계 맺지 않고 의식적으로 관계 맺기 위해서 우리는 공간, 시간, 인과성의 의식적 · 과학적 범주를 부인하거나 손상시키지 않으면서도 원시적 범주를 우리의 세계관에 통합시키는 방법을 배워야 한다. 우리는 원시적 경험방식을 물리적으로 외부세계에 적용하는 방법이 아니라 내면세계에 심리적으로 적용하는 방식을 배워야 한다. 외부세계와의 관계에서 원시적인 것은 미신적인 것이다. 그러나 정신의 내적 세계와의 관계에서 원시적인 것은 지혜로운 것이다.

융은 그와 같은 세련된 원시성의 태도를 성취했으며, 그것이 그를 아는 모든 사람이 그의 지혜에 큰 인상을 받는 이유다. 사망하기 며칠 전에 그는 신의 개념에 관해 인터뷰를 요청받았다. 그는 이런 말로 응답했다. "오늘날까지 내게 있어 신은 나의 의지에 거칠고 부주의하게 반하는 모든 것, 즉 나의 주관적 관점, 계획, 의지, 의도를 뒤집어엎고 좋거나 나쁜 것을 향한 삶의 과정을 변화시키는 모든 것의 이름이다."[38]

융이 여기서 표현하고 있는 관점은 의식적이고 세련된 것임에도 불구하고 본질적으로 원시적 관점이다. 융은 대부분의 사람이 우연이라고 부르는 것을 '신'이라고 지칭하고 있다. 그는 분명히 임의적인 사건들을 의미 없는 것이 아닌 의미 있는 것으로 경험한다. 이것은 정확히 원시인들이 삶을 경험하는 방식이다. 원시인에게 모든 것은 정신적 의미와 함께 녹아 있는 것이며, 초개인적 힘과 숨겨진 관계를 갖고 있다. 원시인은 우주와 친밀한 관계를 맺고 있다. 정신의 깊은 곳과 의식적으로 더 관계 맺으려 할수록 융이 표현한 것과 동일한 태도, 즉 외부의 삶과 내면의 삶의 변화는 의미를 갖고 있으며, 초개인적 패턴과 힘의 표현이라는 태도에 인도함을 받는다. 경험의 범주로서 우연은 소외된 삶의 증상이다. 아동과 원시인에게 그런 것처럼 자기와 연결된 사람에게 우연은 존재하지 않는다. 아마도 이것은 예수가 한 말의 의미일 것이다. "너희가 돌이켜 어린아이와 같지 않으면 너희는 결코 천국에 들어가지 못할 것이다."[39]

에머슨(Emerson)도 동일한 생각, 즉 모든 명백한 우연 뒤에는 법칙이 있다는 생각을 표현하였다.

> 세상의 비밀은 사람과 사건 사이의 유대다. …… 영혼은 영혼에 일어날 사건을 포함하고 있다. …… 사건은 당신의 형태를 복제한 것이다.[40]
>
> 사건은 사람들과 함께 동일한 줄기에서 성장한다.[41]

---

38 1961년 12월 *Good Housekeeping Magazine*에 출판된 인터뷰.

39 마태복음 18:3.

40 Emerson, Ralph Waldo, *The Conduct of Life*, New York, Dolphin Books, Doubleday & Co., p. 29.

41 Emerson, Ralph Waldo, *The Conduct of Life*, p. 30.

> 달팽이가 배나무 이파리 위에서 자신의 미끄러운 집을 메고 가는 것처럼 각 피조물은 그 자신의 조건과 영역을 밀고 간다.[42]
>
> 사람은 만날 것으로 보이는 사건들 속에 방출되지만 그를 드러내고 그를 따르는 자신의 특성을 보게 될 것이다.[43]
>
> ……우연은 없다. …… 법칙이 완전히 존재를 지배한다. ……[44]

심리 발달의 초기 단계에서 신은 자아와의 동일시—숨기에 가장 훌륭한 장소—속에 숨겨져 있다. 숨겨진 신에 관한 이 관념은 신의 지혜의 인격화인 영지주의(Gnostic)의 소피아 신화와 일치한다. 창조과정에서 신성한 지혜인 소피아는 물질세계로 하강했고, 하강과정에서 그녀는 길을 잃고 물질에 갇혀 버려 해방되고 구속받아야 하는 숨겨진 신이 되었다. 물질 속으로 사라져 정신의 어둠 속에 숨겨진 이 신성한 영에 관한 개념은 자아와의 동일시에 숨겨진 자기를 나타낸다. 소피아를 숨기고 있는 물질은 개별적 자아의 구체적이고, 일시적이며, 대지적인 실재를 상징한다. 신이 물질, 즉 미성숙한 인격에 갇혔다면 심리 발달의 과제는 인간 의식성에 의한 신의 구속이다.

신의 구속은 연금술의 기본 주제다. 연금술적 작업(작품)은 구원의 작업이었다. 기본 물질의 속박으로부터 최고의 가치를 해방시키고 구원하고자 했다. 기본 물질은 **원질료**(prima materia), 즉 처음에 시작하는 물질, 다시 말해 정신의 팽창된 미성숙에 해당하는 것이다. 이것은 철학자의 돌, 신성한 본질로 변환되어야 했다. **원질료**는 자아-자기 정체성, 즉 근원적 팽창이 남아 있는 부분이다. 이 재료를 연금술 과정으로 옮기는 것은 이 자기 또는 원형적 정신이 자아와의 오염상태로부터 자유로워지는 목표에 이르기까지 이 구성 혼합물을 정제하고 분리시키는 과제에 의식적 노력과 주의를 적용하는 것을 의미한다.

---

42 Emerson, Ralph Waldo, *The Conduct of Life*, p. 30.

43 Emerson, Ralph Waldo, *The Conduct of Life*, p. 31.

44 Emerson, Ralph Waldo, *The Conduct of Life*, p. 35.

그리스도 안에서의 믿음을 통한 인간의 수동적 구원 주제를 갖고 있는 관습적인 기독교적 태도와 신을 구원하기 위한 인간의 적극적 노력인 연금술적 태도 사이에 대조가 있다. 이 대조에 관해 융은 다음과 같이 기술했다.

> (기독교적 태도에서) 인간은 구원의 필요성을 그 자신에게 돌리며 구원의 작업, 즉 실제의 애슬론(athlon) 경기 또는 작업(opus)을 자율적이고 신성한 인물에게 맡긴다. …… (연금술적 태도에서) 인간은 구원 작업을 수행할 의무를 자기 자신에게 두며, 고통의 상태와 결과적인 구원의 필요성을 물질에 갇힌 아니마 문디(세계혼, anima mundi)에게 둔다.[45]

그리고 그는 다시 다음과 같이 언급했다.

> ……연금술적 작업은 물질 속에 잠들어 구원을 기다리고 있는 신성한 세계혼(아니마 문디)을 위한 인간 구원자의 노력이다. 기독교는 그리스도에 의해 수행된 작업에서 은혜라는 결실을 얻지만 연금술사는 자신의 노력으로 자신을 위해 '생명의 명약(panacea of life)'을 만든다.[46]

현대인은 연금술사가 한 것과 동일한 방식으로 상당한 것을 해야만 한다. 신성한 이미지들의 중재에 의한 수동적 구원에 의지할 수 없다면, 현대인은 정신 자체의 초개인적 본성을 해방시키고 인식하고자 하는 희망으로 자기 자신의 원질료, 즉 무의식에 대해 적극적으로 작업하는 노력을 해야 한다. 다음이 중심 주제다. 모든 단계에서 심리적 발달은 구원의 과정이다. 목표는 의식적 실현, 즉 자아와의 무의식적 동일시에 숨겨진 자기를 구원하는 것이다.

---

45 Jung, C. G., *Psychology and Alchemy*, C. W., Vol. 12, par. 414.

46 Jung, C. G., *Psychology and Alchemy*, C. W., Vol. 12, par. 557.

팽창과 소외의 반복적 주기는 자아-자기 축의 실재성에 대한 인식이 발생할 때 의식적인 개성화 과정으로 교체된다. 초개인적 중심의 실재가 일단 경험되면 자아와 자기 사이의 변증법적 과정이 팽창과 소외 사이의 교차를 어느 정도 대체할 수 있다. 그러나 개성화의 대화는 자아가 정신에 있는 모든 것을 자신이 만든 것이라고 생각하는 한 불가능하다. 이런 잘못된 태도에 관해 융은 다음과 같이 언급했다.

> ……모든 현대인은 정신세계에서 혼자라고 느끼는데, 그 이유는 그들이 만들지 않은 것은 아무것도 없다고 가정하기 때문이다. 이것이 바로 우리의 전능한 신의 방식인데, 이는 단순히 우리가 정신적인 모든 것을 발명했다고 생각하는 사실로부터 온 그 방식이다. 우리가 그렇게 하지 않는다면 아무것도 만들어지지 않을 것이다. 그것이 우리의 기본 관념이고 그것이 대단한 가정이기 때문이다. …… 그렇다면 우리 정신에 혼자 있는 것이다. 정확히 창조 이전에 창조주가 그랬던 것처럼.[47]

현대인에게 자율적 · 원형적 정신과의 의식적 대면은 신을 발견한 것과 동일한 것이다. 그런 경험 후에 그는 정신 속에 더 이상 혼자가 아니며 그의 전체 세계관이 바뀐다. 그는 세속적 목표와 객체에 대한 자기투사로부터 상당 정도 자유로워지는데 그로 하여금 바깥세계의 대극 갈등을 살아가게 하는, 한쪽으로 치우친 부분을 동일시하는 것에서 자유로워진다. 그런 사람은 의식적으로 개성화 과정에 헌신한다. 역경(I Ching)은 개성화된 사람을 다음과 같이 묘사하고 있다.

> …… 자연적 사건들이 통일되게 법칙을 따른다는 사실에서 거룩한 진지함을 볼 수 있다. 우주의 작업 기저에 있는 신성한 의미를 생각함은 다른 사람들

---

47 *Interpretation of Visions*에 관한 융의 세미나에서 발췌. 뉴욕분석심리학클럽의 *Spring*(1962, p. 110)에 출판됨.

> 에게 영향 미칠 것을 요청받는 사람에게 영향을 줄 수 있는 수단을 준다. 이것은 종교적 생각(명상, 고찰)이 신념이 강한 위대한 사람들에게서 발달하는 내적 집중의 힘을 요구한다. 그것은 그런 사람들이 신성하고 신비한 삶의 법칙을 이해하게 하며, 깊은 내적 집중의 방법을 통해 그들은 자신들에게 있는 이 법칙을 표현해 낸다. 따라서 그것이 발생하는 방법에 대한 인식 없이 타인들에게 영향을 주고 지배하면서 숨겨진 영적 힘이 법칙들로부터 방출된다.[48]

넓은 의미로 언급하자면, 개성화는 삶 자체를 의식적으로 실현하려는 타고난 본능이다. 초개인적 삶의 에너지는 그것의 발현과정에서 그것의 생산물인 인간 의식성을 그것의 실현을 위한 수단으로 사용한다. 이 과정은 삶의 변화에 관한 새로운 조망을 제공하며 다음의 사실을 깨닫게 한다.

> 신의 맷돌은 더디지만, 곱게 갈린다.

48 Wilhelm, Richard (Trans.) *The I Ching or Book of Changes*, Bollingen Series XIX, Princeton University Press, 1950. Commentary on Hexagram # 20, Contemplation, p. 88.

# Part 02
# 삶의 방식으로서의 개성화

인간 작업의 일은…… 우리 각자 안에 그리고 우리 각자의 수단으로 아무나 흉내 낼 수 없는 방식으로, 우주가 스스로를 나타내는 절대적으로 근원적인 중심을 세우는 것이다.

−피에르 테야르 드 샤르댕(Pierre Teilhard de Chardin)*

* *The Phenomenon of Man*, New York, Harper Torchbooks, 1961, p. 261.

CHAPTER 04

# 의미를 찾아서

그림 이미지 속에 있는 해답이 인간이 제기한 모든 인간의 조건에 관한 의문에 대한 답이다. 그 해답을 진실로 이해하기 위해 먼저 삶으로서 그 해답을 행한다.

–랄프 왈도 에머슨(Ralph Waldo Emerson)

## 1. 상징의 기능

현대사회에서 소외 증상의 하나는 만연한 의미 상실이다. 많은 환자가 특정한 장애 때문이라기보다는 삶의 의미를 느끼지 못해 심리치료를 받으러 온다. 사려 깊은 심리치료자는 이런 사람들이 불만족스러운 아동기 경험의 혼란스러운 영향뿐 아니라 문화적 변화에 의한 혼란을 경험하고 있다는 인상을 받지 않을 수 없다. 우리는 로마제국 시대의 기독교의 출현에 버금가는 집단적인 심리적 재방향 설정을 통과하고 있는 것 같다. 전통 종교의 쇠락은 전반적인 정신적 방향 상실을 가져왔다. 우리는 방향을 잃었다. 삶에 대한 관계가 모호해졌다. 조직화된 기독교의 위대한 상징체계는 완전한 인간의 헌신을 명령하거나 궁극적 욕구를 더 이상 충족시킬 수 없게 되었다. 그 결과는 만연한 의미 상실이며 삶으로부터의 소외다. 새로운 집단적 종교 상징이 출현할지는 두고 봐야 할 것 같다. 문제인식은 의미 있는 삶을 향한 개인들의 추구를 만들어 낸다. 개성화가 그들의 삶의 방식이 된다.

나는 여기서 '의미'를 특별한 방식으로 사용하고 있다. 일반적으로 두 가지로 구분하여 단어를 사용한다. 가장 흔한 용어는 사인(sign) 또는 표상이 갖고 있는 추상적 · 객관적 지식을 말한다. 예를 들어, 말(馬)이라는 단어는 네 개의 다리를 가진 특정한 종류의 동물을 의미한다. 또는 붉은색 신호등은 정지를 뜻한다. 이러한 것은 사인이 갖고 있는 추상적이고 객관적인 의미들이다. 그러나 또 다른 종류의 의미, 즉 추상적 지식이 아니라 삶을 확고하게 할 수 있는 심리적 상태를 언급하는 주관적이고 살아 있는 의미가 있다. 그것은 깊이 감동적인 경험을 의미 있는 것으로 기술할 때 사용하는 단어의 의미다. 그러한 경험은 추상적인 의미를 갖고 있지 않다. 최소한 기본적으로는 그렇지 않고 살아 있는 의미, 즉 정서가 담겨 있는 의미가 우리를 전체 삶에 연결시킨다. 꿈, 신화 그리고 예술작품은 이런 주관적이고 살아 있는 의미, 즉 객관적이고 추상적인 의미와는 상당히 다른 의미를 전달한다. "삶의 의미는 무엇인가?"라는 대답 불가능한 질문을 하게 만드는 '의미'라는 단어의 두 가지 다른 사용을 분리시키는 것은 불가능하다(실패다). 이 질문은 이런 형식으로는 대답할 수 없는 것인데, 그 이유는 그것이 객관적이고 추상적인 의미와 주관적이고 살아 있는 의미를 혼동시키기 때문이다. 그래서 그것을 조금 더 주관적인 것으로 의역해서 "나의 삶의 의미는 무엇인가?"라고 묻는다면 대답의 가능성을 갖기 시작한다.

삶의 의미의 문제는 개인의 정체감과 깊이 연결되어 있다. "나의 삶의 의미는 무엇인가?"라는 질문은 "나는 누구인가?"라는 질문과 거의 동일한 것이다. 적절한 답은 오직 안에서만 찾을 수 있다. 따라서 우리는 다음과 같이 말할 수 있다. 의미는 주관성 안에서 발견된다. 그러나 누가 주관성을 가치 있게 하는가? 우리가 '주관적'이라는 단어를 사용할 때 우리는 보통 주관적 요소가 아무 결론도 없는 것인 양 오로지 주관적인 것이라고 말하거나 암시한다. 종교의 쇠퇴 때문에 우리는 내향적 · 주관적 삶에 대해 적절한 집단적 지지를 받지 못한다. 모든 것은 반대 방향에 있다. 서양 사회의 다양한 압력은 개인들이 외적인 것과 객관성에서 삶의 의미를 찾도록 미묘하게 몰아붙인다. 목표가 상태든 협동조직이든 좋은 물질적 삶이든 객관적인 과학지식의 습득이든 어떤 경우에도 인간 의미를 의미가 존재하지 않는 곳—외적인 것, 객관적인 것—에서 찾고 있다. 인간 의미의 진정한 근원이며, 객관적이고 통계적인 접근에 민감하지 않은, 독특하고, 특정하며, 복제 불가능한 개인의 주관성은 현대사회의 관점을 가진 창조자들에게 거절당하는 경멸의 돌이다.

더 잘 알아야 하는 대다수의 정신과 의사조차 주관성을 깎아내리는 만연한 태도에 일조한다. 몇 년 전 나는 정신과 의사 모임에서 상징의 기능과 관련된 발표를 하였다. 발표 후 토론자가 나의 발표에 대한 비판을 하였다. 그의 주요 반대 중 하나는 내가 상징을 실재하는 것, 거의 살아 있는 것처럼 기술하였다는 것이었다. 이 비판은 정신과 주관성에 대한 일반적인 태도를 반영한다. 정신은 그 자신의 실재를 갖고 있지 않은 것으로 생각된다. 주관적 이미지와 상징은 개인의 환경과 대인관계를 반영한 것에 불과하거나 본능적인 소원 충족에 불과하다는 것이다. 해리 스택 설리반(Harry Stack Sullivan)은 독특하고 개별적인 인격에 대한 생각은 망상이라는 극단적인 언급까지 했다. 따라서 유명한 정신과 의사가 집단 심리학의 또 다른 주장자가 된 것이다.

현대인의 가장 긴급한 욕구는 상징적 삶을 발견하기 위해 정신의 내적인 주관적 세계의 실재와 가치를 발견하는 것이다. 융(Jung)은 다음과 같이 언급하였다.

> 인간은 상징적 삶이 필요하다. …… 그러나 우리는 상징적 삶을 살고 있지 못하다. 여러분의 집에는 인도에서 볼 수 있는 의례를 행할 수 있는 구석이 어딘가에 있는가? 아주 단순한 집이라도 집안 식구들이 상징적 삶을 이끌어 갈 수 있는, 새로운 서원을 하거나 명상을 할 수 있는 최소한 구분된 구석이 있다. 우리는 그런 것을 갖고 있지 않다. …… 우리는 그런 시간이 없고 공간이 없다. …… 상징적 삶만이 영혼의 필요—매일의 영혼의 필요—를 표현할 수

> 있다. 그리고 사람들은 그러한 것을 필요로 하지 않기 때문에 이 방앗간—그들이 '아무것도 아닌' 존재에 불과한 이 끔찍하고, 갈아 없애 버리는 진부한 삶—에서 절대로 나올 수 없다.[1]

인간은 사인의 세계뿐 아니라 상징의 세계를 필요로 한다. 사인과 상징은 둘 다 반드시 필요하지만 서로 혼동되어서는 안 되는 것이다. 사인은 알려진 것을 나타내는 의미의 토큰이다. 이 정의에 따르면 언어는 사인체계이며, 상징이 아니다. 다른 한편, 상징은 본질적으로 알려지지 않은 것, 신비를 가리키는 이미지나 표상이다. 사인은 추상적이고 객관적인 의미를 의사소통하는 반면, 상징은 살아 있고 주관적인 의미를 전달한다. 상징은 개인에게 강력한 끌어당김과 매료시키는 힘을 발휘하는 주관적 역동이다. 그것은 정신에너지의 방출자이자 변환자로, 행위하는 살아 있는 유기적 존재다. 따라서 우리는 사인은 죽은 것이고 상징은 살아 있는 것이라고 말할 수 있다.

상징은 원형적 정신의 자발적 산물이다. 인간은 상징을 제조할 수 없으며, 단지 발견할 수 있을 뿐이다. 상징은 정신에너지를 갖고 있기 때문에 살아 있는 것이라고 할 수 있다. 상징은 의식적 또는 무의식적으로 개인을 지지, 안내, 동기화하는 삶의 에너지를 자아(ego)에게 전달한다. 원형적 정신은 끊임없이 살아 있는 상징이미지의 흐름을 만들어 낸다. 이러한 이미지의 흐름은 꿈이나 의식수준이 낮아져 있을 때 깨어 있는 동안의 판타지를 통한 경우 외에는 의식적으로 지각되지 않는다. 그러나 완전히 깨어 있는 상태에서도 효과적인 에너지로 충전된 이런 상징의 흐름이 자아의 인식을 넘어 계속 흐른다고 믿을 만한 이유가 있다. 상징은 자아로 스며들면서 자아가 상징을 동일시하게 하고 무의식적으로 표출하게 한다. 또는 상징은 투사를 통해 외부환경으로 흘러들면서 개인으로 하여금 외부 대상과 활동에 매료되고 관여하게 만든다.

---

1 융이 1939년 런던의 목회심리학협회(Guild of Pastoral Psychology)에서 행한 '상징적 삶(The Symbolic Life)' 에 관한 연설을 데릭 키친(Derek Kitchin)이 요약하여 출판한 원고(Guild Lecture No. 80).

## 2. 구체적 오류와 환원적 오류

자아와 상징 간의 관계는 매우 중요한 요소다. 일반적으로 자아와 상징 사이 또는 동일한 것을 의미하는 자아와 원형적 정신 사이에는 세 가지의 가능한 관계패턴이 있다.

- 자아가 상징과 동일시될 수 있다. 이 경우 상징이미지는 구체적으로 살아난다. 자아와 원형적 정신은 하나다.
- 자아가 상징으로부터 소외된다. 상징적 삶이 파괴되지는 않지만 의식 밖에서 가치절하된 채 기능한다. 상징은 사인이 된다. 상징의 신비한 긴급성은 기초적이고 추상적인 요소의 측면에서만 이해된다.
- 세 번째 가능성은 바람직한 것으로서 자아는 원형적 정신과 분명하게 분리되어 있지만, 상징이미지에 대해 개방적 · 수용적이다. 자아와 출현하는 상징 사이에 일종의 의식적 대화가 가능해진다. 그러고 나면 상징은 의식적 이해와 충만한 참여와 함께 정신에너지의 해방지, 변환지로서의 적절한 기능을 수행할 수 있게 된다.

자아와 상징 간에 존재하는 이런 여러 관계는 내가 구체적 오류(concretistic fallacy)와 환원적 오류(reductive fallacy)라고 부르는 두 가지 오류를 일으킨다. 구체적 오류가 더 원시적이며, 개인은 원형적 정신의 상징과 구체적 · 외적 현실을 구분하지 못한다. 내면의 상징적 이미지들은 실재하는 외적 존재로 경험된다. 이 오류의 예는 원시인의 물활론적 신념, 정신병자의 환각과 망상, 모든 종류의 미신들이다. 연금술, 점성술 그리고 오늘날 수많은 치유 숭배의 실제가 모두 여기에 속한다. 자신의 이익을 위해 상징적 종교이미지를 외부의 물리적 사실에 적용하는 모든 것은 구체적 오류다. 우리 자신의 이익을 위해 사실들을 조작할 목적으로 상징적 이미지를 외부의 물리적 사실에 적용하도록 유혹받을 때는 언제나 구체적 오류에 굴복할 위험이 있다. 정신적 상태가 의식적 태도를 바꿀 때만이 상징은 타당하다. 물리적 현실에 마술적으로 적용할 때 그것의 영향은 비합법적이고 위험하다.

환원적 오류는 반대의 실수를 한다. 그런 경우에 상징의 중요성은 상징을 알려진 내용의 사인으로만 이해함으로써 상실된다. 환원적 오류는 '실제적' 의미에 대한 배후의 상징을 가정하는 합리주의적 태도를 기반으로 한다. 이 접근은 모든 상징이미지를 기본적이고 알려진 사실로 환원시킨다. 그것은 자아의 이해능력을 초월하는 진정하고도 본질적이면서 알려지지 않은 초월적 신비는 존재하지 않는다는 가정 위에 작용한다. 따라서 이런 관점에는 진정한 상징은 없고 사인만 존재한다. 이런 신념을 가진 사람들에게 종교적 상징성은 무지와 원시적 미신에 불과하다. 환원적 오류는 또한 상징성이 고태적 자아의 원시적 · 전합리적(pre-rational) 기능 이상의 것이 못된다고 생각하는 심리학 이론가들이 갖고 있는 것이다. 관계적 반응과 이미지들을 자연과학과 물리학에 적합한 추상적 · 통계적 방식으로 취급할 때는 언제나 이런 실수에 빠진다. 이 실수는 주관적 상징이미지가 물리적 사실을 조종해서 그것들에 폭력을 행하는 앞의 오류와 반대된다. 여기서 외부 현실 세계에 적합한 추상적 · 객관적 태도는 그것을 조작하려는 시도로 무의식적 정신에 적용된다. 이러한 태도는 정신의 자율적 실재에 폭력을 가한다.

구체적 오류와 환원적 오류 사이의 갈등은 전통적 종교관과 소위 현대의 과학관 사이의 갈등과 같다. 이것은 집단적 문제이기 때문에 우리는 우리 자신 내면에 갈등적인 것을 갖고 있다. 이 문제에 대해 융은 다음과 같이 언급하였다.

> 그러한 문제(종교적 상징성으로서)를 언급하는 사람은 누구나 불가피하게 바로 이러한 것들에 관한 도덕적 갈등 속에 있는 두 측면에 의해 조각날 위험에 처해 있다. 이 갈등은 모든 것은 그것이 물리적 사실을 나타낼 때만이 진실

하다는 이상한 가정에서 기인한다. 따라서 어떤 사람은 그리스도가 처녀의 아들로 태어났다는 것을 물리적 진실로 믿는 반면, 또 어떤 사람은 이것이 물리적으로 불가능하기 때문에 이를 부인한다. 모든 사람은 이 갈등에 논리적 해결책이란 없다는 것과 그러한 쓸모없는 논쟁에 개입하지 않는 것이 더 좋다는 것을 이해한다. 두 편 다 맞고, 두 편 다 틀리다. 그들이 **물리적**(physical)이라는 단어를 포기한다면 그들은 쉽게 동의에 이를 수 있을 것이다. **물리적**인 것은 진실의 유일한 기준이 아니다. 물리적 방법으로는 설명도 증명도 될 수 없는 **정신적**(psychic) 진실도 있다. 예를 들어, 라인 강이 강어귀에서 발원지로 거꾸로 흐른 적이 있다는 일반적 신념이 존재했다면 이 신념은 그러한 주장이 대단히 놀라운 것이라 해도 그 자체로 사실일 것이다. 이런 종류의 믿음은 논쟁거리가 될 수도 없고 증거도 없는 정신적 사실이다.

종교적(또는 상징적) 진술들은 이런 종류의 것이다. 그것들은 예외 없이 물리적 사실이 될 수 없는 것들에 대한 언급이다. …… 물리적인 것에 대한 언급이라고 가정한다면 그것들은 그것이 무엇이든 아무런 의미가 없다. …… 종교적(또는 상징적) 진술들이 종종 관찰된 물리적 현상과 갈등을 일으킨다는 사실은 물리적 지각과 빈대로 영적(상징적)인 것은 자율적이며 정신적 경험은 어느 정도 물리적인 것과는 독립적인 것임을 입증하는 것이다. 정신은 자율적 요인이며 종교적(또는 상징적) 진술은 무의식적 과정에 근거한 정신적 고백이다. 이러한 과정들은 물리적 지각에는 받아들여질 수 없지만 그것들의 실존을 정신의 고백을 통해 보여 준다. …… 우리는 종교적(또는 상징적) 내용을 말할 때마다 말로 형언할 수 없는 것을 가리키는 이미지의 세계에서 움직인다. …… (그러나) 이 이미지들 뒤에는 의식성을 초월하는 것이 있으며, 진술들이 제한 없이 혼돈스럽게 달라지는 것이 아니라 분명히 몇 개의 기본적 원리나 원형과 관련된 방식으로 작용하며 그것은 의심할 여지가 없는 것이다. 정신 그 자체처럼 또는 물질처럼 이것들은 알려지지 않은 것과 유사한, 그러한(as-such) 것이다.[2]

인격과 관련된 모든 문제가 그러한 것처럼 구체적 오류와 환원적 오류는 합리적 권고에 의해 변화되지 않는다. 사실 이 두 가지는 인격 발달에서 두 개의 연속적 단계라고 할 수 있다. 자아와 무의식적 상징 사이의 동일시 단계는 구체적 오류의 상태다. 이 단계는 원시인과 아동에게서 볼 수 있는 초기의 자아 발달 단계다. 환원적 오류는 자아와 무의식의 상징성 간의 소외에서 기인한다. 이는 보다 이후의 발달단계, 아마도 자아와 무의식 사이에 이전에 존재했던 동일시 상태에 대한 필연적 대항 반응이다. 이 단계에서 자아 발달은 무의식과 무의식의 상징적 이미지의 힘이 지닌 가치의 감소를 필요로 한다. 그러나 이는 자아와 무의식 간에 소외를 야기하며, 이는 전체가 되기 위해 조만간 연결되어야 한다.

융 학파 심리치료의 궁극적 목표는 상징과정을 의식화하는 것이다. 상징을 의식하기 위해서는 먼저 상징이 무의식상태일 때 움직이는 방법을 알아야 한다. 기본 전제는 이런 것이다. 무의식적 상징은 살아나지만 지각되지 않는다. 이 상태에서의 무의식적 상징의 역동성은 소원(wish)이나 외적 행위에 대한 긴급성으로만 경험된다. 긴급성 뒤에 있는 이미지는 보이지 않는다. 우리가 상징이 기능하는 방식을 깨닫는다면 신경증적인 증상과 왜곡뿐 아니라 모든 비인간적인 야만스러운 의례와 의식들도 이해될 수 있다. 그러면 상징적 이미지를 동일시하고 있는 자아는 희생되고, 그것을 의식적으로 이해하기보다는 상징의 의미를 구체적으로 살아야 할 운명에 처하게 된다. 원형적 정신을 동일시하는 정도에 따라 상징의 역동성은 탐욕이나 권력에 대한 충동으로만 경험된다. 융과 융 학파만이 상징을 인식할 수 있었고, 그래서 자아가 원형적 정신을 동일시하지 않을 때만 기능하는 것으로 본다. 프로이트 학파 심리학에서 프로이트(Freud)는 원형 정신을 이드(Id)로 보았다. 원형적 정신과 그것의 상징은 자아가 원형적 정신을 동일시할 때 스스로를 드러내는 방식으로만 볼 수 있다. 이드는 본능 뒤에 있는 이미지를 고려하지 않는 본능으로서만 이해되는 것이다. 프로이트 학파는 이미지가

2 Jung, C. G., "Answer to Job" in *Psychology and Religion: West and East*, C. W. 11, 1958, par. 553-555.

다루어지는 정도에 따라 이미지를 본능으로 환원하여 해석한다. 상징적 이미지를 실재적 현실로 인정하지 않는다. 무의식적 정신을 본능에 의해서만 동기화되는 것으로 보는 현대 심리학의 만연한 태도는 기본적으로 상징적 삶에 대해 반영적(non-spiritual), 반문화적, 파괴적이다. 물론 본능적 강박은 많이 존재한다. 그러나 본능적 긴급성을 또 다른 의미수준으로 격상시키는 정신에너지의 해방자, 변환자는 상징이미지이며, 야생의 동물적 에너지를 인간화 · 문화화하는 것도 상징이미지다. 본능은 본능 속에 들어 있는 이미지를 지각함으로써만 드러나는 숨겨진 이미지를 갖고 있다.

숨겨진 이미지를 찾아내는 한 방법은 비유과정을 통해서다. 융은 "비유의 창조는 전체로서의 본능과 생물적 영역을 무의식 내용의 압력으로부터 해방시킨다. 그러나 상징의 부재는 본능에 너무 많은 부담을 준다."[3]라고 하였다. 비유적 방법의 예로서 나는 그가 의식적으로 이해할 때까지 그 증상을 가지고 살아가게 만든 강력한 상징적 이미지의 무의식적 손아귀에 있었던 한 환자가 생각난다. 작은 것보다는 큰 것을 보는 것이 더 쉽기 때문에 나는 정신병리적 증상을 선택했는데, 말하자면 극단적 예를 선택했다. 나는 복장도착증(transvestism) 사례—여자 옷을 입고자 하는 강한 충동을 가진 젊은이—가 생각난다. 여장을 하고 있으면 그는 자신에 대한 태도가 급진적으로 바뀌었다. 보통은 수줍고, 열등하고, 성적으로 무능했다. 그러나 여장을 하면 확신 있고, 영향력 있고, 성적으로 능력 있었다. 그러한 증상이 의미하는 것은 무엇인가? 이 환자는 무의식적인 상징적 이미지를 살고 있었다. 그러한 증상이미지들이 꿈과 동일한 근원을 갖고 있기 때문에 우리는 확충 방법에 의해 꿈을 분석하는 것과 같은 방법으로 접근할 수 있다. 그런 다음 우리는 스스로 여성 옷을 입는 것이 어떠한지 질문한다. 우리는 어떤 일반적이고 신화적인 병치를 발견할 수 있는가?

『오디세이 5편(V of Odyssey)』에 보면, 오디세우스(Odysseus)가 칼립소(Calypso)

---

3 Jung, C. G., *The Practice of Psychotherapy*, C. W., Vol. 16, par. 250.

의 섬과 파이아키아족의 땅 사이를 여행한 내용이 기술되어 있다.[4] 이 여행을 할 때 포세이돈이 폭풍을 일으켰다. 오디세우스가 빠져 죽게 되었을 때 바다의 여신 이노(Ino)가 나타나 그에게 옷을 벗고 헤엄칠 것과 그녀의 베일을 가슴에 감고 갈 것을 말한다. 그러면 해를 당하지 않을 것이며, 땅에 닿자마자 베일을 바다에 던지라고 한다. 이노의 베일은 복장도착증 뒤에 있는 원형적 이미지다. 베일은 무의식의 위험한 항해를 하는 자아에게 모성 원형이 제공하는 지지와 담아 줌이다. 오디세우스가 그런 것처럼 이 지지를 사용하는 것은 합법적이지만 위기가 종료되자마자 여신에게 베일은 되돌려져야 한다.

고대 로마와 아시아의 미노르에서 마그나 마터(Magna Mater; 역주: 모성원형)의 성직자들도 서약하고 나면 여장을 하고 머리를 길게 길러 대모(Great Mother)에게 헌신하겠다는 표시를 한다. 오늘날도 가톨릭 성직자들이 스커트처럼 생긴 사제복을 입는 이유는 어머니인 교회를 섬기겠다는 의미다. 이것은 그러한 증상을 상징적으로 이해하는 방법이다. 물론, 우리가 신성의 이미지에 관해 말할 때는 언제나 상징을 사용하는데, 그 이유는 신성이나 초개인적 힘이 정확하게 정의될 수 없기 때문이다. 그것은 알려진, 그리고 합리적으로 이해될 수 있는 것의 사인이 아니라 신비를 표현하는 상징이다. 이 해석 방법은 그것이 성공적이라면 환자로 하여금 상징적 삶을 살아가게 할 수 있다. 마비시키고 죄의식으로 가득 찬 증상은 의미 있고 삶을 풍요케 하는 상징, 즉 무의식적이고 강박적이고 증상적인 방식으로 살아지는 것이 아니라 의식적으로 경험되는 상징으로 대체될 수 있다.

이 사례는 그것의 원형적 근거를 인식함으로써 어떻게 상징으로 변화될 수 있는지를 보여 주는 예다. 모든 증상은 원형적 상황의 이미지에서 비롯된다. 예를 들어, 많은 불안 증상은 원형 맥락으로서 용과 싸우는 영웅 또는 입문 의식을 갖

4 이 확충을 지적해 준 Storr에게 감사한다. (Storr, A., "The Psychopathology of Fetishism and Transvestism," *Journal of Analytical Psychology*, Vol. 2, No. 2, July 1957, p. 161.)

고 있다. 좌절이나 분노의 많은 증상은 욥과 신의 원형적 만남의 재연이다. 원형을 인식하기 위해, 즉 증상 뒤에 있는 상징이미지를 보기 위해 즉각 경험을 바꿔야 한다. 그것은 고통스러울 수 있지만 이제 의미를 갖게 되었다. 고통받는 이를 동료 인간으로부터 고립시키는 대신 더 깊은 관계를 맺게 한다. 이제 그는 그 자신이 집단의 인간들과의 동료애 정신—고통스러운 인간 의식성의 발전—에 참여한다고 느낀다. 이는 원시 늪의 어둠 속에서 시작되었고, 우리가 알지 못하는 곳에서 끝날 것이다.

강력한 기분과 정서적 상태로 적절한 상징이미지를 찾아낸다면 의미를 만들어 낼 수 있다. 예를 들어, 분노에 사로잡혀 있던 한 남자 내담자가 있었다. 그는 자신이 원하는 대로 되지 않아서 감정을 표출하지도 못하고 억압하지도 못했다. 마침내 그는 의미를 찾게 해 달라고 기도했다. 다니엘서에 기록되어 있는 대로 불타는 용광로에 세 남자가 나타나는 이미지가 즉각 떠올랐다. 그는 이 성경 대목을 읽고 생각했고, 분노가 사라졌다. 다니엘서 3장에 보면 느부갓네살 왕이 모든 사람에게 그의 황금 우상을 섬기라고 명령한다. 사드락, 메삭, 아벳느고는 이를 거절했고 왕은 분노했다. 왕은 세 사람을 용광로에 넣게 했으나 죽지 않았고, 네 번째 인물이 그들과 함께 불 속에서 섰었다. '신의 아들처럼.'

이 이미지가 분노를 해결했는데, 그 이유는 그것이 상징적으로 기분의 의미를 표현하고 있기 때문이다. 왕은 독재적이고 폭군적이고 권력 중심의 인물로 신의 특권을 강탈하고 자신을 신으로 대접하지 않았을 때 분노했다. 그는 자기(Self)를 동일시하는 자아다. 세 사람은 초개인적 가치를 거절하고 왕의 좌절의 불꽃 속에 기꺼이 들어갔다. 이는 정서와의 동일시를 피하고 대신 그것을 견디며 적극적 상상(active imagination)으로 의미를 찾으려 하는 환자의 능력에 상응한다. 용광로에 나타난 '신의 아들 같은' 네 번째 인물은 경험 속에 실현된 초개인적·원형적 요소다. 그것은 의미, 해방, 전체성(네 번째)을 가져왔다.

이 예는 융의 언급을 예시해 준다. 자신의 무의식과의 대면에 관하여 그는 다음과 같이 기술하였다.

> 나는 지속적인 긴장상태에 살고 있었다. …… 내가 정서를 이미지로 간신히 해석할 수 있을 정도—내 정서에 감추어져 있었던 이미지들을 발견하는 정도—로 나는 내적으로 진정되고 안심되었다.[5]

실존의 상징적 차원을 인식할 수 있는 정도로 증상으로서 삶의 변화를 경험한다. 증상은 우리가 통제할 수 없고 본질적으로 의미 없는—즉, 아무 가치가 없고 중요하지 않은—마음의 혼란스러운 상태다. 사실, 증상은 자아의 환원적 오류에 의해 평가절하된 상징이다. 증상은 의미가 없기 때문에 정확히 견딜 수 없는 것이다. 우리가 의미를 분별할 수 있다면 어떤 어려움이라도 견뎌 낼 수 있다. 인간성에 가장 큰 위협은 의미 없음이다.

우리의 깨어 있는 삶은 일련의 기분, 감정, 관념 그리고 긴급성으로 이루어져 있다. 우리가 지나가는 이러한 연속적인 정신적 상태들은 외줄 위에 끼워져 있는 구슬과 같다. 우리의 의식적 태도에 따라 우리는 이런 삶의 묵주를 의미 없는 증상의 연속으로 경험하거나 상징적 인식을 통한 자아와 초개인적 정신 사이의 일련의 신비한 대면으로 경험한다. 우리의 고통뿐 아니라 쾌락도 그것이 상징성을 주지 못한다면 증상이다. 인도의 예언자들은 이것을 마야 교리에서 인식하고 있다. 이 관점에 따르면 삶의 증상인 고통과 쾌락은 떨어질 수 없는 불가분의 관계다. 분석심리학적 용어로 기술하면, 고통과 쾌락의 긴급성으로부터 해방하려는 인도식 노력은 삶의 현실로부터의 도피가 아니다. 그것은 의미 없는 증상의 연속일 뿐인 이 '끔찍하고 진부한 삶'으로부터 인간을 해방시켜 주는 상징적 삶의 발견이다.

---

5 Jung, C. G., *Memories, Dreams, Reflections*, New York, Pantheon Books, 1963, p. 177.

## 3. 상징적 삶

상징적 삶은 정신적 건강을 위한 전제조건이다. 그것이 없으면 자아는 초개인적(suprapersonal) 근원으로부터 소외되며 일종의 우주적 불안에 희생된다. 꿈은 종종 소외된 자아에 근원감을 전하려 함으로써 자아를 치유하려 시도한다. 꿈꾼이는 자아-자기 소외(ego-self alienation)의 문제와 씨름하고 있었다. 그녀는 깊은 우울증, 무가치감, 삶과 능력에 대한 의미 없음의 희생자였다. 그러고 나서 그녀는 다음과 같은 꿈을 꾸었다. 성직자이자 랍비인 노인이 나에게 말하고 있었다. 그의 말을 들으면서 나는 깊이 감동받았으며 내가 치유받고 있다고 느꼈다. 그것은 마치 신이 그를 통해 말씀하신 것 같았다. 항상 내 안에 있던 영원한 의문이 스스로 해결된 느낌이었다. 어느 순간 나는 이유를 알았다. 그는 내게 말하면서 내가 오래전에 알았던 것—내가 태어나기 전에 알았던 것—에 나를 접촉하게 해 주었다.

이 꿈은 꿈꾼 이에게 강력한 영향을 주었다. 그녀는 이 꿈을 치유적인 꿈으로 경험했다. 삶의 의미에 대한 영원한 의문에 대답을 찾았다. 그러나 답은 무엇인가? 깨어난 직후 그녀는 노인이 한 말을 기억하지 못했다. 그러다 갑자기 어린 시절 한때 책에서 읽었던 오래된 유대인의 전설을 생각해 내었고, 성직자-랍비가 해 준 이야기가 이 전설의 정수라는 것을 깨달았다. 그 전설은 다음과 같다.

> 어린아이가 태어나기 전에 신은 미래 인간의 씨앗을 그 앞으로 불러서 그 영혼이 앞으로 무엇이 될지—남자, 여자, 예언자, 바보, 부자 또는 가난한 자—를 결정한다. 신은 한 가지만 결정하지 않고 남겨 두는데, 그것은 그가 의로운 사람이지 아닌지에 관한 것이었다. 이렇게 쓰여 있다. "신에 대한 두려움만 제외하고 모든 것은 신의 손에 있다." 그러나 영혼은 신에게 삶으로부터, 이 세상을 초월한 삶으로부터 보내지 말아 달라고 간청한다. 그러나 신은 대답한다. "내가 너희를 보내는 세상은 너희가 있던 세상보다 더 낫다. 그리고

> 내가 너희를 만들 때 땅에서 살 운명으로 만들었다." 그리고 신은 초월의 세계에서 살면서 영혼을 맡고 있는 천사에게 이 영혼을 낙원과 지옥을 통해 저 세상의 모든 신비 속으로 입문시키라고 명령한다. 이런 식으로 영혼은 초월세계의 모든 비밀을 경험한다. 그러나 영혼이 땅으로 오는 태어나는 순간에 땅속에 묻혀 있던 영혼이 고귀한 지혜를 잊어버리고 이 세상으로 들어온다. 하지만 항상 그 지혜를 다시 얻으려고 한다.[6]

이 아름다운 전설을 꿈꾼 이의 마음에 가져다준 이 꿈은 자아의 근원과 의미를 의식하게 하고 상징적 삶을 일깨우는 자아-자기 축의 작용을 보여 주는 훌륭한 예다. 성직자이자 랍비인 노인은 융이 노현자 원형이라 부른 것의 표상이다. 그는 영적 안내자, 지혜와 치유를 가져오는 자다. 나는 그가 자아-자기 축의 인격화라고 생각한다. 성직자와 랍비의 조합에서 그는 두 개의 분리된 종교적 전통과 상징적 전통을 합일한다. 이야기는 그가 어느 특정한 종교에 속한 사람이라고 언급하지는 않는다. 자아의 출생 전 근원에 대한 주제는 많은 예를 볼 수 있는 원형적 이미지다. 예를 들어, 출생 전 이데아에 대한 플라톤(Plato)의 교리는 『파이돈(Phaedo)』에 구체화되어 있다. 이 신화에 따르면 모든 학습은 타고났지만 망각해 버린 출생 전 지식의 회상이다. 심리학적 용어로 하면, 이것은 인간 경험의 원형적 형태가 태어나기 이전에 존재했다는 것, 또 선험적(a priori)이었다는 것을 의미한다. 그것들은 특정한 개인의 삶의 역사로 육화되기만을 기다린다. 이 플라톤적 이론은 때로 꿈에도 언급된다. 전에도 일어난 적이 있으며, 사전에 결정된 계획을 따르고 있다는 것을 어렴풋하게 깨닫는 중요한 사건에 연루되어 있는 꿈을 꿀 수도 있다. 한 사람이 그러한 꿈을 꾸었다.

> 그것은 마치 내가 꿈을 두 수준에서 동시에 경험하고 있는 것과 같았다. 한

---

6 *Studies in Analytical Psychology*, New York, C. G. Jung Foundation, 1967, p. 120 f에서 게르하르트 아들러(Gerhard Adler)가 인용함.

편으로 그것은 독특하고 자발적이고 들어 본 적 없는 것이었다. 다른 한편으로, 나는 또한 어떤 역할을 하고 있었으며 내가 한때 알았지만 잊어버린 이야기를 재연하고 있는 것 같았다. 두 수준은 불가분 연결되어 있었다. 나는 역할을 완벽하게 하고 있는데, 그 이유는 내가 동시에 그것을 정말로 살고 있기 때문이었다. 나는 흘러가는 대로 나의 길을 결정했지만 내가 한때 알고 있던 이야기라는 사실로 인해 도움을 받는 것 같았다. 각 상황이 바뀔 때마다 내게 도움이 되는 기억과 일치했다.

또 다른 예는 앞서 인용한 유대인의 전설과 많은 유사성을 가진 오래된 영지주의 이야기이며, 영혼이 어떻게 깨어나는지와 하늘의 근원을 어떻게 기억하는지를 보여 주는 한 단계 더 나아간 이야기다.

내가 어린아이였고 아버지의 왕국에서 나를 키워 주신 부모님의 풍요와 화려함 속에서 기뻐할 때 나의 부모님이 나의 고향인 동쪽에서 여행에 필요한 것과 함께 나를 내보내셨다. …… 그들은 나를 위해 그들의 사랑으로 만들어 준 영광의 예복과 내 몸에 정확히 맞도록 만들어 준 보라색 망토를 벗겼다. 그리고 나와 약속을 했고 내가 약속을 잊지 않도록 내 심장에 그것을 기록했다. "네가 이집트에 내려가서 바다 한가운데에 힝힝거리는 뱀이 감싸고 있는 진주를 가져오거든 너의 영광의 예복과 망토를 그 위에 펼치고 너의 남동생과 함께 왕국의 상속자가 되어라."

나는 두 명의 충성스러운 수행원을 데리고 동쪽을 떠나 아래로 내려갔는데, 길이 위험하고 거칠었으며 여행을 하기에는 내가 어렸기 때문이었다. …… 나는 이집트로 갔고, 나의 수행원들은 나를 떠났다. 나는 곧장 뱀에게로 가서 그가 잠들면 진주를 훔치려고 그와 가까이에 있는 여관에서 자리를 잡고 기다렸다. …… 여관에 머무는 사람들에게 나는 낯선 사람이었다. 나는 그들처럼 옷을 입고 있었는데, 진주를 가져가서 뱀이 대적할 사람으로 보이지 않기 위해

서였다. 그러나 어떤 이유로 내가 그들과 같은 나라 출신이 아니라는 것을 알아차리고는 그들은 내 환심을 사서 교활하게 내게 술을 먹이고 고기 맛을 알게 했다. 나는 왕의 아들임을 잊고 그들의 왕을 섬겼다. 나는 나의 부모가 나를 보낸 이유인 진주를 잊었다. 그들이 먹여 주는 것의 무거움으로 인해 나는 깊은 잠 속으로 가라앉았다. 이 모든 일이 내게 닥쳤고, 부모님이 알고 슬퍼했다. …… 그리고 부모님은 내게 편지를 보냈고, 두 사람 각자의 서명이 있었다. "왕 중의 왕 아버지로부터, 동쪽의 여신 어머니로부터 그리고 우리의 다음 상속자인 아우로부터 이집트에 있는 우리 아들에게. 잠에서 깨어 일어나라. 그리고 우리 편지를 읽어라. 네가 왕의 아들임을 기억해라. 내 영광의 망토를 기억해라. 너는 그것들을 입어 너 자신을 장식하고 너의 아우와 함께 왕국의 상속자가 되어라." 전령과 같은 편지였다. …… 그것은 날개 달린 모든 짐승의 왕인 독수리의 형태로 일어났고, 내 옆에 와서 빛을 비출 때까지 날았으며, 온전히 말씀이 되었다. 그것의 목소리와 소리에 내가 잠에서 깨어 일어났고 그것을 집어 입 맞추고 봉인을 뜯어 읽었다. 나의 심장에 쓰여 있는 것과 똑같은 내용이 편지에도 쓰여 있었다. 나는 내가 왕들의 아들이며 나의 자유로운 영혼이 이집트에 보내졌다는 것을 기억해 내었다. 나는 내가 진주를 가지러 이집트에 보내졌다는 것을 기억해 내고서 끔찍하고 힝힝거리는 뱀에게 마술을 걸기 시작했다. 뱀에게 나의 아버지의 이름, 상속자의 이름 그리고 동쪽의 여왕 어머니의 이름을 들려주어 뱀을 잠들게 했다. 나는 진주를 잡아 아버지에게 돌려보냈다. 더럽고 순결하지 못한 그들의 옷을 벗어 버리고 그 옷을 그들의 손에 쥐어 준 다음 우리의 고향, 동쪽의 빛에 가기 위해 나의 길을 갔다.

가는 길에 나를 깨운 편지를 내 앞에서 발견했으며, 그것은 목소리로 나를 깨웠던 것처럼 내 앞에 빛을 비추어 나를 안내했고, 목소리로 내 두려움을 잦아들게 했으며, 사랑으로 나를 이끌었다. …… (그런 다음 그가 고향에 도착하자 그의 부모가 그에게 영광의 예복과 망토를 보냈다.) 나는 그것을 펼쳐 입은 다음 그것의 색으로 나 자신을 장식했다. 그리고 나는 망토를 나의 전체 몸에

> 걸쳤다. 거기서 옷을 입고 나는 숭배의 문으로 올라갔다. 나는 내 머리를 숙여 인사하고 나에게 그것을 보낸 아버지, 그가 약속했던 것을 그도 수행한 것처럼 내가 따랐던 명령을 내린 아버지의 영광을 찬양했다. 그는 나를 기쁘게 받으셨고, 나는 그의 왕국에 그와 함께 있었다. ……[7]

이 매력적인 이야기는 의식적 자아의 근원 및 발달과 관련된 분석심리학 이론의 아름답고 상징적인 표현이다. 자아는 왕, 하늘 가족의 자녀로 시작한다. 이것은 자기 또는 원형적 정신과의 동일시라는 근원적 상태와 일치한다. 그것은 사명 때문에 근원적 낙원으로부터 내보내졌다. 이것은 자아가 무의식적 모체로부터 자신을 분리시키는 의식적 발달과정을 말한다. 외국에 이르렀을 때 그것은 자신의 사명을 잊고 잠들어 버린다. 이 상황은 자아-자기 소외와 의미 없음의 상태에 상응한다. 그의 부모에게서 온 편지가 잠든 사람을 깨우고 그의 사명을 일깨운다. 그의 삶에 의미가 회복된다. 자아와 자아의 초개인적 근원 사이의 관계가 재형성되는 것이다. 나는 이 사건을 상징적 인식의 깨어남과 동등한 것이라고 생각한다.

이 이야기와 싱직자-립비 꿈 사이에 특히 흥미로운 연결이 있다. 꿈에서 지혜로운 노인의 말을 들은 후 꿈꾼 이는 "그가 나에게 말하면서 오래전에, 내가 태어나기 전에 알고 있었던 어떤 것과 다시 연결시켰다."라고 언급한다. 유사하게, 〈진주의 찬가(The Hymm of the Pearl)〉에서는 영웅이 편지를 읽은 후 "내 심장에 쓰여 있는 것과 동일한 내용이 편지에 있다."라고 말한다. 각 경우에 개인은 그가 한때 알았으나 망각한 것—그의 근원적 본성—을 기억하게 된다.

〈진주의 찬가〉에서 깨어남은 편지라는 매체를 통해 이루어진다. 이 편지의 변화무쌍한 속성은 그것이 하나의 구체적 이미지에 의해 완전한 의미가 설명될 수 없는 진정한 상징임을 의미한다. 그것은 편지지만 독수리이기도 하다. 또한

7 Jonas, H., *The Gnostic Religion*, Boston, Beacon Press, 1958, p. 113 ff.

그것은 온전한 말씀이 되는 목소리다. 귀환 여행을 할 시간이 되자 편지는 또 다른 형상으로 변화되었으며 안내의 빛이 되었다. 꿈에서 여러 변환을 거치는 그러한 이미지를 만난다면 특히 강력하고 역동적인 상징을 다루고 있음이 분명하다. 이 이야기에서 그러한 상징은 편지–독수리–목소리–빛 이미지다. 편지는 장거리 의사소통 수단이다. 새의 왕이라고 꿈에 언급된 독수리는 새가 항상 신의 전령이었음을 상기시킨다. 나는 신으로부터 메시지를 받는다고 말하던 정신증 환자를 치료한 적이 있다. 어떻게 메시지를 받는지 묻자 그는 새가 메시지를 가져다준다고 대답했다. 새는 또한 신과 인간들 사이를 연결시키고 있는 성령의 비둘기를 연상시킨다([그림 4–1], [그림 4–2] 참조). 목소리는 문자 그대로 부름을 의미하는 부름 또는 소명을 생각나게 한다. 이 주제는 항상 개인적인 몰두를 보다 의미 있는 운명으로 이끄는 깨어남의 경험을 표현한다. 인도함의 빛으로서의 편지는 동방박사들을 신성의 출현인 그리스도의 출생 장소로 인도한 별과 병치를 이룬다. 이 모든 확충은 다양한 측면에서 편지가 자아–자기 축, 자아와 원형적 정신 사이의 의사소통 라인을 의미한다. 이 축을 의식하는 것은 인격을 깨우고 변화시키는 효과를 갖는다. 주관성에 가치를 주는 새로운 차원의 의미가 발견된다.

영혼의 출생 전 근원에 대한 원형적 주제의 또 다른 예는 워즈워스(Wordsworth)의 〈불멸을 알리는 서시(Ode on Intimations of Immortality)〉에 표현되어 있다(여기서는 더 길게 인용함).

우리의 출생은 잠과 망각일 뿐,
우리와 함께 일어난 영혼, 우리 삶의 별,
그것은 그 밖에 어딘가에 자리 잡고 있으며,
그리고 멀리서 온다.
전체 망각에 있지 않으며,
궁극적인 벗음에도 있지 않으며,

[그림 4-1] 가브리엘 천사가 마리아에게 편지를 건네준다

수태고지, 뒤러(Dürer)

[그림 4-2] 비둘기가 성 그레고리에게 신성한 목소리를 전달한다
상아 판넬, 9~10세기

영광의 구름 끌고 우리는 신으로부터 온다.
신은 우리의 고향.
천국은 우리에 관하여 우리의 아기 시절에 묻혀 있다!
감옥의 그림자가 자라나는
소년을 바싹 따라가기 시작한다.
그러나 그는 빛을 본다.
그것이 흘러가는 곳에서
그는 기쁨으로 그것을 본다.
동쪽으로부터 매일 멀어지는 젊음은
여행을 해야 한다. 아직 자연의 성직자.
빛나는 비전으로 그의 길을 간다.
오랫동안 인간은 그것을 지각하고 죽어 갔다.
그리고 일상의 빛 속으로 스러져 갔다.

이 시점에서 워즈워스의 영웅은 이집트로 가서 그의 소명을 잊고 잠이 들었다. 그는 명확한 깨어남의 편지를 받지 못하지만 예고를 받는다.

……그리고 평화로운 계절이다.
우리는 육지에서 멀리 떨어진 섬에 있긴 하지만
우리의 영혼은 불사의 바다를 보고 있다.
우리를 여기로 데려온 영혼,
우리의 영혼은 순간에 이곳으로 여행할 수 있다.
그리고 영혼은 어린이들이 바닷가에서 노는 것을 본다.
그리고 영혼은 강력한 물들이 어느 때보다 움직이는 소리를 듣는다.
……우리가 살고 있는 심장 덕분에,
그것의 부드러움, 기쁨, 두려움 덕분에,

> 내게 꽃향기를 날리는 가장 평범한 꽃은
>
> 눈물을 흘릴 수조차 없을 만큼 깊은 곳에 있는 상념들이다.

마지막 두 줄에는 상징적 삶에 대한 명확한 암시가 있다.

꿈은 자아-자기 축(ego-Self axis)의 표현이다. 모든 꿈은 우리를 깨우기 위해 이집트에서 온 편지라고 할 수 있지만 최소한 우리가 그것을 열려고 노력해야 한다. 나는 분석과 꿈 해석이 아무 소용이 없었던 한 남성을 알고 있다. 그는 그 자신의 꿈을 연구하고 꿈이 아무 의미도 없다는 결론에 도달했다. 꿈은 잠자는 동안 물리적 감각에 의해 생겨나는 것일 뿐이었다—이불을 발로 꼬고 있다든지, 팔을 베고 있다든지 등. 그토록 의식적인 태도를 가진 남자가 꾼 꿈이 어떤 종류인지에 주목하는 것은 흥미롭다. 그는 빈번히 나타나는 여러 악몽을 꾸었다. 그는 무릎까지 수렁에 빠졌는데 점점 더 깊이 빠져 들어가 움직일 수 없게 되는 꿈을 꾸었다. 다른 때에는 그가 맹인이 되는 꿈 그리고 불구가 되어 움직이지 못하는 꿈을 꾸었다.

때로 꿈이미지들은 자아-자기 축의 기능을 직접 언급한다. 이것은 성직자-랍비 꿈의 경우에도 해당한다. 나는 육지와 의사소통을 필요로 하는 섬의 이미지를 사용하는 여러 꿈을 보았다. 여기 그런 꿈의 한 예가 있다. 한 남자가 육지에서 수 마일 떨어진 섬에 있는 꿈을 꾸었다. 전화선 더미가 해변으로 온다. 그것은 육지와 연결되고, 꿈꾼 이는 그가 의사소통에서 크게 앞서 있다고 느낀다. 그의 이웃들은 그것이 추하니까 바다에 다시 갖다 버리길 원하지만, 꿈꾼 이는 그것이 가치 있는 것이라고 사람들을 설득한다.

이웃들이 전화선의 추함 때문에 반대한다는 사실이 중요하다. 꿈꾼 이는 매우 발달한 심미적 감각을 갖고 있다. 그의 주요 가치 판단은 미적인 고려에 근거하고 있다. 육지, 즉 원형적 정신과의 새로운 의사소통 경로를 받아들이기 위해서 꿈꾼 이는 가치를 알아보지 못하는 심미주의적 폭군을 추방해야 한다. 이것은 자아-자기 축과 상징적 삶이 인간의 가장 취약한 부분인 열등기능을 통해 만나게 된다는 사실을 보여 주는 예다. 우리의 약점에 대한 인식과 수용만이 우리를 지원하는, 자아를 초월한 것을 의식하게 한다.

자아-자기 축과 그것이 갖고 있는 신비한 영향을 아름답게 보여 주는 또 다른 꿈의 예가 있다. 환자는 분석을 시작하기 일 년 전쯤 상당한 스트레스를 받고 있을 때에 이 꿈을 꾸었다. 그의 심리치료는 오래 걸렸고 힘들었지만, 이 꿈은 궁극적인 성공의 전조였다. 나는 물로 완전히 둘러싸여 있는 방의 지붕에 있었는데 물 건너편에서 들리는 멋진 음악 소리를 듣는다. 음악은 작은 배에 서 있는 네 명의 '지혜로운 남자들'이 가져왔고, 각자는 네 방향 중 하나에서 오고 있다. 그들은 멋지게 예복을 입고 있었고, 그들이 푸른 회색의 여명을 건너 다가올 때 나는 그들 각자가 가져오는 음악이 그들 각자가 오는 '방향'의 특징임을 깨달았다. 이 네 개의 음악적 특성은 서로 섞여서 내가 그것에 관하여 꿈에서 본 대로 3년 후에 글을 쓸 때에 나에게 강력한 영향을 주었다. 네 명의 '지혜로운 남자들'은 방의 각 코너의 계단을 올라갔다. 나는 경외감과 흥분에 압도되었으며, 그들이 지붕에 도달했을 때 그들과의 가까움은 압도적이었다. 나는 그들이 내가 어떤 일을 하도록 준비시키러 왔다는 것을 깨닫는다. 그런 다음 나는 아래로 내려가서 오랜 성실과 집중을 요하는 어떤 과제를 완성해야 한다. 내가 다시 돌아왔을 때 네 명의 남자는 그들이 타고 온 작은 배를 타고 다시 물을 건너가고 있다. 실망감이 들긴 했지만 음악은 그전보다 더 영광스러웠고, 심지어 승리에 차 있었다. 분명히 성공했거나 시험을 통과했다는 느낌이 있었다. 그러고 나서 나는 '지혜로운 남자들' 각각이 서 있던 장소에 돌로 만든 우상이 있는 것을 보았는데, 이 돌우상은 추상적이긴 하지만 본질적으로 '지혜로운 남자들'을 나타낼 뿐 아니라 각 남자가 온 방향의 문화와 풍습을 암시하는 것이었다. 그것들이 거기에 있었다는 것을 내가 증명할 것임에 감사한 마음이 들었다.

그런 다음 나는 작은 배로 자신의 방향으로 돌아가고 있는 네 명의 '지혜로운 남자들'에게 주의를 돌렸고 음악 소리는 점점 더 커졌다. 다시 한 번, 나는 네 개의 방향의 특별한 각 인격을 '천상의 음악' 소리와 신비하게 섞고 있는 것을 매우 분명하게 들었으며, 강렬한 푸름이 나를 둘러쌀 때까지, 꿈이 끝나가면서 나를 채운 가장

[그림 4-3] 우르의 위대한 신전
재건된 신전 그림

강렬한 평화로움을 둘러쌀 때까지 날은 더 밝아졌다.

나는 이 꿈을 개인적 측면에서가 아닌 그것이 자아-자기 축의 기능을 보여 주는 정도에서 논의하고자 한다. 꿈의 드라마는 물 위에 띄워져 있는, 네 방향에 올라가는 계단이 있는 일종의 플랫폼인 방의 지붕 위에서 일어난다. 이것은 아툼(Atum) 신에 대한 옛날 이집트의 개념을 생각나게 한다. 그는 원시의 바다에서 솟아오르는 세계의 언덕을 나타내는 신이었다. 클라크(Clark)에 따르면 이 원시적 언덕 상징은 곧 '각 방향에 계단이 있는 경사진 플랫폼이 솟아 있는 형태가 되었다. 그것이 아마도 계단 피라미드가 상징하는 것일 것이다.'[8] 또 비슷한 것은 바빌로니아 신전인데 마찬가지로 마둑(Marduk)의 신전을 품고 있는 꼭대기의 플랫폼으로 이어져 있는, 네 측면으로 계단이 있는 거룩한 언덕이다([그림 4-3] 참조). 거룩한 언덕의 꼭대기는 세계의 배꼽, 신성한 창조의 힘들이 현현하는 곳, 신과 인간이 만나는 장소로 생각되었다. 동일한 생각이 마야의 피라미드에도 관

8 Clark, R. T. R., *Myth and Symbol in Ancient Egypt*, New York, Grove Press, 1960, p. 38.

[그림 4-4] 마야 피라미드
꼭대기에 신전이 있다.

련되어 있다([그림 4-4] 참조).

선물을 가져다주는 지혜로운 남자들의 이미지는 예수의 탄생과 세 명의 동방박사 이야기가 생각나게 한다. 부연하자면 선물을 신생아에게 가져다주는 이 주제는 자아의 탄생 신화이기도 한 영웅의 탄생 신화의 일부다.[9] 그러나 이야기에서 세 명 대신 네 명의 지혜로운 남자들이 중요한 이유는 무엇인가? 예수가 태어났을 때 세 명이 아닌 네 명의 남자가 세상의 구석으로부터 그에게 오도록 되어 있었으나 네 번째 남자는 도착이 지연되어 결국 제시간에 오지 못했다는 전설이 있다. 네 명의 지혜로운 남자들이 네 방향에서 온다는 사실은 만다라 상징성을 암시하며 지혜로운 남자들이 자아(Self) 또는 정신적 전체성의 기능임을 나타낸다. 따라서 지혜로운 남자들은 자아-자기 축이다. 이들은 자아와 의사소통하기 위해 바다 건너 땅에서 온 전령이고 선물 전달자다. 성직자-랍비 꿈이 생각나는데 거기서도 마찬가지로 지혜로운 노인이 초개인적 근원과 꿈꾼 이를 연결시키는 역할을 한다.

나는 이 꿈의 빛 상징성에 여러분의 관심을 집중시키고자 한다. 꿈은 새벽에 시작된다. 빛은 지혜로운 남자들이 지붕에 이르렀을 때 더 밝아지며, 꿈의 절정에서는 훨씬 더 밝아진다. 빛은 의식성을 나타낸다. 모든 민족이 빛의 창조로서 창조를 묘사하는 창조 신화를 갖고 있다. 이러한 신화들은 무의식의 어둠에서 탄생한 의식성의 빛인 자아의 창조를 언급한다. 유사하게, 새벽은 태양의 빛이 매일 떠오르는 것이며 출현하는 의식성을 나타내는 관련 이미지다. 따라서 우리는 이 꿈을 꿈꾼 이의 의식성의 성장이나 증가라고 말할 수 있다. 이 해석은 또한 지혜를 갖고 있는 지혜로운 남자들의 중요성과 일치한다. 지혜는 심리학적 의미로 볼 때 빛이다. 지혜로운 남자들은 의식성의 빛을 가져오는 자들이다.

꿈의 또 다른 특징은 지혜로운 남자들 각자가 그가 오는 방향에 대한 완벽한 예를 보여 주는 우상이나 이미지를 남기며 그의 방문의 실제성을 나타내는 구체

9 보다 정확히 말하면, 영웅은 자아가 협력하는, 개성화에 대한 충동을 나타낸다.

적인 증거를 제공한다는 것이다. 이것은 흥미롭다. 나는 그것이 상징적 과정 자체를 나타낸다고 이해했다. 지혜로운 남자들이 제시한 원형적 힘은 자아에게 선물로 그들 자신의 이미지, 즉 그의 초개인적 연결을 개인에게 상기시키는 상징을 가져다준다. 이 이미지들은 편지, 독수리, 〈진주의 찬가〉에서의 인도의 빛의 이미지들이 갖고 있는 기능에 상응할 것이다.

상징이라는 말은 그리스어 *symbolon*[10]에서 파생된 것으로 '함께' 또는 '같이'를 의미하는 *sym*과 '던져진 것'을 의미하는 *bolon*이 합쳐진 말이다. 따라서 기본 의미는 '함께 던져진 것'이다. 본래 그리스어에서 상징은 두 부분으로 깨어진 막대기나 동전과 같은 물건의 두 절반으로, 나중에 한 부분이 나머지 부분을 만났을 때 그것의 소유자의 정체성을 증명하는 것 그리고 약속을 의미하는 것이었다. 이 단어에 대해 웹스터 대사전이 기술하고 있는 것("그것은 인도된 상품의 수나 양을 보여 주기 위해 막대기에 표시한 후에 막대기를 길이로 잘라 두 부분이 정확히 일치하는 것이 무역업자들을 위한 관습이었다. 판매상과 구매업자가 각각 하나씩 나눠 가졌다.")과 우리의 단어 설명이 일치한다. 따라서 상징은 복원할 때 또는 함께 던져질 때 상대방이 본래의 나머지 부분을 갖고 있는 물건의 없어진 부분을 언급한 것이었다. 이것은 상징의 심리학적 기능에 대한 우리의 이해와 일치한다. 상징은 우리를 전체성에서 없어진 부분으로 이끈다. 그것은 우리를 근원적 전체성과 연결시킨다. 그것은 삶으로부터의 우리의 분열, 우리의 소외를 치유한다. 그리고 전체성은 자아보다 더 큰 것이기 때문에 그것은 우리를 우리 존재의 근원 그리고 의미의 근원인 초개인적 힘과 연결시킨다. 이것이 주관성을 가치 있게 여기고 상징적 삶을 만들어 가야 하는 이유다.

---

10 L. Stein, "What is a Symbol Supposed to be?" *Journal of Analytical Psychology*, Vol. II, No. 1, Jan. 1957, p. 73 참조.

CHAPTER 05

# 개성화된 자아의 모형으로서의 그리스도

> 나는 행복한 믿음을 가진 소유자들에게 설명하고 있는 것이 아니라 빛이 사라지고 신비가 없어지고 신이 죽은 사람들에게 말하고 있는 것이다. 그들 대부분에게 돌아감이란 없으며, 돌아가는 것이 더 나은 것임을 아는 사람조차 없다. 종교적 문제에 대한 이해를 얻기 위해 오늘날 우리에게 남겨진 것은 아마도 심리학적 접근일 것이다. 그것이 내가 역사적으로 고정된 사고 형태를 취하여 그것들을 녹여내고 그것들을 즉각적인 경험의 틀에 붓는 이유다.
>
> – 융(C. G. Jung)[1]

## 1. 분리의 수용

그리스도의 이미지와 그를 둘러싸고 만들어진 풍부한 상징은 개성화 과정과 상당히 병치되는 것이다. 기독교를 분석심리학적 관점에서 보면 기독교의 기본 의미가 개성화를 위한 탐구라는 결론을 피할 수가 없다.

예수 그리스도의 신화는 그리스도의 역설적인 이중적 측면에 대한 주장이라는 점에서 독특하다. 그는 신이자 인간이다. 예수로서 그는 살아 있는 인간, 특히 시공간에 있는 제한적이고 역사적인 존재다. 그리스도로서 그는 시공을 초월하여 처음부터 존재해 온 '기름 부음 받은 자', 왕, 말씀(진리), 즉 영원한 신성 그 자체다. 심리학적으로 이해하면, 이것은 그리스도가 동시에 자기(Self)와 이상적 자

1 Jung, C. G. "Psychology and Religion" in *Psychology and Religion: West and East*. C. W., 11, par. 148.

아(ego)의 상징임을 의미한다.

융은 그리스도를 자기의 상징으로 구체화했다.[2] 그리스도의 출생 상황, 기적 행함, '하늘 왕국'에 관한 다양한 이미지, 그리고 안트로포스(Anthropos: 진정한 인간), 원초적 인간의 의미와 동일한 '인간의 아들'이라는 그의 이름, 네 명의 복음전도자, 열두 사도, '알파와 오메가', 십자가의 상징과 같은 그를 둘러싼 전체성 상징 등 모든 것은 자기의 현상에 속한 것이다. 그러나 융이 이 주제에 대한 흥미로운 제안을 하긴 했어도 그는 그리스도를 자아의 상징으로 보는 관점을 정교화하지 않았다. 나는 이 장에서 이 주제를 간략히 탐색하고자 한다. 그러나 나의 의견은 앞으로의 기독교 신화에 대한 더 많은 심리학적 연구를 향한 예비적 제안일 뿐이다.

역사적 예수의 특성은 항상 학자들과 신학자들에게 문젯거리였다.[3] 사복음서에 보면 구분하기 힘들 정도로 개인적 사실과 원형적 이미지가 섞여 있다. 그러나 자세한 내용이 불확실하긴 하지만 놀라울 정도로 심리학적 통찰력을 지닌 명확한 역사적 성격이 복음서에 드러나 있다. 예수는 아마도 사생아였을 것이다. 그는 분명히 개인적 아버지가 없는 사람의 특성을 보여 주고 있다. 개인적 아버지가 없으면, 특히 사생아들이 그러한 것처럼 아버지가 누구인지 전혀 모를 때 자아와 원형적 아버지의 신성한 이미지 사이를 중재하는 개인적 경험의 층이 없다. 집단무의식의 강력한 원형적 내용이 출현하는, 일종의 구멍이 정신에 남게 된다. 이러한 조건은 상당히 위험하다. 그것은 방향 상실 및 외부 현실과의 관계 상실을 일으키면서 무의식의 역동적 힘이 자아를 범람하며 위협한다. 그러나 자아가 그런 위험으로부터 살아남는다면 '정신의 구멍'은 존재의 심연으로 들어가는 통찰의 통로를 제공하게 된다.

예수는 이런 설명에 들어맞는 것 같다. 그는 하늘의 아버지와의 관계를 직접

---

2 Jung, C. G., *Aion*, C. W., 9 ii, pars. 68-126.

3 이 문제에 대한 자세한 역사적 조사는 Schweitzer, A., *The Quest of the Historical Jesus*, New York, Macmillan, 1961 참조.

경험했고, 하늘 왕국(원형정신)의 특성을 여러 가지 생생한 상징적 이미지로 설명했다. 그가 정신의 현실에 대해 깊이 인식하고 있다는 그의 가르침으로부터 그런 사실을 분명히 알 수 있다. 모세 율법이 행위의 현실만을 규정하고 있는 반면, 예수는 내적 정신상태의 실재를 인식하고 있다. 예를 들면, 다음과 같다.

> 옛 사람에게 말한 바 살인하지 말라. 누구든지 살인하면 심판을 받게 되리라 하였다는 것을 너희가 들었으나, 나는 너희에게 이르노니 형제에게 노하는 자마다 심판을 받게 되고, 형제를 대하여 라가라 하는 자는 공회에 잡혀가게 되고, 미련한 놈이라 하는 자는 지옥 불에 들어가게 되리라.[4]

또한 다음과도 같다.

> 또 간음하지 말라 하였다는 것을 너희가 들었으나, 나는 너희에게 이르노니 음욕을 품고 여자를 보는 자마다 마음에 이미 간음하였느니라.[5]

이 문구들은 심리학적으로 중요한 것이다. 이 문구들은 일종의 조악한 행동주의 심리학에서 구체적 행위 없이도 정신적 현실이 있음을 인식하는 것으로의 이동을 보여 준다.

복음은 여타 주요 심리학적 발견에 견줄 풍부한 내용을 담고 있다. 예수는 심층심리학이 생기기 2000년 전에 이미 심리적 투사의 개념을 만들었다.

> 어찌하여 형제의 눈 속에 있는 티는 보고 네 눈 속에 있는 들보는 깨닫지 못하느냐.[6]

---

4 마태복음 5:21-22.

5 마태복음 5:27-28.

6 마태복음 7:3.

그는 부모 및 가족과의 정신적 동일시의 위험을 인식하였다. 오늘날까지도 분석가들은 부모에 대한 무의식적 동일시 상태에 대한 정당화로서 부모를 명예롭게 하라는 구약 성경의 계명을 인용하는 경우를 만난다. 예수는 이 점에 대해 생각을 분명히 했다.

> 내가 세상에 화평을 주러 온 줄로 생각하지 말라. 화평이 아니요 검을 주러 왔노라. 내가 온 것은 사람이 그 아버지와, 딸이 어머니와, 며느리가 시어머니와 불화하게 하려 함이니 사람의 원수가 자기 집안 식구리라.[7]

인간의 원수는 자신의 가족인데, 그 이유는 그들이 무의식적으로 가장 동일시하는 경향이 있는 가장 가까운 사람들이기 때문이다. 이러한 동일시는 해결되어야 하는데, 그 이유는 급속한 분리에 대한 인식이 개성화의 전제조건이기 때문이다.

예수가 표현한 것의 불화적 측면은 도마(Thomas)의 영지주의적 복음(Gnostic Gospel)에 훨씬 더 분명하게 언급되어 있다.

> 도마복음 16절: 예수가 말씀하셨다. 참으로 인간들은 내가 세상에 평화를 주러 왔다고 생각한다. 그러나 인간들은 내가 세상에 불화, 불, 검, 전쟁을 주러 온 줄 모른다. 참으로 한 집에 다섯 명이 있다면 셋이 둘에 대항하고 둘이 셋에 대항하게 될 것이다. —아버지는 아들을, 아들은 아버지를 대항한다. —그리고 그들은 혼자가 되어 들려 올려질 것이다.[8]

이 문구의 끝은 불화의 목적을 분명히 하고 있다. 그것은 혼자 있는 조건, 즉 자율적인 개인의 상태를 성취하는 것이다. 이는 타인과의 무의식적 동일시로부

---

7 마태복음 10:34-36.

8 Doresse, Jean, *The Secret Books of the Egyptian Gnostics*, New York, Viking Press, 1960, p. 358.

터 분리됨으로써만 성취될 수 있다. 초기 단계에서 분리(separatio)는 고통스러운 불화와 적대감으로 경험된다. 부모와 가족은 무의식적 동일시가 가장 많이 이루어지는 대상이다. 예수는 특별한 언급을 통해 아버지를 설명하였다.

> 땅에 있는 자를 아버지라 하지 말라. 너희의 아버지는 한 분이시니 곧 하늘에 계신 이시니라.[9]

부모는 성장한 자녀들에게 힘을 행사하는데, 그 이유는 오직 자녀들이 개인적 부모에게 원형적 부모 이미지를 계속 투사하기 때문이다. 아버지 원형을 발견하고 아버지 원형의 모든 투사를 거두어들이는 인간 아버지는 없다. 예수는 개인적 관계에 대한 충성심을 초월한 자기에 대한 헌신을 요구한 것이다.

> 아버지나 어머니를 나보다 더 사랑하는 자는 내게 합당하지 아니하고 아들이나 딸을 나보다 더 사랑하는 자도 내게 합당하지 아니하며 또 자기 십자가를 지고 나를 따르지 않는 자도 내게 합당하지 아니하니라.[10]

여기서 우리는 따를 모형이 되는 이상적 인간(자아)인 예수를 따르는 것에 대한 생각의 근원을 볼 수 있다. 마태복음 16장 24-26절에 이런 생각이 언급되어 있다.

> 아무든지 나를 따라오려거든 자기를 부인하고 자기 십자가를 지고 나를 좇을 것이니라. 누구든지 제 목숨을 구원코자 하면 잃을 것이요, 누구든지 나를 위하여 그 자신(ψυχη)을 잃으면 진정한 자신(ψυχη)을 찾으리라. 사람이 만일 온 천하를 얻고도 그의 진정한 자신(ψυχη)을 잃으면 무엇이 유익하리요. 사람이 무엇을 주고 제 목숨을 바꾸겠느냐.[11]

---

9 마태복음 23:9.

10 마태복음 10:37-38.

적절한 의미를 전달하기 위해 번역자는 같은 단어인 ψυχη를 자신(self)과 진정한 자신(true self)으로 구분하고 있다. 심리학적 용어를 사용한다면 다음 문장으로 바꾸어 쓸 수 있을 것 같다. "……사람이 자기를 위해 그의 자아를 잃으면 그는 자기를 발견하게 될 것이다."

심리학적으로 이해하면, 십자가는 그리스도의 운명, 즉 충족되어야 할 그의 독특한 삶의 패턴이라고 볼 수 있을 것이다. 자기의 십자가를 지는 것은 자신의 특정한 전체성의 패턴을 수용하고 실현하는 것을 의미한다. 문자 그대로 그리고 구체적으로 예수를 닮으려는 시도는 상징 이해에 있어 구체화의(concretistic) 오류다. 상징적으로 보자면 예수의 삶은 각자의 독특한 현실의 맥락에서 이해되어야 하는 모형이며, 단순히 모방되어서는 안 되는 것이다. 융은 이 주제에 대해 다음과 같이 분명히 언급하였다.

> 우리 개신교도들은 조만간 다음의 질문에 직면해야 한다. '예수의 모방'을 예수의 삶을 그대로 모방하고 못 자국을 흉내 낸다는 의미에서 이해해야 하는가, 아니면 예수가 개별적인 독특성을 진정으로 살아 낸 것처럼 우리도 우리 자신의 적합한 삶을 살아야 한다는 의미에서 이해해야 하는가? 예수의 삶을 모방하여 사는 것은 쉬운 일이 아니지만, 그리스도가 자신의 삶을 산 것처럼 우리 자신의 삶을 사는 것은 말할 수 없이 더 힘든 일이다.[12]

## 2. 윤리적 가르침

예수의 윤리적 가르침은 항상 문제가 되어 왔다. 그것은 인정컨대 완벽에 관

11 마태복음 16:24-26.

12 Jung, C. G., "Psychotherapists or the Clergy" in *Psychology and Religion: West and East*, C. W., 11, par. 522.

한 것이다. 문자 그대로 이해한다면, 그리고 그것을 외부세계에 적용한다면 그것은 물질적 존재에게 해로운 것이다. 융은 그것을 이해할 수 있는 다른 방법을 제안했는데, 그것은 주관적 또는 내적 수준이다. 그의 접근은 1930년 가을에 취리히에서 있었던 '비전(Vision)' 세미나에서 처음 발표되었다. 융은 한 환자에 관해 논의하였고, 환자가 자신의 열등함을 경멸해서는 안 되고 그것을 받아들여야 한다고 말했다. 그는 계속해서 다음과 같이 언급했다.

> 이제 이것이 기독교적 태도다. 예를 들면, 예수는 우리 형제 중에 가장 작은 자가 그 자신이며, 우리가 그에게 피난처와 피할 곳을 주어야 한다(마태복음 25:40)고 말했다. 그리고 예수 이후 한 세기가 지나자 우리 형제 중에 가장 작은 자, 열등한 자가 자기 자신이라고 주장한 쾌락주의적 영지주의(Carpocrates)와 같은 철학자들이 있었다. 따라서 그들은 직접 주관적 수준에서 산상수훈을 읽었다. 예를 들어, 그(쾌락주의적 영지주의)는 이렇게 말했다. "……당신이 제물을 제단에 가져온다면 그리고 거기서 당신 자신에 대항하는 것을 갖고 있다는 것을 기억한다면 당신의 제물을 가지고 떠나 당신의 길을 가라. 먼저 당신 자신과 화해하고, 그런 다음 와서 당신의 제물을 바쳐라(마태복음 5:22 참조). 이것은 위대한 진리이며 기독교 가르침의 이면에 있는 가장 진정한 사상이다. ……[13, 14]

예수의 가르침에 주관적 방법을 일관성 있게 적용하면, 이 방법은 심층심리학의 발견과 상당히 유사한 통찰을 가져올 수 있다. 예수의 가르침은 개성화 과정을 촉진하는 일종의 지침서가 될 수 있다고 본다. 그 예로 팔복(Beatitudes; 마태복음 5:3-10)에 대한 주관적 해석을 해 보도록 하겠다.

---

13 융의 '비전의 해석(The Interpretation of Visions)' 세미나를 메리 푸트(Mary Foote)가 개인적으로 인쇄한 것에서 발췌(Vol. I., p. 102). 약간 개정됨.

14 쾌락주의적 영지주의(Carpocrates) 및 예수의 말씀에 대한 주관적 해석과 관련된 더 이상의 논의는 Jung, C. G., *Psychology and Religion: West and East,* C. W., 11, par. 133 참조.

**마음이 가난한 자는 하늘 왕국이 저의 것임이요.** 『새영어성경(New English Bible)』에는 "……자신의 가난함을 아는 자들"이라고 되어 있다. 그리스어 *hoi ptochoi to pneumati*의 문자 그대로의 의미는 '영에 굶주린 자(beggars for the spirit)'다.[15] 따라서 그 의미는 자신의 영적 빈곤을 인식하는 자들과 자신들이 필요로 하는 것을 겸손히 구하는 자들은 복을 받는다는 것이다. 심리학적으로 이해하자면, 그 의미는 다음과 같다. 그 자신의 영혼(삶의 의미)이 비어 있음을 아는 자아는 복된 것이며, 그 이유는 그것이 이제 무의식에 마음을 열고 원형적 정신(하늘 왕국)을 경험할 가능성이 있기 때문이다.

**슬퍼하는 자는 복 받을 것임이요 그들이 위로를 받을 것이다.** 슬퍼함은 중요하게 투사되었던 가치를 갖고 있던 사람이나 대상의 상실에 의해 발생한다. 투사를 거두어들이고 그 내용을 성격에 흡수하기 위해 투사의 상실을 그것의 내용이나 가치를 재발견하는 서곡으로 경험하는 것이 필요하다. 따라서 슬퍼하는 자는 운이 좋은 것인데, 그 이유는 이들이 성장과정에 들어가기 때문이다. 투사되어 잃어버렸던 가치를 정신 안에서 재발견한다면 위로를 얻을 것이다.

**온유한 자는 복이 있나니 저희가 땅을 유업으로 얻을 것임이요.** 주관적으로 이해하면 온유함은 무의식을 향한 자아의 태도를 말한다. 이러한 태도는 행운인데, 그것이 가르침을 받을 수 있는 것이고 풍요한 유업을 가져올 수 있는 새로운 가능성에 열려 있기 때문이다. 땅을 물려받는다는 것은 전체와 개별적으로 관련되어 있음을 인식하거나 전체(삶의 전체, 전체 인간사) 속에서 개인적 몫을 갖게 됨을 인식한다는 것이다.

**의에 주리고 목마른 자는 만족함을 얻을 것이요.** 여기서 의 또는 정의는 먹는 것으로 제시되어 있다[두에이(Douay) 성서 버전에는 "정의를 위해 주리고 목마른 자는 복이 있나니 저희가 채움을 받을 것임이요."라고 되어 있다.]. 심리학적으로 이해하면 그것은 주려 있는 자아, 즉 그 자신의 의견과 판단을 객관적인 내적 법칙과 동

---

15 나는 에드워드 워트몽(Edward Whitmont) 박사 덕분에 이 사실에 관심을 갖게 되었다.

일시하지 않는 비어 있는(가난한) 자아에게 충족감을 가져다주는 객관적인 내적 법칙 또는 인도함의 원리다.

긍휼히 여기는 자는 복이 있나니 저희가 긍휼히 여김을 받을 것임이요. 자아가 의식에 대해 취하는 태도와 무의식이 자아에 대해 갖는 태도가 같다는 것은 분석심리학의 기본 원리다. 예를 들어, 자아가 그림자에 친절하고 배려적인 태도를 갖는다면 그림자도 자아를 도울 것이다. 자아가 자비롭다면 내면으로부터 자비를 얻을 것이다. 그 반대의 추론은 "칼을 든 자는 칼로 망한다."라고 할 수 있다.

마음이 청결한 자는 복이 있나니 저희가 하나님을 볼 것임이요. 순결이나 정결은 무의식적 내용이나 무의식적 동기로 인한 오염(동일시)으로부터 자유로운 자아의 상태를 주관적으로 의미한다. 의식적인 것이 정결 또는 청결한 것이다. 그 자신의 더러움을 인식하는 자아는 순결하며, 그 길은 자기를 경험하는 것에 개방적이다.

화평케 하는 자는 복이 있나니 저희가 하나님의 아들이라 일컬음을 받을 것임이요. 정신내적 갈등의 적대적 두 측면 사이를 중재하는 것은 자아의 적절한 역할이다. 자아가 갈등의 한 측면만 동일시한다면 전체성으로 이끌어 줄 해결책은 가능하지 않게 된다. 그리고 해리가 영구적인 것이 된다. 자아가 화평케 하는 자라는 화해기능을 한다면 그것은 전체성, 자기 그리고 '하나님의 아들'을 위해 행위하는 것이다.

의를 위하여 핍박을 받은 자는 복이 있나니 천국이 저희 것임이라(두에이 성서에는 "정의를 위하여"라고 되어 있다.). 자아는 객관적인 내면의 법칙과 관계 맺기 위해 괴로움과 분노에 굴복하지 않고 고통과 상처를 견뎌야 한다. 이러한 자아의 태도는 원형적 정신과의 접촉, 원형적 정신의 치유적이고 생명을 주는 이미지에 의해 보상받는다.

심리학적인 이해의 측면에서 산상수훈의 요지는 가난하고(emptied) 또는 팽창되지 않은 자아에 대한 칭송이다. 예수의 시대에는 폭력과 무의식적 본능성이 무성해 있었다. 자아는 쉽게 원시적 방식으로 원형적 정신의 초개인적 에너지를 동일시했고, 분노, 폭력, 욕망의 증상에 의한 자아의 팽창을 목도했다. 예수의 가르침에 따르면 자아는 자기와는 분리된 것으로서 초개인적 정신을 지각할 수 있기에 앞서 그러한 팽창된 동일시에 대해 가난한 마음이어야 한다.[16]

이러한 관계에는 육화(incarnation)라는 비움(kenosis)의 교리가 적절하다. 이 교리는 주로 사도 바울의 두 가지 언급에 근거한다. 가장 중요한 언급이 빌립보서 2장 6–7절에 있다.

> …… 그는 근본 하나님의 본체시나 하나님과 동등됨을 취할 것으로 여기지 아니하시고 오히려 자기를 비워 종의 형체를 가지사 사람들과 같이 되셨고.

두 번째 언급은 고린도후서 8장 9절에 있다.

> 우리 주 예수 그리스도의 은혜를 너희가 알거니와 부요하신 이로서 너희를 위하여 가난하게 되심은 그의 가난함으로 말미암아 너희를 부요하게 하려 하심이라.

비움의 교리에 따르면 예수의 육화는 인간의 형태를 취하기 위해 자신의 영원하고 무한한 신적 속성을 없앤 것이다. '비움에 의한 육화'의 이미지는 제한적이지만 시공의 실제 세계에서의 실존을 성취하기 위해 자아가 자신의 근원적이고 전지전능한 자기 동일시를 점진적으로 포기하는 자아 발달 과정에 정확히 들어맞는다.

분석 중에 한 환자가 가져온 꿈은 비움의 이미지가 어떻게 아직도 현대인의 정신에서 작용하고 있는지를 보여 준다. 꿈꾼 이는 자기주장을 하고 분명한 개별

---

16 에머슨(Emerson)도 비슷한 언급을 하였다. "당신에게 부족한 것이 무엇이든 그리고 당신을 힘들게 하는 것이 무엇이든, 어떤 형태로든 그것을 메꾸어 주실 신성으로 그것을 받아들이라." *The Conduct of Life*, Dolphin Books, New York, Doubleday, p. 34.

성을 갖는 데 어려움을 가진 점잖고 민감하며 젊은 남자였다. 그는 다음과 같은 꿈을 꾸었다. 나는 현대의 그리스도를 보았다. 그는 그의 제자들과 버스를 타고 여행 중이었다. 그때 나는 위험하다는 것을 느꼈다. 그는 배신당할 예정이었다. 그 일이 일어났고, 버스는 폭력으로 아수라장이 되었다. 그는 공격을 받았고 진압되었다. 나는 버스 안을 보았고 그들이 밧줄로 그의 손과 발을 묶어 단단히 조인 다음 사지를 네 방향에서 잡아당기는 것을 분명히 보았다. 나는 그들이 그를 그런 식으로 살해할 것임을 알았다. 내가 그를 더 자세히 보니 그는 손이 묶여 있는 것이 아니었고 각 손으로 밧줄에 이어져 있는 나무 막대기를 잡고 있는 것이었다. 그는 그의 죽음에 협력하고 있었다! 꿈의 끝 부분에 이 그림처럼 보이는 힘의 자기장 이미지가 나타났다(옆의 다이어그램 참조).

이 꿈의 특성은 중요하고도 핵심적인 변환과정이 일어나고 있다는 것이다. 이러한 꿈은 적절한 합리적 해석이 불가능하지만 어느 정도 확충은 가능하다. 힘의 장으로서의 십자가는 14세기 그림에 유사한 병치가 있다([그림 5-1] 참조). 이 그림에서 그리스도는 옷이 밖을 향한 방사선 모양으로 되어 있는 힘의 선(line)으로서의 옷을 입고 있는 아버지 하나님의 무릎에서 십자가에 매달려 있다. 따라서 인간은 초월적 에너지 장에 의해 사중의 구조 위에 매달려 있다. 심리학적으로 이해하면, 이 이미지는 자기의 우월한 에너지에 근접해 오는 자아의 경험을 표현한다.

꿈은 십자가 형벌을 절단의 이미지와 조합시킨 것이다. 이와 동일한 조합이 19세기의 나무 조각에서도 발견된다([그림 5-2] 참조). 절단된 머리와 사지가 십자가에 걸려 있는데, 이는 십자가 형벌이 오시리스 신화 같은 절단의 신화적 측면과 겹침을 말해 준다. 절단은 심리학적으로 의식적 동화의 목적을 위해 근원적인 무의식적 내용을 구분하는 변환의 과정으로 이해될 수 있다. 또는 다른 방식으로 보면, 그것은 시공간에 있는 실존 때문에 분산됨과 다중성을 따르는 근원적 단일체다(제6장 227~234쪽에 있는 단일체와 다중성 논의 참조).

[그림 5-1] 힘의 자기장 안에 있는 그리스도의 십자가 형벌

성전 그림의 일부

[그림 5-2] 십자가 형벌과 절단(1830년경)

프랑스 렌에서 만들어진 목각

꿈에서 그리스도 인물은 자발적인 절단 또는 비움의 과정을 거치고 있다. 꿈꾼 이의 심리의 측면에서 이것은 실제적인 삶의 적응을 위해 이상적이거나 '저 세상적인' 태도를 깨뜨리는 것을 의미한다. 원형적 용어로 하면, 자기가 에너지(힘의 자기장)로서 의식성에 이미지화되기 위해 꿈은 영원한 이미지로서의 자기의 기꺼운 희생을 묘사하고 있다. 단일성은 긴장과 갈등을 일으키지만 동시에 실제 삶의 성취를 위한 에너지를 만들어 내는 대극의 두 쌍으로 분열된다.

예수의 가르침의 다른 수많은 측면은 심리학적 해석을 가능케 한다. 나는 그 중 몇 가지를 간략히 검토하도록 하겠다.

> 너를 고발하는 자와 함께 길에 있을 때 급히 사화하라. …… (마태복음 5:25)

> …… 악한 자를 대적하지 말라. 누구든지 네 오른편 뺨을 치거든 왼편도 돌려 대며, 또 너를 고발하여 속옷을 가지고자 하는 자에게 겉옷까지도 가지게 하며…… (마태복음 5:39-40)

> …… 원수를 사랑하며…… (마태복음 5:44)

이 문장도 동일한 관점을 갖고 있다. 이것을 객관적으로 이해하는 것은 기독교 신화의 의미에 놀라운 새 차원을 제공한다. 우리는 내면의 적을 사랑하도록, 우리 내면의 비난자와 친구가 되도록, 우리가 사악하다고 간주하는(자아 기준에 비추어 볼 때 열등하고 받아들일 수 없는) 것들에 대해 저항하지 않도록 배운다. 물론 이것은 우리의 조악한 충동들을 외적으로 표출하라는 의미가 아니다. 그것은 우리 본성의 거부당하고 부정적인 측면에 대한 내적 · 심리적 수용을 말하는 것이다. 우리의 의식적 관점에 대한 내면의 반대자는 존중받고 관대하게 취급받아야 한다. 그림자가 수용되어야 한다. 그럴 때에야 인격의 전체성에 접근할 수 있다.

동일한 의미가 금지 명령에도 해당된다.

> 네게 구하는 자에게 주며 네게 꾸고자 하는 자에게 거절하지 말라. (마태복음 5:42)

내면의 걸인은 박탈당하고 소홀히 여김 받는 인격의 측면으로 융이 열등기능이라고 부른 것이다. 그것은 의식에서 제자리를 잡고 그것이 요구하는 바를 받아야 한다.

> 구제할 때에…… 너희 앞에 나팔을 불지 말라. (마태복음 6:2)
>
> 너는 기도할 때에…… 은밀한 중에 계신 네 아버지께 기도하라. …… (마태복음 6:6)

여기서 우리는 미덕 또는 동정의 페르소나와 동일시하라는 말을 볼 수 있다. 타인에게 보이는 외관이나 효과에 몰두하는 것은 자신의 순수한 인격의 결핍을 드러내는 것이다. 형태와 외관은 공허한 것이다. 본질은 개인의 독특한 내적 경험에서 나온다.

> 너희를 위하여 보물을 땅에 쌓아 두지 말라. 거기는 좀과 동록이 해하며…… 오직 너희를 위하여 보물을 하늘에 쌓아 두라. …… (마태복음 6:19-20)

다른 말로 하면, 정신적 가치를 자신 밖의 대상에 투사하지 말라는 것이다. 투사된 가치는 극히 취약해져서 잃어버리기 쉽다(좀과 동록). 가치가 투사되면 대상의 상실은 대상이 갖고 있는 내적 가치의 상실로 경험된다. 그러한 투사를 거두어들이고 그 가치가 발생한 곳을 인식하라.

> …… 목숨을 위하여 무엇을 먹을까 무엇을 마실까…… 염려하지 말라. ……(마태복음 6:25)

이것은 또 다른 투사에 대한 경고다. 정신적 삶과 안녕은 물질적 대상에 의해 유지되는 것이 아니다. 그것들은 반드시 필요하지만 궁극적 의미를 담고 있는 것이 아니다. 정신적 본질의 근원은 다음에서 발견되어야 한다.

> 비판을 받지 아니하려거든 비판하지 말라. 너희가 비판하는 그 비판으로 너희가 비판을 받을 것이요, 너희가 헤아리는 그 헤아림으로 너희가 헤아림을 받을 것이니라. (마태복음 7:1-2)

여기서도 무의식이 자아에게 자아가 무의식을 향해 갖고 있는 동일한 태도를 비추어 보여 준다는 사실에 대한 명백한 언급을 볼 수 있다. 따라서 자아가 정신에 존재해야 하는 것과 존재해서는 안 되는 것을 자아의 의식적 선입관으로 결정한다고 가정하는 것은 지혜롭지 못하다. 무의식에 대한 판단적 태도는 자아의 팽창이며, 항상 자아에 대항하는 부메랑이 된다.

> 거룩한 것을 개에게 주지 말며 너희 진주를 돼지 앞에 던지지 말라. (마태복음 7:6)

이것은 우리에게 내면의 가치를 명예롭게 여기고 그것을 우리 자신의 비난과 경멸로부터 보호하라고 말하는 것이다. 그러나 우리는 진정한 가치가 무엇인지 어떻게 알 수 있는가? "그들의 열매로 그들을 알지니……."(마태복음 7:16) 이것은 심리학적 실용주의의 진수다. 기존의 개념이나 태도의 가치는 그것의 결과에 따라 결정된다. 건설적 에너지를 방출하고 정신건강을 도모하는 것은 소중히 여겨야 할 가치다.

복음서의 여러 구절이 잃어버린 것의 중요성을 강조한다. 예를 들어, 누가복음 15장에서는 잃어버린 양, 잃어버린 동전, 탕자의 비유를 강조한다. 이러한 비유들은 인격의 잃어버린 부분 또는 억압된 부분의 특별한 중요성을 말한다. 잃어버린 부분은 가장 중요한데, 그 이유는 그것이 전체성을 이룰 가능성을 그것과 함께 가져가 버리기 때문이다. 목표가 자기의 전체성이라면 의식적 삶에서 잃어버린 열등 기능에 특별한 가치가 주어져야 한다. 나중 것이 먼저 되고, 건축자가 버린 돌이 주춧돌이 된다.

비슷하게 어린아이의 이미지에도 특별한 가치가 있다.

> 진실로 너희에게 이르노니 너희가 돌이켜 어린아이들과 같이 되지 아니하면 결단코 천국에 들어가지 못하리라. …… 누구든지 내 이름으로 이런 어린아이 하나를 영접하면…… (마태복음 18:3-5)

> 어린아이들이 내게 오는 것을 용납하고 금하지 말라. 하나님의 나라가 이런 자의 것이니라. 내가 진실로 너희에게 이르노니 누구든지 하나님의 나라를 어린아이와 같이 받들지 않는 자는 결단코 그곳에 들어가지 못하리라. (마가복음 10:14-15).

어린아이는 인격의 어리고 덜 발달된 측면을 의미한다. 그것은 신선하고, 자발적이며, 아직 경직된 패턴이 발달하지 않았다. 하늘왕국에 들어가기 위해서는 어린아이처럼 되어야 한다. 이것은 심리학적으로 초개인적 정신의 더 깊은 층들은 인격의 미분화된, 어린아이 같은 측면을 통해 도달될 수 있음을 의미한다. 이 구절들은 자신의 측면에 경멸적인 형용사인 '유치한(childlike)'이라는 단어를 사용하지 말도록 주의시킨다고 할 수 있다. 왜냐하면 어린아이 이미지는 최고의 정신적 가치를 갖고 있기 때문이다. 유사한 생각이 다음의 비유에 표현되어 있다.

> 그때에 임금이 그 오른편에 있는 자들에게 이르시되 내 아버지께 복 받을 자들이여. 나아와 창세로부터 너희를 위하여 예비된 나라를 상속받으라. 내가 주릴 때에 너희가 먹을 것을 주었고, 목마를 때에 마시게 하였고, 나그네 되었을 때에 영접하였고, 헐벗었을 때에 옷을 입혔고, 병들었을 때에 돌보았고, 옥에 갇혔을 때에 와서 보았느니라. 이에 의인들이 대답하여 이르되 주여 우리가 어느 때에 주께서 주리신 것을 보고 음식을 대접하였으며 목마르신 것을 보고 마시게 하였나이까. 어느 때에 나그네 되신 것을 보고 영접하였으며 헐벗으신 것을 보고 옷 입혔나이까. 어느 때에 병드신 것이나 옥에 갇히신 것을 보고 가서 뵈었나이까 하리니 임금이 대답하여 이르시되 내가 진실로 너희에게 이르노니 너희가 여기 내 형제 중에 지극히 작은 자 하나에게 한 것이 곧 내게 한 것이니라. (마태복음 25:34-40)

왕은 중심 권위, 즉 자기의 상징이다. 그는 스스로를 '가장 작은 자'—경멸받고 아무 가치도 없는 것으로 간주되는 인격의 측면—와 동일시하고 있다. '가장 작은 자'는 굶주리고 목마르다. 즉, 우리 자신의 헐벗고 무엇인가 결핍되어 있는 측면이다. 외롭고 수용받지 못하는 측면인 이방인이다. 그것은 헐벗었고, 즉 노출되었고 보호받지 못한다. 그것은 아프다. 즉, 병들고, 병리적이고, 신경증적이다. 그리고 마지막으로, 그것은 갇혀 있다—집단적 규범과 행동을 침범한 것에 대해 벌받고 갇혔다. 거부당한 그림자에 관한 이 모든 측면은 심리학적으로 그림자의 수용을 의미한다. 열등한 내적 인간에 대한 연민은 자기의 수용과 동일하다.

그리스도가 가르치고 예시하는 개성화의 길은 전체적인 노력과 인격의 자원을 필요로 한다. 아무것도 뒤로 되돌릴 수 없다. 젊은 남자의 비유가 이를 예시해준다.

> 예수께서 이르시되 네가 온전하고자 할진대 가서 네 소유를 팔아 가난한

> 자들에게 주라. 그리하면 하늘에서 보화가 네게 있으리라. 그리고 와서 나를 따르라 하시니. (마태복음 19:21)

동일한 관점은 밭에 있는 보화 또는 큰 값의 진주로 묘사되는 하늘 왕국의 비유에서도 나타나고 있다. 그래서 그것을 발견한 사람은 "자기의 소유를 다 팔아 그 밭을 산다." (마태복음 13:44) 보화는 정신의 초개인적 중심인 자기다. 그것은 전체적인 헌신을 통해서만 발견될 수 있다.

심리학적인 해석에 어려움이 있는 몇몇 구절이 있다. 예를 들면, 마태복음 5장 29-30절에 있는 다음과 같은 구절들이다.

> 만일 네 오른 눈이 너로 실족하게 하거든 빼어 내버리라. 네 백체 중 하나가 없어지고 온몸이 지옥에 던져지지 않는 것이 유익하며, 또한 만일 네 오른손이 너로 실족하게 하거든 찍어 내버리라. 네 백체 중 하나가 없어지고 온몸이 지옥에 던져지지 않는 것이 유익하니라.

마태복음 18장 8절과 마가복음 9장 43-48절에서도 유사한 언급이 나타난다. 이런 구절들은 억압과 '나쁜' 것으로부터 목적적인 해리를 권고하거나 정신적 내용을 공격하는 것처럼 보인다. 나는 자아 발달의 한 단계와 또 다른 단계 사이에 대한 구분이 이루어져야 한다고 생각한다. 전체성을 찾고 해리의 치유를 찾는 잘 발달된 자아의 관점에서 지체를 공격하는 것은 해당되지 않는다. 그러나 자아가 아직 자기를 동일시하는 발달의 초기 단계에서는 상당히 적절한 이미지다. 이 경우 근원적이고 무의식적인 전체성은 깨져야 하고 절단에 순복해야 한다. 전체 인격이 무의식에 빠지지 않으려면 자아가 그림자로부터 분리되는 것이 필요하다.

마태복음의 구절은 오른 눈과 오른손을 공격하는 지체로 구체화한다. 이 구체적 내용은 또 다른 해석을 가능케 한다. 오른쪽은 발달 · 분화된 측면이며, 따라서 의식성과 자아의 의지를 상징한다. 따라서 오른손을 잘라 버리는 것은 열등 기능과 무의식에 보다 더 많은 현실성을 인정하기 위해 의식적 관점과 우월한 기능의 희생을 말하는 것이다. 테르툴리안(Tertullian)과 오리게네스(Origen)에 대한 논의에서 융은 절단을 다음과 같이 해석했다.

> 우리가 기독교적이라고 부르는 발달의 심리학적 과정은 그(테르툴리안)를 가장 가치 있는 기능의 희생, 절단 그리고 하나님의 아들의 희생이라는 위대하고 본보기적인 상징에 담겨 있는 신화적 관념으로 이끌었다.[17]

이러한 통합적 논의들에도 불구하고 심리학적 관점에서 실제 기독교가 억압을 장려한다는 것은 여전히 사실이며, 어떤 신약 구절들은 쉽게 그것을 권장하는 것으로 이해된다. 이런 이미지들을 개별적인 경우로 해석할 수 있는 방법은 개인의 심리적 발달단계를 설명해야 한다.

## 3. 자기지향적 자아

그리스도의 이미지는 우리에게 생생한 자기지향적 자아(Self-oriented ego), 즉 자기에 방향 지어져 있음을 의식하는 개성화된 자아를 보여 준다. 이 자기지향적 상태의 예가 요한복음 8장 28-29절에 있다.

> …… 내가 스스로 아무것도 하지 아니하고 오직 아버지께서 가르치신 대로 이런 것을 말하는 줄도 알리라. 나를 보내신 이가 나와 함께 하시도다. 나는 항상 그가 기뻐하시는 일을 행하므로 나를 혼자 두지 아니하셨느니라.

17 Jung, C. G., *Psychological Types*, C. W., 6, par. 20.

자기를 수용한 상태는 예수가 세례를 받을 때에 선언된다([그림 5-3] 참조). "…… 하늘이 열리고 하나님의 성령이 비둘기 같이 내려 자기 위에 임하심을 보시더니 하늘로부터 소리가 있어 말씀하시되 이는 내 사랑하는 아들이요 내 기뻐하는 자라 하시니라." (마태복음 3:16-17) 따라서 초월적 근원—그를 사랑하고 지원하는 근원—과의 연결이 실현된다.

그러나 이 최고의 계시는 즉각 사악한 전개로 이어진다. 강림하는 '신의 영'은 부정적인 것이 되고 유혹이 된다. "그때에 예수께서 성령에게 이끌리어 마귀에게 시험을 받으러 광야로 가사." (마태복음 4:1) 이러한 사건의 순서는 심리학적으로 원형적 정신의 열림('하늘이 열리고')에 이어지는 팽창에 대해 거의 저항할 수 없는 유혹에 상응한다. 자아는 새롭게 발견한 지혜나 에너지를 동일시하는 경향이 있으며, 그것을 개인적 목적에 맞춘다. 팽창 모티브는 예수가 이끌려 간 높은 산 위에 나타나 있다([그림 5-4] 참조).

구체적인 세 가지 유혹이 제시된다. 첫째, 예수는 다음과 같은 말을 듣는다. "네가 만일 하나님의 아들이어든 명하여 이 돌들로 떡덩이가 되게 하라." 예수가 대답했다. "기록되었으되 사람이 떡으로만 살 것이 아니요, 하나님의 입으로부터 나오는 모든 말씀으로 살 것이라." (마태복음 4:3-4) 이것은 물질, 즉 문자 그대로 또는 물리적으로 새로운 에너지를 적용하려는 구체적 오류(concretistic fallacy)의 유혹이다. 위험은 존재의 정신적 중심과의 살아 있는 접촉보다는 물리적 안정 또는 문자 그대로의 경직된 '진리' 안에서 궁극적 안정을 찾는 것에 있다.

두 번째 유혹은 성벽 아래로 뛰어내리라는 것이다. 사탄이 "네가 만일 하나님의 아들이어든 아래로 뛰어내리라. 기록되었으되 그가 너를 위하여 그의 사자들을 명하시리니 그들이 손으로 너를 받들어 발이 돌에 부딪치지 않게 하리로다 하였느니라."라고 말했다. 예수가 대답했다. "또 기록되었으되 주 너의 하나님을 시험하지 말라 하였느니라." (마태복음 4:6-7). 여기서 유혹은 엄청난 효과를 위해 인간 한계를 초월하는 것이다. 대답은 그것이 신에 대한 도전, 즉 특권의 반대이자 자아에게는 치명적인 전체성에 대한 도전임을 나타낸다.

[그림 5-3] 그리스도의 세례
레오나르도 다빈치와 베로키오

[그림 5-4] 원 안에서 그리스도를 유혹하고 있는 사탄
렘브란트

세 번째 유혹은 권력과 소유에 관한 것이다. "……사탄이 그를 매우 높은 산 위로 데려가 그에게 영광의 왕국을 보여 주었다. '이 모든 것을 네게 주겠다. 네가 엎드려 나에게 충성을 한다면.' 이라고 말했다. 그러나 예수는 말했다. '사탄아, 물러가라. 기록되었으되 주 너의 하나님께 경배하고 다만 그를 섬기라.' 하였다." (마태복음 4:8-10) 한 사람의 신은 그에게 최고의 가치다. 모든 것 위에 군림할 수 있는 개인적 권력을 추구하는 사람이 있다면 그는 악마적 팽창, 즉 자기에 속한 팽창에 대가를 지불하게 될 것이다.

그리스도의 유혹은 자기와의 만남의 위험을 생생하게 묘사하고 있다. 명백한 정신증에 이르기까지 모든 정도의 팽창이 일어날 수 있다. 위험에 맞서는 방법에 관한 귀중한 단서를 예수의 대답에서 찾을 수 있다. 모든 시험에서 그는 개인적 의견으로 반응하지 않고 성서를 인용했다. 이는 초개인적 지혜만이 위협에 맞서는 데 적합함을 시사한다. 이런 위기에 처할 때 개인적 의견에 의지하는 것은 유혹자가 찾고 있는 바로 그 팽창을 촉진하는 것이다. 이것은 심리학적으로 각자의 개인적 상황에서 표현하고 있는 신화 또는 원형 이미지를 각자가 찾아야 함을 의미한다. 적절한 초개인적 이미지는 팽창의 위험으로부터 필요한 방향 설정과 보호를 제공할 것이다.

십자가 드라마와 그것으로 이끈 사건들은 개성화의 궁극적 측면에 대한 심오한 표현이다. 경멸, 불명예, 거절에 대한 개인적 경험은 그것의 원형적 패러다임과 연결될 때 의미와 위엄을 갖는다([그림 5-5] 참조).

겟세마네 동산에서 예수가 보여 준 태도도 본보기가 된다. "아버지여, 만일 아버지의 뜻이거든 이 잔을 내게서 옮기시옵소서. 그러나 내 원대로 마시옵고 아버지의 원대로 되기를 원하나이다." (누가복음 22:42)

이것은 개성화의 위기에 직면했을 때 필요한 자아의 태도에 대한 고전적 언급이다. 그런 태도와 함께 보통은 원형적 정신으로부터 지원이 온다([그림 5-6] 참조). 마찬가지로, "나의 하나님, 나의 하나님, 어찌하여 나를 버리셨나이까?" (마태복음 27:46)와 같은 고뇌 어린 표현을 하게 만드는 배신의 경험은 중요한 개성

[그림 5-5] 그리스도의 채찍질
『클레베스의 카터린의 임종에 관한 책』에서

[그림 5-6] 정원에서 천사들의 부축을 받고 있는 그리스도

파올로 베로네세(Paolo Veronese) 그림의 일부

화 단계의 특징이다. 이러한 때에 자아는 안팎으로부터 위로와 지원을 박탈당한다. 투사와 무의식적 가정에 근거한 신뢰가 갑자기 끝나 버린다. 이 상태는 과도기다. 그것은 과거의 삶의 방향이 죽는 것과 새롭게 다가오는 삶의 탄생 사이의 경계(limbo)다. 예수의 부활은 십자가 처형의 시련을 의식적으로 수용한 것에서 기인하는 보다 포괄적인 인격의 탄생을 상징한다. 십자가의 성 요한(St. John of the Cross)은 다음의 말로 이 상황을 기술했다.

> 영혼이 먼저 영(spirit)의 비움과 가난에 거하게 되고 모든 도움과 위로 그리고 하늘에 있는 것이나 땅에 있는 것이나 모든 것의 자연스러운 이해로부터 차단당하는 일이 일어난다. 이런 식으로 비움, 영적으로 가난해질 수 있으며 옛 사람으로부터 자유로워질 수 있다. 이 밤(영혼의 어두운 밤)에 의해 얻어진 그리고 신과의 합일 상태인 새롭고 복된 삶을 살기 위해.[18]

기독교 신화의 중심 이미지는 십자가 형벌 그 자체다. 거의 지난 이천 년 동안 십자가에 못 박힌 인간은 서양 문명의 최고의 가치였다. 종교적 믿음을 갖고 있든 그렇지 않든 이 이미지는 우리 문명의 현실적 사실이다. 따라서 그것은 서구인의 정신적 조건에 대해 중요한 것을 우리에게 말하고 있다.

십자가 형벌은 예수의 세속적 삶의 절정이다. 십자가 처형 과정에서 자아로서의 예수와 자기로서의 그리스도가 나타난다. 인간(자아)과 십자가(만다라)는 하나가 된다. 불타는 바퀴에 묶인 익시온의 이미지는 그리스 버전의 인간과 만다라의 이 합일을 나타낸다. 그러나 이것이 시사하는 바는 상당히 다르다. 익시온은 헤라를 유혹하려 한 오만에 대한 처벌로 바퀴에 묶였다. 그는 비자발적으로 바퀴에 묶였고, 바퀴와의 합일은 영원한 것이었다. "다 이루었다."(요한복음 19:30)가 없는 것이다. 익시온 신화는 자기를 나타낸다. 그것은 팽창과 자기 만다라의

---

18 *Dark Night of the Soul*, II, IX, 4.

동일시에 굴복한 것이다.

기독교 신화는 훨씬 더 높은 수준의 자아 발달에 적용된다. 그리스도는 인간이자 신이다. 인간으로서 그는 자신의 운명으로 여기고 고뇌하면서도 기꺼이 십자가로 간다. 신으로서 그는 인류를 위해 기꺼이 자신을 희생한다. 이는 심리학적으로 자아와 자기가 동시에 십자가에 못 박혔음을 의미한다. 자기는 일시적 실현을 성취하기 위해 못 박힘과 매달림(일종의 절단)으로 고통받는다. 공간에 한정된 세상에 나타나기 위해 유한한 세상에 자신을 육화하고 자신을 상세히 열거해야 했다. 그 자신의 영원한 조건을 떠나 인간 조건을 공유하려는 자기의 자발성은 원형적 정신이 자아를 양육하고 지원하는 자발적 경향성을 갖고 있음을 의미한다. 여기에 다음의 언급이 적용될 수 있다. "……부요하신 이로서 너희를 위하여 가난하게 되심은 그의 가난함으로 말미암아 너희를 부요하게 하려 하심이라." (고린도후서 8:9)

다른 한편, 자아에게 십자가 고난은 대극 간의 정지다. 그것은 정신의 역설적 본질에 대한 완전한 인식을 필요로 하는 개성화(전체성 만들기 과정)의 내적 필요에 의해 마지못해 수용된다. 이 이미지의 도덕적 측면에 대해 융은 다음과 같이 언급하였다.

> 사악함의 현실 그리고 그것이 선과 양립할 수 없음은 대극을 조각내고 냉혹하게 살아 있는 모든 것을 십자가에 못 박힘과 정지로 이끈다. '영혼(soul)은 본질적으로 그리스도적'이기 때문에 이 결과는 그것이 예수의 삶에서 그랬던 것만큼 오류 없이(분명히) 나타날 것이다. 우리 모두는 예수와 함께 십자가에 못 박혀야 한다. 즉, 실제의 십자가 못 박힘과 동일한 도덕적 고통에 매달려야 한다.[19]

---

19 Jung, C. G., *Psychology and Alchemy*, C. W., 12, par. 24.

그리고 다른 곳에서 그는 더욱 일반적으로 다음과 같이 언급했다.

> 모든 대극은 신에 관한 것이며, 따라서 인간은 이 노고를 받아들여야 한다. 그렇게 함으로써 인간은 인간의 '대극성' 안에 있는 신이 인간을 소유해 왔음을, 인간 안에 육화된 신 자신을 소유하고 있었음을 알게 된다. 그(인간)는 신성한 갈등(divine conflict)으로 채워진 그릇이 되었다.[20]

기독교 신화와 예수의 가르침의 본질적 특성 중 하나는 약함과 고통에 대해 취한 태도다. 고난의 가치에 대한 진정한 재평가가 이루어진다. 힘, 권력, 충만함, 보통의 의식적 가치들은 부인된다. 대신 약함, 고통, 가난, 실패에 특별한 존엄성이 주어진다. 이 점은 예수의 가르침 전체를 통해 생겨난 것이며, 신이 불명예스럽게 채찍질당하고 십자가 위에서 수치스러운 죄수의 죽음을 맞이한 십자가 고난의 측면에서 가장 잘 표현된다. 이것은 명예, 힘 그리고 주로 덕이 최고의 가치였던 로마인의 이해를 초월한 것이다. 심리학적으로 이해하면, 나는 우리가 여기서 서로 다른 자아 발달의 두 단계의 가치와 목적 사이의 틈을 보고 있다고 생각한다. 개인의 명예와 힘에 사로잡힘과 약함의 경멸은 초기 자아 발달의 단계에서 피할 수 없고 필연적인 것이다. 자아는 존재하기 위해 그 스스로를 주장하는 법을 배워야 한다. 따라서 젊은 사람들의 심리에는 기독교 신화가 차지하는 자리가 작다.

상당히 미묘하고 성숙한 자아가 이미 성취되는 때인 정신 발달의 후기 단계에서는 기독교 신화의 심리적 시사점들을 적용할 수 있다. 사실 기독교 신화는 특별히 삶의 후반부의 과제인 개성화 과정에 속한 이미지와 태도를 우리에게 제시한다. 이 발달단계에서 고통받는 신의 이미지는 매우 타당하다. 이 상징은 고통, 약함, 실패 경험이 자아에 속한 것이 아니라 자기에 속한 것임을 우리에게 이야

20 Jung, C. G., "Answer to Job," in *Psychology and Religion: West and East*, C. W., 11, par. 659.

기한다. 자아가 자신의 고통과 실패를 전적으로 개인적 책임으로 가정하는 것은 자아의 보편적 실수다. 예를 들어, 사람들이 자신의 약함에 대해 그리고 수치나 부인에 대해 갖고 있는 태도에서 그것을 발견할 수 있다. 모든 이가 그런 것처럼 누군가가 어느 정도 약하다면 그리고 동시에 약한 것을 수치스러운 것으로 여긴다면 그는 어느 정도 자기실현에서 벗어나 있는 것이다. 그러나 육화를 위해 분투하는 고통받는 신의 출현으로서 약함과 실패의 경험을 인식하는 것은 매우 다른 관점이다.

이런 고려는 특히 우울증의 심리에 적용할 수 있다. 우울한 것은 과도한 무게, 즉 책임과 자기실현의 무게에 '밀린' 것이다. 고통받는다는 사실은 전체에 대한 자기비난의 근거가 된다. 이런 우울증을 가진 한 환자가 심한 우울 증상을 겪는 동안 다음의 꿈을 꾸었다(부분적으로만 꿈을 제시했다.). 그녀는 반대편 벤치에 앉아 있는 '늙고 매우 더러운 남자'를 본다. 그는 초라하고 더럽다. …… 그는 인간 쓰레기 같다. …… 그는 사회적인 한계를 넘어서 있는, 질이 나쁘게 가난하며 '여러분 가운데는 거의 없는' 아웃사이더다.

"그들이 작은 동물에게 뭔가를 해야 해."라고 남자가 말한다. 나는 그를 본다. 그는 오른쪽 벤치에 앉아 있다. 그의 무릎은 죽은 쥐 세 마리와 죽은 회색 토끼 한 마리로 덮여 있다.

나는 그의 머리가 곤충으로 뒤덮여 있는 것을 본다. 그의 머리와 머릿속에 그리고 코와 눈에 온통 벌레가 차 있다. 처음에는 헤일로처럼 보였다. 나는 내가 보통 하던 것처럼 두려워하고 도망가기보다는 이 남자에 대해 큰 연민을 느꼈다. 분석가가 말했다. "이 사람은 그리스도입니다." 우리는 그를 돕기 위해 누군가를 부르기로 했다.[21]

이 인상적인 꿈은 현대 정신에 기독교 신화가 적절함을 보여 준다. 이는 "진실로 너희에게 이르노니 너희가 여기 내 형제 중에 지극히 작은 자 하나에게 한 것

21 이 꿈은 르네 브랜드(Renée Brand) 박사의 *Current Trends in Analytical Psychology*, G. Adler, editor, London, Tavistock Publications, 1961, p. 200 f에 있음.

이 곧 내게 한 것이니라."(마태복음 25:40)라는 말을 즉각 생각나게 한다. 무릎 위에 죽은 동물을 갖고 있는 이 더럽고 불쌍한 거지라는 인물은 꿈꾼 이의 경멸당하고 거절당한 측면에 대한 생생한 묘사다. 자신의 약함에 대한 그녀의 의식적 태도, 즉 그녀의 고통받는 측면은 이 떠돌이의 조건으로 잘 반영되어 있다. 가장 놀라운 것은 떠돌이와 예수가 같다는 사실이다. 이것은 꿈꾼 이가 자신 안에서 가장 경멸하는, 경계를 넘은 것이 사실은 최소의 가치, 즉 신 자신이라는 것을 의미한다. 적절히 이해된다면 이런 꿈은 그 자신의 약함에 대한 새로운 태도, 즉 '자기에 이르는 길'로서의 내면의 열등한 남성에 대한 수용으로 이끌 수 있다.

## 4. 신의 형상(이미지)으로서 인간

자아의 패러다임으로서 그리스도를 보는 관점에 대한 특별히 분명한 표현은 '요한행전(Acts of John)'이라는 외경에서 찾아볼 수 있다. 95장에서 예수는 제자들에게 "나를 알아보는 너희에게 나는 거울이다."[22]라고 말한다. 다시 96장에서 그는 "내 안에서 너희 자신을 보라. …… 내가 하는 것을 알라, 너희의 것은 내가 고통받으려 하는 것, 즉 인간에 대한 이 열정 때문이다."[23]라고 말한다.

예수 인물이 자아의 거울이라면 그것은 분명히 역설적인 이중 이미지를 나타내고 있다. 그렇다면 개별 자아는 인간이자 신, 자아이자 자기인가? 융은 이 질문을 그의 연금술 연구에서도 제기한다. 그는 "……그들(연금술사들)의 태양 상징과 함께 그들은 신과 자아 사이에 친밀한 관계를 만들고 있었다."[24]라고 기술했다. 연금술사들이 의식적 마음의 추동을 초월한 자연 현상인 무의식적 투사를

22 James, M. R., translator, *The Apocryphal New Testament,* London, Oxford University Press, 1960, p. 253.

23 James, M. R. *The Apocryphal New Testament*, p. 254.

24 Jung, C. G., *Mysterium Coniunctionis*, C. W., 14, par. 131.

다루고 있었다는 점에 주목한 후 그는 "……자연 자체는 신과 자아의 정체성을 표현하고 있다."[25]라는 결론에 이르렀다. 그리고 이후에 덧붙였다. "이것은 세계 창조의 특성이 그러한 인간 의식성에 부착된다는 것을 우리가 이해한다면 이해할 만하다."[26]

동일한 문제가 4세기의 부자동체질론-부자유체질론(homoousia-homoiousia) 갈등의 뿌리에도 있었을 것이다. 그리스도는 아버지와 동일한 존재로 고려되어야 하는가, 아니면 아버지와 유사한 존재로만 고려되어야 하는가? 우리가 그리스도를 자아와 동일한 존재로 여기고 아버지를 자기와 동일한 존재로 여긴다면 심리학적 이슈는 즉각 분명해진다. 당시 결정은 '동일한 존재'라는 교리의 측면에서 이루어졌으며, 이는 그 이후 교리에서 기능적 이미지가 되었다. 따라서 이것이 시사하는 바는 서구 정신이 인간과 신을, 자아와 자기를 동일하게 여기는 신화에 뿌리를 두고 있다는 것이다.

그리스도가 신의 이미지라는 관념에도 동일한 이슈가 포함되어 있다. 예수는 골로새서 1장 15절에 '보이지 않는 신의 이미지'로 기술되어 있다. 히브리서 1장 3절에서는 '그의(신의) 인간 이미지 표현'으로 불리고 있다. 이런 표현 방식은 신이 "우리의 이미지(형상)로 인간을 만들자."라고 말하는 창세기 1장 26절을 생각나게 한다. 그리스도가 신의 이미지이고 따라서 인간이 신의 이미지로 만들어졌다면 그리스도는 인간과 동일하다. 오리게네스(Origen)는 신-그리스도-인간이라는 삼중의 순서에 예수를 두 번째 존재로 둠으로써 이 문제를 해결했다.

> 따라서 이미지(형상)를 따라 만들어진 우리는 우리 안에 있는 고귀한 진리로서 근원적인 것, 즉 아들을 갖고 있다. 진리이신 아버지에게 아들이 속한 것처럼 우리는 아들에게 속한 것이다.[27]

---

25 Jung, C. G. *Mysterium Coniunctionis.*

26 Jung, C. W., 14, par. 132.

27 Origen, *On First Principles*, edited by G. W. Butterworth, New York, Harper Torchbooks, 1966, p. 20.

우리가 이 관념을 심리학적으로 공식화한다면, 그것은 진정한 자아는 개인적 요인과 원형적 요인을 조합함으로써, 의식성과 원형적 정신의 두 세계를 연결하는 전형적인 모형으로서의 이상적 자아(ideal ego)를 통해서만 자기와 관계 맺을 수 있음을 의미한다.

이렇게 상당히 모호한 생각과 함께 우리는 분석심리학의 가장 어려운 문제, 즉 자아와 자기의 관계의 본질과 마주하게 된다. 기독교 상징을 명료히 하기 위해 많은 노력이 이루어졌음에도 불구하고 의식적으로 이해하기에는 역설적인 채로 남아 있다. "세계 창조의 특성이 인간 의식성에도 부착되어 있다."는 것이 깨달아지면 자아와 자기라는 용어는 동일한 원형적 정신과정의 서로 다른 경험 수준을 언급하고 있음을 알 수 있다. 자아는 의식의 자리이며, 의식성이 세계를 창조한다면 자아는 개성화 방법을 통해 그 자신을 실현하려는 노력으로 신의 창조 작업을 수행할 것이다.

CHAPTER 06

# 개인이 된다는 것

단일의 자연스러운 삶의 전달자는 개인이며, 그것은 전체 자연이 그러한 것이다.

－융(C. G. Jung)[1]

## 1. 자아의 선험적 존재

개별성(individuality)의 경험은 기술적 힘을 초월하는 존재의 신비다. 각 개인은 의사소통할 수 없는 이 경험에 대해 각자의 독특한 버전을 갖고 있다. 경험의 형태는 보편적인 것이며 모든 사람이 인식할 수 있는 것이다. 사실 개인의 정신 발달의 목표는 그 자신의 개인적이고 독특한 개별성이 영원한 원형적 개인(individual)과 동일해질 만큼의 실현에 가까이 가는 것이다. 독특성과 보편성은 스스로 개인이라는 존재의 운명을 받아들이는 것으로 나타난다.

눈에 보이는 것으로 삶의 현상을 본다면 우리가 보는 것은 연속선이 아니라 먹고, 자고, 낳고, 생존하기 위해 또 다른 이와의 영속적인 충돌 및 경쟁 상태에

---

1 Jung, C. G., *The Practice of Psychotherapy*, C. W., Vol. 16, 1954, par. 224.

서 무한한 규모로 분리된 삶의 단위들이다. 바이러스인 복잡한 분자 입자로부터 가장 고등의 척추동물에 이르기까지 우리는 삶이 개별적 단위들(individual units), 즉 존재의 자율적 중심을 갖고 있는 각 단위에 의해 수행된다는 것을 알 수 있다. 그것은 정신적 삶에서도 동일하다. 정신도 스스로를 독특하고 분리된 존재의 중심, 즉 소우주인 각 존재의 중심 크기를 스스로 드러낸다. "이는 우주가 독특하고 흉내 낼 수 없는 방식으로 우주 자체를 드러내는 절대적으로 근원적인 중심이다."[2]

융(Jung)은 그의 심리학의 중심에 개인으로서 스스로를 실현하는 과정인 개성화의 과정을 두었다. 『심리유형(Psychological Types)』에서 융은 개성화를 다음과 같이 언급했다.

> 일반적으로 그것은 개인을 형성하고 특별하게 하는 과정이다. 특히 그것은 일반적이고 집단적인 심리로부터 분화된 존재로서의 심리적 개인의 발달이다. 따라서 개성화는 개별적 인격의 발달목표를 위한 **분화과정**이다.[3]

같은 부분에서 융은 개인이라는 용어를 다음과 같이도 정의했다.

> 심리적 개인은 특이하고 어떤 측면에서는 독특한 심리가 특징이다. 개인 정신의 특이성은 그것의 요소보다는 콤플렉스 형성에 더 많이 나타난다.
>
> 심리적 개인 또는 개별성(individuality)은 **선험적**(a priori)인 무의식적 존재이지만 그것은 그것의 특이한 본질에 대한 의식성이 존재할 때만, 즉 다른 개인들과 다른 구별성이 있을 때만 의식적으로 존재한다.[4]

---

2 Pierre Teilhard de Chardin, *The Phenomenon of Man*, New York, Harper Torchbooks, 1961, p. 261.

3 Jung, C. G., *Psychological Types*, C. W., Vol. 6, par. 757.

4 Jung, C. W., 6, par. 755.

"개별성은 선험적 존재를 갖고 있다."라는 매우 단순하고 자명한 진술에 주목하라. 처음 읽으면 이것이 의미하는 완전한 시사점을 놓칠 수도 있다. 신화이미지가 훨씬 더 적절하게 그것의 의미를 전달한다. 누가복음에서 사람들이 이 사탄을 누를 힘을 갖고 있다고 기뻐할 때 예수는 "영혼이 너희에게 달렸다는 이 일로 기뻐하지 말고 너의 이름이 하늘에 기록되었다는 것에 기뻐하라."[5]라고 말했다. 여기에 개별성은 선험적인 무의식적 존재를 갖고 있다는 추상적 진술이 갖고 있는 보다 충만한 의미가 있다. 이름이 하늘에 기록되었다. 다른 말로 하면, 독특한 개별성이 초개인적 근원을 갖고 있으며 존재의 정당성을 갖고 있다는 것이다. 그 밖에 또 다른 곳에서도 융은 다른 방식으로 이를 언급했다.

> "무의식과 같이, 자기(Self)가 있다. 즉, 자아(ego)가 그것으로부터 발달해 나오는 선험적 실존이 있다. 말하자면, 자기는 자아에 대한 무의식적 예시다."[6]

개인의 정체성이 선험적 존재를 갖고 있다는 개념은 각 사람은 각자의 별, 즉 그의 우주적 차원과 운명을 나타내는 일종의 천상의 다른 한쪽을 갖고 있다는 고대의 관념에 표현되어 있다. 베들레헴(Bethlehem)의 별은 그의 운명의 위내싱과 맞먹는 밝음을 가진 예수의 별이었다. 워즈워스(Wordsworth)는 이 이미지를 다음의 시로 표현했다.

> 우리와 함께 떠오르는 영혼,
> 우리 삶의 별, 그 별은 어디에나 있으며
> 멀리서 온다. ……[7]

---

5 누가복음 10:20.

6 Jung, C. G., *Psychology and Religion: West and East*, C. W., Vol. 11, 1958, par. 391.

7 Wordsworth, William, "Ode on Intimations of Immortality from Recollections of Early Childhood."

정체성의 초개인적 중심으로서의 별의 이미지는 한 여성의 꿈에 나타났다. 그녀는 그녀가 자신에게 속한 존재이지 남편에게 속한 존재가 아니라는 중요한 깨달음을 얻은 후에 다음의 꿈을 꾸었다. 나는 밖에 있었고 별이 떨어지는 것을 보았다. …… 그러나 그것은 사라지지 않았다. 별은 여러 차례 떨렸고, 그런 다음 밝고 둥근 모양이 되었다. 그 별은 어느 다른 별보다 가까이 있었고 태양과 같았으나—노란색 별—우리의 태양보다는 작았다. '나는 새로운 별이 태어나는 것을 보았다.' 고 나는 생각했다.

영지주의의 〈진주의 찬가〉(159쪽에서 논의되었던)에서 '영광의 예복' 은 개별성의 초월적 중심을 나타내는 다른 상징이다. 구세주는 이집트의 어둠으로 내려가면서 그것을 뒤에 남겨 둔다. 그러나 그의 과제가 성취되고 그의 하늘 고향으로 돌아왔을 때 영광의 예복이 그를 맞으러 온다. 본문에 다음과 같이 기록되어 있다. "내가 잊어버린 그것의 웅장함은 내 아버지의 집에 어린아이일 때 남겨 두고 온 것. 이제 예복을 내가 보니 그것은 갑자기 나 자신의 거울이미지가 되었다. 나 자신 전체를 그 안에서 보았고, 그것 전체를 내가 내 안에서 보았고, 우리는 분리된 두 개였으며, 다시 우리의 형태로 동일한 하나가 된다. ……"[8] 이 이미지와 관련하여 요나서(Jonas)에 대한 훌륭한 주석에서 그는 이렇게 말했다. "그것은 각 사람의 하늘 또는 영원한 자기, 그의 근원적 관념, 그리고 그가 저 아래서 일하고 있는 동안 위의 하늘에 보존된 이중의 또는 또 다른 자아(alter ego)를 상징한다."[9] 융의 개념에서 의식적 개별성과 무의식적 개별성 사이에 분명한 구분이 있다는 것이 강조될 필요가 있다. 의식적 개별성을 성취하는 과정은 자신의 이름이 하늘에 기록되었다는 깨달음으로 이끄는 개성화 과정이다. 무의식적 개별성은 쾌락과 권력 그리고 모든 종류의 자아 방어에 대한 강박적 추동으로 그 자신을 표현한다. 이러한 현상은 일반적으로 이기적, 자아중심적, 자동성애적 등과 같은

---

8 Jonas, Hans, *The Gnostic Religion*, Boston, Beacon Press, 1958, p. 115.

9 Jonas, Hans, *The Gnostic Religion*, p. 122.

부정적 톤의 언어로 기술된다. 부정적 용어에 대한 정당화가 있긴 하지만 이런 행동은 다른 사람들에게 상당히 동의할 수 없는 것이기 때문에, 이 부정적 언어들이 전달하는 태도를 개인이 스스로에게 적용한다면 상당히 파괴적일 수 있다. 치료자가 사용한다면 이런 경멸의 말들은 환자의 무의식과 잠재적 전체성을 향한 환자의 비난적 태도를 강화할 뿐이다. 무의식적 개별성이 표현하는 것에 담겨 있는 것은 의식성에 의해 속죄함 받기를 기다리는 개별성의 최고의 가치다. 우리는 결코 **원질료**(prima materia)를 던져 버리고서는 **라피스**(lapis)를 성취할 수 없다.

동일한 생각이 다음의 문구에 다소 다른 방식으로 표현되어 있다.

> ……만다라 상징성은 공통의 중심에 있는 원형에 집중하는 현저한 경향성을 갖고 있는데, 이는 모든 의식 내용이 자아에 대해 갖고 있는 관계에 비교할 수 있다. …… 어떤 사람은 만다라를 의식성의 자아중심적 본질을 반영하는 것으로 보려 할 것이지만, 이런 관점은 무의식이 부차적 현상이라는 것이 입증될 수 있을 때만 정당화될 수 있다. 그러나 무의식은 의심할 여지없이 의식보다 오래되었고 더 근원적이며 이런 이유 때문에 의식성의 자아중심성이 무의식의 자기중심성을 반영하는 것이거나 모방하는 것이라고 한다.[10]

우리는 자아중심성이 자기에 대한 자아의 모방이라면 그것은 자아가 자신이 모방하고 있는 것, 즉 초개인적 중심과 개별성의 단일성, 즉 자기를 인식하게 될 것이라는 이 경향성을 의식적으로 수용함으로써 이루어진다는 말을 앞의 언급에 추가할 수 있다.

내 경험으로 볼 때 모든 심리적 문제의 근원은 개별성에 대한 각자의 추동과의 불만족스러운 관계다. 그리고 치유과정은 종종 이기적, 권력추구적 또는 자

10 Jung, C. G., *Mysterium Coniunctionis*, C. W., Vol., 14, 1963, par. 660.

동성애적이라 불리는 것의 수용을 포함한다. 심리치료를 받는 대부분의 환자는 그들의 개인적 힘(권력)을 좀 더 이기적이고 효과적으로 사용하는 법을 배워야 한다. 이들은 힘과 효과의 중심이 되기 위해 책임을 받아들여야 한다. 타인에게 요구하는 것으로 그 자신을 표현하는 소위 이기적이거나 자아중심적인 행동은 효과적인 의식적 자기중심성이나 의식적 개별성이 아니다. 우리 스스로에게 하지 못하는 것을 타인에게 요구할 뿐이다. 우리가 불충분한 자기사랑이나 자기특권을 갖고 있다면 우리의 욕구는 그것을 무의식적으로 타인에게 강압적으로 표현한다. 그리고 종종 강압은 덕, 사랑 또는 이타주의로 위장하여 발생한다. 이런 무의식적 이기심은 자신과 타인에게 비효과적이고 파괴적이다. 스스로 인식하지 못한 채 맹목적이기 때문에 그것의 목적을 성취할 수 없다. 필요한 것은 이기심을 근절하는 것이 아니라(그것은 불가능한 것이다) 의식과 연합하여 이기심을 효과적으로 만드는 것이다. 생물학과 심리학의 모든 사실은 삶의 모든 개별적 단위가 핵심에 대해 자기중심적이라는 것을 우리에게 가르쳐 준다. 유일하게 변하는 요인은 그 사실에 수반되는 의식성의 정도다.

현재 광범위하게 사용되는 프로이트 학파의 용어인 자기애(narcissism)는 강압적인 자기사랑(self-love)에 대한 전반적인 잘못된 이해의 좋은 예다. 나르시스(Narcissus) 신화는 과도한 탐닉적 자기사랑과는 상당히 다른 무엇인가를 시사한다. 나르시스는 그의 사랑을 구하는 모든 구혼자를 거절한 젊은이다. 보복으로 네메시스(Nemesis)는 그로 하여금 연못에 비친 자신의 모습과 사랑에 빠지게 만들었고, 나르시스는 사랑의 대상을 가질 수 없음에 절망하여 죽었다.

나르시스는 사랑할 수 없는, 즉 삶에 흥미와 리비도를 줄 수 없는—왜냐하면 그것은 스스로와 관계 맺을 수 없기 때문이다—소외된 자아를 나타낸다. 물에 비친 자신의 이미지를 사랑하게 된 것은 그가 자기 자신을 소유할 수 없음을 의미할 뿐이다. 나르시스는 자기 자신이라는 존재로부터 소외되어 있기 때문에 자신과 합일되기를 갈망했다. 플라톤(Plato)이 『향연(Symposium)』에서 매우 분명히 표현한 바와 같이 우리는 우리에게 없는 것을 사랑하고 동경한다. 따라서 그 본래 신화적 의미에서의 자기애는 자기사랑이 쓸데없이 지나쳐서가 아니라 그와는 반대로 존재하지 않는 자기소유에 대한 갈망이 좌절된 것이다. 나르시스의 문제해결은 그것의 포기가 아닌 자기사랑의 충족이다. 우리는 여기서 자기사랑을 근절시킴으로써 사랑스러운 성격을 창조하고자 하는 도덕적 자아의 흔한 실수를 볼 수 있다. 이것은 심오한 심리적 실수이며, 정신적 분열을 초래할 뿐이다. 자기사랑의 충족은 대상에 대한 순수한 사랑의 전제조건이며, 전체적인 정신에너지의 흐름을 위한 전제조건이다.

나르시스의 경우 자기사랑의 충족 또는 심층 깊은 곳에 있는 이미지와의 합일은 무의식으로의 하강, 즉 네키야(nekyia) 또는 상징적 죽음으로의 하강이다. 이것이 나르시스 신화의 더 깊은 의미임은 다른 세부내용에 잘 나타나 있다. 나르시스는 죽은 다음 나르시스 꽃으로 변했다. 이는 '죽은 꽃(narkao에서 유래한 것으로 딱딱한 또는 죽은)'이다. 나르시스는 하데스에게 신성한 것이었으며 그의 지하세계 영역으로 가는 문을 열었다. 페르세포네가 나르시스 꽃을 꺾을 때 땅이 열리고 하데스가 나타나 그녀를 유괴해 갔다. 최소한 본래의 신화적 의미에서 피할 수 없는 결론은 개별성을 찾아 떠나야 하는, 무의식에 이르는 방법이다.

나르시스 신화와 사신의 비친 모습을 사랑하게 되는 주제가 시사하는 또 하나는 디오니소스 전설에 대한 디오니소스 숭배적 해석에서 볼 수 있는 이미지가 시사하는 것과 같다. 어린 디오니소스가 티탄들에게 찢겼을 때 그는 거울을 가지고 놀고 있었다고 한다. 프로클로스에 따르면 거울은 디오니소스가 물질에서 자신의 이미지를 보았고 그것을 갈망하게 되었음을 의미하는 것으로 해석된다. 그는 나르시스처럼 자기실현(Self-realization)을 갈망하였다. 따라서 그는 물질로 제한되었고(육화되었고), 티탄들에 의해 불구가 되었다.[11] 심리학적으로 이해하면, 이 신화소는 원시적 자아가 아직 무의식적 전체성을 동일시한 채 (물질

---

11 G. R. S. Mead가 *Orpheus*, reissued London, John Watkins, 1965, p. 160 f에서 인용한 Proclus, *Timaeus* iii, 163.

을 포함한) 공간적 현실에서 기능하기 시작하는 초기 발달단계에 있는 것이라고 추론할 수 있다. 그러나 현실은 무의식적 전체성(자아-자기 정체성)의 팽창 상태에 적대적이며 그것을 절단한다. 이후의 발달단계에서는 절단된 것을 다시 모은다.

개별성에 대한 주관적 경험은 우리의 합리적 이해로는 포괄할 수 없는 심오한 신비다. 그러나 그것이 시사하는 바는 이 경험과 관련된 상징적 이미지를 검토함으로써 접근할 수 있다. 어원을 검증하는 것으로 시작해 보도록 하겠다. 어원은 언어의 무의식적 측면이므로 심리학적 연구에 적합하다. individual(개인)이라는 말은 두 개의 라틴어 어원, 즉 *in*=not, *dividere*=to divide(나누다)에서 유래했다. 따라서 이 말의 기본 의미는 나눌 수 없는 것이다. 이는 개별성의 경험이 일차적이라는 사실과 일치한다. 그것은 분석되거나 더 간단한 요소로 환원될 수 없다. 그것이 아닌 것, 즉 나눌 수 없는 것의 측면에서 개인이 표현되어야 한다는 것과 같은 기본 개념에 주목하는 것은 흥미로운 일이다. 동일한 현상을 물질의 기본 단위인 atom이라는 단어에서도 볼 수 있다(그리스어에서 *a*=not, *temnein*에서 유래한 *tom*은 '자르다, 나누다'를 의미한다). integer와 integrate라는 말에서도 동일한 것을 볼 수 있다(라틴어에서 *in*은 not이고 *tangere*의 근원인 *tag*는 '접촉하다'를 의미한다). 개별성과 같은 기본 사실을 기술하려고 할 때 우리는 신을 기술할 때 사용하는 동일한 절차로 분류해야 한다. 신이 우리의 의식적 이해 범주를 초월하는 것이 사실이기 때문에 우리는 그것이 아닌 것, 즉 소위 '신이 이렇지 않다.'는 부정(via negation)의 측면에서 신을 기술할 수 있을 뿐이다.

개인(individual)이라는 단어는 어원적으로 미망인(widow)이라는 말과 관련되어 있다. 스키트(Skeat)[12]에 따르면 widow(라틴어로는 *vidua*다)는 나눔을 의미하는, 지금은 사용하지 않는 같은 어원동사 *videre*에서 유래했다. 융은 미망인과 고아

---

12 Skeat, Walter W., *An Etymological Dictionary of the English Language*, Oxford University Press, 1958, p. 177.

(orphan)의 이미지가 개성화 과정의 일부라고 언급하였다.[13] 이러한 연관성과 관련하여 그는 성 어거스틴(St. Augustine)을 인용하면서 다음과 같이 언급했다. "영혼도 이 세상에서 곤궁하다." 어거스틴에 대한 인용은 계속 이어졌다. "그러나 너희는 고아가 아니며 과부도 아니다. …… 너희에게는 친구가 있으니 너희는 하나님의 고아, 하나님의 과부다."[14] 마니교 경전에서는 예수가 '과부의 아들'로 불린다.[15] 과부는 나뉜 존재다. 따라서 과부가 되기 전에는 나눌 수 없는 개인이 아니었지만 이제는 나눔의 과정에 있게 된 것이다. 상징성은 우리에게 과부는 개별성에 이르는 길에서의 경험이며, 사실 개별성은 그 경험의 아들이다. 이는 인간이 독특하고 나눌 수 없는 존재임을 인식하기 앞서 그가 의존하고 있던 것, 즉 그가 아닌 것으로부터 분리되어야 함을 의미할 뿐이다. 연금술사들의 철학자의 돌[16]과 동의어인 고아의 이미지에도 동일한 의미가 적용된다. 고아가 된다는 것은 부모의 지원을 상실하고 부모의 보호를 받지 못함을 의미한다. 그것은 개별성에 대한 의식화 경험의 전제조건이다. 어거스틴이 말한 바와 같이 과부나 고아가 되는 것은 자신을 신(Self)과 연결시키는 것이다.

## 2. 단일성과 독생자

개별성 경험을 언급하는 중요한 문헌들을 하나(One) 또는 단일성(Monad)과 관련된 고대의 철학적 사유에서 찾아볼 수 있다. 초기 철학자들은 철학적 · 우주론적 투사에서 개별성의 신비를 만났다. 모든 현상 뒤에 있는 단일성 또는 하나에 관한 그들의 사유는 실제로 개인의 내적인 심리적 사실의 투사였다. 예를 들어,

---

13 Jung, C. G., *Mysterium Coniunctionis*, C. W., 14, par. 13 ff.

14 Jung, C. G., *Mysterium Coniunctionis*, par. 17.

15 Jung, C. G., *Mysterium Coniunctionis*, par. 14, n. 69.

16 Jung, C. G., *Mysterium Coniunctionis*, par. 13.

단일성은 피타고라스 학파 사유에서 지배적인 이미지였다. 피타고라스 학파에 따르면 단일성은 무한성에 질서와 한계를 부여하는 창조원리다. 피타고라스 학파에서는 "단일성이 실존하게 되었을 때, 그것은 무제한적 존재의 가장 근접한 부분을 제한했다."[17]라고 한다. 단일성은 또한 창조와 지배의 근원이었던 중심의 창조적 불(creative fire)과 동일시되었다.[18] 이 중심의 불은 흥미로운 호칭을 갖고 있는데, '제우스의 탑' '제우스의 호위실' '세계의 화로' '제단' '구속' '자연의 척도' 등으로 불린다.[19]

이것은 우리에게 개별성의 원리가 창조원리 자체이며 그리스인들이 우주(cosmos)라 부른 질서에서 나온다는 것을 말해 주는 것이다. 단일성은 또한 불과 동일시되는데, 이는 불과 빛의 스파크인 극소량과 동등한 것으로서 연금술적 상징성을 연상시킨다.[20] 따라서 개별성의 원리는 의식성(빛)과 에너지(불) 두 가지 모두의 근원이다.

단일성은 영지주의에서 중요한 것이다. 영지주의에 대해 말하자면 히폴리토스(Hippolytus)는 다음과 같이 언급했다.

> 그들에게 만물의 시작은 단일성이고, 단일성은 만들어지지도, 소멸하지도, 이해할 수도, 생각할 수도 없는 것이며, 만들어진 모든 것의 창조자이자 원인이다. 이 단일성은 만물에게 아버지(Father)라 불린다.[21]

『브루스 문서(Bruce Codex)』에서 단일성에 대한 다음의 기술을 볼 수 있다.

---

17 Freeman, Kathleen, *Companion to the Pre-Socratic Philosophers*, Cambridge, Harvard University Press, 1959, p. 247. Aristotle *Metaphysics* 1091a.

18 Freeman, Kathleen, *Companion to the Pre-Socratic Philosophers*, p. 250.

19 Kirk, G. G., and Raven, J. A., *The Pre-Socratic Philosophers*, Cambridge: Cambridge University Press, 1963, p. 260.

20 Jung, C. G., *Mysterium Coniunctionis*, C. W., 14, par. 42 ff.

21 Mead, G. R. S., *Fragments of a Faith Forgotten*, London, John M. Watkins, 1931, p. 335.

> 이것은…… 그 모든 것(열두 개의 심층)을 감싸는 진리(Truth)다. …… 이것은 모든 것(All)의 진리다. 이것은 영겁(aeons)의 어머니(Mother)다. 이것은 모든 심층을 둘러싸는 그것이다. 이것은 이해하거나 알 수도 없는 단일성이다. 이것은 모든 봉인(Seal)이 들어 있는 봉인 없는 그것이다. 영원히 축복받는 것이다. 이것은 영원한 아버지(Father)다. 이것은 말로 표현할 수 없는, 생각할 수 없는, 이해할 수 없는, 초월할 수 없는 아버지다. ……[22]

영지주의적 단일성의 이미지는 개별성의 모든 것을 감싸고 포함하는 신비를 강조한다. 그것은 합리적인 해석을 허용하지 않지만 개인이 심오한 신비의 운반자(매체)라는 생각을 강력히 전달한다. 이러한 이미지들은 오늘날 매우 필요한데, 그 이유는 우리 시대의 문화에는 그러한 개인을 정당화 및 타당화하는 것이 거의 없기 때문이다.

플라톤에게서도 동일한 이미지를 볼 수 있다. 『파르메니데스(Parmenides)』[23]를 보면, 하나(The One)에 관한 담론이 있다. 이 대화는 합리적 이해가 매우 어려움을 보여 준다. 하나에 관해 이를 수 있었던 유일한 결론은 하나가 역설이라는 것이다.

> …… 하나는 정지상태도 움직이는 상태도 아니다(139b).
>
> …… 하나는 항상 움직이면서 정지 상태에 있다(146b).
>
> …… 하나는 시간과 상관이 없으며 시간의 연장과도 상관이 없다(141d).
>
> …… 하나가 있다면 그것은 시간 속에 있다(152a).
>
> …… 하나는 그 자신과 다른 존재를 접촉하고 접촉하지 않는다(149d).
>
> …… 하나는 그 자신보다 나이 들고 젊다(152e).

---

22 Mead, G. R. S., *Fragments of a Faith Forgotten*, p. 549f.

23 해밀턴(Hamilton)과 캐언스(Cairns)가 편집한 *Plato: The Collected Dialogues*, Bollingen Series LXXI, Princeton University Press(F. M. Cornford 번역).

> …… 하나는 그 자신보다 나이 들었거나 젊지 않다(152e).
>
> …… 하나가 있다면, 그 하나는 모든 것이면서 아무것도 아니다(160b).

더 많은 대조를 만들 수 있지만 우리의 목적에는 이미 충분하다. 철학자들조차 이 대화로부터 무엇인가를 만드는 데 어려움을 느낀다. 나는 그것을 개인이 되는 즉각적이고 주관적인 경험을 위한 방법을 얻기 위해 합리적 능력을 혼란케 하는 정교한 철학적 선문답(koan)으로 본다. 플라톤이 제시한 주요 사항은 하나가 시간, 공간, 인과성이라는 논리적이거나 의식적인 범주로는 이해될 수 없다는 것이다. 논리로 이해될 수 없는 이유는 그것이 모순으로 이루어져 있기 때문이다. 그것은 시간, 공간 그리고 원인과 결과의 과정에 참여하며 동시에 참여하지 않는다. 물론 이러한 결론들은 합리적 방향성의 철학에는 아무 의미가 없다. 그러나 우리는 이 결론을 경험적 · 심리학적 사실, 개별성의 사실에 대한 정확한 기술로서 이해할 수 있다. 우리가 개별성의 경험을 자아와 자기라는 두 중심을 가진 것으로 생각한다면 이 모순은 맞는 것이다. 자아는 육화, 즉 시간, 공간, 인과성의 변화에 참여하는 존재다. 원형적 정신의 중심인 자기는 의식 및 경험을 구체화하는 자아의 방식을 초월한 또 다른 세계다. 자아는 주관적 정체성의 중심이며, 자기는 객관적 정체성의 중심이다. 자아는 땅 위에 살지만 자기의 이름은 하늘에 쓰여 있다. 디오스쿠로이(Dioscuri)의 신화에도 이와 동일한 심리학적 사실이 적용된다. 제우스의 아들인 카스토르(Castor)는 유한한 생명이고, 또 다른 아들인 플룩스(Pollux)는 시공을 초월한 불사다.

단일성의 이미지는 기원전 3세기의 신플라톤 학파 철학자인 플로티노스(Plotinus)에 의해 상당히 오래 지속된다. 『엔네아데스(Enneads)』[24]에서 그는 자신의 내적 경험에서 나온 것이 분명한 하나에 관해 아름답고 심오한 것들을 언급

---

24 *Enneads* from *The Essential Plotinus*의 이 버전은 엘머 오브라이언(Elmer O'Brien)이 편집하였다. New York, Mentor Books, The New American Library, 1964, VI, 9, 1.

하였다.

> 만물이 존재하는 것은 하나에 의해서다. …… 존재할 수 있는 것은 하나가 아닌가? 하나가 아니라면 그것은 존재하는 것이 아니다. 군대도, 합창단도, 동물 떼도 그것이 하나인 경우 외에는 존재하지 않는다. …… 그것은 식물과 동물 신체에도 마찬가지여서 그것들 각자가 단일성이다. …… 건강은 합일되어 있는 신체의 존재함과 관련된다. 아름다움은 하나에 의한 부분들의 숙달과 관련된다. 영혼의 미덕은 단일의 응집성으로 합일과 관련된다.

개별성 원리의 기본적 중요성에 대해 이보다 더 훌륭한 표현은 찾기 어려울 것이다. 엄격히 심리학적 의미에서 우리가 이 문장을 이해한다면, 우리가 합일되고 고유한 개별성을 살아 내고 그것을 말할 때 순수한 존재가 생겨나는 것이라고 할 수 있다. 물론 이것은 말로는 쉽지만 실재로 살아 내기는 매우 힘들다.

『엔네아데스』에서 인용한 또 다른 예를 제시하면 다음과 같다.

> 하나가 만물을 낳았기 때문에 그것은 더 이상 만물들 중 하나가 아니다—사물도, 특성도, 양도, 지성도, 영혼도 아니다. 움직임 중에도, 정지 상태에도, 공간에도, 시간에도 없으며 그것은 '그 자체로 단일 현상'이거나 존재(Being)와 존재를 다중으로 만드는 특성인 형태, 움직임, 정지에 선행하는 '형태 없음'이다.[25]

이 문구는 심리적 발달을 위해 절대적으로 필요한 것 그리고 심리치료 실제에서 종종 등장하는 것에 대한 이해를 돕는 것이다. "하나가 모든 사물을 낳았으므로 그것은 모든 사물 중 그 어떤 것도 아니다. ……" 이것은 개별성을 특정한 재

---

25 *Enneads*, edited by Elmer O'Brien, VI, 9, 3.

능, 기능 또는 우리 자신의 어떤 측면과 동일시하는 것이 실수임을 의미한다. 그러나 이런 실수는 우리가 매우 자주 하는 것이다. 사람들은 더 똑똑한 사람들, 책을 더 많이 읽은 사람들, 여행을 더 많이 한 사람들, 더 유명한 사람들, 더 기술이 좋거나 음악, 정치 또는 기타 인간 노력, 지식이 많은 사람들에게 열등감과 우울을 느끼고는 그 자신의 특정한 측면이나 기능을 자신의 본질적 개별성과 동일시한다. 특정한 능력이 다른 사람의 그 능력보다 열등하기 때문에 그 자신을 열등하다고 느낀다. 이 감정은 우울로 철수되거나 그가 열등하지 않다는 것을 입증하기 위해 방어적이고 경쟁적인 노력을 하게 한다. 그런 사람이 그의 개별성 및 개인적 가치가 모든 특정한 것을 초월한다는 것을 경험할 수 있다면 그의 안정감이 더 이상 타인의 성취에 위협받지 않을 것이다.

이 타고난 가치감 그리고 행위와 성취에 개의치 않음은 부모에게 받은 순수한 사랑 경험에 의해 정신에 남겨진 귀한 저장품이다. 이런 경험이 결핍되면 그 사람은 무의식의 심층으로부터 힘들게 그것과 동등한 어떤 것, 즉 만다라로 종종 상징되는 단일성을 찾아야 한다. 이 경험은 존재에게 초개인적 근거를 갖고 있다는 느낌을 주며 있는 그대로 존재할 권리를 갖고 있다는 느낌을 준다. 이 경험과 동일한 신학적 상황은 신 앞에서 정당하게 여겨지는 것(의롭다 함을 인침받는 것)이다.

플로티노스는 다음과 같이 언급했다.

> 완전히 자기충족적인 것이 있음에 틀림없다. 그것은 하나다. 안팎으로 혼자인 그것은 결핍이 없다. 그것은 존재하기 위해, 안녕을 성취하기 위해, 또는 존재를 유지하기 위해 외부의 어떤 것도 필요로 하지 않는다.[26]

이 문장은 꼬리를 입에 물고 있는 뱀의 이미지인 노이만(Neumann)의 우로보

26 *Enneads*, edited by Elmer O'Brien, VI, 9, 6.

로스를 생각나게 한다.[27] 그는 주로 우로보로스의 유아적 발현에만 논의를 국한했지만 그의 전체 논의는 우리의 주제와 일치한다. 그러나 이 이미지는 정신 발달의 모든 단계 전체에서 적극적이고 지속되는 이미지다. 이 이미지가 가리키는 것에 해당하는 정신적 사실은 외부 대상과 사람들에 대한 의존을 만들어 내는 모든 좌절에 대한 해결책이다. 개별성을 인식하는 것은 자신이 필요로 하는 모든 것을 갖고 있다는 사실을 깨닫는 것이다. 그것은 또한 자신이 갖고 있는 모든 것을 필요로 한다는 것, 즉 모든 정신적 내용과 사건은 의미가 있다는 것을 의미한다. 이러한 생각은 다음과 같은 플로티노스의 언급에도 표현되어 있다.

> 존재의 세계가 운이나 우연에 지배된다고 믿는 사람들 그리고 그것이 물질적 원인에 좌우된다고 믿는 사람들은 신성한 존재로부터 그리고 하나로부터 멀리 떨어져 있다.[28]

자신의 개별성과 관계 맺는 것은 내면에서 대면하는 모든 것을 의미 있고 중요한 전체 측면으로 받아들임을 의미한다. 그러나 우리는 얼마나 쉽게 그리고 얼마나 자주 "그런 뜻이 아니었어." "잊어버렸어." 또는 "그건 부주의한 실수일 뿐이었어." 등과 같은 말로 우리 자신의 어떤 측면들과의 진정한 만남을 피하는 게으른 전략에 의지하는가? 개별성에 입문한 사람들에게는 빠져나갈 방법이 더 이상 없다. 이들은 우연한 정신적 사건이란 없다는 것을 안다. 정신의 의미 있는 세계에 우연이란 없다.

플로티노스는 다음과 같이 이것을 요약했다.

> 하나는 어떤 차이도 포함하고 있지 않기 때문에 항상 존재하며, 우리가 더

27 Neumann, Erich, *The Origins and History of Consciousness*, Bollingen Series, XLII. Princeton University Press, 1954, p. 5 ff.

28 Plotinus, VI, 9, 4.

> 이상 차이를 포함시키지 않을 때 우리도 그것에 대하여 존재한다. 하나는 우리를 열망하지 않으며 우리 주변에서 움직이기를 열망하지 않는다. 우리가 그것을 열망하며 그것 주위에서 움직이기를 열망한다. 사실 우리는 항상 그 주위를 움직인다. 하지만 우리가 항상 그런 것으로 보이지는 않는다. 우리는 청중에 의해 주의가 분산되는, 지휘자를 중심으로 만들어진 합창단과 같다. 그러나 그들이 지휘자를 향해야 한다면 그들은 그런 줄 알고 노래를 부를 것이고 지휘자와 진정으로 함께할 것이다. 우리는 항상 하나 주위에 있다. 그렇지 않는다면 우리는 해체되고 존재하지 않을 것이다. 그러나 우리의 시선은 하나에 고정되어 있지 않다. 우리가 그것을 볼 때에야 우리는 우리의 욕망의 끝을 보고 안식을 찾을 것이다. 그것은 과거의 불협화음이며, 우리는 그것 주위에서 영감 어린 춤을 출 것이다.
>
> 이 춤에서 영혼은 생명의 근원, 절대지능(the Intelligence)의 근원, 존재(Being)의 근원, 선(the Good)의 근원, 영혼(the Soul)의 근원을 우러를 것이다.
>
> 이 모든 존재는 어떠한 작아짐도 없이 하나로부터 방사되는데, 그 이유는 그것이 물질 덩어리가 아니기 때문이다. 물질 덩어리라면 그것은 손상될 것이다. 그러나 방사는 그것의 발생 원리가 항상 동일하기 때문에 영원하다. 방사는 그것을 만들 때 그 자체를 파편화하지 않으므로 전체적이다. 그래서 빛이 태양이 빛나는 한 지속되는 것처럼 방사는 지속된다.[29]

플로티노스에 관해 끝맺기에 앞서 나는 이 장의 주제와 즉각적으로 관련 있는 그의 사유에 관해 언급해야겠다. 그것은 다섯 번째 『엔네아데스』의 일곱 번째 글에 있으며, 제목은 '특정한 존재의 이상적 원형이 있는가?(Is there an Ideal Archetype of Particular Beings?)'[30]다. 다른 말로, 개인이 그의 개인적 정체성의 초

---

29 Plotinus, VI, 7, 8 and 9.

30 Plotinus, *The Enneads*, traslated by Stephen MacKenna, London, Faber and Faber Ltd., 1962, p. 419.

월적 근거로서 영원한 형태의 플라톤적 이데아를 갖고 있는가? 플로티노스는 이 질문에 대해 확고하게 대답하며 따라서 다른 신비주의 철학자들 및 사유 철학자들과 함께 융의 경험적 자기발견을 개략적으로 설명해 준다고 할 수 있다.

단일성 이미지에 대한 우리의 연구를 완성하기 위해 우리는 현대시대와 라이프니츠(Leibnitz)의 『단자론(Monadology)』으로 다시 돌아와야 한다. 그는 "단일성은 그 어떤 것도 들어오거나 나갈 수 있는 창문이 없다."(『단자론』, 7)라고 하면서 창문 없는 단일성에 관해 언급하였다. 우리 시대의 F. H. 브래들리(Bradley)도 동일한 생각을 논하였다. 그는 다음과 같이 언급하였다. "나의 영원한 감각은 나의 생각과 감정보다 나 자신에게 사적이다. 어떤 경우든 나의 경험은 나 자신의 원에, 밖을 향해 닫혀 있는 원에 포함된다. 그리고 그것의 모든 요소와 마찬가지로 모든 구는 그것을 둘러싼 다른 것들에게 이해되기 힘든 것이다. …… 간단히 말하면, 영혼에 나타나는 실존으로 여겨지는 각자의 전체 세계는 그 영혼에게 특별하고 사적인 것이다."31

이런 관념은 삶에 관한 기본적 진실이 개인에 대한 경험임을 말하는 것이다. 우리 각자는 자신의 분리된 세계에 거주하며 우리의 세계를 타인의 세계와 비교할 수 있는 방법을 알 길이 없다. 물론 우리는 언어를 가지고 있지만 내 생각에 그것조차도 우리가 깨닫는 사적이고 개인적인 경험에 관한 것이다. 나는 이것들을 경험하는 방법을 알지만 나의 경험이 다른 사람의 경험과 일치한다는 것을 어떻게 알 수 있겠는가? 예를 들어, 나는 어떤 방과 그 내용물에 대한 이미지를 갖고 있다. 모든 사람이 나와 동일한 이미지를 갖고 있다는 것을 내가 어떻게 알 수 있겠는가? 물론 우리는 방과 방 안에 있는 물건들에 대한 언어적 기술에 대해 동의할 수 있다. 그러나 언어는 우리 각자에게 상이한 주관적 준거다. 그리고 우리는 비교를 위해 누군가 다른 사람의 세계로 들어갈 수 없다.

세계는 그것을 지각할 의식성이 없으면 존재하지 않는다. 의식성의 중심이 있

31 Bradley, F. H. *Appearance and Reality*, London, Oxford University Press, 1966, p. 306.

는 만큼 많은 수의 세계가 존재할 것이며, 각각의 것은 분리되고 완전하고 해석학적으로 다른 모든 세계로부터 봉인되어 있다. 이것은 극단적으로 보이지만, 나는 일단 무의식적 가정과의 동일시가 해체되면 명백해질 냉철한 사실이라고 확신한다. 그러나 인간 유대, 공감, 이해, 사랑에 대한 부인할 수 없는 경험은 무엇인가? 그리고 분석가와 내담자가 서로에게 영향을 주고받을 것을 요구하는 심리치료의 과정은 무엇인가? 우리에게 정말 창문이 없다면 어떻게 그런 일이 일어날 수 있는가? 실제로 투사와 무의식적 동일시에 근거한 단순하고 분명한 관계를 모두와 맺어야 한다. 그러한 경우 다른 사람을 환상적으로 알고 관계 맺을 뿐이다. 보통 사랑이나 관계라는 이름으로 이루어지는 것의 대부분을 구성하는 투사 현상을 버린다면, 우리는 틀림없이 타인과 공유하는 그리고 우리로 하여금 객관적인 사랑과 이해를 가능케 하는 오직 한 가지 경험을 하게 될 것이다. 그 경험은 창문 없는 단일성, 봉인된 세계의 유일한 거주자에 대한 경험이다. 이런 관점에서 우리 모두는 같은 배를 타고 있다. 그리고 이런 경험이 인간 실존의 일차적이고 본질적인 특성이기 때문에 우리가 다른 사람과 공유하는 것은 모든 것 가운데 단연코 가장 중요한 것이며 우리 안에 있는 모든 사랑과 이해를 위해 충분한 것이다. 그런 이유로, 우리의 개인적 삶의 구체적이고 세부적인 것의 측면, 즉 우리의 판단과 지각의 측면에서만 창문이 없다. 그러나 전체로서 그리고 그것의 본질로서의 우리의 개별성과 관계를 맺는 정도에 따라 우리는 타인과 객관적이고 연민 어린 관계를 맺을 수 있다. 간략히 설명하자면, 자아는 창문이 없지만 자기는 다른 존재들의 세계에 대해 창문이 있다고 할 수 있을 것이다.

우리의 주제와 관련된 또 다른 이미지가 있는데 그것은 단일성 이미지와 밀접히 관련되어 있지만 구별되는 다른 특징도 가지고 있다. 나는 그것을 **독생자**(Monogenes)라고 부르겠다. **단일성**은 태어나는 것이 아니지만 **독생자**는 독자(only-begotten)다. 이 이미지에 가장 친숙한 준거는 **독생자**로 그리스도를 언급하는 성서에 있다. 동일한 용어가 플라톤의 『티마이오스(Timaeus)』에서 우주생성론에 대한 설명에 사용되었다.[32] 그는 다음과 같이 설명했다.

> 완벽한 동물(Animal)처럼 세상이 유대 맺도록 하기 위해 창조자는 두 개의 세계 또는 무한히 많은 수의 세계를 만들지 않았다. 하나의 세계밖에 없고 앞으로 하나의 독생자밖에 없을 것이다(『티마이오스』, 31).

발렌티니아누스적 우주생성론에 따르면 깊음(the Deep), 즉 비스토(Bythos)라 불리는 만물의 아버지가 있었다. 그로부터 독생자라고도 불리는 이성(Nous)이 창조되었고, 그는 만물의 아버지가 창조한 것과 동등하고 같은 것으로 불린다.[33]

동일한 이미지의 버전이 세 개 있는데, 기독교 버전, 플라톤 학파의 철학적 버전, 영지주의 버전이 그것이다. 각각의 경우 유일한 독생자가, 태어나지 않은 근원적 존재로부터 창조되거나 태어나거나 방사된다. 우리가 이 이미지들을 투사된 심리로 이해한다면, 태어나지 않은 존재로부터 방사되는 유일한 독생자는 근원적 · 선험적 자기로부터 출현하는 실증적 자아를 말하는 것이 틀림없다. 자아는 독생자다. 하나만 있을 뿐이며 다중인격의 병리적 경우를 제외하고는 형제도 없다. 따라서 개인이 되는 것은 유일무이한 자녀 됨의 경험, 즉 두 개의 주요 측면을 가진 경험과 관련된다. 두 개의 주요 측면은 하나는 긍정적이고, 다른 하나는 부정적이다. 긍정적 측면은 기용한 관심, 사랑, 주의 등을 놓고 경쟁할 라이벌이 없는, 총애받는 경험이다. 유일한 자녀 됨의 부정적 측면은 그것이 외로움을 의미한다는 것이다.

동일한 것이 개별성의 경험에도 적용된다. 개인이 된다는 것은 특별하고 총애받는 존재가 되는 것이며 또한 외로운 존재가 되는 것이다. 알프레드 아들러(Alfred Adler)는 특히 외둥이(독생자)가 모든 것의 중심, 특별한 존재가 되게 하려는 요구와 기대를 강조하면서 외둥이의 심리에 최초의 관심을 기울인 학자다.

---

32 *Plato's Cosmology*, "The Timaeus of Plato," translated with a running commentary by F. M. Cornford, Indianapolis, New York: Library of Liberal Arts, Bobbs Merrill.

33 Legge, Francis, *Forerunners and Rivals of Christianity*, New Hyde Park, N. Y., University Books, 1964, II, p. 48.

이것은 우리가 이전에 논의했던 자아중심성 또는 무의식적 자기중심성이다. 외둥이는 특히 독생자와의 동일시에 취약한데, 그 이유는 그의 생애 초기에 삶의 경험들이 그 이미지를 구체화하기 때문이다. 그는 현실에서 유일한 독생자다. 그가 발달하려면 외부세계와의 관계에서 그가 전혀 특별하지 않다는 것을 학습하는 고통스러운 경험을 거쳐야 한다. 그러나 특별함의 이미지와 경험은 내면의 심리적 관점에서는 타당한 것인데, 그 이유는 심리적 관점이 개별성이라는 본성의 표현이기 때문이다.

외둥이의 또 다른 측면은 외로움이며, 이것은 의식적 개별성의 성취과정에서 중요한 측면이다. 외로움은 외로움에 대한 긍정적 경험의 선행 요소다. 우리는 외로움이 개별적 실존의 사실인 반면 외로움의 경험은—그것을 기꺼이 하거나 또는 받아들이는 능력이 없는 자아에게— 그런 사실을 의식하게 하는 고통스러운 경험이라고 말할 수 있다. 외로움은 개별성이라는 불편한 사실을 잊기 위해 주의를 다른 데로 돌리거나 유대감을 구한다. 개인이 된다는 것은 특별히 총애받는 자가 되는 것을 의미하며 또한 외로운 자가 되는 것을 의미한다. 외로움을 잊는 대신 외로움에 직면한다면 그것은 홀로 있음의 사실을 창조적으로 수용하는 방향으로 이끌 수 있다.

개별성의 홀로 있음은 은둔자, 수도자, 혼자 있는 사람들에게서 볼 수 있다. 『도마복음서(The Gospel of Thomas)』라고 불리는 최근에 발견된 영지주의 복음서를 보면 '혼자인 사람' 또는 '홀로 있음'에 관한 예수의 여러 중요한 언급이 있다. 그리스어로는 *monachoi*인데, 이는 '단일한 것'으로도 번역될 수 있다.

> 54절. 예수가 말씀하신다. "혼자 있는 자와 선택받은 자는 복이 있나니 하늘나라가 너희 것임이라! 너희가 그곳에서 나왔은즉 너희가 다시 거기로 돌아갈 것이다."[34]

---

34 Doresse, Jean, *The Secret Books of Egyptian Gnostics*, New York, Viking Press, 1960, p. 363.

65절. ……내(예수)가 이것을 말한다. "(사람이) 스스로 혼자 있으면 그는 빛의 충만일 것이지만 나뉜다면 그는 어두움의 충만일 것이다."[35]

79절. 예수가 말씀하신다. "많은 사람들이 문 밖에 서 있지만 신부의 방으로 들어올 자는 오직 홀로 있는 자다."[36]

## 3. 단일체와 다중성

단일체(Unity), 단일성, 혼자일 수 있음(indivisibility)이 개별성의 특성이라면, 다중성(multiplicity)과 분산성(dispersion)은 그 반대다. 이 반대는 하나와 다수라는 전통적인 철학적 문제로 예시되었다. 우리는 이미 나르시스 신화가 어떻게 근원적인 무의식적 단일체를 깨뜨리고 그것을 절단과 분산성에 복종시키는 과정을 나타낼 수 있는지 보았다. 이것은 발달하는 의식성의 분석단계라고 할 수 있다. 그러나 정신의 파편화라는 기존의 상태를 고려할 때 단일체적 합일단계 또는 총합상태가 시작되었다. 흩어져 있는 자료들을 한데 모으는 이미지에 관한 수많은 영지주의 문헌이 있다.[37] 예를 들면, 에피파니우스(Epiphanius)가 인용한 『이브복음서(The Gospel of Eve)』에 보면 다음의 구절이 있다.

> 나는 높은 산 위에 올라서서 큰 사람과 난쟁이를 보았고, 천둥 치는 것 같은 소리를 들었으며, 그 가까이까지 갔다. 그것은 내게 이렇게 말했다. "나는 너고, 너는 나다. 그리고 네가 있는 곳이 어디든 나는 거기에 있으며, 나는 모든 것 속에 있다. 네가 원하는 어떤 곳에서든 너는 나를 알며, 나를 아는 것은 네가 너 자신을 아는 것이다.[38]

35 Doresse, Jean, *The Secret Books of Egyptian Gnostics*, p. 365.

36 Doresse, Jean, *The Secret Books of Egyptian Gnostics*, p. 366.

37 영지주의에 대한 논의는 H. Jonas, *The Gnostic Religion*, 1958, p. 58 ff 참조.

큰 자와 난쟁이는 개별적 존재 경험의 역설적 특성을 기술하는 '큰 자보다 더 큰 자, 작은 자보다 더 작은 자'의 주제를 말하는 것이다. 개인은 집단적이고 통계적인 용어로는 설명할 수 없고, 내적 관점에서는 모든 것이다. 위대하면서 작게 태어나는 강한 자는 안트로포스(Anthropos), 즉 근원적 단일성이며, 이는 자아의 육화 과정에서 분산된다. 다중성을 실제 세계에 적용하는 것은 단일성이라는 근원적 상태를 깨뜨리는 특별한 경우로서 주의를 돌리고 개입을 필요로 한다. 우리의 문헌은 이 흩어진 파편들을 이제 모아야 한다고 충고한다.

『빌립복음서(Gospel of Philip)』를 인용한 에피파니우스에 언급된 또 다른 문장을 보면, 영혼은 그것이 하늘나라로 올라감으로써 그 스스로를 정당화한다(의롭게 여긴다.).

> 나는 나 자신을 인식했고, 모든 방면으로부터 나 자신을 모았다. 나는 통치자(이 세상의 주인)에게 씨를 뿌리지 않았고 그의 뿌리를 찢었다. 나는 넓게 흩어진 나의 사지를 모았으며, 나는 당신이 누구인지 안다.[39]

어거스틴에게서도 신학적 버전의 동일한 이미지를 볼 수 있다.

> 신을 믿지 않는 부정한 행위를 통해 우리는 진실한 하나, 최고의 신으로부터 떠나고 따르지 않고 타락했으며, 많은 것에 의해 분열된 많은 것 속으로 스스로 흩어졌고, 많은 것이 되었기 때문에 많은 사람이 하나(그리스도)의 오심을 환영하는 대열에 합류하여…… 하나의 공의로움 앞에 의롭다 함(정당화)을 받고 그와 하나가 되어야 했다.[40]

---

38 Mead, G. R. S., *Fragments of a Faith Forgotten*, p. 439.

39 Mead, G. R. S., *Fragments of a Faith Forgotten*, p. 439 f.

40 The Trinity IV, 11, as quoted by H. Jonas, *The Gnostic Religion*, 1958, p. 62.

다시 한 번, 우리는 같은 생각을 오리게네스(Origen)의 뛰어난 심리학적 표현 속에서 찾아볼 수 있다.

> 한 사람이 있었다. 아직 죄인인 우리는 이 찬양의 이름을 얻을 수 없다. 우리 각자는 하나가 아닌 많은 것이기 때문이다. …… 스스로 하나라고 생각하는 그가 어떻게 하나가 아니라 기분에 따라 수많은 인격을 갖는지 보라. ……[41]

심리학적 조건으로서의 분산성과 다중성은 내적 관점이나 외적 관점에서 볼 수 있다. 안에서 보았을 때 그것은 상대적으로 자율적인 수많은 콤플렉스를 포함한 내적 파편화 상태인데, 자아에 의해 건드려지면 기분과 태도에 변화를 일으키고 개인으로 하여금 그가 하나가 아닌 여럿임을 깨닫게 한다. 외적 관점에서 보았을 때 다중성은 개인 정신의 부분들이 외부세계로 외현화 또는 투사되는 것으로 나타난다. 이런 조건에서 외부의 사람들, 물건들, 사건들로 구체화되어 있는 친구와 적, 희망과 공포, 지지의 근원과 실패의 위협을 발견한다. 그러한 분산 상태에서는 본질적인 개별성의 경험은 존재하지 않는다. 그것은 '수천 개의 것'에 얽매여 있다.[42]

내적 측면과 외적 측면은 동일한 사실을 보여 주는 두 개의 방법일 뿐이다. 어떤 방식이든 모아들이는 과정이 필요하다. 이 모으는 과정은 개인 분석 과정에서 많은 시간을 차지한다. 계속해서 피분석자는 그가 꿈 이미지를 다루든 정서로 가득 찬 투사를 다루든 "나는 그것이다(I am that)."라고 말할 수 있는 그것을 알아야 한다. 자기모음(self-collection) 또는 더 나은 자기회상(self-recollection)의 과정은 자아 발달 과정에서 제거되어 버린 모든 측면을 자신의 것으로 받아들이는

---

41 *Mysterium Coniunctionis*, C. W., Vol. 14, par. 6, n. 26에서 융이 인용함.

42 어거스틴은 다음과 같이 말하였다. "……모든 영혼은 난파를 당해서 죽어질 것들에 묶여 있다—영혼이 그것을 잃으면 산산조각날 것이다. 그러고 나면 그것들을 잃기 전부터조차 영혼이 가지고 있던 참담함을 깨닫는다." *Confessions*, Book IV, Chap. VI.

것을 포함한다. 이 과정에서 매우 점진적으로 명백한 다중성 뒤에 단일성이 있다는 것, 그리고 처음에 몹시 힘든 자기모음의 과정을 하도록 동기화한 것이 이 선험적 단일성임을 희미하게 깨닫기 시작한다.

한 현대인의 꿈이 우리가 논의해 온 주제들을 잘 예시해 주고 있다. 사실 이 장 전체는 이 꿈이 의미하는 바에 대한 주석서라고 할 수 있다. 그 꿈을 요약하여 제시하면 다음과 같다. 꿈꾼 이는 단세포의 유기체를 보았는데, 아메바 같은 강하게 움직이는 원형질의 작은 덩어리였다. 보통은 핵이 있는 중심에 구멍이 있었다. 이 구멍을 통해 그는 또 다른 세계, 즉 지평선이 펼쳐져 있는 풍경을 보았다.

이 꿈에 대한 꿈꾼 이의 연상은 다음과 같다. 단세포 유기체는 꿈꾼 이에게 생명이 분절된, 개별적 단일체인 세포에 의해 유지된다는 것을 생각나게 했다. 여기에 단일성의 상징성의 준거가 있다. 원형질은 기본적인 생명 물질, 생존하기 위한 모든 생물학적 충동의 근원으로 기술되었다. 그것은 모든 종류의 성욕과 욕망의 자리라고 할 수 있다. 진동은 마음에 썰물과 밀물, 심장의 수축과 팽창, 낮과 밤의 교차를 가져온다. 세포의 중심에 있는 구멍은 꿈꾼 이에게 『이상한 나라의 앨리스(Alice's Adventures in Wonderland)』에 나오는 또 다른 세계를 향한 입구인 토끼 굴을 연상시켰다. 세포의 중심이 비어 있다는 사실은 전통적인 종교적 만다라는 그 중심에 신성의 이미지를 갖고 있지만 현대의 개인들의 만다라 중심은 비어 있는 것의 영향에 관해 융의 글을 읽었다는 것도 회상해 내게 만들었다.

따라서 꿈꾼 이는 우리에게 생물학적 형태인 세포로 단일성을 묘사해 준 것이다. 이 세포는 정신의 기본적 갈망, 욕망, 삶의 충동을 의미 있게 해 주는 진동하는 원형질로 구성되어 있다. 강하게 움직이는 이 성적 욕망의 덩어리의 바로 중심에 다른 세계, 원형적 정신으로 가는 창문 또는 입구가 있다. 이것이 시사하는 것은 원형질(protoplasm)을 거부함으로써가 아니라 원형질적 충동의 중심을 뚫음으로써 다른 세계를 볼 수 있다는 것이다. 다른 말로 하면, 초개인적 사실로서의 개별성의 경험은 힘, 욕망, 우리의 팽창 충동의 중심 바로 거기에서 발견된다.

이 꿈은 융이 보고한 꿈 내용과 일치한다.

> 꿈꾼 이는 세 명의 나이 어린 동료와 리버풀을 여행하고 있었다. 어두운 밤이었고 비가 왔다. 공기는 연기와 검댕으로 가득 찼다. 그들은 항구 쪽에서 위쪽의 시내로 올라갔다. 꿈꾼 이가 말했다. "지독하게 어둡고 기분이 나빠. 어떻게 이런 곳에 정착할 수 있는지 이해할 수 없군." 동료 중 한 명이 놀랍게도 그의 친구 한 명이 이곳에 정착했다고 말해 모두가 놀라워했다. 이 대화를 하는 사이 우리는 도시의 중심에 있는 일종의 공공정원에 도착했다. 공원은 사각 모양이었고, 중심에는 호수 또는 넓은 수영장이 있었다. 그 위에 나무 한 그루가 있었는데 붉은 꽃이 피어 있는 목련나무로 영원히 내리쬐는 햇빛 속에 기적적으로 서 있었다. 나는 동료들이 이 기적을 보지 못한다는 것을 알았고, 그 사람이 왜 여기에 정착했는지 이해하기 시작했다.[43]

이 꿈은 앞서 제시한 꿈과 여러 가지 유사점을 갖고 있다. 리버풀의 불쾌한 어둠은 원형질에 상응한다. 생명의 자리, 강과 연결된 리버풀(liverpool; 역주: pool of life)이라는 이름은 원형질과 동일한 상징적 의미를 갖고 있다. 리버풀의 어둠의 중심에 있는 영원한 태양 빛의 수영장은 원형질의 중심에 있는 다른 세계에 대한 관점과 유사하다. 꿈꾼 이가 구멍을 또 다른 세계로 가는 창문으로 부른 것처럼 영원한 햇빛의 장소는 나중에 꿈꾼 이가 '영원을 향해 열려 있는 창문'으로 묘사했다. 여기서 우리는 단일성이 창문 없는 것이 아니라는 경험적 증거를 갖게 되었다. 리버풀 꿈은 융이 출판한 만다라 그림으로 이어진다([그림 6-1] 참조).[44]

융이 제시한 바와 같이 만다라는 개인됨의 경험에 대한 주요한 상징적 표현이다. 이런 이미지는 독특하고, 혼자일 수 있고, 외로운 단일성에 대한 웅장하고 끔

---

43 Jung, C. G., *The Archetypes and the Collective Unconscious*, C. W., Vol. 9 i, par. 654.

44 Jung, C. G., *The Archetypes and the Collective Unconscious*, figure 6.

[그림 6-1] 리버풀 만다라
C. G. 융(Jung)

찍한 의미가 개인에게 싹트기 시작할 때 무의식으로부터 자발적으로 나타난다. 만다라의 상징성에 대한 의식적이고 신학적인 지식이 의미하는 바는 거의 없다. 사실 이런 이미지들이 실제 경험을 대체하여 고의적으로 만들어지는 것은 위험을 야기한다. 융은 다음과 같이 언급했다.

> 이 문제에는 아무리 주의를 기울여도 지나치지 않다. 그 이유는 이국적인 장식 깃털을 갖고, 이 이국적인 깃털로 장식하려는 모방적 충동, 상당히 병리적인 탐욕과 함께 너무 많은 사람이 그러한 '마술적' 관념 속으로 빠져들고 그것을 영원히 적용하는 잘못된 인도를 받기 때문이다. 사람들은 자신들의 영혼과 직면하는 것을 피하기 위해 얼마나 불합리하든 상관없이 무엇이든 할 것이다.[45]

그러한 일탈은 제쳐 두고 만다라가 상징하는 경험은 인간 실존의 가장 중심적이고 기본적인 사실이다. 그것은 내가 여기서 다루려고 하는 개인됨의 조건이다. 이 희미하게 깨달아진 사실은 우리의 가장 큰 갈망과 가장 큰 두려움의 근원이다. 우리는 그것을 사랑하며 그것을 싫어한다. 그것의 당면성은 한때는 우리를 분리와 단절의 고뇌 속에 밀어 넣고, 또 다른 때에는 깊은 의미와 안정성을 준다. 그러나 모든 변화 가운데 그것은 우리 존재의 궁극적 사실이다.

나는 처음에 삶은 연속적이지만 분절된 단일성으로 이루어져 있다는 외부관찰로 시작했다. 그러나 단일성의 창 없는 특성을 논의하면서 단일성이 진정으로 창을 갖고 있다는 것을 알게 되었다. 개별성 경험의 중심에 있는 것은 모든 다른 개인들이 하나의 봉인된 세계에 살고 있는 존재로서 동일한 경험을 공유하고 있다는 깨달음이며, 이 깨달음은 우리를 삶의 기타 모든 단일체들과 의미 있게 연결시킨다.

---

45 Jung, C. G., *Psychology and Alchemy*, C. W., Vol. 12, par. 126.

결과는 우리가 우리 자신을 연속체의 일부분으로 경험한다는 것이다. 따라서 충분한 깊이로 이루어진 내적 관찰은 외적 관찰과 모순된다. 빛의 속성과 관련된 물리학의 문제가 생각난다. 빛은 분자로 이루어져 있는가, 아니면 파동으로 이루어져 있는가? 즉, 그것은 개체 단위로 이루어져 있는가, 아니면 연속체로 이루어져 있는가? 현재의 데이터는 빛이 역설적이게도 분자와 파동 두 가지 모두로 이루어져 있음을 고려할 것을 요구한다.[46] 우리는 독특하고 홀로 있을 수 있는 단일체이면서, 동시에 삶의 우주적 파동인 연속체의 일부분이다.

---

46 이 문제에 대한 논의는 Werner Heisenberg의 *Physics and Philosophy*, New York: Harper Torchbooks, 1962, p. 44 ff 참조.

CHAPTER 07

# 삼위일체 원형과 발달의 변증법

세 종류의 '전체(Wholes)'가 있다. 첫째는 부분들의 앞쪽, 둘째는 부분들로 구성되어 있고, 셋째는 부분과 전체를 하나로 엮은 것이다.

– 프로클로스(Proclus)*

## 1. 3과 4

융(Jung)의 주요 발견 중 하나는 숫자 4를 심리적 전체성의 상징성과 숫자 4의 기능에 연결시킨 숫자 4의 심리학적 의미다. 사위(quaternity)의 중요성은 그것을 정신의 구조와 정신의 발달 목표인 개성화 과정으로 간주하기 때문에 그의 전체 정신이론에 기본을 이룬다. 따라서 우리는 특히 사위의 상징성에 주목할 것인데, 그 이유는 그것이 꿈, 신화와 민담의 이미지로 나타나기 때문이다. 그러나 흔히 마주하게 되는 그 외의 숫자 모티프들도 있다. 아마도 그중 가장 자주 보게 되는 것은 3의 주제다. 융이 사위에 부여한 뛰어난 가치 때문에 그는 대부분의 경우에 삼위(trinitarian) 이미지를 불완전하거나 절단된 사위로 해석하는 경향이 있

* 플라톤(Plato)의 『티마이오스(Timaeus; 대화록)』, 83, 265절 주석.

었다.[1] 이 접근은 어떤 반대를 불러왔는데, 예를 들어 빅터 화이트(Victor White)는 다음과 같이 기술했다.

> …… 숫자 3을 볼 때 '네 번째는 어디 있지?'라고 항상 질문을 해야만 하는가? 항상 그리고 어디서나 3은 4에서 하나가 빠진 것으로 이해되어야 하는가? …… 모든 세 번째는 실패한 사각에 불과한 것인가? …… 아니면 삼위의 상징은, 말하자면 사위의 이미지와 구별되는 내용을 제시할 수 있는 별도의 원형적 이미지가 있을 수 있는가?[2]

이 장에서는 이 질문을 계속할 것이다.

삼위의 상징성에 대한 융의 가장 포괄적인 논의는 그의 에세이 「삼위일체 도그마에 대한 심리학적 접근(A Psychological Approach to the Dogma of the Trinity)」에 있다.[3] 이 에세이는 기독교 시대 이전의 삼위일체 상징을 개관하는 것으로 시작하며, 그런 다음 플라톤과 피타고라스 학파의 수비학(numerology)에 관한 기술로 이어진다. 성부, 성자, 성령의 기독교 삼위일체에 대한 심리학적 주석에 이어 융은 교리의 일부로서 삼위일체의 3의 측면의 심리학 및 사위 이미지와의 비교에 대한 논의로 이어 간다. 후자는 이전에 거부되었던 네 번째 요소, 즉 물질, 사악하고 어두운 측면을 추가함으로써 삼위일체를 완성에 이르게 하는 것으로 간주된다.

그것을 특별히 언급하지 않고 융은 서로 불일치하는 두 가지의 상이한 해석을 엮은 것 같다. 한편으로 그는 삼위일체를 불완전한 신성(deity)의 표상으로 해석한다. 아마도 그것은 심리 발달의 어떤 기간에는 반드시 필요하지만 개성화의 요구에는 부적당한 것인데, 그 이유는 그것이 신의 물질적 측면과 사악한 측면

1 Jung, C. G., *Psychology and Alchemy*, C. W., Vol. 12, para. 31 and *Aion*, C. W., Vol. 9 ii, para. 351.

2 White, V., *Soul and Psyche*, New York, Harper and Brothers, 1960, p. 106.

3 Jung, C. G., *Psychology and Religion: West and East*, C. W., Vol. 11, par. 169 ff.

이라는 네 번째 원리를 제거하기 때문이다. 다음의 인용을 이용해 해석을 예시하겠다. 사악한 힘의 실제에 관해 논의한 후 융은 다음과 같이 기술했다.

> 일신교에서 신에 반하는 모든 것은 신 자신에게만 되돌려질 수 있을 뿐이다. 이 생각은 그것에 관해 거의 말하지 않을 정도로 불쾌한 것이며, 따라서 피해야 하는 것이다. 그것은 사타나엘(Satanael)로 악마 같은 매우 영향력 있는 인물이 삼위일체의 우주에 적절히 수용될 수 없는 이유다. …… 그것은 사타나엘이 신의 첫 번째 아들이고 예수가 두 번째 아들이라고 보는 영지주의 관점과 직결되어 있다. 더 이상의 논리적 추론은 삼위일체 공식을 폐지하는 것과 사위로 그것을 대치하는 것일 것이다.[4]

그러나 에세이의 다른 부분에서 융은 삼위일체 상징을 네 번째를 추가할 필요 없는, 그 자체로 완전하고 충분한 발달과정의 세 단계로 언급한다. 예를 들면, 그는 아버지, 아들, 성령의 세 단계를 다음과 같이 묘사했다.

아버지의 세계에 관한 묘사는 다음과 같다.

> 아버지의 세계는 한 시대를 대표하며, 이는 전체 자연과 원시적인 하나의 상태가 특징이다.[5]
>
> …… 중요한 심판과 도덕적 갈등으로부터 멀리 떨어진 시대.[6]
>
> 그것은 아동기 상태의 사람이다.[7]

아들의 세계에 관한 기술은 다음과 같다.

---

4 Jung, C. G., *Psychology and Religion: West and East*, par. 249.

5 Jung, C. G., *Psychology and Religion: West and East*, par. 201.

6 Jung, C. G., *Psychology and Religion: West and East*, par. 199.

7 Jung, C. G., *Psychology and Religion: West and East*, par. 201.

> 구원에 대한 갈망 그리고 인간이 성부(the Father)와 여전히 하나였던 완벽의 상태에 대한 갈망으로 가득 찬 이 세계. 그는 성부의 세계를 갈망하며 되돌아보았으나 그것은 영원히 잃어버린 세계일 뿐이었다. 왜냐하면 인간 의식성이 그동안 불가역적으로 커져서 그것을 독립적인 것으로 만들어 버렸기 때문이다.[8]
>
> 성자(the Son)의 발달단계는 **최고로** 갈등상태다. …… 신의 법으로부터의 자유는 대극들을 갈등하게 만든다.[9]

성령의 세계에 관한 기술은 다음과 같다.

> 세 번째 단계로의 발전은 무의식에 대한 인식과 같은 것을 의미한다. 실제 그것에 순복하는 것이 아니라면…… 첫 단계에서 두 번째 단계로의 이행이 어린아이 같은 의존의 희생을 요구하는 것처럼 세 번째 단계로의 이행도 배타적인 독립성이 포기되어야 한다.[10] 이 세 번째 단계는 '나'라고 말할 수 없고 보다 포괄적인 존재로밖에는 시각화되지 않는 초개인적인 전체성과 자아의식성을 관련짓는 것을 의미한다.[11]

아버지와 아들 그리고 성령이라는 세 개의 발달단계를 기술하는 이 인용문들에는 삼위일체가 네 번째 요소의 추가를 필요로 하는 불완전한 상징이라는 제안이 없다. 그보다는 삼위일체가 시간상의 발달과정을 적절하고 완전하게 상징하는 것 같다. 이 발달과정을 논의하면서 융은 다음과 같이 언급했다. "리듬은 세 단계로 이루어져 있지만 결과적인 상징은 사위다."[12] 이 언급은 분명히 삼중의

---

8 Jung, C. G., *Psychology and Religion: West and East*, par. 203.

9 Jung, C. G., *Psychology and Religion: West and East*, par. 272.

10 Jung, C. G., *Psychology and Religion: West and East*, par. 273.

11 Jung, C. G., *Psychology and Religion: West and East*, par. 276.

12 Jung, C. G., *Psychology and Religion: West and East*, par. 258.

리듬과 사중의 목표가 어느 것도 서로의 측면에서 적절하게 해석될 수 없는 서로 분리된 상징적 존재임을 시사한다. 그러나 이 점은 나중에 삼위가 신성의 불완전한 표상으로 기술되는 때에 사라진다.

발달과정의 삼중리듬은 더 주의를 기울일 필요가 있다. 이 삼중의 상징이 서로 분리되어 있고 그 자체로 타당한 존재라고 가정하자. 이 경우 삼위일체 또는 삼중성의 원형과 사위 또는 사중성의 원형은 그 자체의 영역에서 각각 타당하고 적절하며 완전한 정신의 두 가지 다른 측면을 말하는 것이다. 사위 이미지는 구조적, 정적 또는 영원한 의미를 가진 정신의 전체성을 표현하는 반면, 삼위일체 이미지는 역동적이고 발달적이며 일시적인 측면에서의 심리적 경험의 총체를 표현한다.

사위, 만다라 이미지는 정신이 동요할 때 출현하며 안정과 쉼의 느낌을 준다. 정신의 사중적 속성의 이미지는 안정적인 방향성을 제공한다. 그것은 정적 영원성을 암시한다. 티베트 불교의 만다라는 이 목적을 위해 사용된다. 그것은 마치 개인이 영원한 구조적 본질에 안전하게 근거하고 있으며 혼란스러운 변화의 위험으로부터 보호받는 것 같은 의식성에 평화와 진정을 주는 명상의 도구다. 심리치료를 받는 환자들은 때로 그들의 정신적 통합이 위협에 처했을 때 자신의 만다라 그림 위에서 이 명상의 방법을 스스로 발견한다.

다른 한편, 삼위일체 상징은 시간상의 성장, 발달, 움직임을 암시한다. 이것들은 스스로를 정적 연결보다는 역동적인 연결로 둘러싸고 있다. 따라서 베인즈(Baynes)는 다음과 같이 언급했다. "삼위일체 원형은 역동적인 또는 생동감 넘치는 측면을 상징한다."[13] 그리고 "숫자 3은 특히 창조과정과 관련되어 있다. …… 본질적으로 에너지의 모든 기능은 대극 쌍의 형태를 갖고 있으며, 그것의 생산물인 제삼의 것에 의해 합일된다. 따라서 삼각은 세 번째 요인에 의해 합일되는 대극 쌍의 상징이다."[14] 융은 아버지, 아들, 성령의 단계로서 심리적 발달의 세 단

13 Baynes, H. G., *Mythology of the Soul*, London, Ryder and Company, 1969, p. 565.

14 Baynes, H. G., *Mythology of the Soul*, p. 405.

계를 기술할 때 삼위일체에 대해 역동적이고 발달적인 해석을 하였다. 시간상 모든 사건은 자연스럽게 삼중패턴에 들어맞게 된다. 의식적 정신은 시간을 세 개의 범주, 즉 과거, 현재, 미래의 측면에서 생각한다. 플로리스의 요아킴(Joachim of Floris)은 1000년 전의 시간의 측면에서 삼위일체를 해석했다. 이 관점에 따르면 그리스도 이전 시대는 아버지의 시대였고, 그리스도 이후의 천 년은 성령의 시대였다.

시간적 또는 발달적 사건을 다룰 때 삼중패턴의 측면에서 그러한 사건들을 조직하는 깊은 곳에 자리한 원형적 경향성이 있는 것 같다. 프로이트(Freud)는 구강기, 항문기, 성기기의 세 단계의 측면에서 심리적 발달을 기술하면서 이 패턴을 제안했다. 이스더 하딩(Esther Harding)은 자동(autos), 자아(ego), 자기(Self)의 측면에서 세 단계의 심리적 발달을 기술하면서 동일한 삼중패턴을 제시하였다.[15] 발달과정에서의 삼중구분의 또 다른 예는 알프레드 노스 화이트헤드(Alfred North Whitehead)가 제시한 것이다. 화이트헤드는 그의 에세이 〈교육의 리듬(The Rhythm of Education)〉[16]에서 자연스러운 학습과정을 세 개의 단계로 구분했다. 그는 이 세 단계를 로맨스의 단계, 정확성의 단계, 일반화의 단계로 부른다. 첫 번째 단계인 로맨스의 단계는 최초의 발견에 대한 정서적 흥분이 특징이다. 체계적 접근의 차분함과 훈육을 허용하지 않는 전반적인 반응이 있다. 이 단계에 해당하는 아동이나 성인은 열려 있는 새로운 세계에 중독된다. 두 번째 단계인 정확성의 단계는 접근의 넓이와 전체를 정확한 공식에 복종시킨다. 여기서 우리는 정확한 사실의 축적 그리고 비판적이고 지적인 분석을 한다. 세 번째 단계인 일반화의 단계는 화이트헤드가 이전 두 단계를 통합한 것이라고 지칭하였다. 그것은 분류된 생각 및 관련 기술의 진보와 함께 로맨스 단계의 전체적 반응으로의 회귀다.

---

15 Harding, M. Esther, *Psyhic Energy: Its Source and Its Transformation*, Bollingen Series X, Princeton University Press, 1963, p. 22 f.

16 Whitehead, A. N., *The Aims of Education*, New York, MacMillan, 1929.

신비주의자가 기술하는 영적 발달의 과정도 삼중의 과정이다. 잉게(Inge)에 따르면 다음과 같다.

> …… (신비주의자는) 그의 길, 즉 한 걸음 한 걸음씩 올라야 하는, 땅에서 하늘에 이르는 사다리로서의 그의 길을 알고 싶어 한다. 이 완전함의 척도(scala perfectionis)는 세 개의 단계로 구분된다. 첫 번째는 정화하는 삶, 두 번째는 밝게 비추는 삶인 반면, 여정의 일부라기보다는 진정한 목표인 세 번째는 결합하는 삶 또는 완벽한 명상의 상태로 불린다.[17]

융은 여기서 관련된 것으로 피타고라스적 숫자 상징성을 기술하였다. 첫 번째이고 근원적인 수인 1은 엄격히 말하면 숫자가 아니다. 단일체이자 전체로서의 하나는 분리된 존재 사이를 구분하는 능력을 필요로 하는 숫자 인식에 앞서 존재한다. 따라서 '하나'는 상징적으로 창조와 사물의 분리 이전의 우로보로스 상태에 상응한다. 숫자 2가 최초의 진정한 숫자인데, 그 이유는 그것과 함께 하나를 또 다른 하나와 구분할 수 있는 가능성이 생겨나기 때문이다. 둘은 창조 행위, 즉 난일제의 원초적 상태로부터 자아의 출현을 상징한다. 둘은 대극을 암시한다. 둘은 하나로부터 또 다른 하나의 분리이며, 따라서 갈등상태를 나타낸다. 그러나 셋은 하나와 둘의 합이며, 그 둘은 그 자체로 합일한다. 그것은 둘의 갈등적 상태를 해결하는 화해의 상징이다. 3은 융이 "성령은 대극의 합일이다."[18]라고 말했을 때의 성령의 상징적 중요성에 관한 그의 주석과도 일치한다.

이런 각도에서 삼위일체에 접근하면 네 번째 요소에 대한 여지는 없다. 우리가 그것을 역동적이고 발달적인 과정을 나타내는 것으로 생각한다면 세 번째 단계는 과정의 결론이라고 할 수 있다. 세 번째 단계는 하나라는 근원적 상태 또는

17 Inge, W. R., *Christian Mysticism*, Methuen & Co., 1899, reissued by Meridian Books, pp. 9 f.

18 Jung, C. W., 11, par. 277.

더 높은 수준을 회복한다. 이 새로운 단일체는 삼위일체 주기를 반복하는 새로운 대극의 출현에 의해 혼란될 수 있다.

헤겔(Hegel)이 역사적 과정을 이해하기 위해 제안한 공식에 정확히 병치를 이루는 이 수의 상징성이 들어 있다. 헤겔에 따르면 인간 역사에서 모든 움직임과 사건은 삼중의 주기 패턴을 따른다. 첫 번째는 처음의 입장(position)이 고안되고 형성된다. 이것은 정명제(thesis)라고 불린다. 그다음은 반대 입장이 배열되고, 자라고, 마침내 첫 번째 것을 뒤집는다. 이것은 반명제(antithesis)라고 한다. 마지막 단계에서 반명제의 일방향성과 부적절성이 인식되며 두 대립의 합으로 대치된다. 따라서 공식은 정, 반, 합이다. 합은 주기의 반복을 통해 새로운 정명제가 된다. 이것은 최초의 위대한 통찰이었다. 그것은 최고로 단순하고 일단 이해한다면 명백한 사실이다. 이것이 역사에서 나타나든 그렇지 않든 간에 그것은 개인 심리학에서 경험적으로 분명하게 증명될 수 있다. 그것은 정적이고 영원한 측면과는 반대되는 역동적이고 일시적인 인간 삶의 사건들에 구조와 의미를 주는 삼위일체 원형의 또 다른 표현이다.

인류에게는 신성을 삼중의 속성으로 생각하려는 뿌리 깊은 경향이 있다. 기독교의 삼위일체는 이것의 한 예다. 그의 에세이에서 융은 바빌론과 이집트의 삼위일체를 기술했다. 또한 그리스의 삼위일체인 제우스, 포세이돈, 하데스가 있고 삼위의 모성신이 여럿 있다. 인간의 일시적 운명을 방향 짓는 힘인 운명은 일반적으로 삼중의 이미지로 생각되어 왔다. 예를 들어, 그리스에는 세 개의 운명—생명의 실을 잣는 여신 클로토(Clotho), 인간 생명의 실의 길이를 재는 라케시스(Lachesis) 그리고 그것을 자르는 아트로포스(Atropos)—이 있다.

게르만 민족 특유의 신화에는 세 개의 노른(Norn)어가 있다. 우르드(Urd), 베르단디(Verdandi), 슐트(Shuld)가 그것이다. 가장 오래된 말인 우르드는 과거를 지칭하는 말이고, 베르단디는 현재를, 슐트(Shuld)는 미래를 나타내는 말이다. 수많은 헤르메스가 가장 빈번히 삼위일체로 간주되었다. 수많은 신전이 세 개의 길이 만나는 곳인 'trivia(3)'라는 어원이 될 정도로 상식이 되기까지 수많은 사원이 헤르메스를 위해 세 개의 길이 만나는 곳에 세워졌다. 이 예들은 신성을 삼중 속성과 연결시키는 만연한 경향성을 나타내는 것이다. 어떻게 정신이 하나의 구조라는 확신으로 이것을 이해할 수 있겠는가? 이 삼위일체 이미지들은 구조 신성(structure deity)과 반대되는 기능적 신성 또는 과정 신성(process structure)을 나타낸다. 다른 말로 하면, 이 이미지들은 그 모든 단계에서 정신적 역동성의 인격화다. 이러한 관점에서 삼위일체는 사위뿐 아니라 전체성을 표현할 수 있지만 그것은 다른 종류의 전체성이다. 어느 경우에는 발달적 움직임의 다양한 역동적 단계의 전체이기도 하고, 다른 경우에는 구조적 요소들의 전체이기도 하다. 셋은 과정, 넷은 목표를 상징한다.

게르하르트 아들러(Gerhard Adler)는 여성적 셋(triad)과 남성적 셋을 구분했다. 그는 다음과 같이 언급했다. "여성적 셋은 항상 그들의 자연적인 발달과 성장에서 일어나는 본능적 사건들과 연결되어 있는 반면, 남성적 셋은 합이라는 세 번째 단계에서 그 화해를 발견할 수 있는 정과 반 사이의 역동적 대극에 근거하고 있다."19

이것은 의심할 여지없는 사실이다. 여성적 삼위일체는 출생, 성숙, 죽음과 같은 자연적이고 생물학적인—거의 항상 비정신적(nonpsychic)이라고 할 수 있는—성장과정의 범주로부터 파생되는 것인 반면, 남성적 삼위일체는 정신 또는 의식성의 발달과 특히 관련되어 있는 것으로 보인다. 후자의 경우 생물학적 범주는 아니지만 정과 합 또는 신과 사탄 같은 영적 또는 정신적인 것들이 있다. 그러나 이러한 구분되는 차이에도 불구하고 넓은 의미로 볼 때 여성적 삼위일체와 남성적 삼위일체는 역동적이고 발달적인 시간상의 과정이라고 할 수 있다.

앞의 장들에서 나는 의식 발달의 다양한 수준에서 관찰할 수 있는 자아와 자기 사이의 관계를 설명하기 위해 심리학적 발달의 도식을 요약했다. 나는 지혜롭게 만들어진 삼중패턴—자아, 자기[또는 비자아(non-ego)] 그리고 그 둘(자아-

19 Adler, G. *The Living Symbol*, New York, Pantheon, 1961, p. 260. n.

자기 축)의 연결의 삼중의 존재—을 사용하겠다. 이 가설에 따르면 의식성의 발달은 개인의 생애 전체 동안 계속해서 반복되는 삼중주기를 통해 일어난다. 이 반복적 주기의 세 단계는 ① 자아의 자기동일시, ② 자기로부터 소외된 자아, ③ 자아–자기 축의 단계로도 부를 수 있다. 이 세 단계는 기독교 삼위일체의 셋, 즉 아버지의 시대(자기), 아들의 시대(자아), 성령의 시대(자아–자기 축)라는 용어와 정확히 일치한다. 이것은 일시적 · 발달적 과정의 전체를 표현하는 삼중 패턴의 또 다른 예다.

인간이 신체, 혼, 영으로 구성되어 있다는 중세시대의 관념은 전체성의 또 다른 삼위일체적 표상이다. 유사하게 연금술 이론에 따르면 모든 금속은 세 가지의 주요 원리인 수은, 유황, 소금으로 이루어져 있다. 파라셀수스(Paracelsus)가 두 개념을 조합했는데, 그는 다음과 같이 기술하고 있다.

> 이제 이 세 가지의 물질, 즉 영, 혼, 신체를 바로 이해하기 위해 이것들이 세 가지 원리, 즉 일곱 개의 모든 금속이 만들어지는 수은, 유황, 소금만을 의미 있게 하는 원리임을 알아야 한다. 수은은 영, 유황은 혼 그리고 소금은 신체다.[20]

한 현대인의 꿈이 동일한 이미지를 표현하고 있다. 한 남자가 다음과 같은 꿈을 꾸었다. 기업이 완성에 이르기 위해서는 세 가지 것이 함께 있어야 한다. 고추, 고추가게, 그리고 '고추'라는 말을 해야 하는 R. N.(주도성과 영향력을 지닌 남자)이 있어야 한다. 꿈은 기업이 신체, 혼, 영이 함께 있을 때만 완성될 수 있음을 말하고 있다. 고추는 매운 '영혼의 것'이다. 고추가게는 신체, 즉 깨달음을 위한 구체적 맥락이다. 그리고 그 단어를 말하는 것은 자발적이고 창조적인 영의 행위다.

20 Waite, A. E. transl., *The Hermetic and Alchemical Writings of Paracelsus*, reprinted by University Books, New Hyde Park, N. Y., 1967, Vol. I, p. 125.

## 2. 변환과 발달

역동적이고 발달적인 사건인 변환, 즉 죽음과 재탄생의 주제는 숫자 3과도 연결되어 있다. 3일은 밤바다 여정의 상징적 지속이다(예: 요나, 그리스도). 그리스도는 두 명의 도둑 사이에서 십자가에 달렸다. 따라서 그것은 세 개의 십자가 형벌이다. 유사하게, 미트라(Mithra)는 두 명의 횃불을 든 자(dadophori) 사이에 있는 것으로 흔히 표현된다. 한 명은 횃불을 치켜들고 있고, 다른 한 명은 내리고 있다. 세 번째의 중간 과정은 대립의 변증법으로부터 출현하는 '길'의 주제인 셋의 상징성의 또 다른 표현이다. 이런 연결에서 노자(Lao Tse)의 말이 연상된다. "하나는 둘을 낳고, 둘은 셋을 낳으며, 셋은 모든 것을 낳는다."(『도덕경』, 42)

'길'과 셋의 상징성 사이의 관계는 아들러(Adler)가 출판한 매우 흥미로운 사례에 예시되어 있다. 분석이 3개월쯤 진행된 후에 환자는 다음과 같은 꿈을 꾸었다. 나는 다음과 같이 말하는 소리를 분명히 들었다. "3일 동안의 시간."[21] 이 꿈을 꾼 지 3일 후 환자는 그녀가 다음과 같이 묘사한 강렬하게 감동적인 판타지를 보았다.

> 나는 소외된 것이 아닌, 내가 만들어진 것과 동일한 것으로 만들어진 나 자신의 의식성을 볼 수 있다. 그래서 나와 또 다른 피조물 그리고 그것 사이에 깨어지지 않은 연결인 길이 있다. 나는 그것이 어떻게 나의 신경증의 뿌리까지 가는지 느낄 수 있다. 나는 내 경험의 나머지 부분과 연결되지 않은 것, 연결 불가능한 것에 대해 직접적인 지각을 갖고 있었다. 따라서 세계는 의미가 없었고, 따라서 그것은 문자 그대로 살기가 거의 불가능했다. 이제 세계는 다시 의미가 생긴다.[22]

---

21 Adler, G., *The Living Symbol*, p. 140.

22 Adler, G., *The Living Symbol*, p. 144.

이 판타지를 본 후 5일 동안 그녀는 다음과 같은 또 다른 시각적 이미지를 보았다.

> 수직 극과 수평 극이 있는 세 개의 교차하는 원(삼차원의)이 교차점을 지나가고 있다.[23]

8일 동안 경험한 이 세 개의 이미지는 숫자 3과 길의 주제 사이가 분명히 연결되어 있음을 보여 준다. '3일 동안의 시간'이라는 것은 밤바다 여정을 말한다. 이것은 그 후의 발달에 의해 증명되었다. 세 개의 원은 다시 숫자 3을 강조한다. 길 판타지의 묘사가 가장 흥미롭다. 여기서 환자는 자신, 자아 그리고 비자아 사이의 연결에 대해 인식하게 된다. 나는 길을 자아-자기 축의 표상, 즉 합일된 화해를 가져오는 것으로 이해하였다. 이 발견은 자아, 비자아 그리고 그것들 간의 연결을 포함한 삼중의 과정을 통해 이르게 된다. 따라서 숫자 3에 대한 강조다.

민담에서 우리는 수많은 삼중의 상징을 볼 수 있다. 변환 또는 목표의 성취로 이끌어 주는 중요한 행위는 종종 세 번 반복되어야 한다. 많은 경우 이야기 내용을 보면 행위 숫자 2는 대극 쌍의 한쪽에 근거하고, 행위 숫자 3은 두 대극의 합 또는 화해에 근거한다는 것을 분명히 한다. 하나의 예로 그림형제 이야기 중 「생명의 물(The Water of Life)」 이야기를 보면, 공주는 남자가 황금포장을 따라 곧장 내려와 문까지 와서 결혼해 주기를 기다린다. 세 형제가 그녀에게 이르려 한다. 포장을 손상시키고 싶어 하지 않았던 첫째는 그것의 오른쪽으로 왔기 때문에 문으로의 입장을 거절당했다. 둘째도 포장에 손상을 입히고 싶지 않았기 때문에 그것의 왼쪽으로 오는 바람에 입장을 거절당했다. 공주에게 도달하는 것에 골몰해 있던 셋째는 황금포장조차 보지 못했고 그것을 따라 곧장 왔다. 그만 입장이 허락되어 공주와 결혼하게 되었다.

---

23 Adler, G., *The Living Symbol*, p. 155.

이 예들은 정신적 삶의 어떤 측면에 있어 전체성이 셋과 넷에 의해 상징적으로 표현된다는 것을 보여 준다. 이 측면은 실현의 발달적 · 시간적 과정이다. 목표가 사중이어도 그것의 실현 과정은 삼중이다. 따라서 셋과 넷은 삶의 두 개의 별개 측면이다.

넷은 구조적 전체성, 완성—정적이고 영원한 것—이다. 다른 한편, 셋은 성장주기와 역동적 변화—갈등과 해결 그리고 다시 새로워진 갈등—의 전체성을 나타낸다. 따라서 삼위일체 공식에 따라 정(thesis)인 셋과 반(antithesis)인 넷은 새로운 합(synthesis)으로 해결되어야 한다.

융은 그의 저술에서 거듭해서 연금술적 질문으로 돌아갔다. "여기 셋이 있지만 네 번째는 어디 있는가?" 셋과 넷 사이에 이런 동요는 네 가지 기능이론과 전체성을 위한 분투로 잘 설명된다. 그러나 셋과 넷 사이의 대립은 다른 의미도 갖고 있을 수 있다. 그것은 정적이고 영원한 사위의 완전성과 역동적 변화 및 삼위일체의 생명력 사이에 인간에게 적절하고 반드시 필요한 갈등을 언급하는 것일 수 있다. 테메노스(temenos)와 마법의 원을 포함하는 사위와 만다라 상징성은 포함의 주제를 강조한다. 이것에 짝수가 전통적으로 여성적 수로 고려되는 반면 홀수는 남성적 수로 생각된다는 사실을 추가해야 한다. 이것은 사위가 정적 지지와 포함을 강조하고 삼위일체는 움직임, 활동, 주도성을 강조하는 아버지 원형 또는 남성적 원리의 표현임을 의미한다. 이 관점이 타당하다면 3과 4의 대극을 합일하는 또 다른 전체성 이미지가 필요하다.

삼위일체가 사위와 동등하지만 사위와는 다른 의미를 갖고 있다면, 그것은 사위가 그런 것처럼 동일한 빈도와 강도로 실증 심리학 자료에 나타나야 한다. 이것은 정말 그러하다. 나는 융이 출판한 만다라 모음[24]에서 사위를 보여 주기 위해 선택한 그림들 속에 삼위일체 이미지가 얼마나 많이 들어 있는지를 보고 깜짝 놀랐다. 융이 '티베트의 세계 수레바퀴(The Tibetan World of Wheel)'라고 이름

24 Jung, C. G., *The Archetypes and the Collective Unconscious*, C. W., Vol. 9 i.

붙여 다시 그린 만다라도 이 점에서 흥미롭다. 그것은 세계를 나타낸다고 한다. 수레바퀴(Wheel)는 죽음의 신인 야마(Yama)가 갖고 있는 삼위일체 패턴을 따르고 있다([그림 1-11] 참조).[25] 중심에는 동물, 공작, 뱀, 돼지가 있다. 수레바퀴에는 여섯 개의 살과 열두 개의 바깥쪽 구분이 있다. 융은 이 만다라에 관해 다음과 같이 기술하였다. "존재의 불완전한 상태가 삼중체제에 의해 표현되었으며, 완전한(영적) 상태는 네 부분에 의해 표현되었다. 따라서 불완전한 상태와 완전한 상태 사이의 관계는 3:4의 비율에 상응한다."[26] 나는 이것에 완전한 상태가 내세적으로 정적이고 영원하다는 것을 추가하고자 한다. 그것은 갈등과 역사의 흐름에 속하지 않는 신, 발달하지 않는 신의 이미지에 상응한다.

무의식적 재료를 삼위일체로 검토하기 시작하면 3의 상징이 흔한 것을 알 수 있다. 예를 들어, 우로보로스에 지속적으로 갇혀 있는 문제로 여러 해 동안 분석을 받던 한 남자가 다음의 꿈을 꾸었다. 그는 파이를 여러 조각으로 자르듯 원형의 물건이 삼각으로 나뉘고 있는 꿈을 꾸었다. 두 개의 형태, 즉 원과 삼각은 꿈에 두드러져 보였고 꿈꾼 이에게 인상적이었다. 꿈은 영향을 주었고 중요했다. 원은 융의 만다라, 전체성, 열망하는 것으로 연상되었다. 삼각에 대해서는 환자는 신의 이미지를 연상했다. 우리가 이 꿈을 조금이라도 이해하려면 우리는 내가 제시하려고 하는 것과 같은 개념적 일반화를 해야 한다. 꿈에서 원이 삼각형과 대비되었고, 이어 원이 삼각형으로 변화되고 있다. 나는 이 꿈이 삼각이 나타내는 삼중의 역동과정이라는 수단에 의해 내가 자아-자기 정체성이라고 부른 우로보로스적 전체성이라는 근원상태가 깨지는 것을 언급하고 있다고 이해한다. 꿈은 삼각과 완전한 원을 대비시키고 있다. 나는 정적 완전성을 강조하는 태도가 삼위일체적 역동원리에 의해 완성되어야 함을 의미한다고 생각한다. 삼중의 일시적 과정은 정적이고 영원한 상태를 파괴하며, 그것을 반복되는 갈등 그리고 정,

25 Jung, C. W., 9, i, Figure 3.

26 Jung, C. W., 9 i, par. 644.

반, 합 공식에 따른 해결을 포함하는 시간에 따른 사건의 전개에 종속되게 한다.

또 다른 환자는 다음과 같은 꿈을 가져왔다. 그녀는 교실에서 자신이 학생으로 있는 꿈을 꾼다. 그녀는 배운 것에 확신을 느꼈고, 숙제를 읽어 보라고 하자 구구단 4단을 외우기 시작했다. 4×1, 4×2 등. 그러자 교사가 중단시키고 이것은 숙제가 아니라고 말한다. 숙제는 세 자리 수들을 4로 곱하는 것이었다. 확신은 사라졌고, 꿈꾼 이는 아직 암산으로 세 자리 수 곱하기를 할 수 없다는 것을 깨닫고는 앉아서 혼란스러워한다. 넷에 대한 그녀의 연상은 정신적 전체성, 만다라의 사위다. 그녀는 세 자리 수에 관하여 곱하기의 어려움을 3배로 만드는 것이며, 셋은 그녀에게 기독교의 삼위일체를 생각나게 한다고 말했다. 이 꿈은 우리의 주제를 직접적으로 언급하고 있다. 넷은 그것을 훨씬 더 복잡하고 어렵게 만들면서 삼중의 장면에서 충족되어야 한다. 넷 또는 정신적 전체성은 그것을 제시간에 삼중의 실현과정에 승복시킴으로써 실현되어야 한다. 발달과정의 고통스러운 변증법에 자신을 맡겨야 한다. 사위는 삼위일체에 의해 완성되어야 한다.

이전에 언급한 아들러의 사례 연구에서 취한 또 다른 예가 있다. 이 꿈은 분석을 시작하기 몇 년 전에 꾼 것으로 개성화 과정이 시작된 꿈이라고 볼 수 있나. 그것은 강력한 영향을 주었으며, 다음과 같은 내용이었다. 나는 희미하게 그림자를 드리운, 색이 엷어진 타원형의 검은 형체 위에 있는 노르스름한 흰색 금속 막대기를 보았다. 그것의 끝은 1, 2, 4가 서로 층을 이룬 합일문자(monogram)였다.[27] 숫자의 합일문자에 대한 꿈꾼 이의 연상은 특히 중요했다. 막대기는 그녀에게 마술지팡이를 생각나게 했고, 그녀는 그것을 로마 황제 앞에 있었던 깃발과 연결 지었다. 그녀는 특히 콘스탄티누스 황제가 전투 전날 꾸었던 꿈을 연상했는데, 콘스탄티누스 황제는 "이 표식으로 그대는 승리하리라(In hoc signo vinces)."라고 말하는 목소리를 들었다. 이 꿈과 관련하여 아들러는 다음과 같이 언급했다.

27 Adler, G., *The Living Symbol*, p. 26.

> '1, 2, 4' 순서와 관련하여 그것은 만다라 상징의 발달을 나타내며 정신적 전체성의 발달을 나타낸다. 숫자 1은 근원적인 전의식적(preconscious) 전체성을 나타낸다. 2는 두 개의 대극을 만들면서 전의식적 전체성이 두 극으로 나뉘는 것이다. …… 그리고 더 많은 나뉨—정과 반으로부터 생겨나는 합에 해당—은 원을 네 부분으로 나누며, 그것의 중심과 함께 만다라를 이룬다(⊙①⊕). 따라서 세 숫자 1, 2, 4의 순서는 자연적인 성장, 즉 '만다라의 공식'을 나타낸다.[28]

아들러는 다음과 같이 언급하면서 융을 인용했다. "이중성이 부과한, 말로 표현할 수 없는 이 갈등은…… 그것의 완전한 발달이 이루어졌을 때 최초의 단일체를 회복하는 네 번째 원리 안에서 스스로 해결된다. 세 단계를 통해 리듬이 만들어지지만 그 결과적 상징은 사위다."[29] 나중에 아들러는 그가 '숫자 3의 놀라운 생략'이라고 부르는 것을 설명하는 것이 필요함을 발견하고 나서 이 해석을 혼란스럽게 만들었다. 그는 남성적 3의 생략이 환자의 부권적 세계와의 동일시에 대한 보상을 나타낸다고 해석했다. 내 생각에 이 두 번째 해석은 의심스러우며, 그것이 사실이라면 첫 번째 해석은 타당하지 못하다. 숫자 3은 그것이 삼중의 순서이기 때문에 그것을 전체성으로 본다면 이미 1, 2, 4의 순서로 있다. 그것을 산술적 순서보다는 기학학적 순서로 고려한다면 3은 적절하게 잘 생략된 것이다. 내가 상징성을 올바르게 이해했다면 1, 2, 3, 4, 5 순서를 꿈에서의 순서인 1, 2, 4로 대체하는 것은 내가 삼중과정과 사중의 목표의 조합이라고 이해한 상징적 의미의 본질을 파괴한다.

융은 우리에게 사위와 삼위의 이미지 융합의 또 다른 예를 제공했다. 『심리학과 연금술(Psychology and Alchemy)』에 실린 만다라 비전에 대해 인용하고자 한다.[30]

---

28 Adler, G., *The Living Symbol*, p. 29 f.

29 Adler, G., *The Living Symbol*, p. 29 f.

꿈꾼 이는 공통의 중심을 갖고 있는 수직원과 수평원을 본다. 이것은 세계시계다. 시계를 검은 새가 떠받치고 있다. 수직원은 서른두 개의 부분으로 나뉘어 있고 흰색 경계를 갖고 있는 파란색 원판이다. 바늘이 그 위에서 돌고 있다. 수평원은 네 가지 색으로 이루어져 있다. 그 위에는 네 명의 작은 사람들이 진자를 가지고 서 있고, 황금 원이 그들을 둘러싸고 있다. 시계는 세 개의 리듬 또는 진동을 가지고 있다.

- 작은 진동: 수직 바늘이 1/32만큼씩 움직인다.
- 중간 진동: 수직 바늘의 완전한 한 바퀴의 회전. 동시에 수평원은 1/32만큼씩 움직인다.
- 큰 진동: 32번의 중간 진동은 황금 원의 한 바퀴 회전과 같다.

이 버전은 사위를 강조한 아름다운 만다라 이미지, 예를 들면 네 가지 색, 네 명의 작은 사람이다. 그러나 그것은 삼중의 진동 또는 리듬이다. 본래 1944년에 출판된 『심리학과 연금술』에서 융은 이미지의 사위 측면을 강조하고 세 개의 리듬에 관해서만 언급했다. "나는 세 개의 리듬이 암시하는 것이 무엇인지 모른다. 그러나 암시가 충분히 정당화될 수 있다는 것을 의심치 않는다. …… 우리의 만다라가 남성적 삼위와 여성적 사위의 합일을 포함한, 가장 완전한 대극합일을 열망한다고 가정하면 틀리지 않을 것이다. ……"31

1938년에 영어로 처음 출판된 『심리학과 연금술』에 대한 주석에서 융은 삼중리듬에 관해 다음을 언급하였다.

> 우리가 영혼은 사각형이라는 피타고라스적 관념으로 돌아가 경청한다면 만다라는 그것의 삼중리듬을 통해 신성을 말할 것이고, 정적 사위, 즉 네 개의 색으로 나뉜 원을 통해서는 영혼을 말할 것이다. 따라서 그것의 가장 깊은 의

30 Jung, C. G., *Psychology and Alchemy*, C. W., Vol. 12, par. 307.

31 Jung, C. G., *Psychology and Alchemy*, par. 310 f.

> 미는 영혼(soul)과 신의 합일일 것이다.[32]

뒷부분에서 그는 다음과 같이 언급하였다.

> …… 사위는 신성한 탄생의 필요조건이며, 결과적으로 삼위일체의 내적 삶의 필요조건이다. 따라서 원과 사위는 한편이며, 삼중리듬은 다른 편이다. 서로 침투해 들어가며 각자는 서로에 포함되어 있다.[33]

이 인용을 보면, 융은 사위를 전체성에 대한 완벽히 적절한 상징으로 보지 않았다는 것이 분명하다. 그보다는 보다 완전한 합으로 사위와 삼위일체의 합일이 필요하다.

셋과 직면했을 때 넷은 어디에 있는지 질문하는 것이 적절하다. 사위에 몰두하기 때문에 넷과 셋의 조합인 넷만을 볼 수도 있다. 예를 들어, 열둘의 주제는 그것의 요인으로서 셋과 넷을 모두 포함한다. 마찬가지로, 숫자 7은 넷과 셋의 총합으로 조합된다.

삼위일체의 원형은 과정으로서의 개성화를 상징하는 반면, 사위는 개성화의 목표나 완전한 상태를 상징한다. 셋은 자아에 해당하는 숫자이며, 넷은 전체성, 자기에 해당하는 숫자다. 개성화가 결코 완성되지 않았기 때문에 완성과 전체성의 일시적 상태는 삶이 지속되도록 하기 위해 삼위일체의 변증법에 다시 한 번 맡겨져야 한다.

---

32 Jung, C. G., *Psychology and Religion: West and East*, C. W., Vol. 11, par.

33 Jung, C. G., *Psychology and Religion: West and East*, par. 125.

# *Part 03*
# 목표의 상징

인간은 영혼을 가지고 있고…… 밭에는 묻힌 보물이 있다.

—융(C. G. Jung)*

---

* 유진 롤피(Eugene Rolfe)에게 보낸 미간행 편지

CHAPTER 08

# 형이상학과 무의식

우리의 수고는 살아 있는 신비의 증인이다.

—융(C. G. Jung)[1]

## 1. 실증적 형이상학

개성화 과정은 종종 형이상학적 본질의 상징이미지로 자신을 표현한다. 이러한 이미지들은 삶에 관한 크고 증명할 수 없는 관념을 잘 믿으려 하지 않는 실증적 심리치료자에게는 문제일 수 있다. 특히 이런 생각은 정신증에서 보이는 분명한 팽창과 종종 연관되기 때문이다. 또한 형이상학적 이미지의 집단적 남용은 주의를 요한다. 심리학자에게 형이상학이라는 말은 궁극적 실재의 본질에 관한 독단적인 믿음을 암시하는 것일 수 있다. 그것은 실증적 기질과는 맞지 않는 교조주의적 태도를 경계한다. 과학자에게 형이상학적 교조주의는 '그가 증명해 온 것을 무시해야 한다.'는 사실을 의미한다. 융(Jung)도 이 용어를 피했다. 그가 언

1 융이 존 트리닉(John Trinick)에게 1957년 10월 15일에 보낸 편지로 존 트리닉이 저술한 *The Fire-Tried Stone*, London: Stuart and Watkins, 1967, p. 11에 출판되었다.

급한 예를 들면 다음과 같다.

> 나는 과학적 문제로부터 심리학적 문제에 접근하며, 철학적 관점에서 접근하는 것이 아니다. …… 나는 현상의 관찰에만 스스로를 국한하며, 어떠한 형이상학적 또는 철학적 고려도 배제한다.[2]

다른 곳에서 융은 다음과 같이 언급했다.

> 영혼(soul)에 대한 과학인 심리학은 그것의 주제에만 국한해야 하며, 형이상학적 주장이나 기타 신앙고백과 같은 것으로 그 경계를 넘지 않도록 해야 한다. …… 종교적 마음을 가진 사람은 이 이미지들(원형)의 근원에 관하여 그가 만족해하는 형이상학적 설명이 무엇이든 그것을 받아들일 자유가 있다. …… 과학자는 성실한 작업자다. 그는 폭풍을 이용해 하늘을 가질 수 없다. 그가 그러한 방종으로 자신을 축소시켜야 한다면 그는 자신이 앉아 있는 나뭇가지를 스스로 잘라 내는 것이다.[3]

이런 경고는 타당한 것이다. 그러나 주제로서의 형이상학은 그것에 대해 갖고 있는 개인적 태도와는 별개의 것이다. 형이상학뿐 아니라 물리학에 대해 독단적이고 비실증적인 태도를 취할 수 있다. 예를 들어, 목성은 달을 갖고 있지 않다고 '알려져' 있기 때문에 갈릴레오의 망원경을 보지 않으려 하는 것이다. 형이상학은 역사가 기록된 이래로 인간 관심사의 영예로운 주제였다. 현실의 다른 측면에 적용시키려는 인간의 노력이 순진하고, 독단적이고, 구체적인 신화적 관점으로 시작된 것처럼, 그것은 형이상학적 현실과의 관계에서도 그래 왔다. 그러나 이것은 형이상학적 견해와 실증주의적 견해 자체를 손상시키지는 않는다.

---

2 Jung, C. G., *Psychology and Religion: West and East*, C. W., 11, par. 2.

3 Jung, C. G., *Psychology and Alchemy*, C. W., 12, par. 6.

폴 틸리히(Paul Tillich)는 융의 발견과 형이상학 사이의 관계에 관해 기민한 관찰을 했다. 그는 '융이 형이상학이라고 부른 것에 대한 융의 불안'에 관해 언급했고, 또한 다음과 같이 계속 언급했다.

> 내가 볼 때 이것은 여러 점에서 존재에 관한 교리, 즉 존재론의 차원에 이르고 있는 그의 실제 발견과 일치하지 않는다. 형이상학에 대한 이 두려움은 프로이트(Freud) 및 19세기의 다른 영혼(spirit)의 정복자들과 공유하고 있는 것이다. 생물학적 · 물리적 영역을 원형의 창조로 설명하면서, 그는 실제로 '생물학적 연속체에 각인된' 존재론적 차원에 이르게 되었다. 그리고 이것은 그가 원형이 상징을 통해 스스로를 표현한다고 하면서 상징에 귀인시킨, 피할 수 없는 계시적 힘이었다. 계시적이기 위해서는 무엇이 계시, 즉 존재의 신비를 필요로 하는지를 표현해야 하기 때문이다.[4]

물론 융은 형이상학을 두려워하지 않았다. 그는 큰 용기를 갖고 이 영역을 탐색했다. 그는 형이상학을 두려워한 것이 아니라 형이상학자들을 두려워했다. 숫자는 거짓말을 안 하지만, 거짓말쟁이는 숫자를 조작할 수 있다. 마찬가지로 형이상학적 실재가 심리학적 실증주의의 방법으로 어느 정도 제시될 수 있으나, 이 방법에 대한 이해가 없는 사람들은 보고된 결과를 잘못 이해할 수 있다. 틸리히가 융이 가진 불안의 본질에 대해 틀리긴 했지만, 그는 무의식의 상징이미지들이 계시적이어야 한다면 이는 "무엇이 계시, 즉 '존재의 신비'를 필요로 하는지를 표현해야 한다."는 중요한 주장을 하였다. 『아이온(Aion)』에서도 융은 유사한 언급을 했다.

> 자연적 경험과의 근원적 연결을 상실한 소위 형이상학적 개념을 살아 있는

4 Jung, C. G., *A Memorial Meeting*, The Analytical Psychology Club of New York, 1962, p. 31.

> 보편적 정신과정과 연결시키는 것이 가능하며, 그렇게 되면 형이상학적 개념의 진정한 근원적 의미를 회복할 수 있다. 이런 식으로 '형이상학적' 관념이 되어 버린 투사내용과 자아(ego) 사이가 이제 재연결된다.[5]

이것은 조심스럽게 이루어진 심리학적 진술이다. 투사를 거두어들일 때 투사된 형이상학적 내용은 여전히 형이상학적 특성을 갖고 있다.

우리는 종종 꿈이 어느 정도 '존재의 신비'를 드러낸다는 것을 알고 있다. 따라서 이러한 메시지는 형이상학적이라고, 즉 물리적 또는 평범한 삶의 개념을 초월한 것이라고 불릴 수 있다. 더 나아가 꿈은 독특한 이미지를 사용하면서 꿈꾼 이에게 개인적인 계시를 주긴 하지만, 다소간 보편 타당성을 지닌 것으로 보이는 무의식의 영원한 철학, 즉 일반적이거나 공통적인 관점을 표현하는 경향도 있다. 이러한 일반적 타당성은 개성화에 대한 충동이라는 보편성에 근거하는 것으로 가장 잘 이해될 수 있다.

## 2. '형이상학적' 꿈 시리즈

몇 년 전 나는 많은 형이상학적 이미지를 담고 있는 꿈 시리즈를 관찰할 기회를 얻었다. 꿈꾼 이는 죽음을 눈앞에 둔 남자였다. 말하자면, 그는 두 측면 모두에서 죽음에 가까이 있었다. 꿈 시리즈가 시작되기 바로 전 그는 수면제를 한 병쯤 삼키고 갑작스럽고 충동적이며 사전에 계획치 않은 자살을 시도했다. 그는 35시간 동안이나 혼수상태에 있었고 죽음의 문턱까지 갔다. 자살 시도를 한 지 2년 반 후에 그는 대뇌도관 사고로 50대 후반에 사망했다. 2년여의 기간 동안 이 남자는 간헐적으로 일주일에 한 번씩 나를 만나러 왔고, 꿈에 대해 얘기했다. 이

---

5 Jung, C. G., *Aion*, C. W., 9 ii, par. 65.

남자와의 회기는 분석이라고 부르기가 어려운 것이었다. 이 남자에게는 그림자 해석을 이해할 수 있는 객관적인 자기비판 능력이 없었다. 분석 시간에 한 일은 함께 꿈을 관찰하고 꿈이 표현하고자 하는 것이 무엇인지 알려고 한 것이었다. 나는 무의식이 환자에게 형이상학으로 교훈을 주려 한다는 인상을 반복적으로 받았다—아니면 가까운 장래에 맞이하게 될 죽음에 준비시키는 것 같았다. 나는 이 남자가 우리가 사용하는 용어인 개성화 과정을 거친 게 아니라는 점을 강조하고 싶다. 그럼에도 불구하고 이 과정의 목표와 관련된 수많은 이미지가 그의 삶의 마지막 꿈들에 나타났다.

2년여에 걸쳐 환자는 대략 180개의 꿈을 기록했으며, 그중 1/3은 명백하게 형이상학적이거나 초월적인 것이었다. 어떤 꿈들은 자아의 관점에서 꾼 것으로 보였으며 운명적이고 비극적인 분위기였다. 이런 꿈들에서 깨어나자마자 꿈꾼 이는 깊은 우울감에 빠져들었다. 다른 꿈들은 초월적 관점을 표현하는 것 같았고, 그런 꿈들은 평화, 기쁨, 안정감을 가져왔다. 첫 번째 범주에 속하는 꿈 하나를 인용토록 하겠다. 나는 집에 있으나 그곳은 전에 내가 있던 곳이 아니다. 나는 먹을 것을 가지러 식품 저장실로 간다. 선반 위에는 모두 같은 상표의 양념들만 쌓여 있을 뿐 먹을 것이라곤 없다. 나는 집에 있는 복제 인간이 아니라고 생각한다. 날이 밝아 오고 있다. 아니면 밝은 달빛인가? 나는 등을 켜지만 빛은 다른 방에서 새어 나온다. 무엇인가가 삐걱거린다. 나 혼자가 아니다. 개가 어디 있는지 궁금하다. 더 밝은 빛이 필요하다. 빛이 더 필요하고 용기가 더 필요하다. 나는 두렵다.

이 꿈은 아마도 침입자인 죽음을 예상하는 자아의 두려움을 표현하고 있는 것 같다. 빛은 자아에게 없고 다른 방에 있다. 괴테(Goethe)의 마지막 말, "빛이 더 필요하다."가 생각난다.

이런 유형의 꿈은 몇 개밖에 없다. 훨씬 많은 꿈이 분명한 초개인적 이미지를 담고 있고, 내 생각에는 형이상학으로 그에게 교훈을 주려 하는 두 번째 범주에 속하는 것 같았다. 이 범주에서 나는 열세 개의 꿈을 선택하여 이 장에 제시한다. 이 꿈들을 꾼 순서대로 제시한다.

꿈 1:

나는 일본의 노극(Nō play)을 연습하는 방법을 배워야 한다. 연습이 끝날 때쯤에 내 몸이 선문답과 동등한 신체 자세에 이르는 것이 내 의도였다.

일본의 노극은 고전적이고 상당히 형식화된 형태의 예술이다. 배우들은 가면을 쓰는데 또 다른 측면에서는 고대 그리스의 드라마와도 유사하다. 노극은 보편적 또는 원형적 실재를 표현하고 있다. 초개인적인 것들이 강조된다. 낸시 윌슨 로스(Nancy Wilson Ross)는 이를 다음과 같이 표현했다.

> 비록 다른 사람들에게 그것의 독특한 매력의 의미를 정확하게 전달하지는 못하지만, 노(Nō)의 시간 초월적 경험을 한 사람은 결코 그것을 잊지 못한다. 노는 서구인의 미적 가치관에는 익숙지 않은 방식으로 시간과 공간을 표현한다. 정상적인 호흡이 예술적으로 억압된 인간 목소리를 등골이 오싹하게 사용한다. 때로는 길게, 슬프게, 혼자 부는 피리 소리, 주기적인 날카로운 단서와 합창단의 고양이 소리 같은 구슬픈 울부짖음 소리, 갑자기 북채를 두드리는 소리와 세 가지 종류의 북의 다양한 톤, 귀신처럼 미끄러지듯 움직이는 댄서들. '적절함'이 단순한 상징으로 추상화되는, 거의 공명 없는 무대 위에서 갑자기 발 구르는 소리. 사치스럽고 넉넉한 의상, 참여자들로 인해 닳아 버린 나무 가면의 비현실적 실재. 무엇보다 비어 있음과 침묵을 기술적으로 사용하는 것……—이것들이 노의 특별한 마술을 만들어 내게 하는 몇 가지 전통적 요소다.[6]

따라서 꿈은 환자가 원형적 실재와 연결하는 연습을 해야 한다고 말하고 있다. 그는 개인적 생각은 제쳐 두고 '영원한 곳에서' 살기 시작해야 한다. 이런 연습의 결과는 그의 몸이 선문답이 되는 것이다. 선문답은 그것이 학생이 새로운

---

6 Ross, Nancy Wilson, *The World of Zen*, New York, Random House, 1960. pp. 167 f.

의식 수준[빛, 사토리(satori)]을 얻는 데 도움이 되길 바란다는 측면에서 선 스승(Zen Master)이 사용하는 역설적 일화 또는 진술이다. 스즈키(Suzuki)는 다음의 예를 제시했다. 제자가 스승에게 선이 무엇인지 묻는다. 스승이 대답한다. "너의 마음이 선과 악의 이중성에 거하지 못한다면 네가 태어나기 전 너의 본래의 얼굴은 어떤 것인가?"[7]

이러한 질문은 자아 경계를 돌파하라는 의미이며 융 학파 용어로는 자기(Self)인 초개인적 실재를 엿볼 수 있는 기회를 준다. 사토리를 경험한 후 한 불교학자가 그가 이전에 아끼던 『금강경(Diamond Sutra)』에 대한 주석서를 불태워 버리고 다음과 같이 선언했다. "심오한 철학에 대한 지식이 아무리 깊더라도 그것은 광대한 공간을 날아다니는 머리카락 하나에 불과하다. 이 세상 사물에 대한 경험이 아무리 중요해도 그것은 깊이를 알 수 없는 상태에 떨어진 한 방울의 물에 불과하다."[8]

나는 꿈이 이 세상을 떠나기 위한 준비로서 개인적이고 자아중심적인 태도를 버리라고 꿈꾼 이에게 촉구하는 태도를 전달하려 했다고 생각한다.

꿈 2:

나는 사물이 갇히거나 통제를 벗어난 듯한 달리 식(Dali-esque)으로 생긴 곳에 여러 친구와 있었다. 땅에서 불길이 번졌고 사람을 다 삼킬 것 같았다. 다 같이 힘을 합쳐 가까스로 불길을 잡을 수 있었고 불을 적당한 장소로 국한시킬 수 있었다. 같은 곳에서 우리는 바위 위에 누워 있는 여자를 발견했다. 몸 앞쪽은 살이었으나 머리와 몸의 뒷부분은 그녀가 누워 있는 부분인 살아 있는 바위였다. 그녀는 눈부신 미소를 갖고 있었고, 거의 기쁨에 차 있었으며, 그녀의 끔찍한 곤경을 받아들일 것 같았다. 불의 통제가 일종의 변화를 일으킨 것 같았다. 그녀의 등에 있는 바위가

7 Suzuki, D. T., *An Introduction to Zen Buddhism*, New York, Philosophical Library, 1949, p. 104.

8 Suzuki, D. T., *An Introduction to Zen Buddhism*, p. 94.

헐거워지기 시작했고, 우리는 마침내 그녀를 바위에서 떼어 낼 수 있었다. 그녀는 아직 일부 돌이었지만 그다지 무거워 보이지 않았고 변화는 지속되었다.

환자는 이 꿈에 대해 구체적 연상을 하였다. 불은 그에게 하데스가 페르세포네를 잡기 위해 땅을 깨뜨릴 때 나온 불을 연상시켰다. 꿈꾼 이는 엘레우시스를 한 번 방문하였고 하데스가 나타났다고 추정되는 곳을 본 적이 있다. 그는 미켈란젤로가 완성하지 못한 조각 작품도 연상하였다([그림 8-1] 참조).

바위에서 나오는 인물은 동굴 속 바위(petra genetrix; 역주: 풍요와 다산의 바위)에서 탄생하는 미트라를 연상시킨다. 꿈은 또한 미트라 신화의 또 다른 비유도 갖고 있다. 꿈에서도 불을 통제하는 것이 바위에서의 여성의 출현과 다소 연결되어 있다. 불을 제한함으로써 살아 있는 여성이 돌로부터 추출된다.[9] 이것은 욕망의 불을 꺼 버림으로써 피시스의 품에서 소피아를 끌어내는 것에 상응한다. 이후의 꿈에서 지혜(Wisdom) 또는 로고스의 여성적 인격화가 다시 나타난다. 이 이미지는 또한 죽음과 관련된 신체 또는 물질로부터 영혼의 분리를 시사한다.

초시모스(Zosimos)의 고대 연금술 문헌에 유사한 이미지가 있다. "나일강으로 가라. 거기서 너는 영혼(프네우마, pneuma)을 가진 돌을 발견하게 될 것이다. 그것을 가져다 쪼개라. 그리고 너의 손을 찔러 넣어 그것의 심장을 꺼내라. 그것의 영혼(psyche)은 그것의 심장에 있다."[10] 이 문헌에는 이것이 수은의 추출을 의미한다고 기록되어 있다. 그것은 물질에 갇혀 있는 혼(soul) 또는 영(spirit)을 추출하

9 자기훈련과 출현하는 생명의 동일한 조합이 바울의 외경 이야기에서도 발견된다. 그는 '자기통제 및 부활과 관련된 신의 말씀'을 전했다고 한다(James, M. R., *The Apocryphal New Testament*, Oxford, p. 273에 있는 바울행전 II 참조). 하낵(Harnack)은 이 구문에 대해 언급하였다. 그는 자기통제와 부활을 "상호 보완적인 것으로 보아야 할 관념 쌍으로 보았다. 부활이나 영생은 확실하지만 그것은 *egkrateia* (자기통제)에 의해 조건화되는 것으로 따라서 이는 가장 중요하게 다루어진다. 예를 들어, *Vita Polycarpi*, 14에서는 '그는 순수성이 앞으로 올 정결한 왕국의 전조였다.'고 말했다." (Harnack, Adolph, *The Mission and Expansion of Christianity*, New York, Harper Torchbooks, Harper & Brothers, 1962, p. 92 n) 참조.

10 Berthelot, M. P. E., *Collection des anciens alchimistes grecs*, Paris, 1887-88, 3 vols., reprinted by Holland Press, London, 1963, III, vi. 5. Quoted by Jung, *Psycholgy and Alchemy*, C. W., 12, par. 405.

[그림 8-1] 깨어나는 거인

미켈란젤로(Michelangelo)

는 연금술적 사고이며, 구체적 경험(구르는 돌, 베드로전서 2:9)으로부터 의미를 추출하는 심리적 과정에 상응한다. 꿈꾼 이의 상황맥락에서 추출되는 것은 아마도 이 세상에서의 그의 삶의 의미였을 것이다.

우리는 또한 하데스와 페르세포네 그리고 엘레우시스에서 페르세포네의 유괴 추정 장소에 대한 꿈꾼 이의 연상을 고려해야 한다. 이 연상은 엘레우시스 신비의 현대판 개인 버전으로 꿈을 생각할 수 있게 해 준다. 고대 그리스에서 신비로의 입문식은 이후의 개인의 삶을 결정하는 가장 중요한 것이었다.

> 이러한 신비를 본 자는 사람들 중 행복한 자라. 그러나 입문하지 못한 자와 그 안에서 몫을 챙기지 못한 자는 결코 좋은 것을 얻지 못하며 죽어서 어둠으로 내려간다.[11]

플라톤(Plato)도 같은 점을 지적했다.

> 신비를 세우는 자는 깨닫게 되고, 입문하지 못하고 저 세상에서 받아들여지지 않는 자는 누구나 수렁에 놓이게 될 것이지만, 입문되고 정결히 된 자는 신과 함께 거할 것이라는 오래전에 전해진 숨겨진 의미를 갖게 된다.[12]

엘레우시스의 신비는 그 내용에 관해 알려진 것이 거의 없긴 하지만 데메테르-코레 신화가 이 주제와 연결되어 있기 때문에 죽음과 부활 의례를 포함하고 있었음이 틀림없다. 페르세포네의 지하세계로의 하강 그리고 그녀가 반년은 지하에서, 나머지 반년은 땅 위에서 지낸다는 설정은 해마다 죽고 다시 태어나는 녹색의 식물을 분명히 참조하고 있다. 따라서 꿈은 부활을 암시하고 있다. 바위

11 Hesiod, *The Homeric Hymns and Homerica* (Loeb Classical Library), Cambridge, Harvard University Press, 1914, p. 323, lines 480 ff.

12 Plato, *Phaedo* 69c.

에서 분리되고 있는 여인은 지하세계에서 돌아오는 페르세포네에 상응할 것이다. 이런 해석은 부활을 상징하는 초록색 식물 신성(numen)이 구체적으로 묘사되는 꿈 시리즈의 하나에서 증명된다.

## 3. 처음으로의 회귀

꿈 3:

나는 낯선 곳에 있었다. 아프리카 같았는데 끝이 보이지 않을 만큼 펼쳐진 초원의 가장자리에 서 있었다. 동물 떼가 땅으로부터 나타나거나 사라졌다. 먼지가 많이 일었다. 나는 동물들이 완전히 사라지는 것을 보았다. 어떤 동물들은 상당히 길들여져 있었고, 어떤 동물들은 상당히 야생이었다. 무소와 얼룩말이 먼지를 일으키며 발길질을 했다. 나는 이곳이 에덴동산인가라고 생각했다.

이 꿈은 앞의 꿈과 유사하다. 다시 한 번, 살아 있는 피조물이 단단한 땅에서 나오고 있다. 꿈꾼 이는 그가 본래 창조를 볼 수 있게 허락받은 것 같다고 언급했다. 이는 다음과 같은 연금술사들의 언급을 생각나게 한다.

> 내가 이 귀중한 보물(철학자의 돌)을 실제로 갖고 있는지 물어보려 안달하지 말라. 차라리 세상이 어떻게 창조되었는지 물어보라. 내가 이집트의 어둠의 본질에 익숙한지 물어보라. 부활 때에 영광스러운 육체가 어떤 모습일지 물어보라.[13]

이 저자는 연금술의 비밀이 물질이 아닌 의식상태, 즉 현실의 원형적 수준에 대한 지각이라는 것을 자신이 알고 있음을 보여 주고 있다.

---

13 Waite, A. E., translator, *The Hermetic Museum*, London, John M. Watkins, 1953, Vol. I. p. 8.

삶의 끝 부분에서 꿈꾼 이는 삶의 보편적 시작을 보여 주고 있다. 살아 있는 형태들이 형태 없는 비유기체적인 땅에서 출현하고 있다. 흙에 대한 강조는 창세기에서의 이미지를 생각나게 한다. "주 하나님이 땅의 흙으로 사람을 만드셨다."(창세기 2:7) "너는 흙이니 흙으로 돌아갈 것이니라."(창세기 3:19) 먼지는 입자화된 마른 흙이다. 그것은 재와 비슷하며, 여기서 먼지로 번역된 히브리어의 'aphar'도 재를 의미한다. 재는 두 번째 꿈의 불을 암시하는 연금술적 연소(calcinatio)의 결과다. 그러나 세 번째 꿈에 따르면 먼지로부터, 타 버린 우리 삶의 재로부터 새로운 삶이 출현한다. 얼마 안 있어 그는 또 다른 고원 꿈을 꾸었다.

꿈 4:

다시 초원 풍경이다. 수 에이커 되는 빈 땅이다. 여러 모양의 빵 덩어리들이 흩어져 있다. 그것들은 진지하고 영구한 돌처럼 보였다.

이 꿈에서 다시 한 번 꿈 2에 처음 등장했던 돌 상징을 볼 수 있다. 꿈 2에서 그것은 돌이 아니라 여성인 돌이었다. 현재의 꿈에서는 돌이 아니라 빵 덩어리인 돌이다. 돌이 아닌 이 돌의 모티프는 연금술에서 잘 알려진 것이다(돌 아닌 돌, *lithos ou lithos*).[14] 럴랜드(Ruland)에 따르면 그것은 물질로서가 아니라 그것의 효율성과 덕의 측면에서 베드로적인 물질인 철학자의 돌과 관련된다.[15] 이 언급은 정신의 실재에 대한 암시다.

마태복음 4장을 보면 빵과 돌의 이미지가 연결되어 있다. 예수가 광야에서 유혹받는 동안 사탄은 그에게 이렇게 말했다. "네가 하나님의 아들이라면 이 돌들에게 빵 덩어리가 되라고 명령하라." 그러나 그가 대답했다. "기록된 바 사람이 떡으로만 살 것이 아니라 하나님의 입에서 나오는 모든 말씀으로 살아야 한다."(마태복음 4:3-4) 마태복음 7장 9절에서도 돌과 떡이 연결된다. "아들이 빵을 달라

---

14 Berthelot, M. P. E., *Collection des anciens alchimistes grecs*, I, iii. 1.

15 Ruland, Martin, *A Lexicon of Alchemy*, translated by Waite, A. E., London, John M. Watkins, 1964, p. 189.

하면 너희 중에 누가 아들에게 돌을 주겠느냐?" 이 문장은 빵은 인간에게 필요한 것이며, 돌은 인간의 욕구를 만족시키지 못하며, 돌을 빵으로 바꾸는 것, 즉 이 대극들을 합일하는 것이 신의 특권임을 말하고 있다. 따라서 이 꿈은 형이상학적 장벽 뒤 또는 융이 그것을 인식론적 커튼이라고 부른 '대극, 즉 대조에 의해서만이 이해될 수 있는 초월적 존재들의 불가능한 합일' 뒤에 있는 것을 볼 수 있게 한다.[16]

꿈 5:

나는 아담과 이브를 위한 파티에 초대받았다. 그들은 처음과 끝이었다. 나는 이것을 깨닫고서 그들의 영원한 존재를 받아들였다. 둘 다 마욜(Maillol)의 조각처럼 무한하고 광대했다. 그들은 조각 같았고 인간 같지 않았다. 아담의 얼굴은 가려져 있었거나 덮여 있었고, 나는 그가 어떻게 생겼는지 알고 싶었다. 나는 감히 그의 얼굴을 가린 것을 벗기려 했고, 결국 벗겨 내었다. 얼굴을 덮고 있었던 것은 매우 무거운 물이끼이거나 어떤 종류의 식물이 자란 층이었다. 나는 그것을 조금 잡아 내렸고 살짝 들여다보았다. 놀랍게도 그의 얼굴은 고릴라 또는 거대한 유인원 같았다.

이 파티의 장소는 분명히 영원한 원형적 영역이다. 사람들은 결코 죽지 않고 영원히 산다. '하늘나라'는 고대의 가치를 만날 수 있는 장소다. 마태복음 8장 11절을 보면 "너희에게 이르노니 동서로부터 많은 사람이 이르러 아브라함과 이삭과 야곱과 함께 천국에 앉으려니와"라고 기록하고 있다.

꿈 인물들은 처음과 끝이라고 했다. 전통적으로 처음과 끝의 특징이 아담에게 적용된 적이 없다. 그러나 두 번째 아담으로 불리는 그리스도에게 적용된다. 진리(Logos)로서 그는 처음부터 존재했으며 창조의 대행자였다(요한복음 1:1-3). 두 번째 아담(deuteros Anthropos; 역주: 두 번째 인간)을 언급하는 부활에 관한 사도 바울

---

16 Jung, C. G., Letter to John Trinick, *The Fire-Tried Stone*, p. 10.

의 전체 메시지가 이 꿈과 관련된다.

> 기록된 바 첫 사람 아담은 생령이 되었다 함과 같이 마지막 아담은 살려 주는 영이 되었나니…… 첫 사람은 땅에서 났으니 흙에 속한 자이거니와 둘째 사람은 하늘에서 나셨느니라. …… 우리가 흙에 속한 자의 형상을 입은 것같이 또한 하늘에 속한 이의 형상을 입으리라. …… 보라. 내가 너희에게 비밀을 말하노니 우리가 다 잠잘 것이 아니요, 마지막 나팔에 순식간에 홀연히 다 변화되리니 나팔 소리가 나매 죽은 자들이 썩지 아니할 것으로 다시 살아나고 우리도 변화되리라. 이 썩을 것이 반드시 썩지 아니할 것을 입겠고, 이 죽을 것이 죽지 아니함을 입으리로다.[17]

첫 번째 인간인 아담은 영지주의적 사고에서 원초적 인간(Primal Man)인 안트로포스(Anthropos)의 이미지다. 영지주의 해석학 문헌인 『포이만드레스(Poimandres)』에 따르면 영원한 정신(Mind)은 그를 사랑한 '자연(Nature)' 때문에 공간 제약적인 존재의 세계로 추락한 안트로포스를 낳았다.

> 그리고 자연은 그녀의 사랑 대상을 취하였고 그 주변에서 스스로 완전히 상처 내었으며 둘은 하나가 되었다. 둘은 연인이었기 때문이었다. 그리고 이것은 땅 위에 있는 모든 피조물을 초월한 인간이 이중적인 이유다. 육체 때문에 유한하지만 본질적 인간(Man) 때문에 영원불멸이다.[18]

안트로포스는 인간의 선재적(pre-existent) 형태, 즉 플라톤의 영원한 이데아이며 피시스를 껴안음으로써 육화된 신성한 사고다. 따라서 꿈꾼 이가 아담에게 소개되었다는 것은 그가 자아 탄생 이전에 갖고 있던 '그의 본래 얼굴'을 보이고

---

17 고린도전서 15:45–53.

18 Mead, G. R. S., editor, *Thrice-Greatest Hermes*, London, John M. Watkins, 1964, Vol. II, pp. 6 f.

있음을 의미하며, 탈육화(disincarnation)의 과정이 다가오고 있음을 의미한다.

꿈 6:

나는 정원, 즉 잘 조성된 낮은(sunken) 테라스에 있다. 이 장소는 '신의 생각'이라 불리는 곳이다. 여기서는 열두 가지의 신의 말씀이 세상을 정복한다고 믿는다. 그것의 벽에는 담쟁이덩굴과 깃털 또는 모피처럼 부드러운 것으로 만들어진 둥지 같은 것이 있다. 다른 사람들과 함께 나는 안으로 걸어가고 있다. 말씀의 힘은 우리가 땅바닥에 내동댕이쳐질 만큼의 폭발이나 지진 같은 힘이다. 푹신한 벽이 다치지 않도록 보호해 준다. 여기서는 걸어서 다음 벽으로 가는 것이 관습이다. 시계 방향이나 시계 반대 방향으로 원을 완성하는 것이 포인트다. 우리가 걸어갈수록 공간이 작아지고, 좁아지고, 솜을 넣은 것 같고, 더욱 둥지같이 되었다. 걷는 것 자체가 학습과정과 관련이 있는 것 같다.

이 꿈은 이전 꿈들이 암시하고 있는 주제들을 더욱 정교화하고 있다. 꿈꾼 이는 다시 한 번 진리(Logos)의 말씀의 근원인 선재적(pre-existent) 시작으로 돌아갔다. 나는 신의 열두 가지 말씀과 관련된 것을 찾을 수가 없었다. 그러나 카발라(Kabbalha)에 신성한 이름이 열두 개의 문자로 이루어져 있다고 전해진다.[19] 가장 공통적인 것은 4개의 문자, 즉 여호와의 4자음 문자(Tetragrammaton)로 되어 있는 Yod, He, Vau, He의 4개의 편지다. 매더스(Mathers)에 따르면 4자음 문자는 열두 가지의 변화가 가능하며, 모두 '존재하다(to be)'의 의미를 갖고 있다. 의미 변화 없이 그렇게 많이 변화할 수 있는 유일한 언어다. '위대한 이름의 열두 개 깃발'이라는 이름으로 불린다. 어떤 사람은 열두 개의 별자리를 지배한다고 말한다.[20]

꿈은 신의 생각의 정원이 그것에서 나오는 열두 가지 말씀과 함께 원으로 되

19 Waite, A. E. *The Holy Kabbalah*, reprinted by University Books, New Hyde Park, New York, p. 617.

20 Mathers, S. L. MacGregor, translator, *The Kabbalah Unveiled*, London, Routledge and Kegan Paul, 1962, pp. 30 f.

어 있음을 분명히 하고 있다. 따라서 그것은 한 해 순환의 열두 가지 분화인 열두 개의 별자리에 대한 비유일 수 있다. 다른 비유는 야곱의 열두 아들과 그리스도의 열두 제자일 것이다. 많은 사람의 판테온(신전)은 열두 신으로 이루어져 있다. 헤로도투스(Herodotus)에 따르면 이집트 사람들은 열두 신의 이름을 처음에 정한 사람들이었다.[21]

평범치 않은 특징은 신의 열두 말씀이 세상을 정복했다고 하는 것이다. 말씀(진리, Logos)의 기능은 세상의 창조이지 정복이 아니다. 아마도 이것은 의식적 자아(세상=자아)가 곧 죽음으로 소멸될 것이라는 사실을 암시하는 것 같다. 원 모양의 둥지가 순행(circumambulate)하면서 작아지고 점점 솜을 넣은 자궁처럼 되어 갔다는 사실에서도 동일한 생각이 인지되고 있다. 둥지 상징은 형이상학적 근원으로 돌아가는 측면을 담고 있는, 모성적이고 보호적인 측면을 강조하고 있으며, 죽음에 관해 불안해하는 자아를 안심시키려 하는 것 같다. 알을 낳고 알이 부화하는 둥지는 재탄생의 의미도 갖고 있다. 예를 들면, 이집트에서는 새해 축제를 '둥지에서의 어린 시절'이라고 부른다고 한다.[22]

둥지는 담쟁이덩굴과 나란히 있었다. 프레이저(Frazer)에 따르면 담쟁이는 아티스(Attis)와 오시리스(Osiris)에게 신성한 것이었다. 아티스의 제사장들은 담쟁이 잎 모양의 문신을 했다. 사철 잎이 푸르고 떨어지지 않기 때문에 프레이저는 그것이 "슬픈 계절 순환으로부터 면제된 하늘처럼 변함 없고 영원한 것에 대한 삶의 신성한 봉인"[23]을 나타낸다고 했다. 항상 푸른 담쟁이는 심지어 영원불변한 식물의 영(spirit)으로서의 오시리스와 연결된다. 이 이미지는 꿈 9에서 더 완전히 표현되고 있다.

---

21 Herodotus, *Histories*, II, 4.

22 Erman, Adolf, *The Religion of the Egyptians*, quoted by Neumann, E., *The Great Morther*, Princeton University Press, 1955, p. 243.

23 Frazer, James G., "Adonis, Attis, Osiris," Part IV of *The Golden Bough*, reprinted by University Books, New Hyde Park, New York, 1961, Vol. I, pp. 277f.

# 4. 초월적 차원

꿈 7:

두 명의 프로 권투선수가 의례적(ritual) 싸움에 개입되어 있다. 이들의 싸움은 아름답다. 이들은 정교하고 계획된 대로 임하는 동료들로서 꿈에서 그다지 적대적이지 않다. 이들은 침착하고, 평온하고, 몰입되어 있다. 각 라운드의 끝마다 이들은 탈의실로 돌아온다. 탈의실에서 이들은 '메이크업'을 고친다. 나는 그 둘 중 한 명이 손가락을 피에 담가서 상대와 그 자신의 얼굴에 스며들게 하는 것을 지켜본다. 이들은 링으로 돌아가 빠르고 격정적이면서도 아주 잘 통제된 수행(싸움)을 한다.

이 꿈은 어떻게 인간 생명이 마야(Maya)의 베일을 넘어서 나타나는지를 엿보게 해 주는 오싹한 느낌이다. 둘 사이의 싸움은 더 큰 것의 부분으로 인해 화해된다. 싸움이 있지만 아무도 다치지 않으며 아름다운 극적 광경일 뿐이다. 피가 있지만 외모와 상상의 세계에 속한 '메이크업'일 뿐이다. 꿈의 교훈은 『바가바드기타(The Bhagavad Gita)』에서 크리슈(Krish)가 아르주나(Arjuna)에게 준 것과 매우 유사하다. 여기서도 아르주나가 끼어들기 꺼리는 싸움인 전쟁의 이미지가 있다.

> 인간 가운데 위대한 오(O)는 초현실적이며 감각에 고통받지 않는 영원불멸을 얻기에 합당하나, 이는 즐거움과 고통에 대해서도 마찬가지다. 실제적이지 않은 것은 존재하지 않으며, 실제적인 것이 존재하지 않을 수 없다. 진실을 보는 자(Seers of Truth)는 이 둘의 본질과 최종 목표를 알고 있다. 이것이 만연해 있다는 사실에 의해 파괴되지 않는다는 것을 알라. 아무도 저 영원불멸을 파괴할 수 없다. 이 육체들은 소멸될 것이지만 그 안에 거하는 자들은 영원하고 파괴 불가능하고 소멸되지 않는다. 그러므로 바라타(Bharata) 왕의 후손 오여 싸우라! 이것(자기, Self)을 살해자로 생각하는 그 또는 이것(자기)이 살해

> 당한다고 생각하는 그는 진리를 모른다. 살해하는 것도, 살해당하는 것도 아니다. 이것(자기)은 결코 태어나지 않으며, 죽지도 않으며, 존재해 온 이대로 존재하지 않은 적이 없다. 이것(자기)은 태어나지 않으며, 영원하며, 변화하지 않으며, 고대적이다.[24]

꿈 8:

세 개의 사각형이 있는데 이는 금속 코일이나 네온관으로 만들어진 가열 기구다. 이들은 나의 성적 문제를 나타낸다. 이제 그것들의 연결이 끊어졌고 깨끗해졌다. 우주의 광대함에 대한 인식을 넓히는 신에 대한 새로운 개념이 있다. 영원의 근원에 대항하는 성적 문제처럼 일시적인 것은 하찮은 것이다. 의례적(ritual) 씻음이라는 측면에서 씻음은 그것들을 광대한 본연의 장소로 가게 하는 세 개의 사각형의 씻음이다.

이 꿈에서 나의 마음은 세 개의 사각형이라는 시각적 이미지와 놀고 있었다. 각 사각 안에 먼저 원을 그리고, 그런 다음 밖에 원을 그리는 것이 자연스러울 뿐이다.

이 꿈에서 영원하고 신성한 것을 일시적이고 개인적인 것과 대비시키는 것에 대한 참조가 분명하다. 세 개의 사각형은 분명히 시간과 공간상 유한한 꿈꾼 이의 개인적이고 구체적인 존재를 나타낸다. 사각형들은 열 또는 에너지의 근원인 성욕과 관련되어 있다. 세 개의 사각형이 있다는 사실은 제7장에서 논의한 삼중적 관계의 상징적 의미를 연상시킨다. 삼위성(threeness)은 역사적 현실에 존재하는 역동적 존재를 의미한다. 그것은 헤겔(Hegel)의 정, 반, 합을 따르는 고통스러운 발달과정의 변증법이다.

다른 한편, 사각형은 정적 · 구조적 · 포괄적 측면을 강조하는 전체성을 표현하는 사중 이미지다. 동양 상징에서 사각형은 하늘과 반대되는 땅을 나타낸다.

---

24 *Bhagavad Gita*, II, 15-20, translated by Swami Paramandenda, *The Wisdom of China and India*, The Modern Library, New York, Random House, 1942, p. 62.

동양 사상에 따르면 인간의 영혼은 사각형이다.[25] 이와는 대조적으로, 원은 신과 영원의 상징이다. 꿈꾼 이가 사각형의 안팎에 원을 그렸을 때 그는 개별적이고 개인적인 것을 영원하고 초개인적인 것과 연결시킨 것이다. 꿈은 "사각형의 광대한 전체에 있는 그것의 본연의 장소에 들어갔다."라고 하면서 동일한 생각을 표현하고 있다.

원을 품고 있으면서 원에 둘러싸인 사각형(◎)은 연금술에서도 비슷하다. 우리가 안에서 밖으로 움직이면, 안의 원은 본래의 끝없는 혼돈(chaos)인 원질료에 해당한다. 사각형은 원질료를 네 개의 요소로 분리하는 것, 즉 의식적 자아를 본래의 미분화 전체로부터 가져오는 분리를 나타낸다. 그러나 융이 언급한 바와 같이 사각형은 불완전한데, 그 이유는 "사각형 안에 있는 요소들이 분리되어 있으며 서로에게 적대적"[26]이기 때문이다. 따라서 사각형들은 보다 고차원의 단일체로, 즉 밖의 원에 상응하는 본질적 존재로 재합일되어야 한다. 꿈에 따르면 사각형의 이 재합일 과정은 '광대한 전체 속에 있는 본연의 장소'를 찾는 과정이다.

사각의 출현에 선행하는 첫 번째 원의 심리적 조건을 수족(Sioux)의 성자 블랙 엘크(Black Elk)가 아름답게 기술하였다. 그는 인디언들이 현재 사각형의 집에 산다는 사실을 개탄했다. 그는 다음과 같이 말했다.

> ……우리는 여러분이 보고 있는 이 작은 통나무 회색 집들을 만들었고, 그것들은 사각형 모양입니다. 그런 집은 살기에 나쁜 집입니다. 왜냐하면 사각형에는 힘이 없기 때문입니다. 여러분은 인디언이 하는 모든 것은 원으로 되어 있으며, 그 이유는 세계의 힘(Power of the World)은 항상 모든 것이 원이 되도록 하기 때문이라는 것을 알아차렸을 것입니다. 우리가 강하고 행복한 사

---

25 Jung, C. G., *Psychology and Religion: West and East*, C. W., 11, par. 124.

26 Jung, C. G., *The Practice of Psychotherapy*, C. W., 16, par. 402.

> 람이었던 옛날에는 우리의 모든 힘이 신성한 고리로부터 우리에게 왔으며, 고리가 깨지지 않는 한 사람들은 번성했습니다. 꽃피는 나무는 고리의 살아 있는 중심이며, 사분위의 원은 그것에게 자양분을 주었습니다. 동쪽은 평화와 빛을 주었고, 남쪽은 따뜻함을, 서쪽은 비를, 북쪽은 차갑고 강력한 바람을 주었고, 이는 우리에게 힘과 연단을 주었습니다. 이런 지식은 우리의 종교와 함께 바깥 세상에 있습니다. 세계의 힘이 하는 모든 일은 원에서 이루어졌습니다. 하늘은 둥글고, 지구도 공처럼 둥글며, 모든 별도 다 그렇다고 들었습니다. 가장 강력한 힘을 가진 바람은 회오리입니다. 새들은 원 모양으로 둥지를 만들며 이는 우리의 종교와 그들의 종교가 같기 때문입니다. 태양은 떠올랐다가 내려가면서 원을 이룹니다. 계절조차도 변화에 있어 큰 원을 형성하며 그들이 있던 곳으로 항상 다시 돌아옵니다. 인간의 삶도 아동기에서 아동기로의 원이며, 그래서 그것은 힘이 움직이는 곳 어디에나 있습니다. 우리의 집도 새의 둥지처럼 둥글며, 그래서 위대한 영혼(The Great Spirit)이 우리에게 자녀를 부화시키라고 한 원(circle), 민족의 고리, 수많은 둥지 중의 둥지로 항상 만들어졌습니다. 백인은 우리를 이런 사각형 상자에 넣었습니다. 우리의 힘은 사라졌고, 우리는 죽어 갑니다. 우리의 힘이 우리 안에 더 이상 없기 때문입니다.[27]

꿈 9:

유럽에서 볼 수 있을 것 같은 커다란 공원에 나는 혼자 있었다. 잔디가 매우 오래된 것이었고, 흔한 잔디가 아니었다. 회양목으로 된 울타리가 있었고 모든 것이 완벽히 질서 정연했다. 정원 끝에서 나는 한 순간을 본다. 나는 처음에 그것이 잔디로 된 수많은 개구리라고 생각한다. 가까이 다가갈수록 나는 그것이 실제로 약초, 잔디로 만들어진 초록인간임을 본다. 그것은 매우 아름다운 허드슨(Hudson)의 소설 『녹색의 장원(Green Mansions)』을 생각나게 한다. 내가 무엇을 보고 있는지 진

27 Neihardt, John G., *Black Elk Speaks*, Lincoln, University of Nebraska Press, 1961, pp. 198 ff.

짜로는 알 수 없다. 그것은 내게 평화를 준다.

이 꿈에서 우리는 고대 신화에서 매우 중요한 역할을 했고 프레이저의 『황금가지(Golden Bough)』에서 포괄적으로 논의되었던 식물의 정령(vegetation spirit)에 대한 매우 명확한 표현을 볼 수 있다. 이 범주에서 가장 많이 발달한 이미지는 옥수수 정령, 나무 정령, 풍요의 신 오시리스다. 식물의 죽음과 태어남은 그(오시리스)의 식물로 불리었는데, 그 이유는 그것이 항상 푸르기 때문이었다.[28]

푸름의 상징성에 관하여 융은 다음과 같이 언급했다. "기독교 심리학 영역에서 푸름은 정자적(spermatic)이고 생식적인 특성을 갖고 있으며, 이런 이유로 푸름은 창조원리로서의 성령(Holy Ghost)에 속한 색이다."[29] 다시 한 번 말하면, "푸름은 성령, 생명, 생식과 부활의 색이다."[30] 성령의 푸름의 한 예를 빙엔의 힐데가르트(Hildegard of Bingen)의 〈성령에 대한 찬송(Hymn to the Holy Ghost)〉에서 찾을 수 있다. "너로부터 구름이 비를 내리며, 하늘이 움직이며, 돌이 습기를 머금으며, 물이 시내를 이루며, 땅이 푸름을 낸다."[31] 이 문장과 비슷한 것을 오시리스에 대한 고대 이집트의 찬송에서도 찾을 수 있다. "세상은 그를 통해 세상에 푸름을 발랐다."[32] 푸름과 삶의 소생의 또 다른 연결을 이집트의 피라미드 문헌에서 볼 수 있다. 앞의 문상은 떠오르는 태양인 풍뎅이신 케프러(또는 코프리, 코프러, '하나가 됨')을 생각나게 한다.[33] "운행하는 신 케프러여, 당신을 환영합니다. 푸름 신을 환영합니다……."[34]

푸름은 연금술에서 중요한 이미지다. 마일로스(Mylius)의 신화 '세계의 영혼

---

28 Frazer, James G., *The Golden Bough*, Vol. II, p. 112.

29 Jung, C. G., *Mysterium Coniunctionis*, C. W., 14, par. 137.

30 Jung, C. G., *Mysterium Coniunctionis*, C. W., 14, par. 395.

31 Jung, C. G., *Psychology and Religion: East and West*, C. W., 11, par. 151.

32 Frazer, James G., *The Golden Bough*, Vol. II, p. 113.

33 Clark, R. T. Rundle, *Myth and Symbol in Ancient Egypt*, New York, Grove Press, 1960, p. 40.

34 Budge, E. A. Wallis, *Osiris the Egyptian Religion of Resurrection*, reprinted by University Books, New Hyde Park, New York, 1961. Vol. II. p. 335.

(the Soul of the World)' 또는 '세계혼(아니마 문디, *Anima Mundi*)'에 따르면 푸름은 다음과 같은 것이다.

> 창조된 사물에 숨 쉬고 있는 신…… 모든 것이 그것에 의해 번식하는 씨앗 또는 푸름…… 그것들은 모든 것을 푸름(녹색)이라 불렀다. 푸르러짐은 성장을 의미하기 때문이다. 따라서 이 생산과 보존의 덕은 세계혼(the Soul of the World)이라 불릴 것이다.[35]

또 다른 연금술 문헌에서는 검음의 여성적 인격화와 거절당한 원질료가 이렇게 말한다. "나는 숨겨진 것 가운데 홀로 있지만 그럼에도 불구하고 나는 마음속으로 즐거워한다. 왜냐하면 나는 남몰래 살 수 있고, 스스로를 새롭게 할 수 있기 때문이며…… 나의 검음 속에 나는 숨겨진 가장 좋은 푸르름을 갖고 있기 때문이다."

융은 이 문구를 다음과 같이 해석했다.

> 단순히 희망하고 기다려 온 불완전한 변화 상태가 고통의 하나가 아닌 숨겨진 행복이라면 긍정적인 것이다. 그것은 그의 정신적 변화의 이미지 사이를 방랑하는, 그를 분명한 외로움과 화해시켜 줄 은밀한 행복을 얻게 되는 누군가의 상태다. 그 자신과의 소통에서 그는 끔찍한 지루함과 우울함이 아닌 내면의 파트너를 발견한다. 더 나아가 푸름이 메마른 땅으로부터 싹트고 장래의 수확을 펼쳐 보일 때 은밀한 사랑의 행복과 같은 또는 숨겨 놓은 봄날 같은 관계다. 그것은 연금술의 축복받은 푸름(베네딕타 비리디타스, benedicta viriditas; 역주: 12세기 수녀이며 치유자인 빙엔의 힐데가르트가 푸름을 치유와 연결시켰다.), 즉 한편으로는 '음식의 부패(녹청)'이지만 다른 한편으로는 모든 사물

35 Jung, C. G., *Mysterium Coniunctionis*, C. W., 14, par. 623.

에 들어 있는 신성한 생명의 영혼(정령)의 은밀한 내재(內在)다.[36]

푸름의 발견에 따르는 은밀한 행복에 대해 융이 언급하고 있는 것은 아마도 꿈꾼 이가 설명하고 있는 평화에 상응하는 것일 것이다. 곧 사망할 이 남자에게 무의식은 어떤 구체적 모습은 계속 사라지지만 계속 또 다른 형태로 태어나는 생명의 영원한 이미지를 생생하고 아름답게 제시하고 있다. 꿈은 부활에 관한 바울의 생각과 동일한 것을 표현하고 있다[고린도전서 15:54-55].

## 5. 작품의 완성

꿈 10:

신이 여러 사람과 개별적으로 의사소통했다는 긴즈버그(Ginsberg)의 『유대인의 전설(Legends of the Jews)』에서와 같이 그는 내게 시험을 할당했다. 그것은 모든 면에서 유쾌하지 않은 것이었으며, 기술적으로나 정서적으로나 내게 맞지 않았다. 처음에 나는 나를 기다리고 있는 사람을 찾아내어 함께 정확히 지시를 따라야 했다. 목표 결과는 종교적이거나 신성하거나 금기적인 암시를 가진 것으로 우리의 이해를 넘어선 추상적 상징이 되는 것이었다. 과제는 남자의 손목을 비틀어 다듬고 합쳐 육각형의 모양을 만드는 것이었다. 각각의 손에서 하나씩 두 개의 직사각형이 제거되었고 일종의 창문이 생겼다. 직사각형들은 또한 스스로 큰 가치를 지닌 상징이 되었다. 결과는 미라가 되고 말라 검게 되는 것이다. 이 모든 것은 시간이 오래 걸렸고 극히 미숙했으며 어려웠다. 그는 그것을 그의 운명이자 그 자신의 것으로 받아들이고 냉정하게 견뎠으며, 우리가 생각하기에 결과는 요구한 대로였다. 우리 노동의 결과에서 생겨난 상징을 보자. 그것은 신비함을 지닌 침투할 수 없는 분위

36 Jung, C. G., *Mysterium Coniunctionis*, C. W., 14, par. 623.

기를 갖고 있었다. 우리 둘은 모든 힘든 과정 때문에 지쳐 버렸다.

꿈꾼 이는 긴즈버그의 『유대인의 전설』을 친구 집에서 대강 훑어보기는 했지만 이 책을 광범위하게 읽지는 않았다. 또한 구약에 대한 그의 지식은 미미한 것이었다. 꿈은 여호와가 요나, 호세아 등에게 부과한 과업을 생각나게 한다. 삶이 신성한 과업에 지배받는다면 이것은 심리학적으로 자아가 자기에 복종하는 것 그리고 자아중심적 집착에서 자유로워지는 것을 의미한다. 이런 생각의 어떤 부분이 꿈에서 부과된 과업의 본질에 의해 나타나 있다. 그 과업은 우선 한 남자의 손을 절단하는 것이었다. 상당히 소름 끼치게 원시적인 이 이미지는 심리과정을 표현하고 있다. 동일한 이미지가 연금술에도 있는데 연금술에서는 발을 잘린 사자이며([그림 8-2] 참조),[37] 더 극단적인 형태는 태양의 광휘(Splendor Solis) 문헌([그림 8-3] 참조)[38]에 있는 사지를 절단당한 남자다. 손은 의식적 의지의 매체다. 따라서 손을 잘린다는 것은 자아의 무능을 경험하는 것이다. 융은 "자기에 대한 경험은 자아에게는 항상 패배다."[39]라고 했다.

꿈의 과업에서 그다음 단계는 절단된 손을 합쳐서 육각형을 만드는 것이었다. 여기서 우리는 좌우, 의식과 무의식, 선악의 대극 간 합일을 창조할 수 있다. 합일의 생산물은 여섯 겹의 상징이다. 비슷하지만 대조적인 두 요소의 합일로 이루어진 잘 알려진 육각 상징은 소위 솔로몬의 봉인(Solomon's Seal)으로 불린다(✡). 하나의 꼭짓점은 위를, 다른 하나의 꼭지점은 아래를 향하고 있는 삼각형 두 개로 이루어져 있다. 연금술사들에게 그것은 불(△)과 물(▽)의 합일을 의미하는 것이었다. 다른 사람들은 그것을 영(spirit)의 삼위(위로 향한 삼각형)와 물질의 대지적(chthonic) 삼위(아래를 향한 삼각형)로 해석한다. 숫자 6은 창조 과업의 완성 또는 충족과 관련 있다. 창세기에서 세상은 여섯째 날에 아담의 창조라는 최

---

37 Jung, C. G., *Psychology and Alchemy*, C. W., 12, Fig. 4.

38 Trismosin, Solomon, *Splendor Solis*, reprinted by Kegan Paul, Trench, Trubner and Company, London, Plate X.

39 Jung, C. G., *Mysterium Coniunctionis*, C. W., 14, par. 778.

[그림 8-2] 발톱을 잘린 사자
연금술 그림

종 행위로 6일 만에 창조되었다. 예수는 한 주의 여섯째 날에 십자가에 처형되었다. 조니스 린더스(Joanness Lyndus)에 따르면 융은 다음 내용을 인용했다.

> 숫자 6은 생산에 있어 가장 기술이 좋은 숫자다. 왜냐하면 홀수이면서 짝수이기 때문이며, 홀수적 측면에서 적극적 본질을 갖고 있고 짝수적 측면에서는 물질적 본질을 갖고 있기 때문이다. 이는 고대인들이 그것을 결혼과 조화라고 부른 이유다. 그리고 그것은 여성적이면서 남성적이다. 어떤 사람은 숫자 6이 영혼을 만든다고 말하는데, 그 이유는 그것이 스스로를 세상에 만들어 내기 때문이며 그 안에서 대극이 섞이기 때문이다.[40]

40 Jung, C. G., *The Practice of Psychotherapy*, C. W., 16, par. 451, n. 6.

[그림 8-3] 절단된 남자
연금술 그림

이 확충의 의미를 요약하면, 꿈은 선과 악 모두에 대해 개별 자아의 힘이 분리되거나 자아와의 합일로부터 추출되어 추상적 또는 초개인적 이미지와 합일됨으로써 과업이 수행되어야 함을 말하는 것 같다. 두 개의 직사각형 창문이 추가되자 원시 가면의 하나를 생각나게 하면서 오싹한 효과가 만들어졌다. 결과는 내가 제안하는 기하학적 이미지로, 신의 얼굴의 상징적 표상이다.

꿈 11:

어둡지만 그 안에 빛이 있으며, 식별 불가능한 정도는 아니다. 어둠이 다소 빛난다. 그 안에 서 있는 것은 거의 모나리자 얼굴을 가진 아름다운 황금여인이다. 이제 나는 그녀가 걸치고 있는 목걸이에서 빛이 나오고 있음을 알아차린다. 그것은 아주 섬세하다. 작은 터키옥을 카보숑 커팅 방법으로 연마했으며 붉은 금이 둘러싸고 있는 것이다. 그것은 마치 내가 그것의 배타성을 뚫을 수만 있다면 완전한 이미지 안에 메시지가 있는 것처럼 내게 큰 의미를 지닌 것이다.

철학과 종교에 대해 잘 모르는 꿈꾼 이는 진리(Logos)와 관련된 요한복음의 시작 단락에 관해 전혀 몰랐다. 꿈과 관련된 단락은 다음과 같다.

> 태초에 말씀이 계시니라. 이 말씀이 하나님과 함께 계셨으니 이 말씀은 곧 하나님이시니라. 그가 태초에 하나님과 함께 계셨고 만물이 그로 말미암아 지은 바 되었으니 지은 것이 하나도 그가 없이는 된 것이 없느니라. 그 안에 생명이 있었으니 이 생명은 사람들의 빛이라. 빛이 어둠에 비치되 어둠이 깨닫지 못하더라. (요한복음 1:1-5)

요한의 진리(말씀) 교리는 헬레니즘 철학의 진리 이론을 그리스도에게 적용한 것이다. 그리스도는 창조적 말씀(Word) 또는 태초부터 그(Him)와 함께 있었던 하나님의 생각(Thought of God)이 되었다. 영지주의 영역에서 진리는 지혜(Wisdom)의 여성적 인격화인 소피아와 동일하다. 동일한 이미지가 이미 히브리 지혜 문헌에 나타나 있다. 예를 들면, 신에 대한 다음 기도에 언급되어 있다. "네가 세상을 만들 때 그녀는 함께 있었다. 그녀는 네 눈에 기뻐하는 것을 알며 너의 계명과 일치하는 것을 안다." (지혜서 9:9 예루살렘). M.-L. 폰 프란츠(Von Franz)는 그녀의 『아우로라 콘수르겐스(떠오르는 새벽빛, Aurora Consurgens)』에서 소피아(지혜, Sophia) 또는 사피엔시아 데이(하나님의 지혜, Sapientia Dei)에 관해 길게 언급했다.

> 초기 그리스도교 교부학 문헌에서 그녀는 주로 그리스도, 선재(先在)하는 진리(Logos), 또는 '원시적 원인, 본보기, 생각, 신의 마음에 있는 원형(prototype)을 스스로 알고 있는' **영원한 형태들**(rationes Aeternae, eternal forms)의 총합으로 해석되었다. 그녀는 또한 세계의 원형(archetypus mundus), 즉 그것을 따라 이 감각세계가 만들어진 원형적 세계로 간주되었다. 따라서 하나님의 지혜(Sapientia Dei)는 신의 마음에 있는 원형이미지의 총합이다.[41]

토마스 아퀴나스(Thomas Aquinas)도 동일한 생각을 표현하였다.

> 신성한 지혜는 사물의 분별에 내재하는 우주의 질서를 만들어 냈으며, 따라서 우리는 신성한 지혜 속에 우리가 관념(ideas), 즉 신성한 정신에 존재하는 예시적 형태들[42]이라고 부르는, 다시 말해 신성한 모든 사물의 모형이 들어 있다고 말해야 한다.

따라서 꿈속에서 모나리자 얼굴을 한 황금 여인은 신성한 지혜 또는 소피아다. 파란색과 붉은색의 빛나는 목걸이는 하나의 원 모양의 줄 위에서 다양한 형태를 합일하는 천상의 장미이며 별자리, 즉 '신의 정신(마음)에 있는 원형이미지의 총합'을 통합하는 1년 순환 주기로서의 존재 방식이다.

꿈 12:

나는 너무 어려운 과제를 맡았다. 단단하고 무거운 통나무가 숲에 덮여 있다. 나는 그것을 걷어 내야 하고, 통나무를 원 모양의 조각으로 자르거나 찍어야 하며, 그런 다음 그 원 모양의 조각을 가지고 설계를 해야 한다. 결과는 더 이상 잃어버릴

---

41 Von Franz, Marie-Louise, *Aurora Consurgens*, Bollingen Series LXXVII, Princeton University Press, pp. 155 f.

42 Aquinas, Thomas, *Summa Theologica* I, q. 44. art. 4.

위험에 처하거나 더 이상 반복되지 않는 어떤 것을 어떤 대가를 치르더라도 보존하는 것이다. 동시에 그것이 무엇인지, 그것이 무엇을 나타내는지, 그것의 전체 의미가 무엇인지를 자세히 알기 위해 녹음을 해야 한다. 끝에 가서는 물건과 녹음테이프를 공공도서관에 보낼 것이다. 누군가는 도서관만이 테이프가 5년 내에 손상되는 것을 막는 방법을 알 것이라고 말한다.

다시 연금술적 작품(opus)의 비유라고 할 수 있는 할당된 과제라는 어려움의 주제를 볼 수 있다. 덮여 있는 통나무는 벗겨지거나 드러나야 하며, 그런 다음 그런 일이 다시 반복되지 않을 것이기 때문에 독특한 형태로 만들어져야 한다. 조각된 디자인은 오중의 이미지다. 숫자 5는 5년 내에 훼손될 위험이 있다는 언급에서 다시 한 번 나타난다. 5의 상징성은 연금술사들의 본질(제5원소)과 관련 있다. 그것은 다섯 번째 형태이며 4개 요소의 궁극적 단일체이며, 따라서 과정의 최종 목표다. 럴랜드는 본질(제5원소)은 "약(medicine) 그 자체이며 기술에 의해 신체로부터 분리된 물질"[43]이라고 했다. 융은 숫자 5가 '신체적 인간의 우위성'을 의미한다고 했다.[44] 이것은 꿈 이지미가 다섯 개의 돌기를 가진 추상적 인간 상징을 생각나게 한다는 사실과 일치한다. 따라서 그것은 신체적 존재의 목표이자 완성을 의미한다.

공공도서관에 물건과 녹음테이프를 저장한 것은 매우 흥미로운 점이다. 어떤 점에서 녹음테이프와 조각물건은 유사한 것이라고 할 수 있는데, 그 이유는 조각한 것의 모양이 녹음기의 릴테이프 모양과 매우 비슷해 보였기 때문이다. 이런 연상은 과업이 목재(Wood)를 말씀(Word)으로 변환시키는 것, 즉 물질을 영으로 변환시키는 것이라고 할 수 있다. 이 꿈은 내가 미래에 그의 꿈 시리즈를 출판할 것이라는 사실을 예시한 것 같다. 그렇다면 과제는 그가 나와 함께 저장한 꿈 기록일 것이다. 그러나 특히 다른 꿈의 맥락에서 보았을 때 이렇게 단순하고 개

43 Ruland, Martin, *A Lexicon of Alchemy*, p. 272.

44 Jung, C. G., *Psychology and Alchemy*, C. W., 12, Par. 287, n. 122.

인적인 해석은 꿈 재료에 완전히 적절하지 않다. 그가 해야 할 꿈 과업은 그의 심리적 삶의 과업, 즉 말씀 또는 영적 보물을 집단 또는 초개인적 도서관에 영원히 저장해야 한다는 가정일 가능성이 높다.

보물창고 모티프는 철학자의 돌[45]과 동의어로서 연금술에서 사용된다. 『아우로라 콘수르겐스(떠오르는 새벽빛)』에서의 다섯 번째 우화는 '바위 위에 지어진 보물창고에 관하여'라는 제목을 갖고 있다. 알피디우스(Alphidius)는 다음과 같이 언급하고 있다. "여기에는 과학이나 지혜의 숭고한 모든 것 또는 소유할 수 없는 영광스러운 것들이 저장되어 있다."[46] 또한 여기에는 보물창고가 사중의 구조로 되어 있으며, 따라서 이는 분명히 자기의 상징이다.

유사한 '보물' 이미지가 그리스도와 성자들이 축적한 '미덕의 창고(treasure of merits)'에 관련한 천주교 신학에도 있다.[47] 교회가 그것에 대한 교회의 탐닉으로 인해 이 이미지를 구체적 이미지로 잘못 사용하고 있음에도 불구하고 그것은 객관정신의 어떤 측면을 표현하고 있는 원형적인 것이다.

인용한 예에서 보면, 발견만 한다면 보물은 발견자에게 유익을 준다. 그러나 꿈에서 꿈꾼 이는 자신만이 사용하기 위해 그것을 찾아가지 않고 공공의 보물을 증대시키기 위해 저장을 한다. "사람의 아들은 섬김을 받으러 온 것이 아니라 섬기러 왔다."(마태복음 20:28)는 예수의 말씀이 생각난다. 꿈은 개인의 심리적 성취가 집단 보물의 축적을 증대시키는 영원한 영적 잔여물을 남긴다는 것을 시사한다. 그런 경우 좋은 책과 관련된 밀턴(Milton)의 말을 개성화라는 내적 심리과제의 유익에 적용할 수 있다. 영원한 영적 저장은 "사후의 삶을 위해 방부 처리하여 저장된 주인 영혼의 귀중한 생명의 피"[48]로 남겨졌다.

---

45 Jung, C. G., *Mysterium Coniunctionis*, C. W., 14, par. 2, n. 9.

46 Von Franz, Marie-Louise, *Aurora Consurgens*, p. 314.

47 Hastings, James, editor, *Encyclopaedia of Religion and Ethics*, New York, Charles Scribner's Sons, 1922, Vol. VII, pp. 253 ff.

48 Milton, John, *Areopagitica*.

짜로는 알 수 없다. 그것은 내게 평화를 준다.

이 꿈에서 우리는 고대 신화에서 매우 중요한 역할을 했고 프레이저의 『황금 가지(Golden Bough)』에서 포괄적으로 논의되었던 식물의 정령(vegetation spirit)에 대한 매우 명확한 표현을 볼 수 있다. 이 범주에서 가장 많이 발달한 이미지는 옥수수 정령, 나무 정령, 풍요의 신 오시리스다. 식물의 죽음과 태어남은 그(오시리스)의 식물로 불리었는데, 그 이유는 그것이 항상 푸르기 때문이었다.[28]

푸름의 상징성에 관하여 융은 다음과 같이 언급했다. "기독교 심리학 영역에서 푸름은 정자적(spermatic)이고 생식적인 특성을 갖고 있으며, 이런 이유로 푸름은 창조원리로서의 성령(Holy Ghost)에 속한 색이다."[29] 다시 한 번 말하면, "푸름은 성령, 생명, 생식과 부활의 색이다."[30] 성령의 푸름의 한 예를 빙엔의 힐데가르트(Hildegard of Bingen)의 〈성령에 대한 찬송(Hymn to the Holy Ghost)〉에서 찾을 수 있다. "너로부터 구름이 비를 내리며, 하늘이 움직이며, 돌이 습기를 머금으며, 물이 시내를 이루며, 땅이 푸름을 낸다."[31] 이 문장과 비슷한 것을 오시리스에 대한 고대 이집트의 찬송에서도 찾을 수 있다. "세상은 그를 통해 세상에 푸름을 발랐다."[32] 푸름과 삶의 소생의 또 다른 연결을 이집트의 피라미드 문헌에서 볼 수 있다. 앞의 문장은 떠오르는 태양인 풍뎅이신 케프러(또는 코프리, 코프러, '하나가 됨')을 생각나게 한다.[33] "운행하는 신 케프러여, 당신을 환영합니다. 푸름 신을 환영합니다……."[34]

푸름은 연금술에서 중요한 이미지다. 마일로스(Mylius)의 신화 '세계의 영혼

---

28 Frazer, James G., *The Golden Bough*, Vol. II, p. 112.

29 Jung, C. G., *Mysterium Coniunctionis*, C. W., 14, par. 137.

30 Jung, C. G., *Mysterium Coniunctionis*, C. W., 14, par. 395.

31 Jung, C. G., *Psychology and Religion: East and West*, C. W., 11, par. 151.

32 Frazer, James G., *The Golden Bough*, Vol. II, p. 113.

33 Clark, R. T. Rundle, *Myth and Symbol in Ancient Egypt*, New York, Grove Press, 1960, p. 40.

34 Budge, E. A. Wallis, *Osiris the Egyptian Religion of Resurrection*, reprinted by University Books, New Hyde Park, New York, 1961. Vol. II. p. 335.

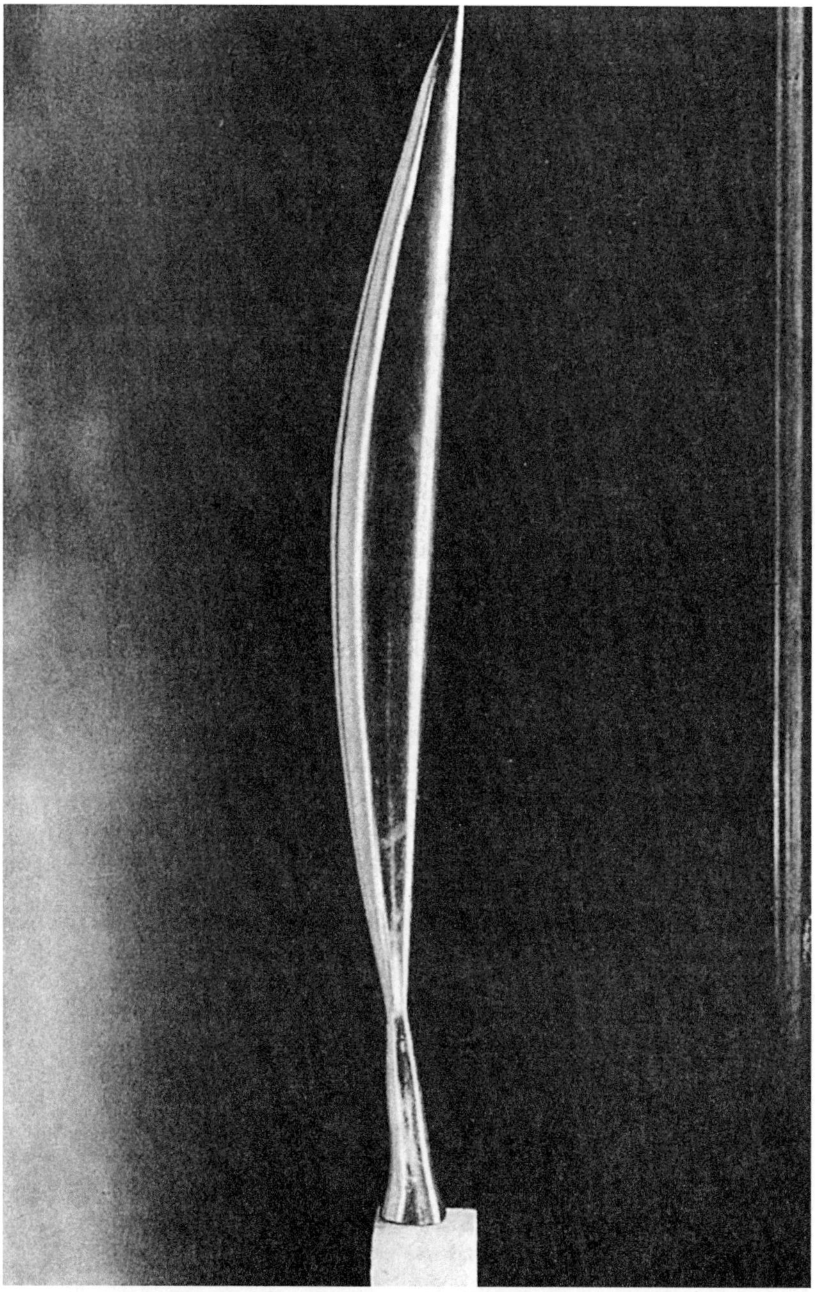

[그림 8-4] 공중의 새

브랑쿠시

피스티스 소피아(Pistis Sophia)는 물질의 어둠 속에 갇혀 있음으로부터 속죄함 받은 빛의 가루를 모아 놓은 빛의 보물창고(Treasury of Light)를 말한다. 이 보물창고는 영광의 빛이라 불리는 빛의 흐름을 수단으로 일종의 축적된 빛을 더 높은 곳인 빛의 세계(the World of Light)에 전달하는 중간 저장소다.[51] 마니교 교리에 의하면 선택된 사람들은 흩어진 빛을 위해 속죄 기능을 수행한다. 신에 대한 지식을 통해 재탄생한 선택된 사람들은 물질 속에 흩어져 있는 빛의 가루(입자)를 모으기 위한 수단이 된다. 죽음의 순간에 각자는 물질 세상으로부터 축적한 빛 덩어리를 가지고 영원한 빛의 영역으로 간다.[52] 하늘을 향해 V자 모양을 이루고 있는 브랑쿠시의 조각은 속죄함 받은 빛의 입자 모음이 영원한 영역으로 들어가는 통로인 영광의 기둥(the Pillar of Glory)에 비교될 수 있을 것이다. 유사한 이미지를 마니교의 종말론에서도 찾아볼 수 있다. 종말에 마지막 '조각상 또는 기둥'이 나타난다.

> 아직 모을 수 있는 모든 빛은 '마지막 조각상'의 형태로…… 하늘까지 솟아오른 '위대한 관념(Great Idea)'으로 합일될 것이며, 반면 저주받은 자와 괴물, 정욕을 품은 물질과 앙심애는 거대한 돌로 그 입구가 막힐 구멍이에 던져질 것이다.[53]

융은 마니교의 '조각상'에 대해 언급하면서 그것을 연금술 문헌과 관련지었다. 그는 다음과 같이 언급했다.

---

50 Clark, R. T. Rundle, *Myth and Symbol in Ancient Egypt*, p. 236.

51 *Pistis Sophia*, G. R. S. Mead translator, London, John M. Watkins, 1947, p. 2 *et passim*.

52 Legge, Francis, *Forerunners and Rivals of Christianity*, 1915, reprinted by University Books, New Hyde Park, New York, 1964, II, 296.

53 Peuch, Henri-Charles, "The Concept of Redemption in Manichaeism," in *The Mystic Vision*, Papers from the Eranos Yearbooks 6. Bollingen Series XXX, Princeton University Press, 1968, p. 313.

> 람이었던 옛날에는 우리의 모든 힘이 신성한 고리로부터 우리에게 왔으며, 고리가 깨지지 않는 한 사람들은 번성했습니다. 꽃피는 나무는 고리의 살아 있는 중심이며, 사분위의 원은 그것에게 자양분을 주었습니다. 동쪽은 평화와 빛을 주었고, 남쪽은 따뜻함을, 서쪽은 비를, 북쪽은 차갑고 강력한 바람을 주었고, 이는 우리에게 힘과 연단을 주었습니다. 이런 지식은 우리의 종교와 함께 바깥 세상에 있습니다. 세계의 힘이 하는 모든 일은 원에서 이루어졌습니다. 하늘은 둥글고, 지구도 공처럼 둥글며, 모든 별도 다 그렇다고 들었습니다. 가장 강력한 힘을 가진 바람은 회오리입니다. 새들은 원 모양으로 둥지를 만들며 이는 우리의 종교와 그들의 종교가 같기 때문입니다. 태양은 떠올랐다가 내려가면서 원을 이룹니다. 계절조차도 변화에 있어 큰 원을 형성하며 그들이 있던 곳으로 항상 다시 돌아옵니다. 인간의 삶도 아동기에서 아동기로의 원이며, 그래서 그것은 힘이 움직이는 곳 어디에나 있습니다. 우리의 집도 새의 둥지처럼 둥글며, 그래서 위대한 영혼(The Great Spirit)이 우리에게 자녀를 부화시키라고 한 원(circle), 민족의 고리, 수많은 둥지 중의 둥지로 항상 만들어졌습니다. 백인은 우리를 이런 사각형 상자에 넣었습니다. 우리의 힘은 사라졌고, 우리는 죽어 갑니다. 우리의 힘이 우리 안에 더 이상 없기 때문입니다.[27]

꿈 9:

유럽에서 볼 수 있을 것 같은 커다란 공원에 나는 혼자 있었다. 잔디가 매우 오래된 것이었고, 흔한 잔디가 아니었다. 회양목으로 된 울타리가 있었고 모든 것이 완벽히 질서 정연했다. 정원 끝에서 나는 한 순간을 본다. 나는 처음에 그것이 잔디로 된 수많은 개구리라고 생각한다. 가까이 다가갈수록 나는 그것이 실제로 약초, 잔디로 만들어진 초록인간임을 본다. 그것은 매우 아름다운 허드슨(Hudson)의 소설 『녹색의 장원(Green Mansions)』을 생각나게 한다. 내가 무엇을 보고 있는지 진

27 Neihardt, John G., *Black Elk Speaks*, Lincoln, University of Nebraska Press, 1961, pp. 198 ff.

의 긴급성을 의미한다. 마치 그런 인식이 신체적 죽음보다 우선한다고 말하는 것 같다.

* * *

여기서 해야 할 질문은 이 꿈들이 꿈꾼 이에게 어떤 영향을 주었나 하는 것이다. 이것은 분명히 대답하기 어려운 질문이다. 실제적으로 여기서 보고된 모든 꿈이 꿈꾼 이에게 강력한 정서적 영향을 주었지만 흥미롭게도 그는 분석 세션에서 꿈을 이야기할 때만 그 효과를 경험하였고 그전에는 아니었다. 꿈이미지의 신성성을 알기 위해 분석가의 존재가 다소 필요했다. 전체적으로 보았을 때, 꿈은 꿈꾼 이의 삶의 태도를 점진적이고 분명하게 변화시킨 일련의 작은 종교 경험이었다. 비종교적이고 철학적이지 않은 남자에게 형이상학적 입문식이 주어진 것이다. 결과적으로 그는 개인적 좌절로부터 최소한 부분적으로나마 자유로워졌으며, 그의 성격은 새로운 수준의 깊이와 존엄을 획득하였다. 죽음이 임박했을 때쯤의 분석 시간에 그는 "왜 내 삶이 연장되었을까요?"라는 질문을 여러 차례 했다. 꿈에 답이 있는 것 같다.

CHAPTER 09

# 그리스도의 피

연금술 없는 신학은 오른손 없는 고귀한 신체와 같다.*

우리의 예술, 예술의 실제뿐 아니라 이론은 모두 신이 선택한 시간에 신이 선택한 사람에게 주어지는 신의 선물이다. 그가 바라거나 호소해서 얻은 것이 아니라 단지 신의 자비로 얻은 것이다.**

## 1. 서 론

이 장의 주제는 수천 년 동안 신성한 의미를 지녀 온 고대의 원형적 이미지다. 이러한 이미지는 좋거나 나쁜 힘을 갖고 있으며 신중하게 다루어져야 한다. 보호적이고 전통적인 맥락 속에서는 안전하게 다루어질 수 있다. 그러나 분석심리학의 실증적 방법은 살아 있는 상징 자체를 검토하고 개인의 정신에서 그것의 자발적인 기능을 탐색하기 위해 보호적이고 전통적인 맥락을 제거할 것을 필요로 한다. 그것은 마치 우리가 동물원 우리 속에 갇혀 있는 동물이 아니라 자연 서식지에 있는 강력한 야생동물을 보고 있는 것과 같다. 이 방법이 필요하긴 하지만 우리는 위험성도 알고 있어야 한다. 우리가 실험실에서 폭발물을 가지고 작

* Waite, A. E., trans., *The Hermetic Museum*, London, John M. Watkins, 1953, Vol. Ⅰ, p. 119.

** Waite, A. E., trans., *The Hermetic Museum*, p. 9.

업해야 한다면 그것을 조심스럽게 다루어야 하는 것이다. 그러한 이미지에 부주의하게 접근하는 순진한 자아(ego)는 오만에 빠지며, 피할 수 없는 응징의 뙈리에 의해 파멸할 것이다. 이것을 염두에 두고 나는 두 개의 연금술 인용을 추가하겠다. 첫 번째 것은 과학적 실용주의의 태도와 실제적 심리치료다. 그것은 다음과 같은 내용이다. "연금술 없는 신학은 오른손 없는 고귀한 신체와 같다."[1] 그러나 인간 의지의 오만에 대항하기 위해 즉시 두 번째 것을 인용해야 한다. "우리의 예술, 예술의 실제뿐 아니라 이론은 모두 신이 선택한 시간에 신이 선택한 사람에게 주어지는 신의 선물이다. 그가 바라거나 호소해서 얻은 것이 아니라 단지 신의 자비로 얻은 것이다."[2]

융(Jung)은 그리스도가 자기의 상징이라고 하였으며,[3] 이 발견은 전통 기독교 신화학을 현대 심층심리학과 연결시키는 오랜 작업을 할 수 있게 하였다. 그리스도 상징과 연관된 중요 이미지는 그리스도의 피의 이미지다. 그리스도의 피를 언급하는 여러 꿈을 보고 나서 나는 이 주제에 관심을 갖게 되었다. 그러한 꿈들은 그리스도의 피가 현대인의 정신에서도 아직 기능하는 살아 있는 상징임을 의미한다. 따라서 나는 융 심리학의 측면에서 이 상징과 그 가지들을 탐색하고자 한다.

연상적 연결과 함께 이 이미지가 살아 있는 유기체이고 신학적 구조가 아니라는 것을 보여 주기 위해서는 실증적 · 기술적 · 현상학적 접근을 사용해야 한다. 그러나 이 접근은 독자에게 많은 것을 요구한다. 여러 병치와 비유를 추적해야 하는 많은 연결선이 있기 때문에 상호 연결 속에서 길을 잃을 수도 있다. 하지만 실증적 방법을 따라야 한다면 이 방법을 피할 수 없다. 오해의 소지에도 불구하고, 융의 심리학은 철학이나 신학이 아닌 증명 가능한 과학이다. 이 사실을 모호하게 만들지 않기 위해 정신 표현의 복잡성에도 불구하고 우리는 실제적인 정신

1 Waite, A. E., trans., *The Hermetic Museum*, London, John, M. Watkins, 1953. Vol. I, p. 119.

2 Waite, A. E., trans., *The Hermetic Museum*, p. 9.

3 Jung, C. G., "Christ, a Symbol of the Self" in *Aion*, C. W., 9 ii, par. 68 ff 참조.

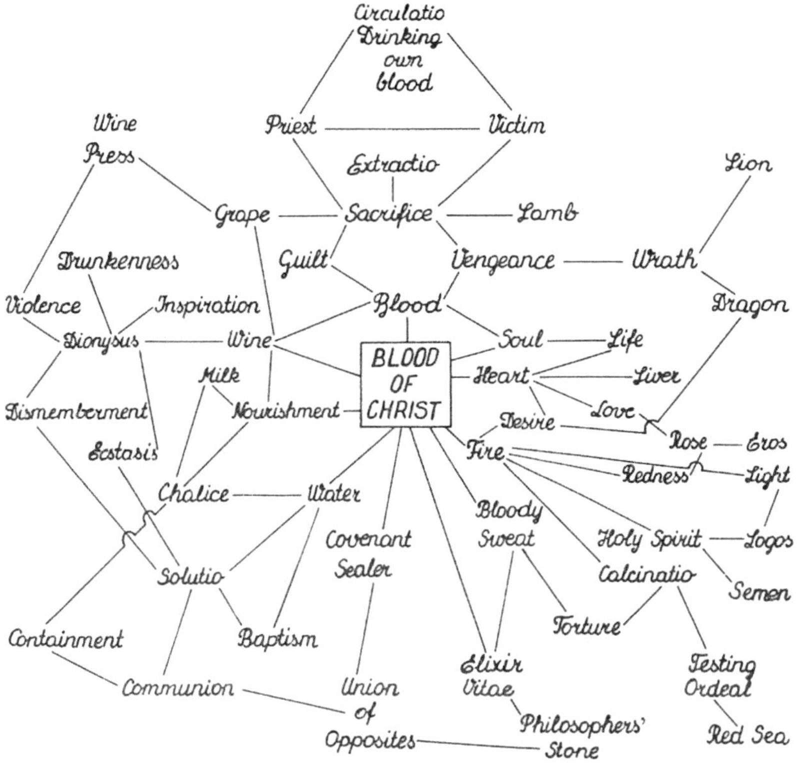


[그림 9-1] 상징으로서의 '그리스도의 피'에 대한 연상적 연결

의 표현에 대해 항상 즉각적 관점을 유지하기 위해 다루기 힘든 실증적-기술적 방법을 사용해야만 한다([그림 9-1] 참조).

## 2. 피의 의미

그리스도의 피의 이미지는 고대인들의 생각 및 종교의례와 수많은 연관을 갖고 있다. 원시시대 이후로 피는 신성한 의미를 갖고 있다. 피는 생명이나 영혼의 자리다. 간이 응고된 핏덩어리라고 생각했기 때문에 영혼은 이 기관에 위치해 있었다.[4] 죽음에 이를 정도로 피를 흘리면 생명이 없어지기 때문에 피와 생명을 동일시하는 것은 당연하고 피할 수 없는 것이었다. 마찬가지로 하데스는 죽은 자들에게 마실 피를 공급함으로써 생명의 외양을 간단히 회복할 수 있었다. 이런 종교의례의 고전적 예는 『오디세이(Odyssey)』 XI권에 나오는 오디세우스가 하데스를 방문한 일이다. 생명의 본질로서의 피는 인간이 생각할 수 있는 가장 귀한 것이었다. 그것은 초개인적 암시를 담고 있으며 신에게만 속한 것으로 간주되었다. 따라서 고대 히브리인은 피를 마시지 못하도록 금지당했다. 신명기에서 여호와는 이렇게 말씀하신다. "……피는 그 생명인즉 네가 그 생명을 고기와 함께 먹지 못하리니." (12:23) "……네 제물의 피는 네 하나님 여호와의 제단에 붓고……" (12:27) 파우사니아스(Pausanias)에 따르면 아폴로의 여사제들은 한 달에 한 번씩 밤에 양을 잡아 신 및 예언자들과 교감하기 위해 피를 맛보았다.[5] 그것이 여러 의미를 갖고 있었기 때문에 피는 널리 퍼져 있던 피의 희생을 설명해 주는 것으로, 신에게 가장 적합한 선물이었다.

피는 신성한 액체였기 때문에 신에게 헌신하는 희생의례 외에는 피를 쏟는 것은 범죄였다. 따라서 피는 살해, 죄책, 그에 따른 복수와 관련되었다. 아벨의 피가 땅에서 소리쳤다는 내용을 볼 때 피는 자신을 위한 복수를 요구할 수 있는 자율적 존재로 생각되었다(창세기 4:10). 원시적 사고(즉, 무의식적 사고)에 따르면 다른 사람의 생명을 취하는 것이 도덕적으로 잘못된 것이라는 말을 하고자 함이 아니라 피와 같은 강력한 물질에 관여하는 것이 매우 위험한 일이라는 말을 하고자 함이다. 그것은 그 위험을 모르거나 부주의한 사람에게는 고압의 전선이 복수하는 것처럼 복수할 것이다.

따라서 심리학적으로 이해하자면, 피는 영혼의 생명, 지극히 귀하고 강력한 초인간적 근원의 생명을 나타낸다. 피는 신성한 것으로 경외되어야 하며, 개인

---

4 Yerkes, R. K., *Sacrifice in Greek and Roman Religions and Early Judiasm*, New York, Scribner's, 1952, p. 42, n.1.

5 Yerkes, p. 43.

적 목적을 위해 피를 조작하거나 관련지으려 하거나 파괴하려는 자아의 노력은 복수를 부른다. 쏟아진 피는 복수를 위해 더 많은 피를 필요로 한다. 이런 생각은 정신적 에너지의 보존법칙을 보여 준다. 한 영역에서 그것의 충족이 부인되면 정신에너지의 어딘가 다른 영역에서 충족되어야만 한다. 피를 위한 피가 있어야 하는 것이다. 내적 살인인 억압이 나타날 것이다. 그것은 대가가 따르는, 생명에 대항하는 범죄인 것이다. 융은 다음과 같이 언급함으로써 이를 마음에 담고 있었다.

> …… 자연은 우리에게 앙심을 품는 것 같다. …… 우리가 동료 인간으로부터 우리의 정서를 차단하면…… 비밀을 간직한 채 정서를 거두어들이는 것은 결국 자연이 질병을 가지고 우리를 찾아오는 정신적 범죄다.[6]

고대의 또 다른 피의 상징성은 피가 신성한 힘이나 악마적 힘과 인간 사이에 유대 또는 계약을 만든다는 개념이다. 악마와의 약속은 피로 표시되어야 하며 신과 인간 사이의 계약을 이루기 위해서는 피를 흘려야 한다. '언약의 피'는 여호와가 출애굽기 24장에서 자신을 이스라엘과 계약하는 의례에서 발생한다.

> 모세가 여호와의 모든 말씀을 기록하고 이른 아침에 일어나 산 아래에 제단을 쌓고 이스라엘 열두 지파대로 열두 기둥을 세우고 이스라엘 자손의 청년들을 보내어 여호와께 소로 번제와 화목제를 드리게 하고 모세가 피를 가지고 반은 여러 양푼에 담고 반은 단에 뿌리고 언약서를 가져다가 백성에게 낭독하여 듣게 하니 그들이 이르되 여호와의 모든 말씀을 우리가 준행하리이다. 모세가 그 피를 가지고 백성에게 뿌리며 이르되 이는 여호와께서 이 모든 말씀에 대하여 너희와 세우신 언약의 피니라. (출애굽기 24:4-8)

---

6 Jung, C. G., *The Practice of Psychotherapy*, C. W., 16, par. 132.

여기서 피는 일종의 접착제 또는 묶는 매체 역할을 한다. 피의 절반은 제단으로 상징되는 여호와에게 뿌려졌고, 나머지 절반은 사람들에게 뿌려졌다. 따라서 사람들은 '하나의 피'로 신과 연합된다. 신과 인간은 공동 세례 또는 교감으로 그들을 합일시키는 용해(solutio)에 참여한 것이다.

'언약의 피'라는 생각은 신약에서도 다시 나타나며 그리스도의 피에 적용된다. 모세가 쏟아부은 희생동물의 피가 신과 이스라엘 사이의 오랜 언약을 접착시킨 것처럼 그리스도 자신에 의해 기꺼이 쏟아부어진 그리스도의 피가 신과 인간 사이의 새로운 유대를 접착시킨다. 이런 병치는 히브리서 9장에 분명하게 묘사되어 있다.

> 이로 말미암아 그는 새 언약의 중보자시니, 이는 첫 언약 때에 범한 죄에서 속량하려고 죽으사 부르심을 입은 자로 하여금 영원한 기업의 약속을 얻게 하려 하심이라. 유언은 유언한 자가 죽어야 되나니 유언은 그 사람이 죽은 후에야 유효한즉 유언한 자가 살아 있는 동안에는 효력이 없느니라. 이러므로 첫 언약도 피 없이 세운 것이 아니니 모세가 율법대로 모든 계명을 온 백성에게 말한 후에 송아지와 염소의 피 및 물과 붉은 양털과 우슬초를 취하여 그 두루마리와 온 백성에게 뿌리며 이르되 이는 하나님이 너희에게 명하신 언약의 피라 하고 또한 이와 같이 피를 장막과 섬기는 일에 쓰는 모든 그릇에 뿌렸느니라. 율법을 따라 거의 모든 물건이 피로써 정결하게 되나니 피 흘림이 없은즉 사함이 없느니라. 그러므로 하늘에 있는 것들의 모형은 이런 것들로써 정결하게 할 필요가 있었으나 하늘에 있는 그것들은 이런 것들보다 더 좋은 제물로 할지니라. 그리스도께서는 참것의 그림자인 손으로 만든 성소에 들어가지 아니하시고 바로 그 하늘에 들어가사, 이제 우리를 위하여 하나님 앞에 나타나시고 대제사장이 해마다 다른 것의 피로써 성소에 들어가는 것 같이 자주 자기를 드리려고 아니하실지니, 그리하면 그가 세상을 창조한 때부터 자주 고난을 받았어야 할 것이로되 이제 자기를 단번에 제물로 드려 죄를 없이 하시려

고 세상 끝에 나타나셨느니라. (히브리서 9:15-26)

이 성경 구절은 히브리 신화와 의례가 그리스도의 피의 기독교적 상징성과 관련하여 플라톤적 사고와 어떻게 융합될 수 있는지를 보여 준다. 히브리인의 '언약의 피'는 순수한 계약의 '복사판'으로 간주되며, 영원한 천국(아들)의 복사판인 여호와의 장막에 뿌려진다. 이런 생각은 그리스도의 피가 한 번으로 모두를 사하는 속죄라는 진술과 함께 심리학적으로 변화가 집단무의식의 원형적 수준에서 일어났음을 암시하고 있다. 신 자신이 변화를 겪었고, 그래서 신과 인간, 즉 자기(Self)와 자아를 합일하는 접착의 속죄의 피가 이제 그리스도로서의 자기의 주도를 통해 끊임없이 가능하게 되었다.

새로운 섭리로 '언약의 피'는 성찬(교류의 식사)의 피가 되었다. 이 연결은 최후의 만찬에서 이루어진다. "그가 잔을 가지고 축사한 다음 그것을 그들에게 주시며 말씀하셨다. '그것을 모두 마셔라. 이는 많은 사람들의 죄사함을 위해 쏟는 나의 언약의 피이기 때문이다.'"(마태복음 26:27-28, 마가복음 14:23-24, 고린도전서 11:25) 따라서 피를 마시지 않는 구약의 금지는 최소한 상징적 · 의례적 목적으로 교체되었다. 그리스도의 피를 마심은 신과 인간 사이를 연결하는 수단이 되었다.

계약의 봉인자로서의 피와 관련하여 W. 로버트슨 스미스(Robertson Smith)는 상당히 중요한 정보를 주고 있다. 그는 다음과 같이 언급했다.

> 살아 있는 또 다른 존재의 살을 먹거나 특히 피를 마심으로써 인간이 그 대상의 본질적 삶을 그 자신의 것으로 흡수한다는 개념은 원시인들에게 많은 형태로 나타난 것이다. …… 이 생각을 가장 고귀하게 적용한 것이 전 세계에서 볼 수 있는 피로 맺는 형제애다. 이것의 가장 단순한 의식은 두 남자가 혈관을 끊어 서로의 피를 마심으로써 형제가 되는 것이다. 그럼으로써 그들의 생명은 이제 둘이 아닌 하나가 된다. 고대 아랍 문헌에는 피의 계약에 관한 문헌이 있

> 지만 인간 피 대신 성역에서 희생제물이 사용된다.
>
> …… 나중에 가면 우리는 두 사람이 함께 먹는 어떤 음식이든 둘 사이의 신성한 단일성을 세우기에 충분하다는 것을 알게 된다. 동일한 음식이 살과 피로 들어가기 때문이다. 그러나 고대에 이 의미는 지극히 신성한 희생제물의 살에 참여하는 것에 항상 부여되었으며, 죽음의 숭고한 신비는 이런 방식으로만 이 숭배자들과 신과의 살아 있는 합일적 유대를 만들거나 유지할 수 있는 신성한 접착이 성취된다는 생각에 의해 정당화된다. 이런 접착은 그것의 살, 특히 피에 들어 있다고 생각되는 신성하고 혈족적인 동물의 실제 생명이므로 신성한 식사에서 실제로 모든 참여자에게 배분되며, 각자는 그것의 조각에 자신의 생명을 합친다.[7]

심리학적으로 이해하면, 그것은 형제애를 만들어 내는 공동의 리비도 투자다. 서로의 일에 관여하고 공동의 목표, 동일한 시련, 가치 헌신을 공유하는 사람들은 한 피를 나눈 형제로서 자신들을 경험하는 사람들이다. 마찬가지로, 개인의 내적 삶에서 자아가 자기의 존재를 발견하고 그것에 묶이게 되는 것은 의식적으로 직면하게 되는 강력한 정서로부터다. 피로 상징되는 리비도의 강도는 인간과 인간, 인간과 신 사이의 관계를 만드는 데 필수적이다.

이런 생각을 염두에 두면 로마 가톨릭 미사의례에서 그리스도의 피를 마시는 행위가 이중의 접착 과정을 나타내고 있음을 알 수 있다. 첫째, 개인이 신에게 그의 개인적 관계를 접착한다. 둘째, 그는 예수의 신비한 몸의 지체인 다른 모든 이들을 심리적으로 동일시한다.

자신의 피를 자양분의 음료로 제공하는(펠리컨처럼) 그리스도의 행위는 긍정적 어머니 원형 또는 자기 요소의 표현이다. 동일한 의미를 그리스도의 피를 동그랗게 모아 놓은 잔 또는 성배의 상징에 부여할 수 있다. 이런 생각의 흐름과 관

---

7 Smith, W. Robertson, *The Religion of the Semites*, 1899, Reprinted by Meridian Books, New York, 1956, pp. 313 f.

련된 것은 원형적인 〈솔로몬의 서시(Odes of Solomon)〉에 들어 있는 흥미롭고 비범한 이미지다. 〈솔로몬의 서시〉 중 19번째 시의 첫 네 소절을 보면 다음과 같다.

> 한 잔의 젖이 내게 주어졌다. 나는 주님이 주시는 기쁨의 달콤함으로 그것을 마셨다. 아들은 잔이며, 젖인 그는 아버지다. 성령이 그에게서 젖을 짜 주었다. 그의 젖가슴은 충만하며 그에게 그의 젖은 충분히 나와야 하는 것이다. 성령이 그의 가슴을 열어 아버지의 두 젖가슴으로부터 나온 젖을 섞어 그들이 알게 세상에 그것을 주었다.[8]

대부분의 신학자가 가진 부권적(가부장적) 편견 때문에 자기가 남성성과 여성성의 합일이라는 형상이 교회법에 의해 모호해졌다. 따라서 이 구절은 신에게 명백히 여성적 속성을 주었다는 점에서 평범치 않다. 그러나 실증심리학적 관점에서는 자기가 역설적이거나 양성적 이미지로 표현된다.

문헌은 삼위(the trinity)를 놀랍게 묘사하고 있다. 성찬(교류) 상징과 관련하여 젖은 자아에게는 접근 불가능한 자기의 먼 또는 초월적 측면인 아버지의 젖 또는 피인 그리스도의 피와 동일한 것이다. 아들은 잔이다. 즉, 개인적 · 일시적 삶으로의 육화는 원형적 삶의 에너지를 담고 전달하는 그릇(vessel)이다. 이 생명 액체가 필연적 본질로 실현되기 위해 잔, 즉 그것의 개인적 그릇은 비워져야 한다. 다른 말로 하면, 개인을 그의 초개인적 근원과 연결하는 원형적 삶의 의미를, 스스로를 개인적이고 구체적 삶으로 표현하는 육화로부터 추출해야 한다. 문헌에 따르면 성령은 젖을 짠다. 성령은 또한 젖 자체로도 생각될 수 있다. 이는 성령에 관한 기타 기술과도 들어맞으며, 내가 나중에 내릴 그리스도의 피가 성령과 동의어라는 결론과도 들어맞는다.

알렉산드리아의 클레멘트(Clement of Alexandria)는 동일한 이미지를 사용하여

---

8 *The Lost Books of the Bible and The Forgotten Books of Eden*, Cleveland, World Publishing Co., II, 130.

진리(Logos)를 아버지의 젖과 동일한 것으로 여겼다.

> 오, 놀라운 신비여! 우리는 바로 육적인 부패 그리고 낡은 자양분을 버리고 새로운 음식, 즉 그리스도의 음식으로 바꾸라고 명령받았다. …… 음식은 아버지의 젖이며 어린아이들이 공급받는 것이다. 우리를 기르시는 그가, 우리가 사랑하는 진리인 그의 피를 우리에게 쏟으시고 인간 본질을 구하셨다. 그를 통해 신을 믿는 것은 진리이신 아버지의 '돌보는 젖가슴'에 우리를 안전하게 숨기는 것이다(*Iliad*, XXII, 83). 그분만이 우리 어린 자들에게 사랑(아가페)의 젖을 공급하시며, 그 젖을 빠는 자들만이 진실로 축복받은 것이다.[9]

진리는 젖일 뿐만 아니라 〈솔로몬의 서시〉의 19번째 시에 있는 바와 같이 정액이기도 하다. 다음 구절을 보라.

> 그리고 (그것, 즉 아버지의 젖을) 취하는 자는 오른손의 충만 속에 있다. 동정녀의 자궁이 (그것을) 취하였고 잉태하여 아이를 낳았다. 그리고 동정녀는 위대한 자비(긍휼, agape)를 가진 어머니가 되었다.[10]

고대 생리학에 따르면 여성은 피를 젖으로 바꿀 수 있으며, 남성은 피를 정액으로 바꿀 수 있다. 피, 젖 그리고 정액은 본질적으로 동일한 물질의 다른 형태다. 따라서 우리는 "모든 것은 그를 통해 만들어졌으며 그 없이 만들어진 것은 아무것도 없다."는 요한복음 1장 3절의 말씀의 창조적 기능에 상응하는 스토아학파의 창조적이고 잉태시키는 말씀인 진리의 씨앗(Logos Spermatikos)의 개념에 이르게 된다.

---

9 "Paedagogos," 1, 42, 2-43, 4, quoted in Goodenough, Erwin, *Jewish Symbols in the Greco-Roman Period*, Vol. 6, Princeton University Press, p. 119.

10 *Jewish Symbols in the Greco-Roman Period*, p. 121.

또 다른 구약 성경의 그리스도의 피의 원형(prototype)은 유월절 양의 피다. 이집트에서 첫 번째로 태어난 모든 것이 여호와의 복수의 천사에 의해 죽임을 당하던 밤에 이스라엘 사람들은 흠 없는 양을 죽여 그 피를 문설주와 기둥에 바르라는 지시를 받는다. 따라서 여호와가 말씀하신다. "내가 애굽 땅을 칠 때에 그 피가 너희가 사는 집에 있어서 너희를 위하여 표적이 될지라. 내가 피를 볼 때에 너희를 넘어가리니 재앙이 너희에게 내려 멸하지 아니하리라."(출애굽기 12:13) 그의 복수의 피로부터 구원받을 자를 표시하는 신의 이미지의 발달은 에스겔(Ezekiel)의 환상에서도 발견된다. 허리춤에 서기관의 먹그릇을 차고 있는 흰 옷을 입은 남자(역주: 에스겔 12장 13절의 먹그릇 찬 천사)가 기술되어 있고, 신이 이 남자에게 "예루살렘 성의 사방으로 가서 거기서 이루어지는 모든 더러움을 개탄하고 인정치 않는 자들의 이마에 십자가 모양을 표시하라."(에스겔 9:4)고 말한다. 신은 이마에 십자 모양이 없는 모든 사람을 죽이라고 명령한다.

나는 이 문구를 특히 언급하고 싶은데, 그 이유는 먹그릇을 가지고 흰 옷을 입은 서기관이 '먹'이 나중에 그리스도의 피로 제시되는 꿈의 인물과 매우 유사하게 일치하기 때문이다. 피 흔적과 에스겔서의 이마의 표식은 신의 선민이라는 표식이다. 이들은 신의 피의 분노나 그것과 상징적으로 동일한 홍해의 침몰로부터 면제된다. 14만 4000명에 이르는 신의 종들이 멸망으로부터 구원받음을 나타내는 인장을 이마에 받는 동일한 주제의 세 번째 변이가 요한계시록(7:2-3, 9:4)에도 있다.

그리스도의 피의 희생은 피가 이스라엘 사람들을 여호와의 복수로부터 보호해 주는 유월절 양의 희생과 많은 면에서 병치를 이루며, 이런 병치는 그리스도의 속죄적인 피가 가진 힘의 심리적 의미를 설명하는 데 도움을 준다. 출애굽기에서는 처음 태어난 아들의 비자발적 희생이 모든 이집트 가족에게 요구되었다. 유대인들은 자발적인 피, 즉 전시된 피로 대체함으로써 이 사건으로부터 피할 수 있었다. 이런 상태는 파라오의 마음을 강퍅하게 했다. 석화(petrification)상태가 만연했던 것이다. 이런 상태를 치유하기 위해 피가 흘려져야 했다. 영혼이 액화되어서, 강팍하고 불모의 현 상태로부터 추출되어서 생명과 리비도가 다시 흘러야 한다. 이런 용어를 사용하면 우리는 개인의 내적 삶에 이들 이미지를 어떻게 적용할지 금방 알 수 있다. 여호와로 상징되는 개성화의 충동은 노예화되고 억압된 능력을 위해 변화와 자유를 요구한다. 이집트인들이 양보하지 않는다면 강제로 피가 추출될 것이다. 리비도가 희생적 태도로 초개인적 목적에 자발적으로 전이되는 정도에 따라 개인은 자아가 전체성, 즉 자기의 요구사항에 의지적으로 대항할 때 발생하는 성격에 파괴적 결과를 피할 수 있다.

그리스도는 유월절 양과 동일시되었으며, 하나님의 어린양(Agnus Dei)으로 불렸다. 또한 상징성에 대한 객관적 평가에 따르면 신의 첫 번째 아들로서의 그리스도는 이집트인들의 첫아들의 희생과 같은 것이다. 내 지식으로 볼 때 이런 결론은 전통적인 주석에서 나온 것이 아닌 듯하다. 그러나 신화에 대한 완전한 심리학적 이해는 필요하다. 속죄적 희생은 항상 기분과 양의 혼합—온순함과 피해망상적 완고함—으로 일어난다. 자아는 동산에서 예수가 그런 것처럼 기꺼이 그러나 주저한다.

양의 희생의 상징성에 관해서는 더 많은 얘기를 할 수도 있다. 순진함, 온순함, 순수함으로서 그것은 우리가 최소한으로 죽이고 싶어 하는 것을 나타낸다. 예를 들어, 나는 욥이나 야합 콤플렉스—어리고 순수한 것이 고통받도록 허락한 신에 대한 누를 수 없는 분노—라고 부를 만한 것을 갖고 있던 한 환자가 생각난다. 그녀는 양이 막 희생되려 하고 있고, 그녀는 차마 그것을 쳐다보지 못하는 꿈을 꾸었다. 이런 경우 희생되어야 하는 것은 어린양 같은 아동기의 순수함, 즉 어린 시절에 사랑하는 아버지에게 현실이 감독당하는 또는 감독당해야 한다는 기대다. '양의 피'는 자애로움의 영이 어린 자아의 수동적 요구로서가 아니라 의식적 인격을 동기화하는 적극적 힘으로서 현실에서 효과적으로 살기 위해 미성숙한 태도로부터 축출되어야 한다. 순진한 순수성의 희생은 또한 순진한 희생자와의 역할 동일시로부터 그리고 신이나 이웃에게 사악한 처형자를 투사하는 경향으로부터 벗어나는 그림자 실현을 의미한다.

## 3. 그리스도와 디오니소스

상징적 연결의 또 다른 중요한 선은 그리스도의 피와 디오니소스의 포도 및 포도주의 연결이다. 최초의 언급은 요한복음에 나오는데, 그리스도는 자신에 대해 "나는 참 포도나무요, 내 아버지는 농부라. 무릇 내게 붙어 있어 열매를 맺지 아니하는 가지는 아버지께서 그것을 제거해 버리시고, 무릇 열매를 맺는 가지는 더 열매를 맺게 하려 하여 그것을 깨끗하게 하시느니라. …… 나는 포도나무요, 너희는 가지라."(요한복음 15:1-5)라고 묘사하였다. 이로부터 그리스도는 포도주가 되기 위해 부서지는 포도로 동일시되고 있는 것이다. 17세기의 시인 헨리 본(Henry Vaughn)은 그의 시 〈예수의 수난(The Passion)〉에서 이러한 연결고리를 다음과 같이 표현하고 있다.

> 가장 축복받은 포도나무!
> 그의 즙은 참으로 좋아라.
> 나는 포도주를 맛보나
> 당신의 가지는 피로 물들었네.
> 당신은 짓눌려서
> 나의 향연이 되었네![11]

물이 변하여 포도주가 된 가나의 혼인 잔치의 기적(요한복음 2:1)은 그리스도가 포도주 만드는 이로 묘사되었고, 내주하시는 성령과 함께 포도주는 사마리아 여인에게 주신 '생수'와 동일하다(요한복음 4:10). 생수 또는 생명의 선약(elixir vitae)이라는 용어는 후에 연금술사가 사용한 것이다. 메트로폴리탄 박물관의 회랑에

---

11 Vaughn, Henry, *Silex Scintillans* in *The Complete Poetry of Henry Vaughn*, edited by French Fogle, Garden City, New York, Anchor Books, Doubleday, 1964, p. 185.

[그림 9-2] 안디옥 성배

있는 안디옥 성배는 기원 후 4세기로 거슬러 올라가는데, 이는 포도송이로 둘러 싸인 그리스도를 보여 주고 있다([그림 9-2], [그림 9-3] 참조). 융이 말했듯이 가나의 포도주 기적은 디오니소스의 사원에서 행한 기적과 동일하였고, 다메섹 성배에 있는 그리스도는 마치 디오니소스 자신처럼 포도 덩굴 가운데 즉위하시는 것과 같이 심오한 의미를 가진다.[12]

디오니소스와 그의 포도주는 양면의 상징을 나타낸다. 그는 페르시아의 시인 오마르 카이얌(Omar Khayyám)이 적었듯이 영감, 황홀경 및 자비로운 의식성의 변화를 불러올 수 있다.

절대 진리와 함께할 수 있는 포도

12 Jung, C. G., *Psychology and Religion: West and East*, C. W., 11, par. 384.

[그림 9-3] 포도송이로서의 그리스도

두 개 그리고 일흔 개의 대적하는 종파
주권자인 연금술사가 밧줄로 달아 올려
인생의 납금속이 금으로 변환하네.[13]

플라톤은 『국가론(Republic)』(II, 363C)에서 그의 시대에 존재했던 의인을 위해 예비한 낙원과 같은 내세(來世)를 묘사하고 있다. 신들은 "그들을 하데스의 집에서 이끌어 내어…… 성자들의 향연을 예비하시고 그곳에서 마치 최고의 합당한 상이 영원히 취해 있는 것인 것처럼 의자에 누워 화관을 쓰고 포도주로 즐거운

13 *Rubaayt of Omar Khayyam*, translated by Edward Fitzgerald, Verse LIX.

시간을 보내게 된다." [폴 쇼리(Paul Shorey) 번역]

에우리피데스(Euripides)의 『주신 바커스의 시녀들(Bacchae)』에 보면 바커스 신(술의 신)의 여사제가 환희할 때의 놀랍고 아름다운 생명수의 기적 같은 흐름의 이미지가 묘사되어 있다.

> 누군가 그녀의 막대 지팡이를
> 높이 들고 바위를 치실 것이며 물살을 뿜을 것이다.
> 물살은 재빠르고 광명하며 또 다른
> 그녀의 지팡이는 풍만한 땅에 둔다.
> 거기에는 신이 그녀에게 보낸 적포도주가 있다.
> 마치 어둠 속의 샘처럼.
> 만약 어떤 입술이든지 손가락 끝에 적신 더 하얀 한 잔의 술을 구한다면
> 그들은 땅을 누르고 지상에서 용솟음쳤을 것이다.
> 우유의 샘이 솟는다. 그리고 담쟁이넝쿨 왕관을 쓴 갈대 지팡이들이
> 달콤한 꿀과 함께 뛰어간다. 한 방울 한 방울씩. [ll. 700 ff. 머레이(Murray)번역]

그러나 신성한 디오니소스의 향연은 또한 누구든지 그들의 길을 침범하는 자는 산 채로 사지를 찢는 광기의 마이나스(Maenads; 역주: 바커스 신을 따르는 여성 추종자들)로 인해 폭력적이고 소름 끼치는 것이기도 하다. 그것은 오르페우스(Orpheus)와 펜테우스(Pentheus)의 운명인 것이다. 자아가 집단무의식의 힘과 동일시되어 부풀어 오르게 될 때 자행되는 공포는 놀라운 것이다. 그리스도의 피에 취해 자기 공의로 가득 찬 성직자들이 행한 중세시대의 판결 선고식(auto-da-fe)을 생각해 보자.

포도주 상징성의 끔찍한 면은 신의 진노의 포도 이미지로 더 잘 설명된다. 요한계시록을 보면 다음과 같다.

'네 예리한 낫을 휘둘러 땅의 포도송이를 거두라. 그 포도가 익었느니라.' 하더라. 천사가 낫을 땅에 휘둘러 땅의 포도를 거두어 하나님의 진노의 큰 포도주 틀에 던지매 성 밖에서 그 틀이 밟히니 틀에서 피가 나서……[14]

하나님의 분노는 포도로부터 포도주를 짜내는 포도주 틀이지만 이는 또한 요한계시록 16장 19절의 "그의 맹렬한 진노의 포도주 잔을 받으매"에서 드러낸 바와 같이 포도주 자체가 될 수도 있다.

동일한 맹렬한 이미지가 이사야서 63장 1-3절에서도 나타난다.

에돔에서 오는 이 누구며 붉은 옷을 입고 보스라에서 오는 이 누구냐. 그의 화려한 의복 큰 능력으로 걷는 이가 누구냐. 그는 나이니 공의를 말하는 이요 구원하는 능력을 가진 이니라. 어찌하여 네 의복이 붉으며 네 옷이 포도즙 틀을 밟는 자 같으냐. 만민 가운데 나와 함께 한 자가 없이 내가 홀로 포도즙 틀을 밟았는데 내가 노함으로 말미암아 무리를 밟았고 분함으로 말미암아 짓밟았으므로 그들의 선혈이 내 옷에 튀어 내 의복을 다 더럽혔음이니.

교부들은 이 구절을 메시야의 고난을 가리키는 것으로 생각하였다.[15] 그들에 의하면 '포도주 틀'에서 '붉게' 나온 그는 다름 아닌 우리 주 예수 그리스도인데, 바로 이것이 그의 승리의 승천일에 천사들이 그에게 제기한 의문이다.[16]

이사야서는 붉은 의복을 입은 인물이 그의 원수들의 피로 물든 여호와라고 말하고 있다. 초기 교부 유추론자들은 붉은 의복을 입은 이 인물을 자신의 피로 물든 그리스도와 동일시하고 있었다. 따라서 기독교 상징주의의 역설적인 반전의

---

14 요한계시록 14:18-20.

15 *Jerusalem Bible*, p. 1243, note b.

16 Pinedo, Ramiro de, *El Simbolismo en la escultura medieval espanola*, Madrid, 1930, Quoted by Cirlot J. E., *A Dictionary of Symbols*, New York, Philosophical Library, 1962, p. 29.

특성이 나타난 것이다. 즉, 희생시키는 자가 희생당하는 자가 된 것이다. 여호와에게 그의 원수들의 피가 그 자신의 피가 된 것이다.

고대 이집트 제사장들은 신의 원수들의 피를 포도주와 동일시하였다. 플루타크(Plutarch)에 의하면 다음과 같다.

> …… 그들은 포도주를 마시거나 신에게 드릴 제사주로 사용하지 않았는데, 포도주는 신들에 대항하여 싸운 자들의 피로 여겨졌기 때문이며, 그들이 죽어서 땅과 섞였을 때 포도나무에서 열매가 맺히는 것으로 믿었기 때문이다. 바로 이 때문에 술에 취하면 그들이 선조들의 피로 채워진 만큼 정신을 잃고 미친 사람이 된다고 생각하였다.[17]

이러한 생각은 심리학적으로 집단무의식의 유입 효과에 대한 설명으로서 매우 흥미로운 것이다. 선조들의 피로 가득하다. 융은 유사한 용어로 그 자신의 무의식의 경험에 관하여 논한 적이 있다. 정신을 이해하고자 하는 그의 긴요한 충동과 관련하여 그는 "그것은 나의 조상들을 사로잡은 질문일 것이며 또한 그들이 대답할 수 없었던 것이다. …… 그렇지 않다면 그것은 도전적인 수수께끼를 던지는, 가만히 있지 못하는 나의 알레마니와 프랑크 조상들의 보탄-헤르메스(Wotan-Hermes)인가?" 라고 하였다.[18]

그리스도와 관련된 또 다른 구약 문구는 창세기 49장 10-12절에 있다.

> 규(scepter)가 유다를 떠나지 아니하며 통치자의 지팡이가 그 발 사이에서 떠나지 아니하기를 실로가 오시기까지 이르리니 그에게 모든 백성이 복종하리로다. …… 그 옷을 포도주에 빨며 그의 복장을 포도즙에 빨리로다. 그의 눈

---

17 Plutarch, "Isis and Osiris" in *Plutarch's Moralia* Vol. 5., Loeb Classical Library, Cambridge, Harvard University Press, 1962, p. 17.

18 Jung, C. G., *Memories, Dreams, Reflections*, New York, Pantheon Books, 1961, p. 318.

은 포도주로 인하여 붉겠고 그의 이는 우유로 말미암아 희리로다.

유대교의 전통과 기독교 전통에 따르면 '그것이 속한 그(He)'는 바로 메시야를 가리킨다.[19]

이 구절은 우리에게 활력의 즙으로 넘치는 샘물과 같은 포도주와 적색으로 가득 찬 통치자의 모습을 보여 준다. 붉은 눈과 하얀 이는 대극의 합일을 의미하며, 이는 아주 나중에 연금술에서 사용된 붉은 남자와 하얀 여자의 합일(coniunctio)로 다루어졌다. 이 구절과 그리스도의 연관성은 그와 디오니소스 간의 또 다른 연결이기도 하다. '포도주로 인한 붉은' 눈은 디오니소스의 눈이며, 피 또는 생명의 강렬함이 넘쳐남에 취한 것이다. 이는 피로 물들여진 붉은색 또는 피로 채워진 기질의 확대 해석이다. 예를 들면, 그와 같은 이미지가 새로운 심리적 에너지의 출현 전에 환자의 꿈속에서 나타난 것이었다. 꿈은 다음과 같다. 어느 여자의 피가 너무나 붉어서 거의 피부에서 보일 정도였다. 그녀는 그녀가 찾을 수 있는 데서 즐거움을 취하며 삶을 충만하게 사는 사람이었다. 이 꿈의 인물은 생명력 넘치는 생명의 물에서 옷을 빠는 붉은 눈의 통치자의 작은 버전일 수도 있다.

연금술사들은 또한 포도와 포도주 상징을 사용하여 생명력 넘치는 삶의 진수를 표현하였는데, 이는 바로 연금술 과정의 목표다. 연금술 용어로 '포도 수확기'라고 불렀다. 한 구절은 "포도를 짜다."라고 쓰여 있고, 또 다른 구절은 "사람의 피와 붉은 포도즙은 우리의 불이다."라고 적혀 있다. 포도주는 신성한 물(aqua permanens)과 동의어다. 연금술의 신성인 헤르메스(Hermes)는 '포도 수확하는 자(vintager)'로 불리고, 철학자의 물은 헤르메스의 '포도송이(Uvae Hermetis)'로 불린다.[20]

꿈에서의 포도주 이미지는 일반적으로 연금술적인 상징 사용에 있어서의 의

---

19 *Jerusalem Bible*, p. 75, note g.

20 Jung, C. G., *Alchemical Studies*, C. W., 13, par. 359 n.

미와 유사한 의미를 갖고 있다. 더욱이 포도주는 궁극적으로 그리스도의 피와 종종 관련된다. 예를 들어, 그 자신의 개별적 본질을 쏟아 버리는 성향이 있음을 발견한 한 청년은 자신이 포도주를 쏟아붓고 있는 꿈을 꾸었다. 지인(그림자 인물)이 포도주를 가져갔고 싱크대에 부었다. 꿈꾼 이는 완전히 흥분하여 지인에게 당신은 너무했고 이제 더 이상 그럴 수 없을 것이라고 말했다. 이 꿈에서 성만찬을 하고 남은 성스러운 포도주는 싱크대에 부어 버리지 말아야 한다는 연상을 통해 그리스도의 피와의 연결이 이루어졌다.

## 4. 희생에 의한 추출

그리스도는 때때로 포도주 틀에서 짜이고 있는 포도로 묘사된다. 예를 들어, 15세기 목판화([그림 9-4] 참조)는 포도주 틀과 그리스도를 묘사하고 있다. 그의 가슴 피로부터 성배로 피가 흐르고, 다시 성배로부터 인간의 다양한 활동으로

[그림 9-4] 포도처럼 부서진 그리스도

[그림 9-5] 인간의 피를 공급받는 아즈텍 태양신

흘러 하천을 이룬다.

이 그림에서 신성한 희생은 인간의 일상생활을 유지하는 에너지를 공급한다. 자기는 자아의 존재를 지원한다. 이 관념은 신을 위하여 인간이 반드시 희생되어야 한다는, 즉 자아가 자기를 보존해야 한다는 고대의 견해와는 상반된다. 후자의 견해에 대한 놀라운 표현을 아즈텍 그림([그림 9-5] 참조)에서 찾을 수 있는데 희생 제물로부터 피가 흘러 태양신의 입으로 흘러 들어가는 그림이다.

이를 심리학적으로 이해하면, 이 두 과정은 개인의 정신적 삶 속에서 여러 번 작용한다. 때로 초개인적 전체성은 자아의 희생의 피를 공급받아야 한다. 반면 어떤 때에는 자아는 자기의 희생의 피의 생명 촉진적 효과 없이는 생존할 수 없다. 심리적 삶의 보존과정의 이러한 상호 양면적인 모습은 기독교 상징주의 자체에도 표현되고 있다. 신화에 따르면 그리스도는 신이면서 인간, 다시 말해 자기

이면서 자아다. 희생제의의 측면에서 볼 때, 그는 희생제의에서 희생을 주도하는 제사장인 동시에 희생제물이다. 이러한 관점이 히브리서에 잘 표현되어 있다.

> 그리스도께서는 장래 좋은 일의 대제사장으로 오사 손으로 짓지 아니한 것 곧 이 창조에 속하지 아니한 더 크고 온전한 장막으로 말미암아 염소와 송아지의 피로 하지 아니하고 오직 자기의 피로 영원한 속죄를 이루사 단번에 성소에 들어가셨느니라. 염소와 황소의 피와 및 암송아지의 재를 부정한 자에게 뿌려 그 육체를 정결하게 하여 거룩하게 하거든, 하물며 영원하신 성령으로 말미암아 흠 없는 자기를 하나님께 드린 그리스도의 피가 어찌 너희 양심을 죽은 행실에서 깨끗하게 하고 살아 계신 하나님을 섬기게 하지 못하겠느냐(히브리서 9:11-14).

이 구절에서 그리스도는 희생제사의 제사장이며 희생제물이라는 이중성을 가지고 있다. 그는 그 자신으로부터 구속의 피를 추출하는 중보자가 되신 것이다. 이와 유사한 면이 『초시모스의 비전(Visions of Zosimos)』에 나타나 있다. 그 글에 다음과 같이 쓰여 있다.

> "나의 이름은 이온으로 지성소의 제사장이다. 나는 참을 수 없는 고통 속으로 나를 던지는데…… 나의 육체가 영으로 변화되는 것을 인식할 때까지다." 그가 이렇게 말했을 때 나는 그를 힘으로 잡아서 나와 대화하게 하며, 그의 눈은 피로 변한다.[21]

그 후 다시 다음과 같이 쓰여 있다.

---

21 Berthelot, M. P. E., *Collections des Anciens Alchemistes Grecs*, 1888, reprinted by the Holland Press, London, 1963, III, 1, 2. Translated in Jung, C. G., *Alchemical Studies*, C. W., 13, par. 86.

> 그는 지성소의 제사장이다. 바로 육체를 피로 변화시키고 눈을 천리안으로 만들고 죽은 자를 살리시는 그이시다.[22]

융은 이 비전에 대해 다음과 같이 말하고 있다.

> 비전 자체가 변화 과정의 주목적이 희생제사의 제사장의 영화(spiritualization)임을 나타낸다. 그는 프네우마(pneuma)로 변화하는 자다. ……
>
> 비전에서 분명한 것은 희생을 시키는 자와 당하는 자가 하나이며 같다는 것이다. 이러한 원질료(prima materia)와 궁극의 질료(ultima materia)의 일치 사상, 즉 구원하는 자와 구원받는 자가 하나라는 개념은 연금술의 처음부터 끝을 지배하는 중심 사상이다.[23]

그리스도가 그의 영적인 진수를 드러내고 추출하기 위해 또는 현현하기 위해 자신을 희생했다는 개념은 성경 구절에서 보혜사의 오심으로 표현되어 있다. 요한복음 16장 7절에서 그리스도는 그의 제자들에게 "내가 너희에게 실상을 말하노니 내가 떠나가는 것이 너희에게 유익이라. 내가 떠나가지 아니하면 보혜사가 너희에게로 오시지 아니할 것이요, 가면 내가 그를 너희에게로 보내리니."라고 말했다. 요한복음 14장에서 보혜사는 다음과 같이 표현되고 있다. "내가 아버지께 구하겠으니 그가 또 다른 보혜사를 너희에게 주사 영원토록 너희와 함께 있게 하리니 그는 진리의 영이라. 세상은 능히 그를 받지 못하나니 이는 그를 보지도 못하고 알지도 못함이라. 그러나 너희는 그를 아나니 그는 너희와 함께 거하심이요, 또 너희 속에 계시겠음이라." (요한복음 14:16-17) 그리고 다시 말하길 "내가 아직 너희와 함께 있어서 이 말을 너희에게 하였거니와 보혜사 곧 아버지께서 내 이름으로 보내실 성령 그가 너희에게 모든 것을 가르치고 내가 너희에게

---

22 Berthelot, M. P. E., *Collections des Anciens Alchemistes Grecs.*

23 Jung, C. G., *Psychology and Religion: West and East*, C. W., 11, par. 353.

말한 모든 것을 생각나게 하리라."(요한복음 14:25-26)라고 한다.

어떤 의미에서 보혜사는 그리스도의 피와 동의어다. 각각은 그리스도의 희생의 결과물이다. 각각은 그리스도의 구체적이고 특정한 형태를 상실함으로써만 존재할 수 있는 비육체적인 본질인 것이다. 요한이 기술한 바와 같이 보혜사는 역사와 교리의 예수를 대체하는 개개인의 영적 인도자다. 이는 마이스터 에크하르트(Meister Eckhart)의 '내면의 그리스도' 또는 심리학 용어로 개성화의 길인 것이다.

그리스도와 그의 피의 연결은 중세시대의 쓰라린 논쟁에서 나타난 바와 같이 중요한 질문을 제기한다. 도미니쿠스 수도회와 탁발 수도사들이 수난절 기간 중에 그리스도의 흘리신 피에 관해 벌인 신학적 논쟁이 그것이다. 탁발 수도사들은 그리스도의 신성에 연합되는 것이 중지되었다고 하였고, 반면 도미니쿠스 수도회는 그 연합이 계속되고 있다고 하였다. 결국 교황 파이어스 2세는 이에 대한 더 이상의 논쟁을 금지하였다.[24]

이와 같은 명백히 쓸데없는 지적 논쟁은 심리학적인 견해로 볼 때 풍부한 상징적 의미를 가지고 있다. 여기서 이슈는 그리스도 신화와 그 위에 세워진 교회에서 그것의 특정한 육화로부터 완전한 원형적 의미를 추출하는 것이 가능한가 또는 그렇지 않은가다. 다시 말해, 특정의 신앙 또는 교회 소속과 상관없이 정신의 신성한 종교적 에너지에 순수하게 심리학적으로 접근할 수 있는가에 대한 것이다. 우리에게 이에 대한 답은 명백하다. 그러나 중세시대에 이러한 질문이 의식적으로 제기되었다면 얼마나 혁명적인 것이 되었겠는가.

그리스도의 피가 추출되는 방식은 희생 과정을 가리킨다. 심리학적인 희생의 의미는 꽤나 복잡하다. 전체적인 논의를 이해하기 위하여 융의 에세이 「미사에서의 변환의 상징성(Transformation Symbolism in the Mass)」에서의 설명을 참조하기 바란다.[25]

---

24 Hastings, James, editor, *Encyclopaedia of Religion and Ethics*, New York, Scribner's, 1922, Vol. XII, p. 321.

현재 논의의 목적상 누가 희생을 시키고, 무엇이 희생되고, 누구를 위하여 희생되는지에 따라 최소 네 개의 다른 희생 상황을 배열하는 것이 가능한데, 이는 다음과 같다.

〈표 9-1〉 희생상황의 유형

| | 제사장 | 희생제물 | 희생의 목적 |
|---|---|---|---|
| 1 | 신 | 인간 희생 | 하나님을 위해 |
| 2 | 신 | 신 희생 | 인간을 위해 |
| 3 | 인간 | 신 희생 | 인간을 위해 |
| 4 | 인간 | 인간 희생 | 인간과 신을 위해 |

1. **하나님이 인간을 희생시킴** 이 버전은 모든 고대 희생제의에 해당한다. 신을 대신하여 제사장이 동물(최초에는 인간)을 인간 대신 희생제물로 드린다. 이러한 움직임은 인간에게서 신에게로 나아가는 것으로 인간을 희생함으로써 신의 영역이 확대되는 것이다. 따라서 이러한 의미는 자아가 너무 꽉 차 있으며 초개인적 세계는 너무 비어 있음을 나타낸다. 둘 간의 균형은 자아의 희생으로 이루어지며, 자기에게 유익을 남기게 된다.
2. **신이 신을 희생시킴** 이 절차는 토템 음식이 희생제의로서 신의 보호하에 수행될 정도로 모든 토템 음식의 상징성을 의미한다. 가장 많이 알려진 예로는 로마 가톨릭 미사를 들 수 있는데, 여기서 송축하는 제사장은 희생시키는 신을 나타내며 그 참가자는 희생당하는 신을 나타낸다. 이 경우 움직임은 신성에서 인간으로 이동하는데, 이는 초개인적이고 집단적인 무의식으로부터 지속적인 유입을 필요로 하는 자아의 상대적인 비움(영적인 가난)을 가리킨다.

25 Jung, C. G., *Psychology and Religion: West and East*, C. W., 11, par. 381 ff.

3. 인간이 신을 희생시킴　이 행위는 행위의 본질이 명백히 세속적이거나 개인적이기 때문에 특정의 종교를 의미하지는 않는다. 이는 의식적 자아를 위하여 초개인적 범주로부터 에너지와 가치를 고갈시키는 것에 해당한다. 신화적인 예로 프로메테우스가 불을 훔친 경우 그리고 아담과 이브의 원죄를 들 수 있다. 엄밀하게 말해서 여기에 희생이라는 단어를 적용하기 어려운데, 그 이유는 이 행위가 신성화보다는 신성화로부터 벗어나는 것에 더 가깝기 때문이다. 그러나 그러한 조치가 필요한 때인 심리 발달이 실제로 일어나는 시기에 경험적으로 희생이라는 용어가 과거의 존재방식의 마지못한 포기를 의미한다는 것을 알 수 있다. 사실 이는 그 어느 것보다 가장 큰 희생이며, 신화들이 들려주듯이 가장 큰 값을 지불하는 것이다. 문화사적으로 볼 때, 이러한 단계는 무신론적 물질주의로 대표된다. 에너지의 움직임은 신성에서 인간으로 이동하며, 따라서 의식적인 자율성의 증가를 요하는 조건에 속한다.
4. 인간이 인간을 희생시킴　네 번째 희생의 형태는 가설적 이상이며, 인간의 이해에는 오직 가능성으로 출현하는 것에 불과하다. 이는 자아의 이중 목적인 자아 자신의 발달 및 초개인적인 운명의 충족을 위해 자아에 의한 자아의 희생을 의미한다. 인간이 행동의 주체 및 객체라는 두 가지 역할을 하기 때문에 그것은 무의식적인 원형적 강박에 의한 것이 아니라 개성화의 충동에 대한 의식적인 협력에 의한 의식적 절차다. 이는 신성하고 원형적인 수준에서 이루어진 그리스도의 희생이 의식적인 인간 수준에서 재연된 것이다. 크리소스톰(Chrysostom)에 따르면 그리스도는 그 자신의 육신을 먹고 피를 마신 최초의 인간이다.[26] 이 행위는 이제 충분한 의식성의 수준에 도달하여 그 의미를 이해하는 자아를 위한 모델이 된다. 융은 이러한 의미를 다음과 같이 설명하고 있다.

---

26 Jung, C. G., *Mysterium Coniunctionis*, C. W., 14, par. 423.

> 투사된 갈등이 치유되려면 그것의 무의식적 시작이 이루어진 개인의 정신으로 돌아가야 한다. 그는 자신과의 최후의 만찬을 송축한 후 그 자신의 살을 먹고 피를 마셔야 한다. 이는 그 자신 안에 있는 타자(the other)를 인정하고 수용하여야 함을 의미한다. …… 당신이 당신 자신을 견뎌 내야만 한다면 어떻게 타인을 억지로 떼어 낼 수 있을까?[27]

자기동화(self-assimilation)의 집단적 효과에 대해 노이만(Neumann)은 다음과 같이 묘사하였다.

> …… 개인이 자신의 그림자 동화과정의 일부로서 악을 소화시키는 과정은 동시에 그를 집단의 면역을 위한 매개체가 되게 만든다. 개인의 그림자는 필연적으로 그가 속한 집단의 그림자와 얽혀 있으며, 그가 자신의 악을 소화하면 동시에 집단 악의 일부도 필연적으로 소화된다.[28]

연금술의 순환(Circulatio) 과정에서 동일한 이미지를 볼 수 있다. 융은 이에 관해 다음과 같이 기술하였다.

> 오래전부터 뱀의 우로보로스 이미지에는 자신을 집어삼키고 스스로를 순환 과정으로 집어넣는다는 생각이 있다. …… 이런 '피드백' 과정은 동시에 불멸의 상징이다. …… (그것은) 대극의 충돌로부터 발달하는 '존재(One)'를 상징한다. …… (이러한 연금술의 상징들은 신비하다.) 그의 신앙의 신비와의 내적 혈연관계는 신앙의 선배들에 의해 알 수 있었으며, 따라서 그들에게 있어서 그 둘은 동일한 것이다.[29]

---

27 Jung, C. G., *Mysterium Coniunctionis*, par. 512.

28 Neumann, Erich, *Depth Psychology and a New Ethic*, New York, C. G. Jung Foundation, Putnam's, 1969, p. 130.

29 Jung, C. G., *Mysterium Coniunctionis*, C. W., 14, par. 512.

## 5. 그리스도의 피의 속성

성경은 분명한 특성들을 그리스도의 피에 귀인시킨다. 우리는 인간을 신과 묶어 주는 공고하고 언약적인 특성에 대하여 이미 주목하였다. 이에 더하여 그리스도의 피는 죄를 깨끗이 하고(요한일서 1:7, 요한계시록 1:5), 즉 우리를 무의식의 유죄로부터 해방한다. 또한 그리스도의 피는 심리학적으로 이해하자면, 신성하거나 원형적 차원이 개인의 의식성에까지 이르도록 성화시킨다(히브리서 13:12). 이는 귀중한 것으로 불리는 것이며(베드로전서 1:19), 최고의 가치를 가지고 있다. 로마 가톨릭 종교력에서 7월 1일은 '가장 귀중한 우리 주 예수 그리스도의 피의 축제일'로 지켜지고 있다.

그리스도의 피의 주요 속성은 영혼 구원의 능력으로 다음의 구문에서도 잘 나타나 있다.

> …… 그의 피로 말미암아 속량 곧 죄 사함을 받았느니라. (에베소서 1:7)
>
> …… 그 아들 안에서 우리가 속량 곧 죄 사함을 얻었도다. (골로새서 1:13-14).
>
> …… 일찍이 죽임을 당하사 각 족속과 방언과 백성과 나라 가운데에서 사람들을 피로 사서 하나님께 드리시고 (요한계시록 5:9)

대중적인 종교적 믿음은 이러한 주제를 광범위하게 발전시켰다. 예를 들어, 일부 기독교 교리를 예시하는 그림을 포함한 잘 알려진 가톨릭 미사 경본에는 매우 흥미로운 그림이 있는데, 이 그림은 그리스도의 피의 구속의 권세를 나타내고 있다([그림 9-6] 참조).

이 그림의 윗부분은 광명으로 된 동심원에 둘러싸인 십자가의 그리스도를 보여 준다. 그림의 왼쪽에는 달이 있고 오른쪽에는 해가 있다. 한 천사가 성배를 잡고 있고, 그 성배에 예수의 옆구리에서 흐르고 있는 피를 담고 있다. 그림 아랫부

[그림 9-6] 연옥의 영혼을 구원하는 그리스도의 피

분은 연옥에서 고통 중에 신음하는 영혼들이 있다. 한 천사가 그리스도의 피를 성배로부터 연옥으로 뿌리고 있다. 그 피가 고통받는 사람들에게 닿으면서 그들이 해방되고 화염을 피한다. 심리학적으로 이해하면, 연옥은 욕정의 불타는 욕망과 욕망이 채워지지 않을 때 생기는 격렬한 분노와 동일한 조건이다. 그리스도의 구속의 피는 자기로부터 흘러나오는 의식성 창조의 액체인데, 자기는 존재의 원형적 의미를 포함하는 넓은 관점을 주고 개인의 편협하고 자아중심적인 자아 차원으로부터 해방시키는 것이다.

이를 다르게 설명하면 이 그림은 두 가지 고통의 상태를 표현하고 있는데, 하나는 그림 위쪽 부분의 십자가의 고통이며 다른 하나는 아래쪽 부분의 의미 없는 고통이다. 양쪽의 상태는 동일하게 고통스럽지만 하나는 자발적이며(의식적으로 수용한) 그래서 귀중한 생명수를 만들어 낸다.

그리스도 피의 또 다른 중요한 속성은 서로 싸우는 대극들을 화해시키고 평화를 주는 능력이다. 골로새 사람들에게 전한 바울의 편지에는 다음과 같이 쓰여 있다.

> 그의 십자가의 피로 화평을 이루사 만물 곧 땅에 있는 것들이나 하늘에 있는 것들이 그로 말미암아 자기와 화목하게 되기를 기뻐하심이라. (골로새서 1:20)

또한 에베소서에는 다음과 같이 기록되어 있다.

> 이제는 전에 멀리 있던 너희가 그리스도 예수 안에서 그리스도의 피로 가까워졌느니라. 그는 우리의 화평이신지라. 둘로 하나를 만드사 원수 된 것 곧 중간에 막힌 담을 자기 육체로 허시고 법조문으로 된 계명의 율법을 폐하셨으니 이는 이 둘로 자기 안에서 한 새 사람을 지어 화평하게 하시고 또 십자가로 이 둘을 한 몸으로 하나님과 화목하게 하려 하심이라. 원수 된 것을 십자가로 소멸하시고 (에베소서 2:13-16)

여기서 대극의 화해자로서의 자기의 모습이 분명히 제시되고 있다. 융에 의하면 이 성경 구절은 서로 대립하는 요소들 간의 중재자, 조정자 그리고 단일체의 생산자로서의 메르쿠리우스(Mercurius)라는 연금술사들의 개념에 영향을 미쳤다.[30] '메르쿠리우스'는 그리스도의 피에 비유되어 '영적인 피'로 여겨진다.[31] 메르쿠리우스는 또한 성령(Holy Spirit)에 상응하는데, 성령은 그것과 그리스도 피 사이에 또 다른 연결을 제공한다.[32]

디오니소스의 포도주는 화해와 성찬의 특성인 그리스도의 피를 공유한다. 내가 관심을 가지게 된 젊은 청년 목사의 꿈은 이 요점을 극명하게 예시하고 있다.

나는 성찬식을 드리고 있었다. 마치 부엌처럼 보이는 성물 안치소에서 두 개의 다른 포도주—진한 청색 포도주와 적색 포도주—가 섞여 성찬식용 포도주가 준비되었다. 후자는 스카치 라벨처럼 보이는 노란색 라벨이 붙어 있는 병에 담겨 있었고 '바울'이라고 표시되어 있었다. 둥근 원탁에 두 명이 앉아 있었다. 한 명은 좌파 정치인이고 다른 한 명은 우파 정치인이었다. 지금까지 그 둘은 사회적 관계를 유지하였지만 서로 원수가 되어 갔다. 나는 그들에게 서로 깊이 터놓고 얘기하고 그들의 관계를 회복하도록 제안하였다. 이 시점에서 이 장면은 연극의 한 장면처럼 어두워졌고, 적색-황색 무대 조명은 두 사람 사이의 뒤쪽에 있는 작은 식탁을 비추었다. 식탁 위에는 '바울'이라고 분명하게 표시된 스카치 라벨이 붙어 있는 따뜻한 적포도주 한 병이 놓여 있었다. 이때 완전한 어둠이 찾아왔고, 술잔이 딸랑거리면서 마치 부딪히고 깨지는 듯한 소리를 내었다. 이 장면은 꿈에서 분명하였다. 나는 다음과 같이 생각했다. 그들은 대화를 나누면서 적포도주를 마시며 친구가 되었고, 그 와중에 취했으며, 잠이 들고, 그들의 잔을 떨어뜨렸다. 나의 반응은 이것이 묘사한 심미적 방식에 대한 기쁨이었고, 또한 예배가 시작되어야 하지만 우리는 지

30 Jung, C. G., *Mysterium Coniunctionis*, C. W., 14, par. 10.

31 Jung, C. G., *Mysterium Coniunctionis*, C. W., 14, par. 11.

32 Jung, C. G., *Mysterium Coniunctionis*, C. W., 14, par. 12.

금 성찬식 포도주를 만들 혼합 재료가 준비되지 않았다는 사실에 걱정을 하고 있었다.

이 꿈은 두 개의 포도주라는 흥미로운 이미지를 제공한다. 즉, 청포도주와 적포도주로서 이는 아마도 로고스(Logos)와 에로스(Eros)의 영을 상징하는 것 같다. 꿈꾼 이는 그림자와 화해인 결혼을 의미하는 '보다 작은 합일(lesser conjunctio)'을 이루었으나 두 개의 포도주가 준비된 완전한 성찬식 예배로 상징되는 '보다 큰 합일(greator conjunctio)'은 아직 준비가 되어 있지 않다.

차이의 퇴행적인 해체와 의식적인 화해는 때로 서로에 의해 혼란되고 오염된다. 그리스도 또는 디오니소스의 피 또는 포도주는 이 두 가지 중 어느 것도 일으킬 수 있다. 보통 이것은 지복으로 경험되는데, 예를 들어 디오니소스적 원리에 대한 니체(Nietzsche)의 아름다운 설명에서 볼 수 있다.

> 디오니소스적인 것의 마력으로 인간과 인간 사이의 합일만 다시 확증되는 것이 아니라 소외되고, 적대적이고 혹은 정복당한 자연이 잃어버린 아들, 즉 인간과 다시금 화해의 제전을 벌인다. 대지는 자원하여 선물을 내놓는다. 그리고 암벽과 황야의 야수들이 친근하게 다가온다. 디오니소스의 마차는 꽃송이와 화관으로 뒤덮인다. 그 멍에를 메고 표범과 호랑이가 달린다. 베토벤의 〈환희의 찬가(Hymm to Joy)〉를 한 폭의 그림으로 변화시키라. 당신의 상상력으로 하여금 수백만이 경외심으로 티끌에 절하는 상상을 하게 하라. 그러면 디오니소스적인 것에 가까워질 수 있으리라. 이제 노예는 자유인이 되며, 인간과 인간 사이에 필요, 변덕 또는 '뻔뻔한 관습'이 고착시킨 온갖 경직되고 적대적인 장벽들이 무너진다. 이제, 우주 조화의 복음으로 각자가 옆 사람과 합일되고, 화해하고, 융화됨을 느낄 뿐만 아니라 마치 마야의 베일이 갈래갈래 찢기어 신비로운 원초적 단일체(mysterious primordial unity) 앞에서 산산이 팔랑거리기라도 하듯 하나임을 느낀다.[33]

앞서 밝혔듯이 그리스도의 피는 로고스와 동의어로 사용된다. 요한복음에 의하면 로고스는 빛이다. "그 안에 생명이 있었으니 이 생명은 사람들의 빛이라." (요한복음 1:4) 빛으로서의 그리스도의 피는 영지주의 문헌인 『지혜의 믿음서(피스티스 소피아, Pistis Sophia)』에도 현저히 많이 나타난다. 이 문헌은 또한 우리가 이미 다루었던 몇 개의 다른 관련 이미지를 기술하고 있다. 예수는 그의 제자들과 함께 하늘로 올라가셔서 그들에게 비전을 보여 준다.

> 예수께서 그들에게 말씀하셨다. "위를 보라. 그리고 무엇을 볼 수 있는지 보라." 그리고 그들이 눈을 들었을 때 이 세상 어느 누구도 형언할 수 없는 광대하고 강력한 빛을 보았다.
>
> 그는 다시 그들에게 말씀하셨다. "그 빛으로부터 떨어져서 이제 무엇이 보이는지 보라." 그들이 대답하기를 "우리는 불, 물, 포도주 그리고 피를 봅니다."
>
> 예수께서 제자들에게 말씀하셨다. "아멘. 내가 세상에 왔을 때 나는 세상에 아무것도 가지고 오지 않았다. 이 불과 물과 포도주 그리고 피를 간직하여라. 나는 이 빛의 창고에 있는 빛 중의 빛의 영역으로부터 불을 가져왔고, 나는 또한 이 포도주와 피를 바벨로(Barbēlō; 천상의 어머니 또는 여성의 로고스)에서 가져왔다. 그리고 잠시 후에 나의 아버지께서 나에게 성령을 비둘기의 모습으로 보내셨다."
>
> "그리고 불, 물 및 포도주는 세상의 모든 죄를 정화하기 위한 것이다. 반대편 손의 피는 바벨로 지역에서 내가 받은 육체로 인해 나에게 생긴 표식이며, 이는 눈에 보이지 않는 신의 위대한 능력이다. 또 다른 손의 호흡은 모든 영혼들에게 나아가고 그들을 빛의 영역으로 인도한다."
>
> 이러한 이유로 나는 너희에게 말한다. "나는 세상에 불을 내리기 위해 왔다. 즉, 나는 이 불로 세상의 모든 죄를 정화하기 위해 왔다."

---

33 Nietzsche, Friedrich, "The Birth of Tragedy," in *Basic Writings of Nietzsche*, transl. and edited by Walter Kaufmann, New York, Modern Library, p. 37.

바로 이런 이유로 나는 사마리아 여인에게 말하였다. "만약 당신이 하나님의 선물을 알았다면 그리고 당신에게 말한 자가 누구인 줄 알았다면 나에게 물을 달라고 하였을 것이며 그는 당신에게 생수를 주었을 것이다. 그리고 당신에게 영원히 마르지 않는 우물을 주었을 것이다."

바로 이런 이유로 나는 또한 포도주 잔을 들었고 축사하고 그것을 너희에게 주며 말하기를, "죄사함을 얻게 하려고 많은 사람을 위하여 흘리는바 나의 피 곧 언약의 피니라."

그리고 이런 이유로 그들은 나의 옆구리에 창을 찔렀고 물과 피가 거기서 흐르게 하였다.

이것들이 죄를 사하는 빛의 신비다. 즉, 이것이 빛의 지명함이며 빛의 이름이다.[34]

## 6. 연금술과의 관계

그리스도의 피는 연금술의 상징성과 많은 연관을 가지고 있다. 연금술에서 피는 종종 추출과정의 산물을 기술하는 데 사용된다. 한 구절을 예로 들자면 다음과 같다. "…… 따라서 집을 부수고 벽을 부수고 거기로부터 피와 함께 가장 순결한 즙을 추출하고 요리한다. ……"[35] 융은 이 구절에 대해 다음과 같이 언급하였다. "…… 이러한 가르침은 영 또는 혼을 추출하는 전형적인 연금술 절차이며, 무의식적인 내용을 의식으로 바꾸기 위한 것이다."[36] 종종 언급되는 것이 용의 피 또는 사자의 피다. 용과 사자는 추출 및 변환을 반드시 거쳐야 할 열정과 정욕으로 표현되는 메르쿠리우스의 초기 형태들이다. 고대의 신화와 유사한 것은 네서스

---

34 Mead, G. R. G., (trans.) *Pistis Sophia*, London, John M. Watkins, 1947. pp. 308 f.

35 Jung, C. G., *Mysterium Coniunctionis*, C. W., 14, par. 179.

36 Jung, C. G., *Mysterium Coniunctionis*, C. W., 14, par. 180.

(Nessus)가 데이아네이라(Deianeira)를 강간할 때 헤라클레스(Heracles)가 죽인 센타우르(Centaur)와 네서스의 피다. 이 피는 욕정의 정열을 일으키는 능력이 있으며, 데이아네이라가 후에 헤라클레스에게 자신에 대한 매력을 회복하기 위하여 네서스의 피로 젖은 셔츠를 헤라클레스에게 주었는데, 이는 그의 장례식 장작더미 위에서 타서 끝이 나 버렸다. 따라서 독이 되거나 만병통치약이 될 수 있는 메르쿠리우스와 같이 피로 상징되는 비밀의 물질은 그것을 경험하는 자아의 태도나 상태에 따라 열정, 분노, 불같은 고통이나 구원을 가져올 수 있다.

피의 상징은 연금술 과정에서 두 개의 작용, 즉 용해(solutio) 및 연소(calcinatio)를 연결한다. 물과 용액은 복잡한 용해 상징의 부분이다. 따라서 용액으로서의 피는 용해와 연결된다. 그러나 피는 또한 열 및 불과 관련되어 있고 연소에 해당한다. 따라서 불과 물의 연합으로서의 피는 대극의 조합이다. 이중상태가 요한복음 19장 34절에 암시되어 있다. "그중 한 군인이 창으로 옆구리를 찌르니 곧 피와 물이 나오더라." 이는 세례 요한이 언급한 물과 불에 관한 주제를 생각나게 한다. "나는 너희로 회개하게 하기 위하여 물로 세례를 베풀거니와 내 뒤에 오시는 이는 나보다 능력이 많으시니 나는 그의 신을 들기도 감당하지 못하겠노라. 그는 성령과 불로 너희에게 세례를 베푸실 것이요."(마태복음 3:11) 물은 합일시키는 매개체로 분리된 물질을 용해하고 합일시킨다. 불은 또 다른 수준의 의미를 가진다. 그것은 욕망의 강도, 사랑의 따뜻함, 또는 성령의 감동이 될 수 있다. 다른 문맥 속에서는 에로스 또는 로고스로 언급된다. 피의 붉음은 그것을 붉은색이 의미하는 것 그리고 가장 붉은 꽃인 장미와 연결시킨다. 『루바이야트(Rubáiyat)』의 시는 피와 장미를 하나로 연결한다.

> 나는 시저 황제가 죽어서 장사된 곳의 장미보다 더 붉은 것을 본 적이 없다.
> (XIX절)

홍해라는 용어는 연금술에서 철학자의 돌의 선약(elixir) 또는 팅크제(tincture)

를 가리키기 위해 사용되었다. 이것은 초기 교회 교부들이 기독교인들이 홍해를 상징적으로 세례 그리스도의 피와 동일시한 사실을 언급하는 것이다. 홍해는 이스라엘 민족을 통과하도록 하였지만 이집트 사람들은 물에 빠지게 하였다. 융은 영지주의 해석이 다음을 가리킨다고 환기시켰다. "홍해는 '무의식적'인 자들에게는 죽음의 바다이지만 '의식적'인 사람에게는 재탄생과 초월의 세례를 주는 바다다."[37] 따라서 자기의 본질에의 잠김은 자아의 태도에 따라 자유 또는 파괴를 가져올 수 있다. 헤라클레스는 홍해에 잠겨서 살아나지 못했다.

이스라엘 민족은 홍해의 반대편에서 광야를 만났고, 그 후 시나이 산에서 여호와의 계시와 대면했다. 따라서 자기와의 첫 번째 만남에서 사람은 일말의 외로움과 타인으로부터의 분리를 경험한다. 이런 경험에 대하여 융은 "그의 무의식의 조각이라도 의식하는 자는 그 자신만의 시간과 사회적 만남에서 벗어나 일종의 고독으로 들어간다. …… 그러나 그럴 때에만 '구원의 하나님'을 만날 수 있는 가능성이 있는 것이다. 빛은 어둠 속에서 빛나고 위험으로부터 구원이 오는 것이다."[38]라고 말하였다.

그리스도의 피는 철학자의 돌의 액체 형태인 연금술사의 생명의 선약 또는 영생의 물에 상응한다. 문헌들은 종종 이러한 연결을 명시적으로 드러낸다. 우리의 논의의 관점에서 볼 때 기독교인이 구약에서의 '언약의 피'를 그리스도의 피의 예시로 간주하는 것처럼 그리스도의 피는 연금술사에 의해 철학자의 돌의 생명의 선약의 예시로 여겨졌다.

한 문헌은 다음과 같이 기술하고 있다.

> 화학적 왕(Chemical King)인 철학자의 돌(philosopher's Stone)은 팅크제에 의해 그리고 불완전한 기초금속을 순수한 금으로 바꾸는 그것의 진보된 완전

---

37 Jung, C. G., *Mysterium Coniunctionis*, C. W., 14, par. 257.

38 Jung, C. G., *Mysterium Coniunctionis*, C. W., 14, par. 258.

성에 의해 하늘왕이자 모퉁이 돌인 예수 그리스도 홀로 그의 축복의 루비색 팅크제, 즉 그의 피로 죄인이며 불완전한 인간인 우리를 우리 본성의 더러움으로부터 깨끗하게 하시며 우리 본성의 나쁜 병을 완전하게 치유하실 수 있다.[39]

다시 기술하면 다음과 같다.

철학자의 돌이 팅크제에 의해 다른 금속과 연합되고 해체할 수 없는 합일을 하는 것처럼 머리 되신 그리스도는 그의 피의 루비색 팅크제를 통하여 그의 지체들과 지속적인 생명의 친교를 하며 의로움과 참된 거룩함으로 신을 따라 창조된 그의 온 육체를 완전한 영적 건축물로 만드신다. 이제 성령의 활동을 통해 세례에서 생겨난 중생은 결국 타락한 인간의 내적인 영적 중생을 의미하며, 이것에 의해 우리는 하나님의 원수가 되는 것이 아니라 그의 친구가 되는 것이다.[40]

게르하르트 도른(Gerhard Dorn)의 또 다른 흥미로운 구절은 다음과 같다.

(철학자들은) 그들의 돌을 살아 있는 것이라고 했는데, 그 이유는 최종 작업에서 바로 이 가장 고귀하고 불같은 신비의 힘에 의해 피 같은 진분홍 액체가 그들의 재료와 그릇에서 한 방울 한 방울 떨어지기 때문이며, 이러한 이유로 그들은 마지막 날에 가장 순수한 (진정한) 인간들이 이 땅에 나타나 세상을 자유롭게 하고 장밋빛 또는 붉은 색채의 핏방울을 흘릴 것이라고 예언했다. 타락한 세상은 그 피에 의해 구속될 것이다. 이와 유사하게, 그들의 돌의 피는 나병을 가진 금속을 구원하고 사람들을 그들의 병에서 치료하며 그것이 바로

39 Waite, A. E., *The Hermetic Museum*, Vol. I, pp. 103 f.

40 Waite, A. E., *The Hermetic Museum*, pp. 104 f.

> 이 돌이 살아 있는 것이라고 한 이유다. 이 돌의 피에는 영혼이 숨겨져 있고…… 이러한 이유로 이 돌을 소우주라고 불렀는데, 이 돌이 이 세상의 모든 것의 모형을 담고 있기 때문이며, 따라서 플라톤이 소우주를 살아 있다고 말한 것처럼 살아 있다.[41]

물론 피를 흘리는 돌은 겟세마네 동산에서 그리스도가 피를 흘린 것과 매우 동일하다. "예수께서 힘쓰고 애써 더욱 간절히 기도하시니 땀이 땅에 떨어지는 핏방울같이 되더라."(누가복음 22:44) 심리학적으로 영생의 물(aqua permanens)을 추출하는 것은 불가피하게 심령의 고통과 갈등을 동반한다는 것을 의미한다. 융은 "모든 인간 정신의 진보는 영혼의 고통에서 시작된다."[42]라고 말했다. 고통 그 자체는 가치가 없다. 오로지 구원의 액체를 추출하는 의미 있는 고통만이 의식적으로 받아들여진다. 변화를 가져오는 것은 값싸게 그것을 다른 사람에게 투사하는 것에 탐닉하는 것이 아니라 자신 안에 있는 대극들을 기꺼이 견디고 그림자를 수용하는 것이다.

융은 도른의 언급에 대하여 다음과 같은 주석을 제시하였다.

> 철학자의 돌이 전체 인간(homo totus)을 대표하기 때문에, 도른이 신비한 선약과 그것의 피땀을 논할 때 '가장 진정한 인간(pulissimus homo)'에 관해 언급한 것은 논리적인데, 그 이유는 이것이 그것에 관한 모든 것이기 때문이다. 그는 신비한 존재이며, 그 돌과 돌의 예시는 겟세마네 동산의 그리스도다. 여기서 '가장 진정한' 또는 '가장 참된' 인간은 그여야 하며, 마치 '순수한 은(argentum putum)'은 합금이 들어가지 않은 은인 것처럼 그는 반드시 인간의 모든 것을 알고 소유한 완전히 인간이어야 하며 불순물이나 혼합물에 더럽혀

---

41 Dorn, G., "Congeries Paraclesicae Chemicae de transmutatione metallorum" quoted by Jung, C. G., *Alchemical Studies*, C. W., 13, par. 381.

42 Jung, C. G., *Psychology and Religion: West and East*, C. W., 11, par. 497.

지지 않은 인간이어야 한다. 이 사람은 오직 말세에 세상에 나타날 것이다. 그는 그리스도가 될 수 없는데, 왜냐하면 그리스도는 그의 피로 이미 세상을 타락의 결과로부터 구원하였기 때문이다. 어느 경우에도 미래의 그리스도, 즉 소우주의 구주(salvator microcosmi)에 관한 것이 아니고 온전하고 완전한 인간이라는 여전히 무의식적인 관념을 나타내는 연금술적인 전체 우주의 구주(servator cosmi)에 관한 것으로서 그는 그리스도의 희생의 죽음이 아직 이루지 못한 것을 이루는, 즉 악으로부터 세상을 구원하는 자라는 것에는 의심의 여지가 없다. 그리스도와 같이 그는 구원의 피를 흘릴 것이나, 이는 '장미 빛깔' 이며 실제의 피 또는 일반적인 피가 아닌 상징적인 피로서 정신의 물질이며 장미의 표식으로 집단뿐 아니라 개인을 합일하고 그들을 전체로 만드는 일종의 에로스의 현현이다. ……43

## 7. 현대의 꿈

그리스도의 피의 상징은 심리치료를 받는 환사의 꿈에서 나타나는 것과 같이 현대인의 정신에서도 활발히 나타난다. 예를 들어, 다음은 어린 시절에 일어날 수 있는 손상으로 개인적이고 여성적인 정체성에 큰 영향을 받은 한 젊은 주부의 꿈이다. 그녀는 상당한 창조적 능력을 가졌으나 꿈을 꾸기 전까지 그 능력은 온전히 발휘되지 않았다. 심리치료를 시작한 지 얼마 안 되어 그녀는 다음과 같은 꿈을 꾸었다. 하얀 천을 두른 천사가 무릎을 꿇고 새 잔디 위에 놓인 타원형의 모래 색깔의 돌 위에 그녀의 오른손으로 글씨를 쓰고 있었다. 그녀는 그녀의 오른쪽에 서 있던 남자 인물이 잡고 있는 용기에 담긴 피를 사용하여 글을 쓰고 있었다. 그는 왼쪽 손으로 그 용기를 잡고 있다.

---

43 Jung, C. G., *Alchemical Studies*, C. W., 13, par. 390.

[그림 9-7] 그리스도의 피로 글을 쓰는 새
환자가 그린 그림

이 꿈을 꾼 후에 꿈꾼 이는 꿈을 그림으로 그렸다([그림 9-7] 참조). 이 그림에서 천사는 흰색의 큰 새로 묘사되어 있고, 그 새는 부리로 글을 쓰고 있었다. 손으로 피의 성배를 들고 있는 사람은 수염을 기른 인물로 겉옷을 입고 있고, 분명하게 그리스도를 표현한 것이었다. 꿈꾼 이는 그 남자와 개인적인 관계는 없고 단지 그가 그리스도와 성령의 새를 생각나게 한다고 했다.

이 꿈은 분명히 크고 중요한 꿈으로 꿈꾼 이의 내면에서 일어나는 심오한 과정을 나타낸다. 그녀는 3개월 후에 타원형의 돌 판과 관련된 꿈을 꾸었다. 이 나중의 꿈 내용은 다음과 같다. 그녀는 원이 그려진 네 개의 정사각형 콘크리트 석판을 본다. 그 석판은 깨지고 부서진 것이다. 소리가 들렸다. "이것들은 여성성에 대한 너의 잘못된 자세들로 지금은 부서져 있다." 따라서 첫 번째 꿈의 타원형 돌은 오래된 깨진 석판을 대체하는 일종의 마음의 백지상태로 그녀의 진정한 정체성이 새겨질 새로운 기초라고 할 수 있다. 그녀의 인격의 중심핵을 세우는 것과 관련된 핵심과정을 목격하는 것은 그리스도의 피의 상징으로 입증된다. 이전에 언급한 바와 같이 이 상징은 자기의 현상에 속한 것이며, 그것의 존재는 개인의 정체성의 초개인적 중심이 활성화되고 그 에너지를 쏟아부어 의식적인 성격으로 들어감을 나타낸다.

꿈을 묘사한 그림에 따르면 그리스도는 피를 제공하지만 성령은 글을 쓰고 있다. 이는 그리스도가 말한 구절과 매우 유사하다. "…… 내가 떠나가는 것이 너희에게 유익이라. 내가 떠나가지 아니하면 보혜사가.너희에게로 오시지 아니할 것이요." (요한복음 16:7) 여기서 떠나가는 것은 피를 추출하는 수단을 의미하며, 개성화 에너지가 개인적인 자율적 영에 의해 각 개인에게 자유롭게 표현되도록 하는 것이다. 이 환자가 로마 가톨릭 배경에서 자랐으며, 꿈을 꾸던 시기에는 교회와 교리의 궁극적인 권위로부터 벗어나려고 하는 과정에 있었다는 것이 중요할 것이다.

다음은 젊은 남자 대학원생의 꿈에 관한 것이다. 그는 어린 시절 기능적인 심장 잡음 때문에 심장질환으로 오진을 받았다. 이 경험은 그 당시 큰 불안의 원인이 되었고, 피를 보거나 피를 본다는 생각만으로도 공포 반응을 일으켰다. 이 증세를 탐색하는 과정에서 환자에게 있어 피는 모든 종류의 감정 강도에 영향을 미치거나 정서를 표현하는 것이었음을 알게 되었다. 그는 심장과 관련된 모든 종류의 반응을 두려워했던 것이다. 그는 이러한 '피 콤플렉스' 불안으로부터 도망가기보다는 이에 맞서려는 특별한 노력을 하는 중에 한 가지 특별한 경험을 하게 되었는데, 당시 그는 다음과 같은 꿈을 꾸었다. 나는 알아보기 시작한 이상한 3층 집의 옆에 있었다. 나는 그 집의 지하실로 내려갔고, 거기서 매혹적인 교회 성소를 발견했다. 발견 즉시 나는 제단 위에서 빛나고 있는 상징물에 관심을 갖게 되었다. 그것은 십자가였고, 그 십자가의 중앙에는 고동치는 심장이 있었다. 이는, 한동안 나의 관심을 끌었고, 많은 숨겨진 의미를 가지고 있는 듯하였다. 그곳을 떠난 후 나는 이 이상한 십자가에 대한 다른 경험을 하기 위해 다시 그곳에 가기로 하였다. 내가 다시 그 성소에 들어갔을 때 나는 문 앞에서 가톨릭 수녀를 발견하고

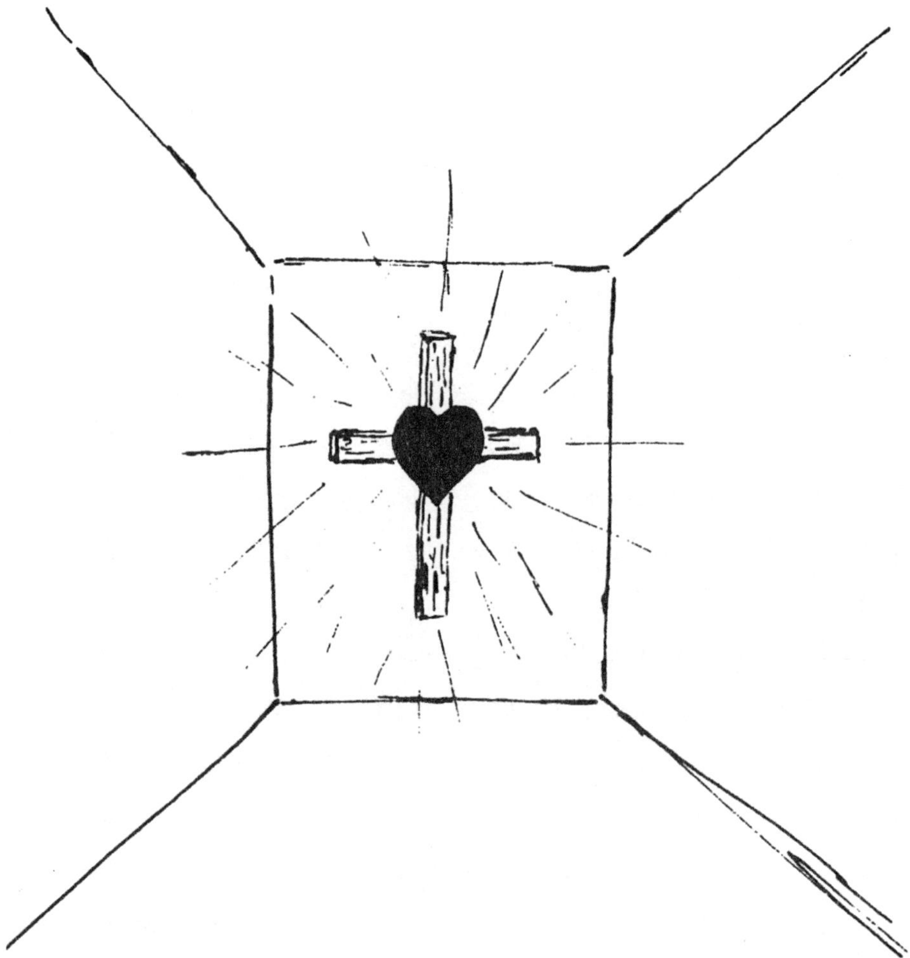

[그림 9-8] 십자가 위의 심장
환자가 그린 그림

놀랐다. 그리고 그 방은 미사를 드리는 사람들로 가득 차 있었다.

이 꿈을 꾼 후 그는 심장이 겹쳐 있는 십자가를 그리기 시작하였다([그림 9-8] 참조).

이 꿈은 원형적인 의미의 핵심이 관통되었을 때 어떻게 정신의 증상이 해결될 수 있는지를 보여 주는 아름다운 예라고 할 수 있다. 이 꿈에서 피 콤플렉스(심장)는 십자가 위의 그리스도와 동등한 것이다. 결국 이 환자가 두려워하는 것은 그리스도의 피다. 이를 종교적이거나 원형적인 용어로 표현하면, 피에 대한 두려움이 비합리적인 특성을 잃어버리고 따라서 더 이상 증세를 보이지 않았다. 그보다 그것은 자기(Selfhood)의 초월적 실재성에 대한 초개인적이고 신성하고 엄청난 두려움의 반응이 된다. 이것은 신경증은 아니며 정신의 종교적 차원에 대한 인식이다. 이 꿈은 꿈꾼 이에게 그의 정서와 정서의 강도가 신성한 것이며 그가 이전처럼 두려움과 떨림으로 그것에 접근할 때 경멸당하거나 부인당하는 것은 지혜롭지 않다는 사실을 알려 준다.

이를 다른 말로 표현하면, 신경증적인 의미 없는 고통이 심오하고 원형적인 삶의 과정, 즉 그리스도의 피의 추출에 필요한 재료로서 이해되는 의식적이고 의미 있는 고통으로 전환되었음을 의미한다.

다음은 나중에 심리치료사가 된 사람이 분석을 시작하자마자 꾸었던 꿈이다. 어려움을 겪은 후 그는 황금색의 물고기를 잡았다. 그의 과제는 그것의 피를 추출하는 것이며 그것이 영구적으로 액체 상태에 도달할 때까지 가열하는 것이었다. 위험한 것은 과정 중에 그 피가 응고되는 것이었다. 그는 실험실에 있었고 물고기를 끓이고 있었다. 전동의 대번자라고 하는 나이 든 사람이 그에게 이는 절내로 성공하지 못할 것이며 그 피가 반드시 응고할 것이라고 말했다. 그러나 가열은 계속되었고, 꿈꾼 이는 성공할 것이라고 믿었다.

그 물고기가 상징하는 것은 두 가지 측면이다. 한편으로 깊은 곳의 냉혈 피조물로서 용과 비슷한 무의식적인 본능을 대표하며, 다른 한편으로는 그리스도의 상징이다. 따라서 이는 양자, 즉 구원자와 구원을 받는 자 모두를 상징한다.

물고기로부터 구원의 물질을 추출하는 것과 관련된 신화는 토비트(Tobit) 외경에서 볼 수 있다. 이 이야기에서 영웅 토비아스(Tobias)는 전에 일곱 번이나 결혼한 적 있는 사라(Sarah)와 결혼하려고 길을 떠났다. 그녀가 결혼한 날 밤마다 신랑들은 사라의 침실에서 살고 있던 마귀에게 죽임을 당했다. 토비아스는 길을 가는 중에 물에서 뛰쳐나와 그에게로 온 큰 물고기를 만났다. 그의 안내자인 라

파엘(Raphael)은 토비아스에게 그 물고기를 잡아 심장, 간, 쓸개를 꺼내라고 했다. 쓸개는 다른 목적이 있어서 따로 보관해 두었고, 심장과 간은 그녀의 이전 남편들을 죽인 마귀를 내쫓기 위해 사라와의 결혼식 날 밤에 함께 태웠다. 이는 성공적으로 끝이 났다. 토비아스는 그 결혼식 날 밤에 죽지 않았고, 사라의 아버지로부터 빚진 돈을 받았다.

이 이야기는 무의식에 의해 파멸되지 않고 무의식과 관계 맺기 위해 필요한 것의 중요한 상징성을 내포하고 있다. 합일(coniunctio)은 물고기를 포획하여 그리스도의 피와 유사한 구원의 물질이 되는 본질(essence)을 추출할 때에만 성공할 수 있다. 짧게 말하면, 합일을 위한 서곡으로서 무의식적 욕망의 문제가 극복되어야 한다. 초기 기독교 시대에 그리스도는 물고기(ichthys)와 동일한 것이었다. 따라서 물고기의 피는 그리스도의 피이기도 하다. 그 연장으로, 물고기는 전체 그리스도의 시대, 현재 다가오고 있는 물고기 시대를 의미할 수 있다.[44] 따라서 가장 보편적인 의미에서 물고기 피의 추출은 전체 기독교로부터 삶과 의미의 추출을 의미한다. 소중한 정신의 본질이 그것을 담고 있던 이전의 형태로부터 분리되고 있는 것이다. 이 꿈이 가리키는 바와 같이, 과거의 것에서 새로운 것으로의 전환은 위험하다. 피가 응고될 수도 있다. 달리 말하면, 삶의 종교적 의미를 전통적인 기독교의 테두리 안으로부터 분리하는 과정에는 초개인적 가치를 완전히 잃어버릴 수 있다는 위험성이 존재한다. 또한 고정된 형태로 응고되는 위험은 새롭게 얻어지는 초개인적 에너지가 성급하게 좁고 부적절한 이해와 행동의 범주로 묶이게 될 수도 있음을 의미한다. 정치적이거나 사회적인 편견 또는 다양한 사소한 개인적 광신주의도 그 예라고 할 수 있으며, 이러한 것들은 초개인적인 삶의 에너지 수준과 의미를 담기에는 너무 작은 것이다. 그러나 이 꿈은 변환이 성공적일 것임을 암시한다.

요약하면, 그리스도의 피는 정신의 측면에서 그 결과가 좋건 나쁘건 심오한

44 Jung, C. G., *Aion*, C. W., 9 ii, par. 127 f.

잠재력을 가진 삶 그 자체의 원초적 힘을 나타낸다. 자기와 전체성의 액체적 본질의 상징으로서 그리스도의 피는 모든 대극을 포함하고 그들을 화해시킨다. 이것이 만약 미분화된 불같은 에너지의 유입으로 오게 된다면 석화(石化)되어 발달하지 못한 자아를 파괴할 수 있다. 다른 한편, 그리스도의 피는 정신의 초개인적 중심으로부터 흐르며, 정신의 개인적 중심, 즉 자아의 지속적 존재를 유지하고 타당화하며 정당화하는, 자양분을 주고 도와주고 유대를 만들어 주며 삶을 촉진하는 에너지다. 물과 불의 조합으로서 그리스도의 피는 위로하고 진정시키고 보호하며 영감과 활력을 준다. 그것은 개인적이고 일시적인 존재를 의미 있게 살아가게 하는, 시간을 초월한 본질이다. 그것은 의식적 존재의 현재 순간이 머무는 영원한 기둥이다. 의식성의 황폐하고 정체되고 우울한 상태가 의미 있는 이미지, 감정이나 활성화된 에너지의 유입에 의해 해방될 때마다 그리스도의 피로 대표되는 원형적인 역동이 작동하기 시작한다고 말할 수 있다. 그러한 경험은 그리스도의 피의 본질적 특성인 '구원의 힘'의 실재를 확증한다.

CHAPTER 10

# 철학자의 돌

너희, 지혜의 아들들아, 이해하라. 돌이 선포한다. "나를 보호하라. 그리하면 너를 보호할 것이다." "내 것을 달라, 그리하면 너를 도울 것이다."

– 헤르메스(Hermes)의 황금률*

## 1. 서론 및 문헌

자아의 풍부하고 복잡한 상징은 철학자의 돌—연금술 과정의 궁극적인 목표—이라는 연금술사의 관념에서 발견된다. 어떤 이는 오늘날의 경험심리학에서는 연금술사들의 판타지가 어떤 가치를 갖고 있는지 의아해할지도 모른다. 이에 대한 답은 이러한 판타지들이 무의식의 깊은 층들을 상징적으로 표현하고 귀중한 병치를 제공하여 우리로 하여금 오늘날 개인의 심층 분석에서 나타나는 이미지들을 이해할 수 있게 한다는 것이다. 연금술사가 심리학적으로 순진하고 무비판적이라는 바로 그 사실이 상징적인 이미지들을 왜곡됨 없이 그 자체로 드러나게 한다. 융(Jung)은 이를 다음과 같이 표현하였다.

* Atwood, M. A., *Hermetic Philosophy and Alchemy*, reissued by the Julian Press, New York, 1960, p. 128.

> (상징의 의미를 완전히 이해하기 위하여) 상징 형성이 방해받지 않았던, 즉 이미지 형성에 대한 인식론적 비판이 아직 존재하지 않았던, 결과적으로 아직 알려지지 않은 사실들이 명확한 시각적 형태로 표현될 수 있었던 인간 역사의 시대로 돌아가야 한다. 우리와 가장 가까운 시기는 바로 중세시대의 자연철학의 시대이며…… 이는 연금술 및 공조철학(Hermetic philosophy)에 있어 가장 중요한 발전을 이룬 시기다.[1]

융은 『신비적 합일(Mysterium Coniunctionis)』의 결론 부분에서 다음과 같이 말하고 있다.

> 나의 경험이 충분한 여지를 발견할 수 있는 훌륭하고 소중한 자료를 제공해 주었고, 그로 인해 나는 최소한 본질적 측면에서 개성화 과정을 기술할 수 있었다.[2]

개성화 과정의 목표는 자기(Self)와의 의식적인 관계를 성취하는 것이다. 연금술적 절차의 목표는 철학자의 돌에 의해 가장 자주 나타났다. 따라서 철학자의 돌은 자기의 상징이다.

철학자의 돌의 특성이나 속성에 대한 단편적인 설명들이 방대한 연금술 문헌 전체에 분포되어 있다. 이러한 이미지의 현상에 대한 완전한 연구는 이렇게 분산된 자료를 수집하는 상당히 많은 과제를 요구한다. 그러나 이 장에서 나의 목적은 그렇게까지 광범위하지 않으며, 그러한 이유로 인해 나는 철학자의 돌에 대해 전반적이고 상세한 설명을 하고 있는 하나의 문헌을 찾은 것을 행운이라고 생각했다.

이 문헌은 1652년 런던에서 출간되고 엘리아스 아슈몰(Elias Ashmole)이 편집

1 Jung, C. G., *Alchemical Studies*, C. W., 13, par. 353.

2 Jung, C. G., *Mysterium Coniunctionis*, C. W., 14, par. 792.

한 영어로 된 연금술 문헌인 선집의 서론이다.

이는 다음과 같이 쓰여 있다(일부 단어는 현대식으로 변경).

(1) (철학자의 돌이라는 광물은) 불순물이 섞인 광물질을 최고 순도로 변형하는 힘을 가지고 있다. 즉, 가장 저급의 금속을 최고의 금과 은으로, 부싯돌을 모든 형태의 귀금속(루비, 사파이어, 에메랄드, 다이아몬드 등) 및 기타 여러 유사한 성질의 광물로 변화시킨다. 그러나 이는 단지 일부에 불과하며, 따라서 만약 돌 전체의 능력이 알려졌다면 상기 능력은 철학자의 물질로 획득할 수 있는 최소한의 축복이다. 고백하건대, 금은 미묘한 물체이고 훌륭한 빛이지만…… 금을 만드는 것은 연금술사들의 최고의 목표였으며, 그래서 고대 철학자들의 목표에서는 찾기 어려웠고, 숙련된 연금술사들이 가장 사용하지 않은 질료다.

(2) 세상의 부보다 지식을 더 사랑하는 자를 위해 보다 높고 보다 훌륭한 연금술사들의 작업이 추진되었다. 전체 자연의 과정에 열려 있는 그는 그가 금과 은을 만들 수 있다는 것 또는 악마가 그들에게 복종한다는 것으로 기뻐하는 것이 아니라 하늘 문이 열리고 하나님의 천사가 오르락내리락하고 그 자신의 이름이 생명책에 기록되어 있어서 기뻐하는 것이다.

(3) 다음은 야채, 마법, 천사의 돌에 대하여 기술하겠다. 이 돌들은 광물 돌의 속성을 전혀 갖고 있지 않다. 왜냐하면 그것들은 놀라울 정도로 미묘하고 각각의 작업 및 성질이 다르기 때문인데, 그 이유는 몇 가지 다른 효과와 목적을 가지고 끼워 맞추어지거나 발효되었기 때문이다. 의심 없는 아담, 아브라함, 모세 그리고 솔로몬(대홍수 이전 조상과 그 이후의 조상)은 이 돌들로 많은 기적을 행하였지만 돌들의 최고의 능력을 아직 완전히 이해하지 못하였고, 오직 영원토록 축복받은 하늘과 땅에 계신 만물의 창조자

이신 하나님을 제외하고 아무도 진정으로 이해하지 못하였다.

(4) 연금술사들은 식물(돌)에 의해 인간, 짐승, 조류 및 어류의 본성을 완전히 알게 되었으며, 그것들을 어떻게 생산하고 재배하고 성장시키고 열매 맺게 하는지도 완전히 알게 되었고, 그것들의 색, 냄새를 민감하게 하는 법도 완전히 알게 되었으며, 언제 그리고 어디서 우리가 기뻐하는지도 알게 되었다. 그리고 순간적으로 알 수 있을 뿐 아니라 날마다, 달마다, 해마다 그리고 어느 때나, 어느 계절이나, 심지어 깊은 겨울에도 알게 되었다.

(5) 게다가 태양의 성질을 가지는 남성성 외에 과도한 열은 어떤 피조물이나 식물이라도 태워 버리고 파괴할 것이며, 달과 여성성 부분은 (즉각적으로 적용된다면) 극도의 냉기로 열기를 완화시키는데, 달의 성질은 태양의 도움을 받지 못하거나 녹지 않는다면 어떠한 동물이든지 감각을 잃게 하거나 얼려 버린다. 그것들은 비록 하나의 자연 물질로부터 만들어졌으나 서로 반대되는 특질을 가지고 영향을 발휘한다. 그럼에도 불구하고 그 둘 사이는 자연스럽게 서로를 돕고, 어느 한쪽은 하지 못하는 것을 둘이 합쳐서 수행할 수 있으며, 수행할 것이다.

(6) 그들의 내적인 미덕은 그들의 외적인 아름다움보다 크지 않다. 태양은 매우 빛나고 투명한 광택이어서 사람의 눈으로 그것을 볼 수 없을 정도다. 달이 어두운 밤에 밖으로 드러나면 새들이 갈 것이다(그 주위를 돌면서). 파리가 촛불 주위를 날고 손에 잡히는 것과 같이…….

(7) 마술적 돌 또는 미래의 돌에 의해 세상 어디에 있는 누구라도 발견될 것이다. 방, 옷장 또는 땅속 동굴 어디라도 그렇게 비밀스럽게 숨을 수 없긴 하지만. 왜냐하면 철저한 조사가 있기 때문이다. 다시 말해, 이 돌은 심지어

온 세상에서, 당신의 욕망을 보고 듣고 보도록 당신에게 온 세상을 준다. 아니, 그보다 더 많은 능력으로 사람이 피조물의 언어, 즉 새의 지저귐과 맹수의 울부짖음 등도 이해할 수 있게 해 준다. 천체의 영향을 관찰함으로써 영(spirit)을 이미지에 주는 것은 진정한 신탁이 될 것이나, 이것은 강령술이나 악마적인 것이 아니다. 쉽고, 그러니까 놀랍도록 쉽고, 자연스럽고, 진실된 것이다.

(8) 마지막으로 천사의 돌에 대해 말하자면, 이는 너무나 미묘해서 보이거나 느끼거나 무게를 잴 수 없고 단지 맛만 볼 수 있다. (이러한 미묘한 속성을 조금이나마 가지고 있는) 인간의 목소리는 이에 비교될 수 없다. 아니, 공기도 꿰뚫을 수 없고(오, 신비한 경이로움이여!), 돌은 불 속에서 편견 없이 영원히 머물 것이다. 특히 그중에서도 이 돌은 신성하고, 천상의 보이지 않는 능력을 가지고 있으며, 이 돌의 소유자에게 신성한 선물을 준다. 천사의 영혼을 줄 수 있고 꿈과 계시로 그들과 대화하는 능력을 준다. 이 돌이 있는 곳에는 어떠한 악한 영도 접근하지 못하는데, 그 이유는 이 돌이 순수한 본질로서 타락한 것이 그 속에 없고 요소들이 썩지 않으며 어떠한 악도 머물거나 살 수 없기 때문이다.

(9) S. 던스턴(Dunston)은 이를 천사의 음식이라고 불렀고, 다른 이들은 천상의 성찬이나 생명나무라고 부르기도 한다. 또한 의심의 여지없이 세월의 (하나님 바로 아래에 있는) 진정한 공급자다. …… 이에 의해 사람의 육체가 부패되지 않고 음식 없이 오랫동안 강건할 수 있기 때문이다. 이 음식을 먹는 사람이 죽을지는 문제가 아니다. 육체의 눈으로 보기에 영광과 영원함을 소유한 자들이 왜 살고 싶어 하는지와 관련하여 나는 그것을 그다지 찬양하지 않는다. 순전히 추측에 만족하는 삶보다는 차라리 죽기를 원하며 완전한 결실을 누리기를 원한다. ……

(10) 적색 돌에 숨겨진 예언의 은사가 있다. 라시스(Racis)가 당신에게 말할 것이다. (그가 말하기를) 철학자들은 앞으로 올 일을 예언하였고, 페트로스 보너스(Petrus Bonus)는 그들이 일반적 예언뿐 아니라 특별한 예언도 하였다고 단언하였다. 그리스도의 부활, 성육신, 심판의 날, 세상이 불로 심판받을 것임에 대한 사전지식을 갖고 있었기 때문이었다. 따라서 다른 방법이 아닌 연금술사들의 작업에 대한 통찰을 통해 그들은 미리 알고 있었다.

(11) 간단히 말해, 철학자들의 참되고 다양한 원질료(Prima Materia)의 사용에 의해(여러 다양한 재능이 있으나 동일한 영이다.) 진보적 과학의 완전함이 알려졌고 모든 자연의 지혜가 이해되었으며 (내가 말했음에도 불구하고, 나는 추가해야 할 것이 있는데) 이것보다 더 큰, 아직 숨겨진 것들이 있는데, 그것은 우리가 거의 보지 못한 그의 작품들이다.

(12) 그럼에도 불구하고 이 과학을 적용하기에 적합한 서너 개가 남아 있다. 그것들은 전문가를 제외하고 누구에게든 이해될 수 없는 신비이며, 태어날 때부터 제단에서 예물을 드리고 헌신한 자들에게조차 이해될 수 없는 것이다.[3]

이 문헌의 저자인 엘리아스 아슈몰은 실제 연금술사는 아니었다. 그는 연금술과 점성술에 특별한 관심을 가지고 다방면으로 학식을 갖춘 학자였다. 그는 이 주제에 관한 많은 책과 문서를 수집하였다. 개인적인 교류로 연금술사 윌리엄 백하우스(William Backhouse)와의 교제가 있었다. 그 연금술사는 아슈몰을 그의 영적 아들로 입양하였다. "이것은 아슈몰의 삶에 있어서 중요한 사건으로서 그

---

3 Ashmole, Elias (editor) *Theatrum Chemicum Britannicum*, A Reprint of the London Edition 1652, with a new Introduction by Allen G. Debus, Johnson Reprint Corporation, New York and London, 1967.

를 진정한 현인들의 반열에 올려놓았다."[4] 2년 후 백하우스는 임종하기 전 아슈몰에게 더 많은 비밀을 전수하였다. 아슈몰은 그의 일기에서 백하우스가 "철학자의 돌의 참된 질료에 대해 낱낱이 알려 주었다. 그것은 내게 주어진 유산으로, 그의 유언과도 같은 것이었다."[5]라고 기록하였다.

철학자의 돌에 대한 아슈몰의 기술은 의심할 여지없이 그에게 익숙한 여러 연금술 문헌이 설명하는 돌의 특성에 관한 편찬서다. 아슈몰은 이렇게 분산된 자료들을 수집하였고, 그 자신의 풍부한 상상력을 통하여 전달함으로써 그것을 하나의 책으로 집대성하였으며, 그의 기묘한 매력적인 문체로 그것을 표현하였다.

아슈몰은 철학자들의 돌을 네 개의 다른 돌로 기술하였는데, 그것은 광물 돌, 야채 돌, 마법 돌 그리고 천사의 돌이다. 네 개의 범주는 이 책에서 설명의 편의를 위하여 돌의 능력을 서로 다른 기능 방법으로 나눈 것이지만 사실 그보다 더 깊은 의미를 가지고 있다. 연금술 전체를 통해 4라는 숫자의 상징성은 중요한 역할을 한다. 넷은 물질의 기본적인 질서 원리로 간주되었다. 태초, 창세 이전에 세상에는 형체나 구조나 특정의 내용물이 없는 오직 **원질료**만이 존재했다. 모두 잠재적일 뿐이지 실제로 드러난 것은 없었다. 창조 작업 중에 이 네 개의 원소, 즉 흙, 공기, 불 그리고 물이 이 **원질료**에서 떨어져 나왔다. 이는 마치 네 원소의 십자형 교차가 **원질료**에게 질서와 형태를 주고 혼돈에 질서(cosmos)를 주는 것과 같았다.

철학자들의 돌을 만들기 위해 이 네 개의 원소는 반드시 순수한 본질의 결합으로 재결합되어야 한다. 따라서 **원질료**의 근원적 전체와 합일된 상태는 새로운 수준에서 철학자들의 돌로 회복된다. 이러한 개념들은 심리적 발달과정, 특히 전체성의 상징인 넷이라는 숫자와 많은 병치성을 가지고 있다. 철학자의 돌이 네 개라는 속성은 그것을 즉각적으로 자기의 사중의 만다라 이미지와 연결시

4 Ashmole, Elias (editor) *Theatrum Chemicum Britannicum*, p. XXIX.

5 Ashmole, Elias (editor) *Theatrum Chemicum Britannicum*, p. XXIX.

[그림 10-1] 만다라로 그려진 궁극의 목표: 연금술 도해

키는데, 정말로 만다라 형태([그림 10-1] 참조)로 되어 있는 돌에 관한 연금술 그림이 있다. 심리학적 용어로 숫자 4는 보통 네 개의 심리기능인 생각, 감정, 지각, 직관을 가리킨다. 그러나 이러한 해석은 절대로 전체 네 개의 의미를 모두 설명하는 데 적합하지 않다. 예를 들어, 네 개의 원소는 네 개의 기능과 동일한 것이 될 수 없다. 그보다는 넷의 구조화 패턴이 다양한 맥락에서 질서와 분화를 경험할 수 있게 출현한다. 그러나 그것은 항상 완성이나 충족의 의미를 가지고 있다.

비록 아슈몰이 본 돌의 다른 면의 역할을 설명하기 위해 논의한 바와 같이 네 개의 다른 돌에 대해 언급하였지만, 이는 하나의 철학자의 돌에서 파생된 것으로 봐야 한다.

## 2. 변환과 계시

엘리아스 아슈몰의 연금술 문헌(앞의 1~12번 인용문)의 첫 번째 문단은 다음과 같다.

> (1) (철학자의 돌이라는 광물은) 불순물이 섞인 광물질을 최고 순도로 변형하는 힘을 가지고 있다. 즉, 가장 저급의 금속을 최고의 금과 은으로, 부싯돌을 모든 형태의 귀금속(루비, 사파이어, 에메랄드, 다이아몬드 등) 및 기타 여러 유사한 성질의 광물로 변화시킨다. 그러나 이는 단지 일부에 불과하며, 따라서 만약 돌 전체의 능력이 알려졌다면 상기 능력은 철학자의 물질로 획득할 수 있는 최소한의 축복이다. 고백하건대, 금은 미묘한 물체이고 훌륭한 빛이지만…… 금을 만드는 것은 연금술사의 최고의 목표였으며, 그래서 고대 철학자들의 목표에서는 찾기 어려웠고, 숙련된 연금술사들이 가장 사용하지 않은 질료다.

연금술적 견해에 따르면 지구상의 금속들은 점차적인 성장의 자연스러운 과정을 거쳤다. 납과 같은 기본 금속은 미성숙한 초기 형태다. 납은 매우 천천히 성숙하면서 고귀한 금속인 금이나 은으로 성장한다. 연금술사는 그들의 기술로 이런 자연스러운 성장과정을 촉진할 수 있을 것으로 생각하였다. 이러한 관념은 자연스러운 심리적 성장이 관심을 받고 정신의 내용을 '작업하면' 조성될 수 있다는 사실에 대한 명백한 투사다.

금과 은은 '고귀한' 금속으로 여겨졌는데, 금과 은은 불멸하며 녹슬거나 부식되지 않기 때문이다. 따라서 금과 은은 변하지 않는 일관성과 영원한 특성을 갖고 있다. 유사하게, 개성화 과정에서 자기에 대한 경험은 퇴행적인 해체에 덜 영향을 받게 만드는 신뢰할 만한 안정성을 자아(ego)에게 제공한다. 이러한 자아의 특성은 자기에 대한 경험의 중요한 측면인 정신의 초개인적 또는 '영원한' 차원에 대한 인식 및 관계의 증대에서 비롯된다.

덜 우월한 물질을 금으로 바꾸는 것은 마이다스 왕의 전설에서 볼 수 있듯이 부정적인 면도 있다. 그의 소원이 이루어져 그가 만지는 모든 것이 금으로 변하였으나 그는 음식이 먹지 못할 금으로 변하는 것을 보고 혼란에 빠졌다. 이 이야기는 삶에 해로운 철학자의 돌과의 동일시 조건을 묘사하고 있다. 인간은 영원한 진리 하나만으로 살 수 없다. 인간은 떡, 즉 개인적이고 일시적인 만족도 필요하다.

이 문헌은 돌이 부싯돌을 귀금속으로 전환시킨다고 언급한다. 귀금속은 가치, 즉 그것의 아름다움과 가치로서 소중히 여김받는 물건을 대표한다. 부싯돌은 둔탁하고 평범한 재질이지만 꽤나 딱딱하다. 그것은 진부하고 '실질적인' 삶의 측면을 나타낸다. 심리학적으로 이해하면, 돌의 이러한 능력은 가장 평범하고 심지어 받아들이기 힘든 상황 속에서도 가치와 의미를 인지하는 통합적 인격의 능력을 가리키는 것이다. 마찬가지로 열등한 '기본' 측면이 가치를 담고 있는 것이다. 아름다움이란 그것을 바라보는 자의 눈에 있는 것이므로 변환을 가져오는 것은 지각하는 태도의 변화다.

이슈몰은 이러한 면을 보고 우리에게 그것을 가르쳐 줄 의무를 느꼈으며 금이나 보석을 만드는 것은 철학자의 돌의 능력 중 가장 하찮은 것이라고 역설했다. 비록 우리는 그의 설명을 상징적으로 받아들이지만 그는 이를 문자 그대로 받아들인 것이다. 그는 마치 잠들어 있으면서 꿈을 기술하는 꿈꾼 이와 같으며, 반면 우리는 깨어 있는 각성 상태에서 그의 꿈의 의미를 이해하려고 노력하는 자와 같다.

우리가 알고 있는 금 만들기는 고대 철학자들의 의도가 아니었다. 이러한 언급은 연금술사의 작업에서 광범위하게 표현되는 것과 일치한다. 즉, '우리의 금은 일반적인 금이 아닌 철학적인 금'이다. 혼란스러운 것은 이것을 밝힌 후 이들이 작업실에서 불, 주형 틀 그리고 화학적 절차에 관해 계속 얘기했다는 것이다. 연금술사 자신들도 혼란스러워했다는 것이 이에 대한 유일한 설명이다. 그들은 화학 과정에서 '철학적'이거나 영적인 것을 찾고 있었고, 이는 실패할 수밖에 없는 것이었다. 그러나 실패 속에서 연금술사들은 풍부한 상징적 자료들을 유산으로 남겼는데, 이것들은 개성화 과정의 현상을 기술한다.

고대 철학자들의 문헌은 철학자들의 돌의 의미에 전반적인 의문을 제기한다. 철학자라는 용어의 의미는 소피아(Sophia) 또는 지혜를 사랑하는 자다. 돌은 가장 딱딱한 물체 중의 하나로 견고함, 영속성 그리고 깨지지 않는 성질을 나타낸다. 철학자들의 돌은 따라서 구체화되거나 실현된 지혜와 같은 것을 상징한다. 『아우로라 콘수르겐스(떠오르는 새벽빛, Aurora Consurgens)』[6]에서 하나님의 지혜(Sapientia Dei)로서 의인화된 지혜는 특히 철학자들의 돌과 동등시된다. 그러나 순수한 영적인 의미로 이해할 때, 이 돌이 그리스도 이상의 것을 의미하듯 철학자들에게 이 돌은 지혜 이상의 것을 의미한다. 그래서 융이 그리스도와 이 돌의 관계를 언급한 것은 적절한데, 왜냐하면 기독교는 플라톤(Plato)과 스토아 철학이라는 일방적인 영성(spirituality)만을 전수했기 때문이다.

> ……돌의 상징성은 그리스도와의 유사성에도 불구하고 순전히 영적인 기독교의 가정과는 조화할 수 없는 요소들을 가지고 있다. 이러한 '돌'의 개념이 이 상징의 특이성을 가리킨다. '돌'은 모든 고체와 세상 것의 본질이다. 이는 여성적인 물질을 대표하며 이 개념은 '영적' 영역과 상징성의 세계로 침투한다. …… 이 돌은 신의 '육화' 이상의 개념이었으며, 그 자신을 창조자에 대항하는 신성의 일부로부터, 무기질적인 영역의 어두움에 도달하는 또는 심지어 그곳에서 생겨나기까지 하는 구체화, 즉 '물질화(materialization)'였다.
>
> 따라서 우리는 인간에게 있는 신성한 구원의 드라마를 모아서 악을 상징적으로 통합하려는 시도가 연금술에 있었다고 가정할 수 있다.[7]

6 Von Franz, Marie-Louise (editor) *Aurora Consurgens*, Bollingen Series LXXVII, Princeton University Press, 1966.

7 Jung, C. G., *Mysterium Coniunctionis*, C. W., 14, par. 643.

두 번째 문단은 다음과 같이 계속된다.

> (2) 세상의 부보다 지식을 더 사랑하는 자를 위해 보다 높고 보다 훌륭한 연금술사들의 작업이 추진되었다. 전체 자연의 과정에 열려 있는 그는 그가 금과 은을 만들 수 있다는 것 또는 악마가 그들에게 복종한다는 것으로 기뻐하는 것이 아니라 하늘 문이 열리고 하나님의 천사가 오르락내리락하고 그 자신의 이름이 생명책에 기록되어 있어서 기뻐하는 것이다.

앞의 구문은 연금술 박물관에 있는 구절의 분위기와 비슷하다.

> 내가 실제로 이런 귀중한 보물을 가지고 있는지 물어보고 싶어 안달하는 것이 아니다. 그보다는 세상이 어떻게 창조되었는지를 보았는지 묻고 싶다. 내가 이집트인들의 어둠의 본질을 이해하고 있는지, 무지개가 생기는 이유는 무엇인지, 마지막 부활의 때에 영광스러운 육체의 나타남은 어떠할 것인지. ……[8]

앞의 두 개의 구절에서 계시의 경험은 중요한 것으로 간주된다.

이 문헌은 세 가지의 성경 참고문헌을 포함하고 있다. 첫 번째는 창세기 28장에서 야곱이 꾼 꿈의 내용이다. "꿈에 본즉 사닥다리가 땅 위에 서 있는데 그 꼭대기가 하늘에 닿았고 또 본즉 하나님의 사자들이 그 위에서 오르락내리락하고, ……"

야곱의 사다리는 앞에서 설명한 자아-자기 축(ego-Self axis)을 상징한다(p. 55)([그림 10-2] 참조). 오르락내리락하는 천사는 연금술 과정에서 승화(sublimatio) 및 응고(coagulation)에 해당한다.[9] 심리학적으로 승화는 구체적이고 개인적인 경험

---

8 Waite, E. A. (Transl.), *The Hermetic Museum*, London, John M. Watkins, 1953, Vol. I, p. 8.

9 Jung, C. G., *Psychology and Alchemy*, C. W., 12, par. 65 f 참조.

[그림 10-2] 야곱의 사다리
윌리엄 블레이크(William Blake)

을 보다 높은 단계, 즉 추상적이거나 보편적인 진리로 높이는 과정이다. 응고는 반대로 원형이미지의 구체적이거나 개인적인 것으로 실현되는 것이다. 오르내리는 천사들이 보이는 것은 개인적인 자아-세상과 원형적 정신이 상호 침투하는 것이라고 할 수 있다. 블레이크(Blake)는 이러한 상태를 다음과 같이 표현하였다.

세상을 모래 알갱이 속에서 보는 것은
그리고 천국을 사막의 꽃에서 보는 것은
당신의 손에 무한성을 쥐는 것이며
순간에 영원성을 갖는 것이다.

〈순수의 전조(Auguries of Innocence)〉

물론 흥미로운 것은 돌이 야곱의 꿈과 관련되어 있다는 사실이다. 그는 돌을 베개로 사용하였고 꿈을 꾼 후 그 장소가 어딘지 깨닫자, "…… 이것은 다름 아닌 하나님의 집이요, 이는 하늘의 문이로다." 하고 그 후 돌로 제단을 쌓았다. 융은 이를 가리켜 '위' 그리고 '아래'가 서로 하나가 되는 장소를 표시하는 야곱의 돌이 철학자의 돌과 동일시될 수 있다고 하였다.[10]

두 번째 성경 참고문헌은 누가복음 10장 19-20절인데, 여기서 예수는 그의 70인의 제자에게 말했다. "내가 너희에게 뱀과 전갈을 밟으며 원수의 모든 능력을 제어할 권능을 주었으니 너희를 해칠 자가 결코 없으리라. 그러나 귀신들이 너희에게 항복하는 것으로 기뻐하지 말고 너희 이름이 하늘에 기록된 것으로 기뻐하라." 세 번째 참고문헌은 '생명책'이라는 용어로, 요한계시록 20장 15절 "누구든지 생명책에 기록되지 못한 자는 불 못에 던져지리라."에 나온다.

제6장에서 나는 사람의 이름이 '하늘에 기록된' 것과 또는 '생명책에 기록

10 Jung, C. G., *Mysterium Coniunctionis*, C. W., 14, par. 568.

된' 것의 심리학적인 의미를 논하였다. 이는 개인의 개별성 또는 개인의 정체성이 존재에 대한 초개인적 및 선험적 근원 그리고 존재의 정당성을 가진다는 것이다. 그와 같은 경험은 현재의 대중적 용어를 사용하자면, '정체성 위기'에 분명한 해결책이 된다. 이는 또한 소외, 무가치 및 열등감이 덜한 조건에 대한 해답이다.

이 문헌은 우리에게 철학자의 돌이 계시 능력을 갖고 있다고 말하고 있다. 이는 '자연의 전체 과정'을 열고, 정신의 개인적 차원과 초개인적 차원(땅과 하늘) 사이를 연결하고, 한 사람의 개인적인 자아가 '형이상학적인' 기초를 갖고 있어서 모든 개별적 독특함이 존재한다는 부인할 수 없는 권리를 가진다는 것을 분명히 하고 있다. 이러한 효과들은 심리치료과정 중 꿈이나 판타지 속에서 출현할 수 있는 자기의 상징에서 얻어지는 효과와 밀접하게 관련되어 있다.

예를 들어, 소외문제를 가진 한 여성이 다음과 같은 꿈을 꾸었다. 어떤 고아가 밤중에 나의 현관문 앞에 놓였다. 이 아이의 탯줄이 하늘에 닿아 있는 듯이 보였다. 내가 이것을 발견했을 때 나는 전적으로 충만함을 느꼈다. 나의 인생의 목적을 알게 된 것이다.

여기서 탯줄이 하늘에 닿은 것은 자아-자기 축의 외현적 모습이다. 고아 이야기의 주제는 철학자의 돌의 설명과 유사하다. 자신이 볼링겐에서 조각한 돌 만다라의 뒷면에 융은 철학자의 돌과 관련하여 연금술에서 인용한 다음과 같은 내용을 조각하였다.

> 나는 홀로된 고아다. 그럼에도 불구하고 나는 모든 곳에서 발견된다. 나는 하나지만 나 자신에게 반대된다. 나는 젊은 동시에 또한 늙은 사람이다. 나는 나의 아버지나 어머니를 알지 못한다. 왜냐하면 나는 물고기처럼 깊은 곳에서 나와야 했기 때문이고, 하늘에서 떨어진 하얀 돌같이 느꼈기 때문이다. 나는 숲 속과 산속을 돌아다니지만 나는 나의 깊은 내면의 영혼에 숨어 있는 자다. 나는 모든 사람처럼 죽으나 영겁의 주기에 영향받지 않는다.[11]

[그림 10-3] 볼링겐의 돌

연금술 문헌은 다음과 같이 계속된다.

> (3) 다음은 야채, 마법, 천사의 돌에 대하여 기술하겠다. 이 돌들은 광물 돌의 속성을 전혀 갖고 있지 않다. 왜냐하면 그것들은 놀라울 정도로 미묘하고 각각의 작업 및 성질이 다르기 때문인데, 그 이유는 몇 가지 다른 효과와 목적을 가지고 끼워 맞추어지거나 발효되었기 때문이다. 의심 없는 아담, 아브라함, 모세 그리고 솔로몬(대홍수 이전 조상과 그 이후의 조상)은 이 돌들로 많은 기적을 행하였지만 돌들의 최고의 능력을 아직 완전히 이해하지 못하였고, 오직 영원토록 축복받은 하늘과 땅에 계신 만물의 창조자이신 하나님을 제외하고 아무도 진정으로 이해하지 못하였다.

앞 문헌의 주요한 내용은 아담과 다른 고대의 주요 조상들이 철학자의 돌을 소유했다는 것이다. 이것은 연금술 문헌에서 일반적으로 언급되는 가정인데, 예를 들어 그것은 성경의 초기 시절에 장수를 설명하는 것으로 생각되었다. 유대기독교 신화에서 초기 족장들은 거의 대부분 반신성시되는 조상들이었다. 그들은 존재의 근원과 항상 바로 교제하고 있었다. 하나님은 그들에게 말하였고, 그의 목적을 그들과 공유했다. 그들은 낙원에서 계속 살아가는 영원한 원형적 존재들이다. 그들이 돌을 소유하고 있었다는 것이 적절한 말이다. 자기에 대한 경험이 종종 고대적 분위기를 수반하는 것이 심리학적으로 유사한 경험이라고 할 수 있다. 자기 현상의 특별한 측면은 그것이 본질적으로 시간을 초월한 영원한 것이며, 따라서 고대적 특성을 갖고 있다는 것이다. 그것은 개인이 지금 여기의 변화를 상대적인 것으로 만드는 시대의 과정에 참여하고 있다는 느낌을 준다.

---

11 Jung, C. G., *Memories, Dreams, Reflections*, edited by Aniela Jaffe, Pantheon Books, New York, 1963, p. 227.

## 3. 영원성의 원리

문헌은 다음과 같이 기록하고 있다.

> (4) 연금술사들은 식물(돌)에 의해 인간, 짐승, 조류 및 어류의 본성을 완전히 알게 되었으며, 그것들을 어떻게 생산하고 재배하고 성장시키고 열매 맺게 하는지도 완전히 알게 되었고, 그것들의 색, 냄새를 민감하게 하는 법도 완전히 알게 되었으며, 언제 그리고 어디서 우리가 기뻐하는지도 알게 되었다. 그리고 순간적으로 알 수 있을 뿐 아니라 날마다, 달마다, 해마다 그리고 어느 때나, 어느 계절이나, 심지어 깊은 겨울에도 알게 되었다.

여기서 돌은 성장과 풍요의 원리로 기술되어 있다. 돌의 이 측면은 예수가 "내가 온 것은 양으로 생명을 얻게 하고 더 풍성히 얻게 하려는 것이라."(요한복음 10:10)라고 말한 것과 일치한다. 그리스도를 풍요원리와 명백하게 동일시하는 것은 이집트로 도망치는 것과 관련된 외경의 전설에서 볼 수 있다. 이집트로 가는 길에 요셉, 마리아 그리고 예수는 밭에 밀씨앗을 뿌리고 있던 농부를 만났다. 어린 예수는 밀알을 한 움큼 집어 들고 그것을 옆으로 던졌다. 즉시 그것이 자라나 무르익었고 추수할 수 있게 되었다. 요셉과 그의 가족들이 키 큰 밀 사이에 숨어 있을 때 헤롯의 병사 한 무리가 그들을 찾으러 왔다. "한 어머니와 아이를 본 적 있느냐?"라고 한 병사가 물었다. "네."라고 농부가 말했다. "내가 이 밀밭에 씨를 뿌리고 있을 때 그녀를 보았습니다." "그건 아마도 여러 달 전이었을 거야."라고 헤롯의 병사가 말했고 그들은 멀리 떠났다([그림 10-4] 참조).[12]

오시리스(Osiris)도 생명과 풍요의 원리를 구체화한다. 이집트의 관(Coffin)에

12 Gaer, Joseph, *The Lore of the New Testament*, New York, Grosset and Dunlap, 1966, p. 626.

[그림 10-4] 밀의 기적적 성장

베리(Berry) 공의 지극히 호화로운 기도서에서

관한 문헌은 다음과 같이 기술하고 있다.

> 나는 오시리스에게서 나오는
> 생명의 식물이다.
> 오시리스의 갈비뼈에서 성장하는,
> 사람들을 살게 하는,
> 신들을 신성하게 만드는,
> 영들(spirits)을 영화(spiritualization)하는,
> 살아 있는 것들을 살게 만드는,
> 살아 있는 것들의 사지를 강하게 하는,
> 나는 옥수수로서, 살아 있는 것들의 생명으로서 산다. ……

나는 오시리스로부터 나타나고 있는 생명이다.[13]

고대에 풍요원리는 상당한 숭배의 대상이었다. 성적 상징성은 이 의례에서 명백히 생명의 근원이며 자연의 초개인적 목적들이 인간을 그들의 도구로 만드는 수단이다. 따라서 자궁, 가슴, 성기는 우리 문헌의 설명에 보면 모든 형태의 생명을 가져오는 그리고 '그것들을 생산하고 성장하게 하고 번성하고 결실을 맺게 하는 법'을 알고 있는 생명원리 그 자체에 대한 상징들이다.

심리학적으로 고려할 때, 돌의 성장 촉진적 특성은 자기가 정신의 기원과 근원이라는 사실을 가리킨다. 삶, 성장 및 다산은 리비도 또는 정신적 에너지의 표현이다. 돌의 이러한 측면은 축복받은 잡초(benedicta viriditas)라는 연금술적인 상징성과 연관되어 있는데, 이는 식물의 신인 아프로디테 및 성령과 연관이 있다(275쪽 참조).

돌의 다산의 측면은 꿈에 때로 나타난다. 예를 들어, 인생의 격변기를 맞이하고 초개인적 에너지에 너무 밀접하게 연결된 젊은 남자가 꿈을 꾸었는데, 그가 밟고 지나간 잔디가 더 두꺼워지고 푸르게 변했다. 또 다른 남자는 다음과 같은 꿈을 꾸었다. 나는 너무나 큰 남자 생식기를 가진 남자를 본다. 그는 젊은 남자였지만 나의 할아버지처럼 보였다. 그의 생식기는 마치 파이프 같았고 여러 개였다. 그것들을 모두 담기 위해 그는 그 생식기를 나누어서 특별히 맞춘 상자에 넣어 들고 다녔다.

이 인물은 역설적으로 청년이면서 동시에 노인인, 즉 시간의 범주를 초월한 자기의 모습과 바로 동일시된다. 철학자의 돌은 자주 그런 역설적인 용어로 기술된다. 커다란 생식기는 우리가 여기서 논의할 창조 또는 다산의 원칙을 일컫는다([그림 10-5] 참조). 인간 비율에 비해 훨씬 큰 그것의 크기는 원형적인 또는 초인간적인 본성을 가리킨다. 생식기가 나뉘어 있고 인공적이거나 만들어진 것

13 Clark, R. T. Rundle, *Myth and Symbol in Ancient Egypt*, New York, Grove Press, 1960, p. 118 f.

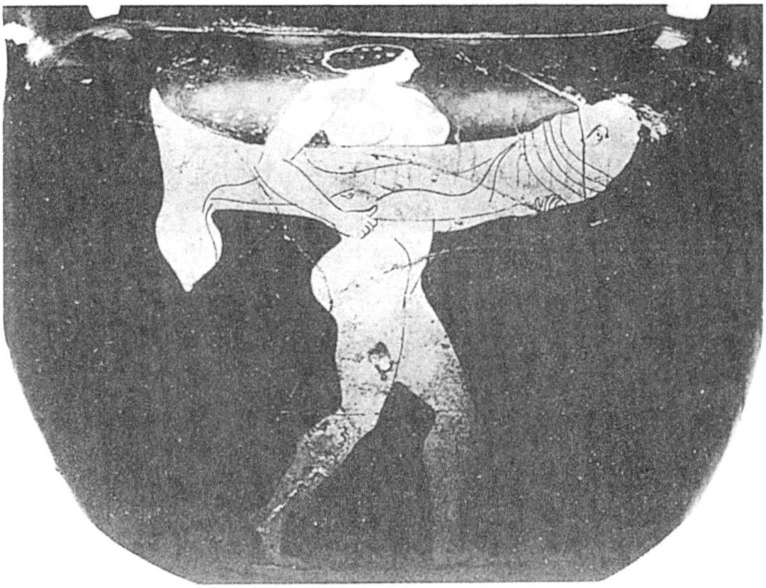

[그림 10-5] 할로아 축제의 재생 상징
그리스 화병

처럼 보인다는 사실은 다시 태어난 오리시스의 남근을 연상시킨다. 절단 때문에 발견할 수 없는 본래의 남근은 한 조각뿐이었다. 그래서 다산의 여신 이시스(Isis)는 이를 인공의 나무 생식기로 바꾸었고, 여기서 호루스(Horus)가 태어났다. 나무 남근으로 임신이 된 것은 이상하며 비인간적인 사건이다. 따라서 이는 인간 또는 자아의 이해를 넘어선 초개인적 과정을 암시한다. 이는 아마도 실제의 현실이기보다는 상징적인 이미지로 표현된 정신의 임신을 가리키는 것이다.

## 4. 대극의 합일

연금술 문헌은 다음으로 이어진다.

(5) 게다가 태양의 성질을 가지는 남성성 외에 과도한 열은 어떤 피조물이나 식물이라도 태워 버리고 파괴할 것이며, 달과 여성성 부분은 (즉각적으로 적용된다면) 극도의 냉기로 열기를 완화시키는데, 달의 성질은 태양의 도움을 받지 못하거나 녹지 않는다면 어떠한 동물이든지 감각을 잃게 하거나 얼려 버린다. 그것들은 비록 하나의 자연 물질로부터 만들어졌으나 서로 반대되는 특질을 가지고 영향을 발휘한다. 그럼에도 불구하고 그 둘 사이는 자연스럽게 서로를 돕고, 어느 한쪽은 하지 못하는 것을 둘이 합쳐서 수행할 수 있으며, 수행할 것이다.

우리는 여기서 철학자의 돌이 두 개의 상반되는 개체, 즉 뜨겁고 남성적인 태양 부분과 차갑고 여성적인 달 부분의 결합이라는 것을 알게 된다. 이는 융이 포괄적으로 설명하려 했던 것과 일치하는데, 다시 말해 자기가 대극들의 합일로 경험되고 상징된다는 것이다. 철학자의 돌은 종종 태양과 달의 **합일**(coniunctio)로 묘사된다. 많은 연금술의 그림이 이러한 역설을 표현하려고 하였다([그림 10-6], [그림 10-7] 참조).

이 문헌은 각각의 부분이 하나만 작동할 때 생길 수 있는 부정적이고 위험한 특성도 기술하고 있다. 태양 부분만 작동한다면 과도한 열과 강도 때문에 파괴적이다. 이는 아모르(Amor)와 프시케(Psyche)의 신화에서 나오는 프시케의 두 번째 과제를 연상케 한다. 비너스는 프시케에게 황금 양털을 가진 특별한 양 떼에게서 한 움큼의 양털을 가져오라고 했다. 강가에서 자라고 있는 친절한 갈대는 프시케에게 다음과 같은 조언을 해 주었다.

…… 이런 시간에는 그런 끔찍한 양들에게 접근하지 마세요. 그들은 이글거리는 태양으로부터 뜨거운 열을 받고 거친 광란이 그들을 미치게 하기 때문에 날카로운 뿔과 돌 같은 딱딱한 이마와 때론 독사 같은 물어뜯기로 사람에게 분을 토해 냅니다. 그러나…… 정오의 태양의 열이 그 폭염을 사그라뜨리고 그 폭

[그림 10-6] 태양-달 자웅동체

[그림 10-7] 태양과 달-유황과 수은의 결합

> 염이 부드러운 강바람의 자장가로 잠들게 되고…… 그리고 양들이 광기를 누그러뜨리고 분노를 진정시키면 가서 숲 속의 이파리를 흔드세요. 그러면 황금 양털이 구부러진 나뭇가지 여기저기 붙어 있는 것을 발견하게 될 것입니다.[14]

노이만(Neumann)은 태양의 황금양은 여성성(여성적 자아)이 접근할 수 없는, 원형적으로 압도적인 남성적-영적 권력을 상징한다고 설명하였다.[15] 노이만은 전체 아모르와 프시케 신화를 여성 심리학적 관점에서 해석하였는데, 정말로 여성은 일방적인 태양 권력의 파괴적인 효과에 가장 취약하다. 그러나 이 문제는 역시 남자에게도 해당된다.

파괴적인 측면을 가진 철학자의 돌의 일방적인 태양 요소는 심리학적으로 한편으로는 내부로, 다른 한편으로는 외부로 투사된다. 외적으로 이것은 다른 사람의 불 같은 사랑에 의해 말라 버리는 것으로 경험될 수 있다. 내적으로 어느 누군가 무의식으로부터 출현하는 불같은 분노에 의해 소모되고 동일시될 때 경험되는 것이다. 어느 경우에도 심리적 손상을 초래하며, 회복하는 데 시간이 필요하다. 적당한 또는 완화된 태양 리비도는 창조적이고 생산적이며 생명 촉진적인 것이지만, 일방적인 과도함은 정신적 삶에 해로운 것이다.

이 문헌은 우리에게 철학자의 돌의 달 부분만 경험될 때도 역시 파괴적이라고 말하고 있는데, 이유는 그것의 과도하게 차가운 '마비와 응결' 때문이다. 부정적인 여성원리의 마비시키는 측면과 감각 상실의 전형적인 예는 고르곤 메두사(gorgon Medusa)의 신화를 들 수 있다. 그녀를 보는 자는 모두 돌로 변한다. 남성의 자아는 이러한 영향에 더욱 취약하다. 예를 들면, 나는 열성적으로 중요한 연구에 전념하고 있는 젊은 과학도의 사례에 관해 들은 적이 있다. 어느 날 그의 어머니가 그의 실험실에 찾아왔다. 그녀는 실험실을 둘러보고 아들이 하는 연구의

---

14 Neumann, Erich, *Amor and Psyche*, Bollingen Series LIV, Princeton University Press, p. 43 f.

15 Neumann, Erich, *Amor and Psyche*, p. 99.

가치를 업신여기는 말을 하였다. 그것이 문제였다! 그 말 한마디로 그는 여러 날 동안 연구 작업을 하지 못했다. 그의 리비도는 '마비되고 응결되었다'. 분노는 그가 의식적으로 그 상황을 인식할 때, 즉 철학자의 돌의 태양 부분이 달 부분의 일방적인 영향을 해결하였을 때 다시 제자리로 돌아올 수 있었다.

달 특성의 굳어 버리고 무감각하게 만드는 효과는 응결을 촉진하는 여성원리가 가진 극단적인 형태의 힘이다. 땅에 의해 자유롭게 솟아오르기를 선호하는 영적인 본성의 이미지와 충동은 여성적 에로스 원리 덕분에 개인적이고 구체적인 현실과 관계를 맺게 된다. 만약 자아가 너무 그런 현실로부터 도피한다면 자아는 땅에 마비시키는 충돌로 여성성과의 대면을 경험하게 될 것이다.

그럼에도 불구하고 이런 위험한 달 권력과 파괴적인 태양 권력의 해로운 영향이 철학자의 돌의 양면이라는 것을 이해하는 것은 상당히 도움이 된다. 누군가가 그런 영향력의 어느 한쪽을 만나 발생하는 영향으로부터 회복 중일 때 그가 돌로부터 고통받고 있는 것이 무엇인지 아는 것은 자신의 방향과 조망을 유지하는 데 도움이 된다. 철학자의 돌을 찾는 사람은 누구나 반복적으로 이 부분적인 한쪽만의 영향의 희생물이 될 수 있다. 이러한 사건이 변환을 조금씩 가져오는 연금술의 작업을 구성한다. 그러나 작업은 우리에게 행해지는 것이 아니다. 우리는 태양불의 연소(calcinatio) 또는 달 권력의 마비시키는 응결(coagulatio)을 경험한다. 이러한 혹독함의 와중에서 혹독함이 보다 큰 것, 즉 의미 있는 과정의 일부라는 것을 알게 된다면 분명 큰 도움이 된다.

다음 문단은 철학자의 돌의 태양과 달 구성요소의 긍정적인 자질을 얘기하고 있다.

> (6) 그들의 내적인 미덕은 그들의 외적인 아름다움보다 크지 않다. 태양은 매우 빛나고 투명한 광택이어서 사람의 눈으로 그것을 볼 수 없을 정도다. 달이 어두운 밤에 밖으로 드러나면 새들이 갈 것이다(그 주위를 돌면서). 파리가 촛불 주위를 날고 손에 잡히는 것과 같이…….

남성성의 태양 원리, 즉 영적 의식성이 주는 긍정적인 측면은 그것이 빛을 만들어 낸다는 사실로부터 도출된다. 모든 것은 빛의 비춤 속에서 분명하고 빛나며 투명하다.자기의 이러한 측면에 대한 경험은 상당한 신성성이며, 일반적으로 빛 상징—광명, 빛나는 얼굴, 후광 등—을 수반한다. 윌리엄 제임스(William James)는 빛 현상의 빈도에 관해 종교를 개종할 때 경험하는 환시(幻視)라고 불렀다. 그는 그런 사례에 대한 설명을 다음과 같이 인용하였다.

> 한 번 놀라운 방식으로 나와 내 주변에서 빛나던 신의 영광…… 완벽히 말로 표현할 수 없는, 내 영혼을 비추던 빛, 나를 바닥에 거꾸러뜨린 그 빛. 이 빛은 모든 방향으로 비치는 태양의 밝음과 같았다. 눈에는 너무나 강렬했다. 나는 이 실제 경험에 의해 이 빛이 다메섹으로 가는 도중에 있던 바울을 거꾸러뜨린 그 빛일 것이라고 생각한다([그림 3-12] 참조). 그것은 분명히 오랫동안 견딜 수 없을 것 같은 그런 빛이었다.[16]

때로 분석 과정에서는 이보다 약한 크기의 빛이 발생하며 특징적인 꿈이미지와 관련된다. 이러한 이미지의 예는 융이 출간한 『심리학과 연금술(Psychology and Alchemy)』의 제2부에서 나타난 꿈 시리즈 중 7, 19, 20번에서 볼 수 있다. 이러한 이미지를 수반하는 경험은 인식의 확장이며 이해의 증진이다. 자기의 대면이며, 따라서 매우 인상적이다. 그러나 오직 한 측면만이 배열되었기 때문에 전체성의 전형적인 상징들은 명백히 기술되지 않았다.

이 문헌은 달 부분의 긍정적인 측면에 관해서도 언급하고 있다. 심리학적으로 달이 의미하는 것을 언어로 적절하게 표현하는 것은 대단히 어렵다. 에리히 노이만(Erich Neumann)은 「달과 모권적 의식성에 관하여(On the Moon and Matriarchal Consciousness)」[17]라는 그의 논문에서 이를 표현하기 위해 훌륭한 노력을 하였는

---

16 James, William, *Varieties of Religious Experience*, New York, Modern Library, Random House, p. 246 f.

데 읽어 보기를 간곡히 권하는 바다. 이 논문에서 그는 다음과 같이 언급하였다.

> 의식성의 어두움이 최고조에 달할 때 창조적 과정이 스스로를 충족시키는 것은 타오르는 태양 빛 아래서가 아니라 차갑게 비치는 달빛 아래서다. 낮이 아닌 밤이 바로 생산의 시간이다. 이는 어둠, 고용함, 비밀스러움, 침묵과 숨김을 원한다. 따라서 달은 치명적으로 집어삼키려는 태양과 달리 생명과 성장의 주인이다. 습한 밤 시간은 잠의 시간인 동시에 치료와 회복의 시간이다. …… 머리-자아의 어떤 도움도 없이 밤의 어둠 속에서 또는 달빛에 의해 그것 자체로부터, 즉 본성으로부터 그것의 과업, 즉 신비 속에서 신비를 수행하는 무의식의 재생력이다.[18]

이 문헌은 우리에게 돌의 달 측면이 밤에 새를 끌어들이고 새들이 잡힘을 기꺼이 받아들이게 만든다는 것을 말하고 있다. 따라서 눈에 띄지 않는 직관 혹은 영적 잠재성으로서의 새들은 노이만이 잘 기술한 달적 존재방식에 의해 실재가 된다. 우리는 또한 여기서 야생 피조물을 길들이는 주제를 표현하고 있다고 할 수 있다. 유사한 보티프는 처녀의 무릎에서만 길들여지는 유니콘 모티프다([그림 10-8] 참조). 연금술에서 유니콘은 이해하고 담아내기 어려운 눈에 띄지 않는 영인 메르쿠리우스(Mercurius)를 상징했다. 한 연금술 문헌에서 유니콘은 또 다른 상징인 메르쿠리우스와 성령인 흰색 비둘기로 변한다.[19] 따라서 유니콘을 길들일 수 있는 숫처녀는 새를 기꺼이 사로잡히게 만드는 돌의 달적인 측면과 동의어다. 이 이미지들은 야생적이고 자유로움을 주지만 현실에서 길들여지지 않은 충동을 현실의 관계에 가져오고 인격의 초개인적 전체성에 복종케 하는 자기의

17 Neumann, Erich, "On the Moon and Matriarchal Consciousness," *Spring*, Analytical Psychology Club of New York, 1954, p. 83.

18 Neumann, Erich, "On the Moon and Matriarchal Consciousness," p. 91.

19 Jung, C. G., *Psychology and Alchemy*, C. W., 12, par. 518.

[그림 10-8] 유니콘을 길들이고 있는 숫처녀
연금술 그림

달적 측면 또는 음의 측면에 의해 만들어지는 어떤 태도를 말한다. 그것은 그 자체로 충분하다고 여기는 야생성을 길들이는 것이다. 실제 여성이 남성에게 이 기능을 할 것이다. 그녀는 이스더 하딩(Esther Harding)이 기술한 상징적 의미로 볼 때 숫처녀임에 틀림없다.[20] 즉, 그녀 자신에 속하며 남성적 태도에 의해 오염되지 않은 독립적인 여성성으로서 기능하는 숫처녀다.

연금술에서 처녀의 무릎에 있는 유니콘은 분명히 마리아의 무릎에 있는 죽은 그리스도와 관련되어 있다.[21] 이것은 로고스(Logos)의 육화에 대한 전체 관념을

20 Harding, M. Esther, *Woman's Mysteries*, New York, C. G. Jung Foundation, 1971, p. 103 f.

21 Jung, C. G., *Psychology and Alchemy*, C. W., 12, par. 519.

상징화한다. 육화는 응고(coagulatio)의 한 측면이다. 연금술사들은 모호한 메르쿠리우스적 영을 응고시키거나 사로잡거나 고정시키기는 방법에 관심이 많았다. 회화적으로 이를 나타내는 한 가지 방법은 메르쿠리우스적 뱀을 나무에 고정시키거나 그리스도에게 행했던 것처럼 십자가에 못 박는 것이다([그림 10-9] 참조). 나무와 십자가는 여성적 상징이며, 따라서 숫처녀의 무릎 그리고 돌의 달적 측

[그림 10-9] 십자가에 달린 뱀
연금술 그림

면과 동등한 것이다. 이 이미지들은 평범한 설명을 거부하며, 돌의 달적 측면에 의해 효과적이고 특정한 실존이 되는 구체적 존재로서의 정신의 실현과 분명히 관련되어 있다.

## 5. 편재성

문헌은 다음과 같이 이어진다.

> (7) 마술적 돌 또는 미래의 돌에 의해 세상 어디에 있는 누구라도 발견될 것이다. 방, 옷장 또는 땅속 동굴 어디라도 그렇게 비밀스럽게 숨을 수 없긴 하지만. 왜냐하면 철저한 조사가 있기 때문이다. 다시 말해, 이 돌은 심지어 온 세상에서, 당신의 욕망을 보고 듣고 보도록 당신에게 온 세상을 준다. 아니, 그보다 더 많은 능력으로 사람이 피조물의 언어, 즉 새의 지저귐과 맹수의 울부짖음 등도 이해할 수 있게 해 준다. 천체의 영향을 관찰함으로써 영(spirit)을 이미지에 주는 것은 진정한 신탁이 될 것이나, 이것은 강령술이나 악마적인 것이 아니다. 쉽고, 그러니까 놀랍도록 쉽고, 자연스럽고, 진실된 것이다.

철학자의 돌로부터 숨길 수 있는 것은 아무것도 없다. 그것의 관점에는 모든 것이 개방되어 있다. 그것은 어디에나 편재한다([그림 10-10] 참조). 따라서 철학자의 돌은 모든 것을 보는 하나님의 눈과 같다. 스가랴(Zechariah)의 네 번째와 다섯 번째 비전에서 우리의 주제와 유사한 흥미로운 내용이 나온다. 네 번째 비전에서 스가랴는 돌 주위에 일곱 개의 눈이 달린 것을 보았다(스가랴 3:9). 다섯 번째 비전에서는 일곱 개의 등이 달린 황금 등잔대를 목격한다. 천사가 그에게 말한다. "이 일곱은 온 세상에 두루 다니는(편재하는) 여호와의 눈이라 하니라."(스가랴

[그림 10-10] 돌의 편재성
연금술 그림

4:10) 융은 일부 연금술사가 이 구절을 철학자의 돌을 가리키는 것이라고 해석하였다고 언급하였다.[22] 하나님의 일곱 개의 눈은 일곱 개의 행성 구체들로 연금술에서는 일곱 개의 금속에 해당한다. 이는 곧 변환의 사다리의 일곱 개 계단이다.

22 Jung, C. G., *Psychology and Alchemy*, C. W., 12, par. 518.

신의 눈은 고대 이집트 종교에서는 많이 알려진 이미지였다. 무덤의 관에 다음과 같은 문구가 있다. "나는 모든 것을 보는 호루스의 눈이다. 그 모습은 두려움을 일으키며, 살해의 여인이며, 공포스러운 강력한 자다."[23] 이러한 문구는 신의 눈을 경험할 때의 자아의 일반적인 태도를 나타낸다. 이는 마치 죄인이 그의 무의식의 죄가 밝혀지고 판단받을 것을 두려워하는 불안한 태도를 가리킨다. 아무것도 철학자의 눈에서 피할 수 없기 때문에 이 돌은 완전한 자기인식을 회피하려는 자에게는 위험스러운 위협으로 느껴질 것이다.[24] 이 돌은 모든 것을 볼 수 있는데, 그것이 아무런 숨겨지고 분열된 측면이 없는 완전하고 통합된 인격을 상징하기 때문이다. 같은 이유로 인간의 직관적이고 본능적인 지혜를 나타내는 새와 짐승들을 이해할 수 있게 한다. 신의 눈의 이미지는 무의식 가운데 있는 의식성(비전)의 단일한 근원을 나타낸다. 이는 또한 동시성(synchronicity) 현상을 암시한다. 원으로 된 눈은 때로 만다라의 특징으로, 예를 들어 융의 볼링겐의 돌은 눈동자 안에 어린 소년(텔레스포러스)이 있는 눈의 형태다([그림 10-3] 참조). 하나님의 눈은 다음 문구를 회화적으로 표현한 것이다. **당신이 부름을 받았든지 안 받았든지 하나님은 존재한다**(Vocatus atque non vocatus Deus aderit; [그림 10-11] 참조).

마지막으로, 이 문단은 우리에게 "천체의 영향을 관찰함으로써 영을 이미지에 주는 것은 진정한 신탁이 될 것이다."라는 것을 말해 준다. 영을 이미지에 준다는 것은 구체적인 판타지 이미지의 모호하고 미분화된 기분이나 정서를 표현하는 무의식의 능력을 심리학적으로 언급하는 것임에 틀림없다. 이러한 일은 적극적 상상에서 우리가 찾는 것이다. 출현하는 무의식의 내용을 의식화하기 위해

---

23 Clark, R. T. Rundle, *Myth and Symbol*, p. 221.

24 "……신성한 지혜는 스스로 합일하는 신이 신 자신을 만나는 합일이다. 사랑 속에서 신의 빛, 즉 거울은 신의 지혜라 불린다. 하지만 분노 속에서는 모든 것을 지켜보는 눈으로 불린다." Boehme, Jacob, in *Personal Christianity, the Doctrines of Jacob Boehme*, edited by Franz Hartmann, New York, Frederich Unger Publishing Co., p. 48.

[그림 10-11] 하나님의 눈
16세기 목판화

비물질적인 것이 반드시 물질의 옷을 입어야 한다. 즉, 구체화되지 않은 또는 앞으로 구체화되어야 할 것이 육화를 거쳐야 한다. 의식의 세계로 들어오기 위하여 영은 반드시 인식 가능한 어떤 형태로 나타나야 한다. 이는 응고라는 연금술 작업의 한 측면이다. 적극적 상상을 하거나 기타 형태의 상상적 창조 표현들처럼 꿈은 이 기능을 수행한다. 이 문헌은 영을 이미지로 변환하는 것은 바로 철학자의 돌이라고 말한다. 이것은 꿈은 신으로부터 온다는 오래된 말과 일맥상통한다. 달리 말하자면, 정신의 이미지 창조 능력은 초개인적인 중심, 즉 자기로부터 나오며 자아의 기능은 아니다.

C. A. 마이어(Meier)는 우리의 문헌과 완전히 일치하는 현대의 꿈을 보고하였다.

> 나는 소파에 누워 있었다. 오른쪽 머리 근처에서 나는 귀중한 돌을 발견하였다. 반지로 만들어진 듯한…… 그 돌은 내가 살아 있는 형태로 보고 싶어 하는 모든 이미지를 만들 능력을 갖고 있다.

마이어는 소파를 환자가 고대 아스클레피오스(Asclepius) 신전을 방문했을 때 치유의 꿈을 꾸길 희망하면서 잤던 침대와 연결시켰다. 그는 귀중한 돌을자기의 상징으로 언급하였고, 이 돌은 "예언에서 사용하는 수정구슬의 기능도 수행한다. 즉, 무의식 내용의 시각화를 위한 '얀트라(yantra, 부적)'의 기능을 한다."[25]고 언급하였다.

우리가 다루고 있는 문헌은 이미지가 그것이 천체의 영향과 관련될 때 신탁이 된다고 언급하고 있다. 행성의 요소로서 천체는 초개인적 힘, 즉 집단무의식의 원형을 가리킨다. 이러한 개념은 누군가 정신의 원형적 차원을 이해하는 상황에서 무의식의 이미지를 만드는 능력을 경험할 때 신탁에 접근할 수 있다는 내용이다. 즉, 더 넓고 초개인적 지혜를 얻게 되는 것과 유사하다.

> (8) 마지막으로 천사의 돌에 대해 말하자면, 이는 너무나 미묘해서 보이거나 느끼거나 무게를 잴 수 없고 단지 맛만 볼 수 있다. (이러한 미묘한 속성을 조금이나마 가지고 있는) 인간의 목소리는 이에 비교될 수 없다. 아니, 공기도 꿰뚫을 수 없고(오, 신비한 경이로움이여!), 돌은 불 속에서 편견 없이 영원히 머물 것이다. 특히 그중에서도 이 돌은 신성하고, 천상의 보이지 않는 능력을 가지고 있으며, 이 돌의 소유자에게 신성한 선물을 준다. 천사의 영혼을 줄 수 있고 꿈과 계시로 그들과 대화하는 능력을 준다. 이 돌이 있는 곳에는 어떠한 악한 영도 접근하지 못하는데, 그 이유는 이 돌이 순수한 본질로서 타락한 것이 그 속에 없고 요소들이 썩지 않으며 어떠한 악도 머물거나 살 수 없기 때문이다.

여기서 다시 우리는 역설적인 돌의 성질을 본다. 그것은 볼 수 없고 퍼져 있으

---

25 Meier, C. A. *Ancient Incubation and Modern Psychotherapy*, Evanston, Northwestern University Press, 1967, p. 56.

며 또한 드물게 보여 우리는 이를 미각 외에는 인식할 수 있는 방법이 없다. 반면 이는 돌이므로 딱딱하며 변하지 않기 때문에 영원한 불이 이를 약화시키거나 깨뜨릴 수 없다. 이것은 아주 멀리 그리스 연금술로 거슬러 올라가는 돌이 아닌 돌에 대한 주제다.[26] 럴랜드(Ruland)는 "돌이 아닌 이 돌은 물질이 아니라 오직 효능과 능력으로만 간주되는 물질이다."[27]라고 하였다.

철학자의 돌은 정신의 중심이자 전체성의 상징이다. 그래서 돌의 역설적인 속성은 정신의 역설적인 속성에 상응한다. 우리는 정신의 실재에 대하여 얘기하지만 얼마나 많은 사람이 그 존재의 실제 맛을 볼 수 있는 인식의 감각을 가지고 있는가는 의문이다. '길거리를 지나가는 사람'이 이 장을 읽게 된다면 내가 실제적인 것에 관해 말하고 있다고 생각할까? 아마도 그렇지 않을 것이다. 대부분의 사람은 정신의 실재에 대하여 잘 모른다. 정신은 보통 행동이나 신경학적인 조건반사 또는 세포 화학으로 여겨지지만 정신 자체는 아무것도 아니다. 우리의 문헌에 나오는 말로, "이것은 보거나 느끼거나 무게를 잴 수 없다." 단지 용어로만 실재를 인식하는 자들에게는 정신은 존재하지 않을 것이다. 오직 자신의 발달 또는 심인성 증상에 의해 정신의 실재를 강제적으로 경험한 자들만이 비록 무형의 것이긴 하지만 그 효과를 알 수 있는 것이다. 이러한 사실의 완전한 실현은 개성화 과정의 결실로서 오는 것이다.

이 문헌은 또한 우리에게 철학자의 돌은 "천사의 영이며 꿈과 계시에 의해 그들과 대화하는 능력을 준다."는 것을 말하고 있다. 이는 이전에 언급된 적 있는 이미지를 만드는 능력을 보다 자세히 설명한 것이다. 자기와의 접촉은 초개인적인 의미에 대한 인식을 가져오는데, 여기서는 천사와의 대화로 상징화되고 있다.

이 문단은 어떤 악한 영도 이 돌에 접근할 수 없다는, 즉 "이 돌은 순수한 본질로서 타락한 것이 그 속에 없고."라는 문구로 끝을 맺는다. 심리학적으로 악한

---

26 Berthelot, M. P. E., *Collection des Anciens Alchemistes Grecs*, reprinted by Holland Press, London, 1963, I, III. 1.

27 Ruland, Martin, *A Lexicon of Alchemy*, transl. by A. E. Waite, London, John M. Watkins, 1964, p. 189.

영 또는 사탄은 자아를 사로잡은, 자율적인 역동성을 가진 분열 콤플렉스(split-off complex)다. 그것의 존재는 분열된 내용을 수용하지 않은 채 인격을 통합하려는 억압적인 자아-태도에 의해 영속한다.자기 및 전체적 인격의 필요성 인식은 자율적인 콤플렉스들이 생존할 수 있는 조건을 제거한다. 이 본질은 다섯 번째의 합일된 물질로서 네 개 원소의 결합으로 생겨나는 것이다. 그것은 네 개의 모든 기능을 골고루 배려하는 합일된 인격이다. 다른 기능을 수정하거나 교정하지 않고 임의적으로 작용하는 단 하나의 기능은 악한 것이다. 융이 지적했듯이 "메피스토는 전체 정신의 위계에서 떨어져서 깨진, 그래서 이제 그 해방감과 절대 권력을 즐기고 있는 모든 정신 기능의 악마적인 면이다."[28] 그리스도께서 그러했듯이 이 돌은 악마, 즉 전체 인격의 권한을 강탈하려고 시도하는 인격의 부분적인 측면이다.

## 6. 영의 양식과 생명나무

우리의 문헌은 다음과 같이 계속된다.

> (9) S. 던스턴(Dunston)은 이를 천사의 음식이라고 불렀고, 다른 이들은 천상의 성찬이나 생명나무라고 부르기도 한다. 또한 의심의 여지없이 세월의 (하나님 바로 아래에 있는) 진정한 공급자다. …… 이에 의해 사람의 육체가 부패되지 않고 음식 없이 오랫동안 강건할 수 있기 때문이다. 이 음식을 먹는 사람이 죽을지는 문제가 아니다. 육체의 눈으로 보기에 영광과 영원함을 소유한 자들이 왜 살고 싶어 하는지와 관련하여 나는 그것을 그다지 찬양하지 않는다. 순전히 추측에 만족하는 삶보다는 차라리 죽기를 원하

28 Jung, C. G., *Psychology and Alchemy*, C. W., 12, par. 88.

며 완전한 결실을 누리기를 원한다. ……

이 문단은 자세한 설명이 필요한 몇 가지 개념을 제공하고 있다. 여기서 돌은 '천사의 양식'으로 불린다. 당연하게도 천사가 음식을 필요로 한다고 생각하는 사람은 없다. 그러나 이들의 조건은 오디세우스가 발견한 지하세계의 죽은 영들의 조건과 유사한 것 같다. 영들을 만들기 위해 그는 두 마리의 양을 희생시켜야 했고, 피에 굶주린 영들을 끌어들이기 위해 그 피를 뿌려야만 했다.[29] 이는 무의식을 활성화하기 위해 무의식에 리비도가 어떻게 뿌려져야 하는지를 보여주는 흥미로운 이미지다. 이와 유사하게, 천사들에게도 이런 일이 일어날 수 있는데, 그들도 인간에게 자신을 현현하기 위해 철학자의 돌이라는 양식을 필요로 한다. 음식은 응결(coagulatio)의 상징이다. 따라서 영원한 천사적인 영역이 자기에 대한 인식을 통해 일시적인 실존으로 구체화 또는 들어온다는 관념일 것이다.

'천사의 양식'이라는 용어는 성경에도 나온다. 사막에서 이스라엘 민족에게 하늘로부터 내려진 만나를 언급하면서 지혜서 16장 20절(JB, 예루살렘 성경)은 "당신은 천사의 양식, 즉 모든 이의 미각을 만족시키고, 모든 기쁨을 담고 있는 이미 준비된 빵을 하늘로부터 그들에게 주셨습니다."라고 언급하고 있다. 요한복음 6장을 보면 예수께서 "나는 생명의 떡이니 내게 오는 자는 결코 주리지 아니할 터이요, 나를 믿는 자는 영원히 목마르지 아니하리라."(요한복음 6:35)라고 언급하고 있다. 가톨릭 미사에서는 이런 구절들을 성체성사와 관련하여 사용하는데, 이것은 돌의 다음의 특징을 고려하게 한다.

돌은 '천상의 노자성체'로도 불린다. 노자성체는 성체성사에서 신부가 임종하는 자에게 주는 성체다. 이 단어는 원래 여행을 떠나는 자에게 주는 노잣돈이나 필요한 것을 가리키는 것이었다. 이는 비아(via), 즉 길 또는 거리에서 유래되

---

29 Homer, *Odyssey*, Book XI.

었다. 죽음을 앞둔 자의 여정은 이 세상으로부터 천국으로의 여정을 의미한다. 죽음에 주목하는 동일한 내용이 아슈몰이 '철학자의 돌을 가진 사람이 왜 살아 남기를 원하겠는가?'라는 의문을 제기한 문장에 들어 있다. 따라서 이 돌은 이 세상에 대한 일종의 죽음, 즉 투사의 철회를 촉진하고 있다.

이 돌을 노자성체라고 부르는 것은 돌이 미사의 비의(mystery)에서 화체설에 의해 준비되는 그리스도의 몸과 동등시됨을 의미한다. 16세기 초 연금술사인 멜콰이어(Melchior)는 분명한 비교를 하였다. 그는 미사에서의 연금술적 과정을 성례를 집도하는 성직자의 역할에서의 연금술사와 함께 기술하였다.[30] 멜콰이어 외에 융은 이 돌을 그리스도와 동등시하는 연금술사들의 성향을 보여 주는 많은 다른 예를 제시하였다.[31] 여기서 우리는 주관적 경험의 우선성에 근거하는 개성화 원리의 초기 노력을 지배적인 집단적 종교전통의 중심 가치를 수용하고 동화하는 것으로 보고 있다. 이와 유사한 상황이 오늘날도 분석심리학과 종교 사이에 존재한다. 의미 있는 전통적인 종교 형태들을 더 이상 발견하지 못하는 사람들에게 분석심리학은 초개인적 상징을 이해하는 새로운 맥락, 즉 현대인의 의식에서 가장 발달한 측면에 적절한 맥락을 제공한다.

이 돌은 또한 '생명의 나무'로 불린다. 이는 에덴동산의 두 번째 나무를 가리킨다. 아담은 선악과를 먹은 후 동산에서 쫓겨났다. "그가 그의 손을 들어 생명나무 열매도 따먹고 영생할까 하노라."(창세기 3:22)라고 했다. 이 나무는 그 후 모든 길을 도는 거룹들과 불꽃 칼로 보호를 받았다. 따라서 돌은 인간이 전에 가까이 있던 것이었으나 의식성을 갖게 되면서(대극의 인식, 선과 악을 아는 지식) 지금은 인간과 분리되어 있는 것이다. 개인의 자기와의 관계는 이러한 방식으로 발달한다. 제1부에서 논의한 바와 같이 초기 자아는 노이만이 우로보로스라고 명명한 전체성의 원시적 상태인 무의식적 자기성(Selfhood) 상태에 담겨 있다. 자

30 Jung, C. G., *Psychology and Alchemy*, C. W., 12, par. 480.

31 Jung, C. G., *Psychology and Alchemy*, C. W., 12, par. 447 ff.

[그림 10-12] 연금술 나무

아의식성의 출현과 함께 무의식적 전체성으로부터 그리고 생명나무로 상징되는 생명에 대한 즉각적인 관계로부터 고통스러운 분리가 일어난다. 궁극적인 정신 발달의 목표는 잃어버린 근원적 상태를 이번에는 의식적인 깨달음의 수준에서 회복하는 것이다.

철학자의 돌은 종종 초월적인 나무로 묘사되어 있었다([그림 10-12] 참조). 따라서 이는 잘 알려진 세계수(World Tree) 또는 우주수(Cosmic Tree)의 상징성과 관련된다. 그리스도가 두 번째 아담이듯이 그의 십자가는 두 번째 나무, 즉 생명나무였다([그림 10-13] 참조). 연금술사는 철학자의 돌을 다음과 같이 기술하였다.

[그림 10-13] 생명나무 안의 그리스도 구세주

> 본질적 측면이 아닌 유사성으로만 보면 철학자들은 그들의 물질을 일곱 개의 가지를 가진 황금나무와 비교하며, 그것이 그 씨앗 안에 일곱 개의 금속을 담고 있다고 생각한다. 이런 것들은 감추어져 있으며, 그러한 이유로 그들은 이것을 생명체로 불렀다. 자연의 나무들이 철을 따라 꽃을 피우는 것처럼 이 돌의 물질도 그것이 꽃피울 때 가장 아름다운 색이 나타나게 한다.[32]

낯설고 인상적인 나무들이 현대의 꿈과 그림에서 나타난다. 융은 그의 에세이 「철학의 나무(Philosophical Tree)」[33]에서 여러 예를 제시하였다. 주요 전환기(전이의 해결 단계)에 있는 환자가 꿈을 꾸었는데 거대한 나무가 쓰러져 땅바닥에 부딪혔고, 그것이 떨어질 때 나는 소리는 마치 소름 끼치는 고음의 비명 소리 같았다. 이 꿈은 거꾸로 서 있는 나무로 철학의 나무를 기술하는 문장과 흥미로운 병치를 이루고 있다. "그것의 광석 뿌리는 하늘을 향하고 있고 그 끝은 땅에 있다. 나무들이 자신의 자리에서 잘려 나갈 때 굉음이 들리고 바로 큰 공포가 이어졌다."[34] 철학의 나무는 불사조와 매우 유사하게 죽음과 재탄생을 겪을 수 있었다. 따라서 이 꿈은 전체 인격이 발전적 변환을 겪고 있음을 제시한다.

## 7. 모든 것 안에 있는 하나

문헌은 다음과 같이 이어진다.

> (10) 적색 돌에 숨겨진 예언의 은사가 있다. 라시스(Racis)가 당신에게 말할 것이다. (그가 말하기를) 철학자들은 앞으로 올 일을 예언하였고, 페트로스

---

32 Jung, C. G., "The Philosophical Tree," in *Alchemical Studies*, C. W., 13.

33 Jung, C. G., "The Philosophical Tree," par. 304 ff.

34 Jung, C. G., "The Philosophical Tree," par. 410.

> 보너스는 그들은 일반적 예언뿐 아니라 특별한 예언도 하였다고 단언하였다. 그리스도의 부활, 성육신, 심판의 날, 세상이 불로 심판받을 것임에 대한 사전지식을 갖고 있었기 때문이었다. 따라서 다른 방법이 아닌 연금술사들의 작업에 대한 통찰을 통해 그들은 미리 알고 있었다.

이 돌의 예언능력은 그것이 시공간의 범주를 넘어서 있는 초의식적(trans-conscious) 실재와 연결되어 있음을 의미한다. 이는 융이 동시성(synchronicity)이라고 기술한 현상에 해당한다. 이것이 일어나는 방식 중 하나는 꿈 또는 다른 심리적 경험과 어떤 미래의 사건 간의 의미 있는 우연의 일치에 의한다. 융은 그의 에세이에서 이 동시성에 관한 여러 예를 보여 주었다.[35] 그런 경험들은 대부분 정신의 원형적 수준이 활성화되고 그런 경험이 경험자에게 신성한 영향을 미칠 때 주로 발생하는 경향이 있다. 이 문헌은 특히 부활, 그리스도의 성육신, 심판의 날 등에 관한 사전 지식을 언급하고 있다. 이러한 것들은 명백히 초개인적이며 심지어 우주적인 사건들이다. 이것이 시사하는 바는 이 돌이 자아의식성(ego consciousness), 즉 공간, 시간, 인과성이라는 구조화의 원리 바깥에 존재하는 초개인적인 구조 또는 우주 그 자체에 내재하는 사물의 질서에 관한 지식을 전달한다는 것이다.

융은 이러한 초개인적인 질서의 원리를 독립적인 의미로서 언급하였으며, 그것을 명백히 암시하는 여러 개의 꿈을 보고하였다.

> 꿈꾼 이는 거친 산악지대에 있었는데, 그곳에서 그는 연속적인 층 구조를 이루고 있는 중생대 트라이아스기 바위 층을 발견하였다. 그는 그 층들을 벌리고 놀라운 발견을 하였는데, 층마다 사람 머리가 조각되어 있었다.[36]

---

35 Jung, C. G., *The Structure and Dynamics of the Psyche*, C. W., 8, par. 816 ff.

36 Jung, C. G., *The Structure and Dynamics of the Psyche*, par. 945.

여기서 중생대 트라이아스기는 인간이 진화하기 훨씬 전인 약 2억 년 전의 지질학적 시대를 가리킨다. 따라서 꿈에서의 사람의 출현이 말하자면 예언되었다. 다른 말로 하면, 사람의 존재는 세계의 무기질 층에 이미 내재되어 있거나 예정되어 있었던 것이다.

한 환자가 이와 비슷한 꿈을 보고한 적이 있다. 꿈꾼 이는 파도에 깎인 매력적인 다양한 돌을 조사하면서 바다동굴을 탐험 중이었다. 놀랍게도 그는 자연적인 바다의 힘에 의해 만들어진, 그가 알고 있던 완전한 부처 형상을 발견했다. 이런 꿈은 예정된 질서, 의미, 의식성 자체가 우주에 이미 만들어져 있다는 것을 말한다. 이런 관념이 이해되면, 동시성 현상은 더 이상 놀라운 것이 아니다. 사람 형상이 자연에 의해 돌에 새겨진 이 두 개의 꿈은 참으로 중요한 의미를 가진다. 사실 나는 이 두 개의 꿈이 특히 철학자의 돌, 즉 이 문헌이 예언의 힘을 갖고 있다고 말하고 있는 그 돌을 언급하고 있다고 생각한다.

(11) 간단히 말해, 철학자들의 참되고 다양한 원질료(Prima Materia)의 사용에 의해(여러 다양한 재능이 있으나 동일한 영이다.) 진보적 과학의 완전함이 알려졌고 모든 자연의 지혜가 이해되었으며 (내가 말했음에도 불구하고, 나는 추가할 것이 있는데) 이것보다 더 큰, 아직 숨겨진 것들이 있는데, 그것은 우리가 거의 보지 못한 그의 작품들이다.

처음으로 이 문헌은 철학자의 돌과 같은 의미로서 원질료라는 용어를 사용하고 있으며, 이것은 이 돌의 다양한 측면을 강조하는 구절에서 사용된다. 처음에는 구절의 끝 부분이 시작과 혼동되는 것처럼 보인다. 원질료는 최초의 근원적 물질로서 작업(opus)의 최종 목표인 철학자의 돌로 변환하기 위해 기나긴 과정을 반드시 거쳐야 한다. 그러나 이러한 모호성은 무의식의 상징성이 모호한 것처럼 연금술적 관념의 특성이다.

원질료에 대한 설명은 이것의 편재성과 다중성을 강조한다. 이는 “세상의 많은 사물처럼 많은 이름을 가진다."고 알려져 있다. 융은 그의 연금술 세미나에서 다는 아니지만 106개의 원질료의 이름을 언급하였다. 이와 같은 다양한 현현에도 불구하고 그것은 본질적으로 단일하다. 우리의 문헌 역시 이 점을 지적하고 있다. "다양한 재능이 있으나 동일한 영이다." 따라서 철학자의 돌, 즉 과정의 끝은 최초의 물질이 시작 때에 그러하듯이 단일성 안에서 동일한 다중성을 가진다. 차이점이라면 이제 그것이 돌, 즉 구체적이고 파괴할 수 없는 실재가 되었다는 것이다. 연금술 과정의 시작이 연금술 과정의 목표를 기술하는 이 끝에서 두 번째 문단에 언급되었다는 것이 중요한 의미를 가진다. 이는 순환이 끝났고, 끝은 영원한 순환(circulatio) 속에서 새로운 시작이며, 그리스도와 같이 돌은 알파와 오메가인 것임을 보여 준다.

심리학적인 용어로 단일성과 다중성의 주제는 한 사람에게 존재하는 갈등적 인격의 파편들의 통합의 문제를 포함한다. 이는 심리치료과정의 정수다. 심리치료과정의 목표는 하나로서(as one) 자신을 경험케 하는 것이며, 그런 노력을 하는 원동력은 언제나 이미 선험적인 단일성으로부터 파생되는 듯하다. 우리의 문헌은 삶이 지속된다면 이전에 성취되었던 단일성이 새로운 다중성으로 다시 깨져야 한다는 것을 암시하고 있다.

> 하나는 남았고 많은 것들은 변하고 지나간다.
> 천국의 빛은 영원히 빛나며 땅의 그림자는 비상한다.
> 여러 색채의 둥근 유리 천장 같은 삶은
> 순백색의 영원의 빛을 더럽힌다…….[37]

우리의 문헌은 다음과 같이 끝을 맺는다.

---

37 Shelley, P. B., *Adonais*, II 460-463.

(12) 그럼에도 불구하고 이 과학을 적용하기에 적합한 서너 개가 남아 있다. 그것들은 전문가를 제외하고 누구에게든 이해될 수 없는 신비이며, 태어날 때부터 제단에서 예물을 드리고 헌신한 자들에게조차 이해될 수 없는 것이다.

이 문단은 나의 마음속에 점점 더 자리를 잡아 온 관찰을 확인해 준다. 개성화과정을 가장 많이 한 사람은 거의 다 어린 시절에 참으로 무의식에 대한 의미 있고 결정적인 경험을 한 사람들이라는 것이 내가 받은 인상이다. 융의 어린 시절의 경험은 아주 좋은 예다. 자주 발생하는 경험은 아동기 환경의 부적절성 또는 아동이 가진 적응의 어려움 혹은 두 가지 모두가 외로움, 불만족을 가져오고, 이는 아동이 다시 자기 자신에게 의지하게 만든다. 이는 리비도가 무의식으로 유입되게 하고 따라서 무의식을 활성화하여 아동의 위협받는 개별성을 공고히 하는 상징과 가치 이미지들을 만들어 낸다. 종종 비밀스러운 장소나 사적인 활동은 명백히 어려운 환경에 직면했을 때 아동이 느끼기에 독특하게 자기만의 것인 동시에 그의 가치감을 강화한다. 그런 경험은 비록 의식적으로 이해되지 않거나 심지어 오해받고 비정상으로 간주되기도 하지만 개인의 정체성이 초개인적인 지지의 원천을 가진다는 요지를 남긴다.

이 문헌은 이런 과학을 오직 소수에게만 가르칠 수 있다고 말한다. 원형적 정신에 대한 지식은 오직 소수에게만 가능한 것이다. 그것은 내면의 주관적 경험에서 나오며 이 경험은 소통될 수 있는 것이 아니다. 그러나 정신의 실재는 스스로 목격자를 찾기 시작하고 있다. 철학자의 돌은 그런 실재성의 상징이다. 이 상징을 둘러싸고 형성된 이미지들 속에 치유의 힘이 있다. 그것은 개별적 존재성의 원천 및 전체성의 강력한 표현이다. 그것이 심리치료과정에서 나타날 때는 언제나 건설적이고 통합적인 효과를 갖는다. 그것은 참으로 귀중한 진주 같은 것이다.

이 상징은 15세기를 지나면서 발전했다. 바로 그것의 신성성에 사로잡힌 수많은 헌신자의 노력으로 이 상징이 더욱 풍부해진 것이다. 그들은 단체의 지원을 받지 않은 개인으로서 주로 홀로 연구했다. 한편으로 탐욕스러운 왕자들과 이단의 사냥꾼들이, 다른 한편으로는 그것이 가져오는 무의식의 활성화와 고독의 위험이 존재하였다. 이 역사 자체가 철학자의 돌(Lapis Philosophorum)의 힘, 즉 그렇게 많은 재능 있는 사람들의 에너지를 헌신하게 만드는 힘을 증명한다. 그것은 현대인의 이해에 마침내 이르게 된 위대한 상징이다.

[그림 10-14] 작업의 끝

# 찾아보기

## 인 명

## 내 용

## 저자 소개

▣ 에드워드 에딘저(Edward F. Edinger)

융분석가

뉴욕 C. G. Jung 재단 창립 멤버

미국 정신과 의사

대표 저서

『Anatomy of the Psyche: Alchemical Symbolism in Psychotherapy』(Open Court, 1991)

『The Eternal Drama: The Inner Meaning of Greek Mythology』(Shambhala, 2001) 외

## 역자 소개

▣ 장미경(Jang Mikyung)

스위스 C. G. Jung Institute 졸업

미국 University of North Texas 놀이치료과정 수료

융분석가

현 남서울대학교 아동복지학과 교수

한국임상모래놀이치료학회장

국제모래놀이치료학회 및 캐나다 모래놀이치료학회 티칭 멤버 및 수퍼바이저

대표 저서 및 역서

『놀이치료』(2판, 공저, 창지사, 2010)

『모래놀이치료 수퍼비전』(공역, 한국임상모래놀이치료학회, 2011) 외

# 자아발달과 원형: 정신 발달과정과 삶의 의미 창조

**Ego and Archetype:**

**Individuation and the Religious Function of the Psyche**

2016년 3월 25일 1판 1쇄 발행
2025년 10월 15일 1판 4쇄 발행

지은이 • Edward F. Edinger
옮긴이 • 장 미 경
펴낸이 • 김 진 환
펴낸곳 • (주) 학지사
04031 서울특별시 마포구 양화로 15길 20 마인드윌드빌딩 5층
대표전화 • 02) 330-5114　　팩스 • 02) 324-2345
등록번호 • 제313-2006-000265호

홈페이지 • http://www.hakjisa.co.kr
인스타그램 • https://www.instagram.com/hakjisabook

ISBN 978-89-997-0923-4 93180

**정가 17,000원**

역자와의 협약으로 인지는 생략합니다.
파본은 구입처에서 교환하여 드립니다.